主　　编／陈厦生
执行主编／傅藏荣　林善珂

定光古佛文化研究

社会科学文献出版社
SOCIAL SCIENCES ACADEMIC PRESS (CHINA)

定光佛臺灣巡游

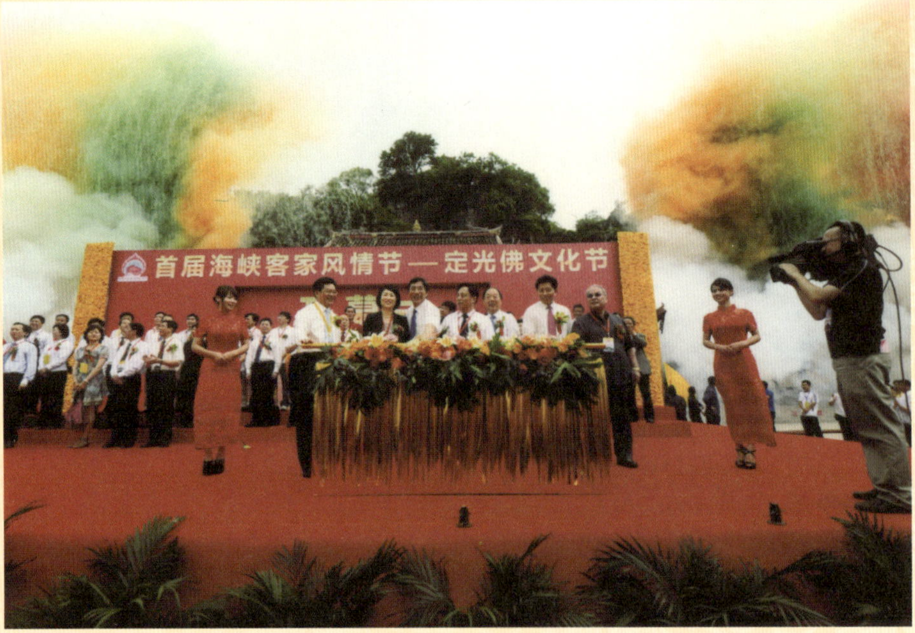
首届海峡客家风情节—定光佛文化节

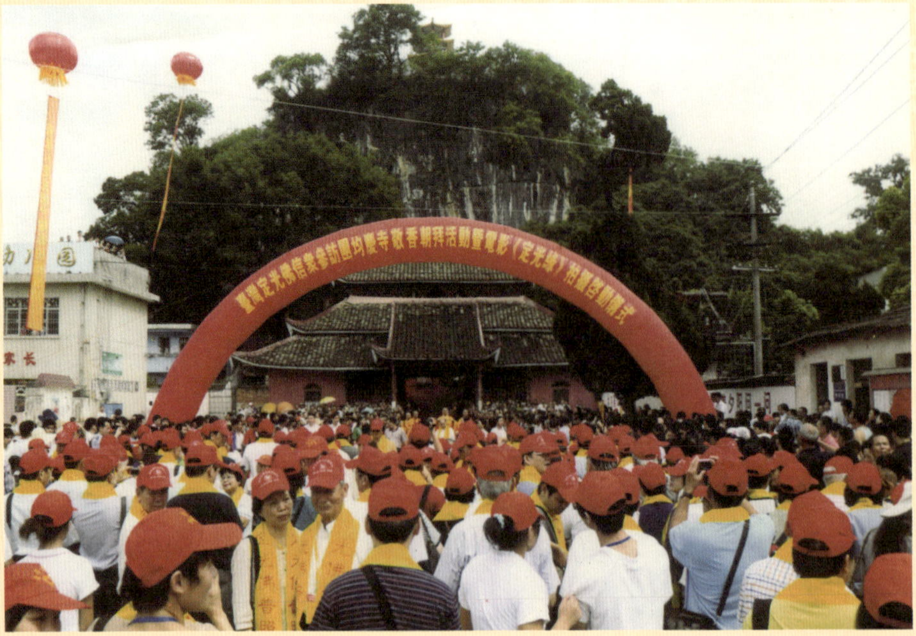
臺灣定光佛信眾參訪團均慶寺敬香朝拜活動暨電影《定光緣》拍攝啟動儀式

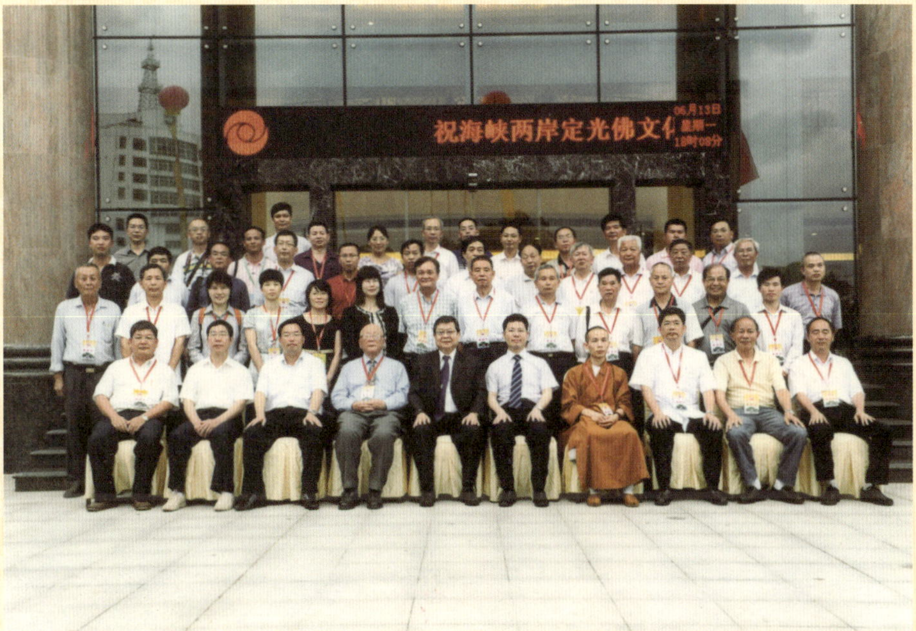
祝海峡两岸定光佛文
06月13日
星期一
18时08分

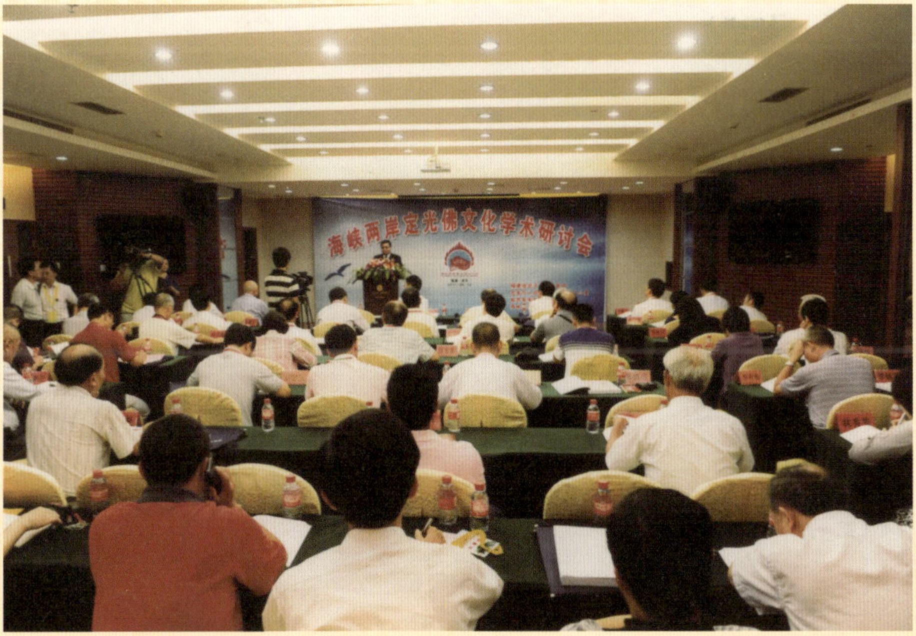
海峡两岸定光佛文化学术研讨会

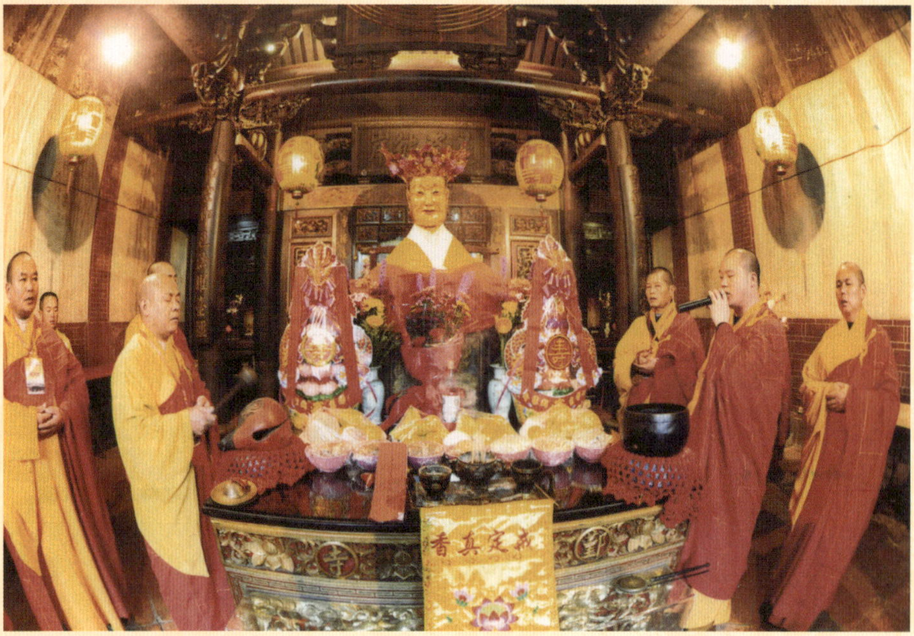
敕定真香

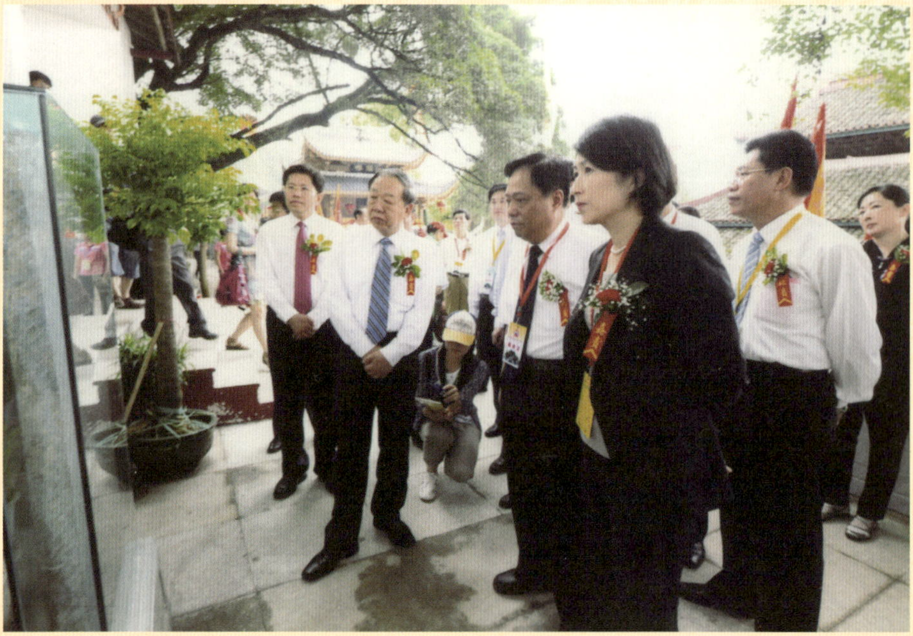

《定光古佛文化研究》编委会

主　　编　陈厦生
执行主编　傅藏荣　林善珂
特约编辑　肖　平　郑福信　罗炳星
审 校 人　罗炳星　罗煜琦　钟茂富
摄　　影　李国潮

序

汪毅夫

近日，林善珂学兄托友人送来《定光古佛文化研究》一书的文稿，并嘱撰写读后感言，敢不从命！

林善珂学兄同我有30余年的诚挚情谊。我们同年考入百年老校福建师范大学，毕业后对地方文史研究有着共同的学术兴趣。20世纪末，我到武平县做田野调查，林善珂学兄礼下情殷，是我的向导和报告人。我至今记得他当年在武平南安岩为我讲述定光古佛文化的情形。

1993年5月，我在《台湾的客家人和闽南人》（收拙著《台湾社会与文化》，海峡文艺出版社，1994）一文里论及"定光佛与妈祖"；1994年12月，又在《客家民间信仰》（福建教育出版社，1995）一书里论及"定光古佛与伏虎禅师"。

1993年12月，福建学者同时推出的《福建民间信仰源流》（徐晓望著，福建教育出版社，1993）、《福建民间信仰》（林国平、彭文宇著，福建人民出版社，1993）和《台湾民间信仰》（陈小冲著，鹭江出版社，1993），对定光古佛文化都有很好的描述和论述。

讲述上记旧事是为了说明，我在近20年前已亲炙福建学术界的"定光佛文化热"也。

从《定光古佛文化研究》看，"定光古佛文化热"尚在延烧：海峡两岸学者共同研究，并且共同提升了研究的水准。我乐见此番情景，并为从书稿里领教并受益于各位学界先进而感恩。

临末，我愿与各位分享一点读书心得。

宋人王象之《舆地纪胜》（中华书局，1992）第3791页、第3792页、第3797页、第3799~3800页分别于"南安岩"、"东安岩"、"仙释·定光"、"定光南安岩诗"条下有定光古佛的相关记载。

在我看来，这四则记载应该连接起来阅读，而"南安岩"条下所记"去武平县八十里。鄞江志云：定光佛所开"尤当为研究者重视。

宋修《临汀志》之赵与沐跋语谓："鄞江旧志，始纂于隆兴者颇略，继修于庆元者尚疏。"据此可知，"鄞江志"有隆兴和庆元两种版本。而隆兴、庆元距"仙释·定光"条下所记定光卒年（大中祥符八年）仅数十年，因而"鄞江志云：定光佛所开"至少可证"仙释·定光"条所记"驻锡武平南安岩"的事实；至于"东安岩"条所记"定光佛尝栖于此"可与"仙释·定光"所记"别立草庵居之"印证；"定光南安岩诗"条所录"百千年称定光居"则指诗之作年前后百年称颂、千年称颂也。

祝贺《定光古佛文化研究》出版，祝愿林善珂学兄暨各位学界先进身健笔健！

2011 年 12 月 1 日记于北京

目　录

定光古佛与伏虎禅师 …………………………………… 汪毅夫（1）

宋代莅汀官师与定光佛信仰的形成 ……………… 谢重光　卢秀文（10）

定光古佛：台湾闽西客家移民的保护神 ………………… 刘大可（17）

定光古佛郑自严 …………………………………………… 林国平（32）

定光古佛信俗调查与研究

　　——以闽粤赣边界部分信俗区为例 ………………… 林善珂（38）

浅谈定光佛信仰在两岸交流中的桥梁纽带作用 ………… 张世良（46）

传扬古佛信仰的典范载体

　　——闽西四座具有代表性的定光寺庙的人文分析 … 吴福文（55）

定光佛信仰的民间文化基础及其现实意义 ……………… 林清书（66）

定光佛信仰语境下的客家文化探析 ……………… 俞如先　张雪英（74）

做好"定光祖庙"文章　凝聚海内外客家亲情 …………… 张佑周（84）

"南安岩定光佛"文献初步研究 …………………… 张木森　邹文清（94）

岩前定光大师"金身留浙水"楹联考辨 ………………… 罗炳星（110）

定光古佛信仰的文化内涵及其发展前景 ………………… 邱立汉（115）

定光古佛信仰缘起及其在台湾的传播 …………………… 李贵海（124）

再论海峡西岸的"双神"景观

　　——从定光古佛与妈祖海神的传播说起 …………… 钟德彪（135）

永定客家移民与台湾定光佛信仰 ………………………… 苏志强（148）

定光古佛生平考 …………………………………………… 钟茂富（158）

定光佛信仰在闽南文化区域的交融 ……………………… 郭启熹（166）

从左道妖僧到定光大师
　　——宋代宗教信仰政策与定光古佛信仰的形成 ………… 周雪香（172）
圣人、圣物与圣地：闽西武平县定光古佛神迹崇拜研究 … 刘大可（180）
定光古佛"化身"刍议 ……………………………………… 钟红英（203）
定光佛信仰与台湾福客关系 ……………………… 祁开龙　庄林丽（217）
定光古佛影视宣传的探索与实践 ………………………… 练建安（229）
论定光佛弘法胜地的选择 ………………………… 俞如先　张雪英（241）
闽西定光佛信仰传播的历史文化信息 …………………… 许怀林（252）
神灵显迹与民间叙事：士人立场在民间信仰中的隐形表达
　　——以定光佛传说故事的研究为中心 ………………… 邹春生（267）
定光佛信仰的基本形态及其近现代意义 ………………… 释开庆（278）
定光佛身世历史探索 ……………………………………… 陈炎正（300）
两岸定光古佛民间信仰与台湾客家移民初探 …… 曾喜城　罗秋珍（309）
论两岸定光古佛信仰与客家文化交流 …………………… 刘焕云（315）
定光佛信仰在台湾社会变迁下的现况：以彰化为例 ……… 林秀芳（323）
定光古佛信仰
　　——以彰化定光佛庙为中心考察 ……………… 陈重光　李澄清（330）
定光佛信仰在台湾移垦社会中的特色 …………………… 陈亮州（340）

编后记 ……………………………………………………………（352）

定光古佛与伏虎禅师*

汪毅夫**

【摘　要】　本文从定光古佛与伏虎禅师生前在汀州活动的时间和圆寂后受封的时间先后为切入点，对定光古佛与伏虎禅师生前寂后的神异事迹分别阐述并进行辨析，以还定光古佛与伏虎禅师的历史原貌。

【关键词】　定光古佛　伏虎禅师

汀州客家民间旧有"三仙二佛"之说，《临汀志》谓："三仙二佛之名，于汀尚矣。仙事茫不可索，佛应日现著，邦人崇向，日严以亲，是不可不书。"二佛，即定光古佛和伏虎禅师的合称。

据《临汀志》所记、所录的材料，定光古佛俗姓郑，俗名（一作法号）自严（又作自岩），福建泉州同安县人。祖父在唐代曾任"四门斩斫使"，父任同安令。944年，自严11岁时恳亲出家，依本郡建兴寺契缘法师席下；950年，自严17岁时游豫章（今江西南昌），过庐陵，契悟于西峰园净大师；964年，自严到汀州武平县，驻锡南安岩；1010年，汀守赵遂良延入郡斋；1015年正月六日申时，自严示寂，春秋八十有二，僧腊六十有五。

自严生前，人称"和尚翁"，亲之也；灭度，则皆曰"圣翁"，尊之也。1075年，诏赐号"定应"；1104年，加号"定光圆应"；1133年，嘉"普通"二字；1167年，又嘉"慈济"；1240年，有旨赐额曰："定光院"，又赐八字封号，内易一"圣"字，称"定光圆应普慈通圣大师"。

定光古佛，祷应如响，名公巨卿有大篇短章致赞叹之意。如，黄庭坚

---

* 摘自汪毅夫著《客家民间信仰》，福建教育出版社，1995。
** 汪毅夫，福建省人民政府原副省长，现任台盟中央常务副主席、全国人大常委。

有诗赞曰：

> 定光石佛，不显其光，古锥透穿，大千为橐。卧象出家，西峰参道，亦俗亦真，一体三宝。南安石窟，开甘露门。异类中往，无天中尊。彼逆我顺，彼顺我逆，过即追求，虚空鸟迹。驱使草木，教诲蛇虎。愁霖出日，枯旱下雨。无男得男，无女得女。法法如是，谁夺谁与？令若威怒，免我伽梨，既而释之，遂终白衣。寿帽素履，发鬘皤皤。寿八十二，与世同波。穷崖草木，枯腊风雨。七闽香火，家以为祖。萨埵御天，宋有万姓。乃锡象服，名曰定应。

定光古佛在民间又有"见世佛"（即现世佛，活菩萨也）之誉和定光佛转世的传说（定光佛梵名提洹羯佛，译言锭光佛或燃灯佛，锭光又作定光。有足曰锭，无足曰灯。据说此佛出世之日，买五茎之莲奉佛，因而得未来成佛之记别）。

伏虎禅师，俗姓叶，法名惠宽，福建宁化县人。长得业于本郡开元寺，遍游诸方，悟旨而返。945年，驻锡于汀，创庵名曰"普护"。962年九月十三日示寂。

1070年，赐庵为"寿圣精舍"，其后多次赐封，累封到八字，称"威济灵应普惠妙显大师"。

伏虎禅师和定光古佛生前在汀州活动的时间相衔接（伏虎禅师：945~962年，定光古佛：964~1015年），死后受封时间则相交叉（伏虎禅师：1070~1184，赐庵名、封号，累封至八字；定光古佛：1075~1240，赐庙名、封号，累封至八字）。

1174年，长汀郡守从武平均庆院迎奉定光真相入于州后庵，又于广福院迎伏虎禅师真相，差肩为宾主，以便祈祷。

在民间传说中，定光古佛和伏虎禅师的主要事迹包括如下几件。

1. 祷雨救旱

《临汀志》记：（南唐保大）七年，汀苦旱，靡神不宗，郡将闻师道行，结坛于龙潭侧，延师致祷。师云："此方旱气燔甚，实众生罪业自速其辜，今当普为忏悔，七日不雨，愿焚其躯。"及期，旱如故。师延跌坐，命曆火于薪，众骇愕，火未及然，油烟四起，甘雨倾注，师曰："未也，水流束薪乃已。"未几果然，见闻赞叹。

林国平、彭文宇《福建民间信仰》一文中的《闽都别记》第54回中通过僧义收焚躯祈雨的故事指出"这一传说在民间广为流传"。伏虎禅师积薪危坐的祈雨之术也有其来源，上古汤王曾施此术求雨，事见《淮南子》、《吕氏春秋》。《临汀志》说："绍兴七年敕封'净戒慈应大师'，时在汀者犹未封圣院，乾道三年改赐'广福'，师所经从辄成也。至十二年乃赐号于汀，早'威济'，淳熙十一年复加'普惠'，皆以救旱功"；李世熊《宁化县志》亦谓："历绍兴、乾道、淳熙，以救旱功。累封威济灵应普惠祥师"。可见，祷雨救旱是伏虎禅师的主要事迹。定光古佛也有"枯旱下雨"之功，如《临汀志》记："熙宁八年，郡守许公尝表祷雨感应，诏赐号'定应'"；又记："咸秩（按：咸秩即郡守胡咸秩）闵雨，师以偈付来吏，甫至郡而雨作，岁乃大熟"。

2. 驯服野兽

据《临汀志》，定光古佛初到武平，见南安岩势峭峻，怃然叹曰："昔我如来犹芦穿于膝、鹊巢于顶，而后成道。今我亦愿委身此地，以度群品，若不然者，当使殒碎如征尘。"其后，大蟒猛虎皆俯伏而去。他又曾削木书偈，毙虎于路。伏虎禅师亦因汀州"州境山谷深窈，虎豸出没为害，师以解脱慈悲，力为之训饬柔服"而得"伏虎禅师"之号。李世熊《宁化县志》记："州有白额虎为害，午后路绝行人。师入山为虎说法，虎俯伏若受律戒者。州人遂呼为伏虎禅师。时南唐保大三年也。"

3. 活泉止水

长汀平原山有龟峰狮石之胜，众为之创庵于此，名"普护"，伏虎禅师居之。庵侧一岭刺天，名"吊军岭"（又作"调军岭"），高峻无水，伏虎禅师于石上顿锡三下，泉涌如注，至今不竭。定光古佛亦有活泉之术。江西南康盘古山有井无水，定光古佛泛舟而往，至山观井无水，遂以杖三敲云："快出！快出！"半夜有落泉溅崖之声，井水满溢。长汀州后庵有枯池，定光古佛应郡守之请，投偈池中而水溢。定光古佛并曾在大和县怀仁江、长汀县龙潭投偈止水，解除洪患。

4. 治河护航

相传，定光古佛曾使广东梅州溪流改道，又曾于汀江河道上施术尽除槎桩。《临汀志》记：定光古佛"经梅州黄杨峡，渴而谒水，人曰：'微之'，师微笑，以杖遥指，溪流源涸，徙流于数里外，今号'干溪'"；又记："泛舟而往，江有槎桩常害人船，师手抚之曰：'去，去，莫为害！'当夕无雨，水暴涨，随流而逝"；又记："祥符初有僧自南海郡来，告曰：'今欲造砖塔，将求巨舰载砖瓦，惠州河源县沙洲有船插沙岸，无能取者，愿师方便'。师曰：'此船已属阴府'。们复致恳，师乃书偈与僧，僧持往船所，船应手拔"。

5. 赐嗣送子

据《临汀志》记载，武平南安庑院是定光佛于大中祥符年间亲自创建的。长汀距武平南安岩三百里，往来不便，元祐年间在长汀县东南三里另创南安庑院为郡人祈禳之所。绍兴年间，长汀郡守詹尚方有营葺长汀南安庑院之意，忽有乡民叶姓者到县衙来，说是曾梦见一个和尚携节叩门，告诉他："郡守有意修葺南安庑院，如果你能施舍木料，将使你有子嗣。"他醒来告诉妻子，梦也应验了，所以前来施舍木料以为营葺之用。元代刘将孙《汀州路南安岩均庆禅寺修造记》记录了另一个定光古佛送子的故事：长汀郑姓农人求子，定光古佛托梦告诉他，明年将举一子，嘱预制一块木牌，佛将代为命名。农人制就木牌一块，四寸见方。不久，果然得了一子。定光古佛到来一看，叹息说："为什么不做一块大木牌呢？你的子孙将富有，但寿命不长。"农人要求改制，定光古佛说："这出于你的本意，不可以改动了。"定光古佛为农人之子命曰"郑安"。清代无名氏《定光大师来岩事迹》也记有定光古佛送子的故事：

> 宁化余某，求嗣立应。后夫妇抱子齐来叩谢。距岩二十里，子忽毙。余夫妇敬心不改，把子暂寄荒岭，仍亲到岩。致斋毕，乃归，视子坐食馒头，遂尽舍财产入寺。今其岭犹传"寄子"云。

《闽杂记》还记录了"无子者"抢"佛子"的生动情节：

> 长汀县向有抢佛子之俗。每年正月初七日，定光寺僧以长竹二竿悬数十小牌于杪，书伏虎佛号，无子都群奉之而行，自辰至酉，咸以长钩钩之，一坠地纷然夺取，得者用鼓乐迎归供之，以为举子之兆。

6. 避免战祸

《临汀志》于"敕赐定光圆应普慈通圣大师"（定光古佛）条下记：

> 绍定庚寅，石祭寇挺起，干犯州城，势甚岌岌，师屡现显。贼驻金泉寺，值大雨，水不得渡；晨炊，料米迄未熟，贼众饥困。及战，师于云表见名旗，皆有草木风鹤之疑，遂惊愕奔溃，祈求乞命。汀民更生，皆师力也。

又于"敕赐威济灵应普惠妙显大师"（伏虎禅师）条下记：

> 绍定群盗犯城，多方保护，显大威力，师与定光实相叶赞。

李世熊《宁化县志》亦记："绍定间，石祭寇犯郡城，守者每夜见二僧巡城戒勿懈，疑即师（按：指伏虎禅师）与定光也。"《定光大佛来岩事迹》则记：

> 国朝顺治三年，大图章京率兵到百步铺，见二僧云："城即开，幸勿伤民！"明日，复从卧龙岭洒水。章京询悉，诣寺揭帐视之，知即定光与伏虎二佛也，命鼎新其宇。

此外，民间还有定光古佛、伏虎禅师"法力无边"的种种传说，如《临汀志》记：

> 遂良授代以晴请，运使王赞过岩以雪请，皆如答应。真宗朝，尝斋于僧，对御一榻无敢坐者，上命进坐，僧答曰："佛祖未至。"少顷师至，白衣衲帽，儒履擎拳，即对御就坐。上问："师从何来？甚时届道？"答曰："今早自汀州来。"问："守为谁？"曰："屯田胡咸秩。"斋罢，上故令持伊蒲供赐咸秩，至郡尚燠。咸秩惊悚，表谢。上乃谓师为见世佛，御赐周通钱一贯文，至今常如新铸。

在以上传说里，定光古佛能变换天气，片刻间从汀州至于京城，又有"佛祖"之尊，是法力无边的高僧。

现在来谈谈定光佛崇拜和伏虎禅师崇拜的几个问题。

（1）定光古佛出于闽南，在同安县出生和出家，但在闽南地区却罕有传说、庙宇和信民。这一现象是不能仅仅用"定光古佛生前主要活动于客家住区"一语来解释的，因为在客家住区以外的某些山区也有定光古佛的传说、庙宇和信民。如清乾隆版《泰宁县志》记：

> 定光古佛，名自岩。泉州人。乾德间驻锡于邑之保安寺。趺坐三月余。夏日偶游叶家窠，见作童饮于溪，因谓曰："溪水夏则不净，不宜饮。"遂随手指地，涌泉成井，夏清冬浊。后在汀州武平之南安岩示寂，邑人塑其像，称曰南安公。

（2）福建沙县洞天岩旧有定光古佛卧像，清代陈芳楷《题洞天岩睡像》诗云：

> 定光何处禅，冷卧灵岩上。
> 阅世慵开眼，依稀成睡像。

近年沙县洞天岩又重雕了长 38 米、高 11 米、宽 10 米的定光古佛卧像。1994 年 9 月，定光古佛卧像"开光"典礼举行时，笔者适在沙县，躬逢其盛。沙县有"定光禅院"，始建于唐；又有"仙人迹"，相传是定光古佛留下的脚印；另有定光古佛与惭愧祖师的传说，略谓：

> （惭愧祖师）潘了拳，沙县夏茂洋元粉干曲人，生于唐宪宗元和十二年（817）三月二十五日。相传，他呱呱坠地时左手抱拳而不能伸开，三天三夜啼哭不止。父母异之，为其取名"拳"。第四日，门外来了个化缘和尚，在这婴儿手背上划个"了"字，并口诵偈语："不张不了，不了不张，一张即了，一了即张。"言毕，婴儿拳头当即张开，哭声立止，和尚亦无影无踪。此后，这婴儿遂名"了拳"的化身。①

惭愧祖师在客家住区也有不少庙宇、信民和传说，容在下文补述。现在应该指出的是，沙县民间信仰里的"定光佛"同客家民间信仰里的"定光佛"有所不同，又有所关联。按照沙县的民间传说和史料记载，"定光

---

① 吴声雅、陈世旺：《探访淘金山》，1994 年 12 月 17 日《福建日报》。

佛"在唐代已有庙宇和显圣的事迹；但根据客家住区的民间传说和史料记载，定光佛是宋代僧人，在宋代才有庙宇和显圣的事迹。两者之间的关键乃在于，民间有定光佛转世的传说，宋人朱弁《曲洧旧闻》谓：

> 五代割据，干戈相侵，不胜其苦。有一僧，虽佯狂而言多奇中。尝谓人曰："汝等望太平切，若要太平，须待定光佛出世始得。"至太祖一统天下，皆以为定光佛后身，盖用此僧之语也。①

沙县的定光佛和客家地区的定光佛，生年不一，这可以用定光佛的转世（出世、再出世）之说来解释。民国版《武平县志》所记诸说的出入，如杭州法相寺定光佛肉身与（汀州）"府志乃云邑人塑其肉身以祀"的矛盾，出于《湖壖杂记》的"定光佛五代时即有之"的论断同定光佛出自宋代的说法的互异，也可以用转世之说来解释。

（3）佛教有"肉身菩萨"之说，佛教徒即身证得菩萨境界，具足大智慧、大悲心，称之为"肉身菩萨"。《坛经·行由品》记：

> 六祖慧能初在黄梅弘忍门下作杂役，见上座神秀之偈未见性，便在廊下复书一偈："菩提本无树，明镜亦非台。本来无一物，何处惹尘埃。"众人见偈惊讶不已，说："奇哉，不得以貌取人，何得多时使他肉身菩萨！"

定光古佛和伏虎禅师都属于"肉身菩萨"，在民间有"现世佛"之誉。在客家民间信仰里，类似的"肉身菩萨"还有惭愧祖师、满和尚、月光禅师等。

房学嘉《客家源流探奥》记：

> 灵光寺位于程乡县东约80里，原名圣寿庵，始建于唐懿宗咸通年间（约860年），是唐粤东高僧潘了拳用作传布顿教的演法道场，整个建筑占地0.6万多平方米。潘了拳是福建延平府沙县人。据传其出生时，左拳曲着不能伸，三日后，适有一老僧过其家门，其父抱儿见老僧，老僧以笔在孩子手背上写了一个"了"字，曲拳立伸，张开五

---

① 转引自林国平、彭文宇《福建民间信仰》，福建人民出版社，1993。

指，取名了拳。潘了拳17岁出家，20岁来到阴那山五指峰下，开山结茅，布施施行。潘了拳为人谦虚，自号惭愧，49岁坐化以后，人们以檀木雕其像，作为纪念，称其为惭愧祖师。传至第二代弟子时，拆掉茅庵，改用砖瓦建筑，立庵名为"圣寿庵"。至宋神宗元丰三年（1080年）由御史梅鼎臣捐金扩大重建，并亲书匾额为"灵光寺"。惭愧祖师在闽、粤、赣山区颇有影响，不少寺庙都供奉其像，如兴宁县的宝成寺内，就既有惭愧祖师的供堂，又有六祖惠能的供堂。

又引宋代梅鼎臣"灵光寺碑记"云：

> 庚申之岁，予奉天巡守粤东。时七月既望，出巡韩城，身将复溺，忽然从天而降有一神人身披黄袍，手挥拂予，登舟救援。甚为骇，臣予即维舟滩头询之乡人，耆老告予曰，此中有一阴那山圣寿庵，此去路隔一十余里，先唐咸通年有得道惭愧祖师平日常显神通，灵应非常，予遂不惮跋涉急命仆夫就道相访，及至那山瞻谒，师像果与舟中相见者无异。

此外，高僧圆寂后，遗体涂以金、漆，作跌坐状，存于墓塔或寺庙，亦称肉身或肉身菩萨，佛经上称为"全身舍利"。《湖壖杂记》所谓"武林仙佛之肉身有二，一丁野鹤，一长耳和尚也"。就是将"长耳和尚"（定光佛）称为肉身（肉身菩萨）。李世熊《宁化县志》记：

> 满和尚，俗姓王，法名性满。弘治十年，住持沿口禅关，如痴如狂，众莫知所为。一日，坐化室中，端凝不倚，体软如常，众始异之。置龛三年，面色如生。里人赖志亮，乃以金漆胶土固之，称"肉身菩萨"。今尚存焉。

《宁化县志》所记"月光禅师"，生前并无出家的记录，亦无显示"法力"的事迹，死后却被供如"肉身菩萨"，并有种种显示"法力"的事迹。

李世熊《宁化县志》记：

月光禅师，泉下里人，生于元初，家贫奉寡母，以孝闻。数言："吾欲西归，奈母恩何！"或嗤之曰："此汝家也，更何归？"师曰："此非吾家也。"尝饲鸭雏田间，偶亡其一，虑失母欢，取泥抟一雏补之，归而母遂莫辨。后一日坐化田间，久不返，母趋视之，则异香绕袭，母抚之曰："汝真西归邪？"点头者再，乡人异之，以金漆垩其身祀焉。其大德四年也。其后远行者，乞炉烬祀之。偶遇风波，扬烬空中，即见师隐现云际，汹涛立解。流寇逼乡，有僧叩贼营遮止之，忽不见，贼怪而解去。每岁旱，诸乡争舆像以祷，雷雨立至。时有黠者，另塑一像以乱之，本乡往追，竟不能别，乃密祷于师，是夕见梦曰："出案三寸者我也。"翌日二像齐肩，其一忽离案三寸，从乃欢拥而还，今称月光大德感应禅师。

定光佛和伏虎禅师属于"肉身菩萨"，这是客家住区定光佛信仰和伏虎禅师信仰的一个特点。

宋代莅汀官师与定光佛信仰的形成

谢重光　卢秀文[*]

【摘　要】　定光佛信仰的形成是一个漫长的过程，其间的因素很多，而官方的态度往往是至关重要的。关于宋代莅汀官师与定光佛信仰形成的关系，笔者在《闽西定光佛信仰研究》[①]一文中曾稍有涉及，但未展开论述。兹篇之作，乃全面考述宋代莅汀官员对于定光佛神通和社会功能的不同认识以及所采取的不同措施，对于定光佛信仰形成与发展所产生的不同作用，或可对定光佛信仰的研究有所裨益。

【关键词】　莅汀官师　定光佛信仰　形成

一　王官苦拘束，佛法不流行

定光佛的原型是北宋僧人，号自严法师，姓郑，生于五代王闽龙启二年（934），卒于北宋真宗大中祥符八年（1015）。17 岁时成为大僧，前往江西庐陵西峰寺，受业于圆净大师，经过五年苦学，"遂证神足"[②]，"行解微密"[③]，深谙密宗法术[④]。北宋太祖乾德二年（964），他 31 岁（按旧历算法），来到武平县南安岩，显示了降蟒伏虎的神通，受到百姓敬信，为

---

[*]　谢重光，男，福建师范大学闽台区域研究中心文化所所长，福建师范大学社会历史学院教授，博士生导师；卢秀文，女，敦煌研究院副研究员。
[①]　载谭伟伦主编《民间佛教研究》，中华书局，2007，第 32~62 页。
[②]　《仙佛·敕赐定光圆应普慈通圣大师》，（宋）胡太初修、赵与沐纂，长汀县地方志编纂委员会整理本《临汀志》，福建人民出版社，1990，第 164 页。下引《临汀志》均同此版本。
[③]　（宋）沈辽：《云巢编》卷 6《南岩导师赞》，文渊阁本《四库全书》集部·别集类。
[④]　关于定光佛宗教信仰的密宗性质，请参看谢重光《闽西定光佛信仰研究》，载谭伟伦主编《民间佛教研究》，中华书局，2007，第 32~62 页。

之结庵，供其修炼。此后，民有祈祷，他"辄书偈付与，末皆书'赠以之中'四字，无愿不从"①。也就是说，他在武平南安岩，主要是用密宗的书偈念咒的办法，显示法术，满足百姓的各种愿望，因而获得越来越高的威望，受到越来越虔诚的信奉。

但是密宗的这一套做法，在佛门中颇具争议，在严守儒家教条的官员眼中，则是旁门左道，是应予压制乃至取缔的。据《临汀志》记载，郑自严很长一段时间在南安岩为百姓预测未来，预言吉凶，即所谓"民有询过去未来因者，师皆忠告，莫不悚然"。这种做法，是密宗僧人常见的行事，但却遭到其他僧人的嫉忌和排斥，"同道者惧其太甚"，迫使自严法师好长一段时间不说话。

其时官府对于自严法师的态度，留下记载的只是为了寺院输布的事，法师上书官府，受到官府打击一事：

> 一年，岩院输布，师以手札内布中，监临郡倅张公晔见词，闻于郡守欧阳公程，追摄问状，师不语。守、倅愈怒，命焚其衲帽，火烬而帽如故；疑为左道，以彘血蒜辛厌胜，再命焚，而衲缕愈洁。乃遣谢使归。自是白衣而不褐。②

很显然，在郡守欧阳程和郡倅张晔等人的眼中，自严法师的言行既是干预公务，更是蛊惑人心，应该严加取缔。于是用火焚衲帽、猪血蒜辛厌胜等对付旁门左道的办法，来对付自严法师。显然，自严法师神通高超，这一套办法对他毫无效果，官府还不得不表示道歉，让他回去，但对他的疑忌与压制并未停止。此后自严法师只穿俗衣，不穿袈裟，即所谓"白衣而不褐"，看来是被迫而为，并非出于自愿。③

---

① 《仙佛·敕赐定光圆应普慈通圣大师》，《临汀志》，第164页。
② 《仙佛·敕赐定光圆应普慈通圣大师》，《临汀志》，第165页。
③ 关于定光法师"白衣而不褐"的由来，北宋僧人惠洪《禅林僧宝传》记载道："邻寺僧死，公知法当告官，便自焚之。吏遂捕，坐庭中，问状，不答，索纸作偈曰：'云外野僧死，云外野僧烧。二法无差互，菩提路不遥。'而字画险劲，如擘窠大篆。吏大怒，以为狂，且慢己。去僧伽黎，曝日中。既得释，因以布帽其首，而衣以白服。"这是说定光法师擅自处理邻寺僧死之事触犯了法律，被官府追捕，还不认错，态度傲慢，受到脱掉僧服曝晒日中的处罚，释放后不准再穿僧服，只能戴布帽，穿白衣（即俗衣）。这一记载，与南宋《临汀志》的记载略有不同，而被迫布帽白衣的情状更明确。

按欧阳程任汀州郡守是咸平四年至景德元年（1001～1004）① 的事。自严法师自乾德二年（964）来武平，至咸平景德间，大约经历了40个年头。这40年间，定光在民间已有很高的声望，拥有了很多的信众，但其所居庵院始终未取得正式的寺额，其本人不但没有获得任何一个赐号，还被逼得"白衣而不褐"，所以如此之故，合理的解释，只能是前此官府对于自严法师，都抱着不信任、不合作乃至疑忌打击的态度，不只是欧阳程一任如此。所以这40年，可称为自严法师传道受到官府阻挠压迫而进展迟缓的时期。拿自严法师自己的话来说，就是"王官苦拘束，佛法不流行"② 时期。

二 遭际信佛君臣，被视为定光古佛化身

自严法师晚年，时来运转，其法术和灵异事迹上达朝廷，受到皇帝的褒扬表彰，又是敕赐寺额，又是敕封师号，为日后定光佛信仰的形成奠定了基础。其间的关键，一是自严法师前往江西南康盘古山主法席，获得了"白衣菩萨化身"的盛誉；一是受到赵遂良、胡咸秩两位郡守的敬信和推崇。

关于自严法师前往盘古山主法席一事，北宋惠洪《禅林僧宝传》、沈辽《云巢编·南岩导师赞》及南宋《临汀志》均有记载。《禅林僧宝传》曰：

> 先是，西竺波利尊者经始，谶曰：却后当有白衣菩萨来兴此山。公住三年，而成丛林，乃还南安。

《云巢编·南岩导师赞》曰：

> 波利禅师……下神谶，先述后五百年此泉当窒，有白衣来，乃定光佛。彼众发谶，奔走迎屈，师以身往。

---

① 据《临汀志》"郡县官题名"之"郡守题名"，欧阳程咸平四年任，景德二年陈彦博接任。
② 据北宋惠洪《禅林僧宝传》，定光因禅院输布事件被官府拷问凌辱后，作了一偈，中有"王官苦拘束，佛法不流行"语。

《临汀志》曰：

> 初，南康盘古山波利禅师从西域飞锡至此，山有泉从石凹出，禅师记云："吾灭度后五百年，南方有白衣菩萨来住此山。"其井涌泉，后因秽触泉竭，舆议请师主法席以符古谶，师许之，乃泛舟而往。

综合起来看，是说江西南康盘古山有一口泉，本来泉水涌得很大，后来枯竭了，有一个长久流传托名波利禅师的谶语，说有一位白衣菩萨，或干脆指定为定光古佛，来主持此山，泉水就会重新涌现，而山中佛法也会很兴盛。因为此时郑自严就是穿着白衣，在民间又有相当的名声，大家相信他就是波利禅师谶语所指的白衣菩萨，或定光佛，于是舆论一致要求自严法师来盘古山主持法席。自严法师也自信自己就是谶语所指的白衣菩萨或定光佛，当仁不让地来到盘古山，当上了住持，三年间使盘古山形成丛林，佛法大盛。于是，自严法师的名声更大了，身份地位也大大提高了，很风光地回到了武平南岩。

其时汀州郡守也换了人，祥符四年（1011）在任的是赵遂良，祥符六年继任的是胡咸秩。① 他们可能比较信佛，也可能是行政手法比较圆滑，看到自严法师有那么广大的信众，社会影响那么大，遂对之崇敬有加，希望倚重他达到某些特殊的目的。《临汀志》记载道：

> 四年，郡守赵公遂良闻师名，延入郡斋，结庵州后，以便往来话次。

文中的四年就是祥符四年，这一年赵遂良刚刚出任汀州郡守，下车伊始，就在州衙后为自严法师建造了一座寺院，把自严法师从武平南岩迎请过来，这是一种很高的礼遇。他这样做的理由是"以便往来话次"，所谓"往来话次"，可能有像韩愈与僧大颠交往谈论哲理那样一层意思，但主要的还是随时请自严法师作法兴利除害。据记载，赵遂良先后请自严法师"出水"、"除蛟"，结果一一奏效，他便"表闻于朝，赐'南安均庆院'额"。自此，自严法师所住寺院有了朝廷赐予的正式寺额，自严法师本人

---

① 见《临汀志》"郡县官题名"，第117页。

也就从过去官府眼中的"左道"、"妖僧"一变而为官府认定的法师、大德，其意义非常巨大而深远。

赵遂良离任时，请自严法师祈祷天晴；而路经汀州的转运使王贽，请求自严法师祈祷降雪以求丰年。这些都如愿以偿，诸如此类神异的事迹，使得自严法师的盛誉越来越高。祥符六年，胡咸秩接任汀州郡守，他也很快领教了自严法师的神通，为之惊叹；又看到自严法师为民祈雨有效，解除了旱情，使当年农业丰收，更加佩服。卸任进京时，便"历言诸朝列"，由是"丞相王公钦若、参政赵公安仁、密学刘公师道皆寄诗美赠"。关于胡咸秩领教自严法师的神通而无限拜服的经过，流传着这样一个故事：

> 真宗朝，尝斋于僧，对御一榻无敢坐者。上命进坐，僧答曰："佛祖未至。"少顷师至，白衣衲帽，儒履擎拳，即对御就坐。上问："师从何来？甚时届道？"答曰："今早自汀州来。"问："守为谁？"曰："屯田胡咸秩。"斋罢，上故令持伊蒲供赐咸秩，至郡尚燠。咸秩惊悚，表谢。上乃谓师为见世佛，御赐周通钱一贯文，至今常如新铸。

故事所要表达的意思是，通过赵遂良、胡咸秩等莅汀官师的揄扬，自严法师的名声已上达天听，受到皇帝的赏识和褒奖，嘉许为"见世佛"，即现世活佛，而这里讲的现世活佛，指的就是定光古佛。这样的故事，无疑出于好事者的编造。但这一编造的故事广为传播后，在信众心目中，自严法师已然是定光古佛化身，自严与定光画上了等号，文献中也渐渐的以定光或定光佛来指称自严法师了。

三　七闽香火，家以为祖

定光大师（即郑自严，由于信众把郑自严等同于定光佛，下文径称其为定光大师，或定光佛）去世后，人们对他的崇拜有增无减，定光佛信仰逐渐形成。其中主要的促进因素，还是官方的着力推动与宣传，包括不断制造定光佛神异显应事迹，为定光佛赢得一次次封号；以及拉名人写诗文（或假造名人诗文），使定光佛的事迹和声名广为传播。

关于制造定光佛神迹并奏封师号，重要者有如下几次。

熙宁八年（1075），郡守许尝表奏，说向定光佛祷雨灵验，有诏赐号"定应"。这是自严法师第一次获得师号，"定应"之名，暗示自严法师就是定光佛应身。

崇宁三年（1104），郡守陈粹再次表奏，说定光大师灭度近百年后，其真身生出白色毫毛，有诏加师号为"定光圆应"。

绍兴三年（1133），赣南盗寇猖獗，虔化县（今宁都县）县宰刘仅向定光佛祈求神兵助战，定光大师作法让县境佛塔上放射出五色毫光，并在塔上示现真身，盗寇大惊，溃败逃散。江西曹司把这一神异事迹上奏，诏令在定光佛原有师号上加"普通"二字。

乾道三年（1167），又因为定光佛新的显灵事迹，诏加师号"慈济"二字。

绍定三年（1230），湘赣闽粤边区发生大规模寇乱，乱军进犯汀州，州城眼看着要被攻破，传说定光大师屡屡显灵，还使乱军煮饭不熟，并在交战的关键时刻在云中显现神兵旗帜，使乱军军心动摇，导致溃败。大家认为，"汀民更生，皆师力也"。嘉熙四年（1240），汀州士绅把定光佛这一功绩列状上报给郡守，郡守据以上奏，诏赐定光大师曾居住的汀州州衙后寺院寺额为"定光院"，又把定光佛原有八字师号稍微改动，突出"通圣"二字，定名为"定光圆应普慈通圣"大师。①

这一时期的莅汀官师为什么对宣扬定光佛的神威不遗余力？嘉泰年间任汀州郡守的陈瑛一语道破天机，他说，定光佛那么灵验，"雨旸之应如响，是佛与守分治汀民也"②。意思是说，在当时的汀州，郡守是行政首脑，而定光佛是精神领袖，是民众的精神支柱。陈瑛认识到定光佛与郡守分治汀民的作用，所以扩建定光庙宇。此前此后各任郡县官也都认识到这一点，所以很卖力地扩建修缮庙宇，奏请加封定光师号和有关寺院寺额。

关于拉名人写诗文（或假造名人诗文），据《临汀志》称，曾为定光佛写赞美诗文的，"名公巨卿，大篇短章致赞叹意，无虑数百篇"；"丞相王公钦若、参政赵公安仁、密学刘公师道皆寄诗美赠"。《临汀志》还具体选载了北宋大文豪苏东坡和黄庭坚的赞词，其中苏东坡赞词有云："七闽

---

① 以上均见《仙佛·敕赐定光圆应普慈通圣大师》，《临汀志》，第166页。
② 《寺观》，《临汀志》，第69~70页。

香火，家以为祖。"这篇苏东坡赞词，未见载于各种传世的苏东坡文集，来历不明，其真实性大可怀疑。但《临汀志》成书于南宋，总结了前此各种图牒关于定光佛的种种纪实和传闻之作，书中既有"七闽香火，家以为祖"之语，则其时定光佛信仰大盛于福建各地，应非空穴来风。

降及南宋，定光佛信仰进一步传到粤东、赣南等地。如在粤东，民间传说，南宋初定光佛在梅州曾庇护落难大臣宋觊①，说明其时定光佛信仰在粤东已深入人心。而在赣南，绍定寇乱时，虔化县（今宁都县）宰在危急时乞灵于定光佛，得到响应而吓退贼寇。而作为省级官吏的江西曹司（即转运使），还误以为定光佛的祖庙在虔化县，他向朝廷奏请为定光佛加封师号时，奏文写道："虔州南安岩定光圆应大师，于虔之虔化县塔上放五色毫光，惊破剧贼李敦仁，收复二县。乃赐普通二字。"②联系到北宋释惠洪《禅林僧宝传》、《林间录》、《石门文字禅》及沈辽《云巢编》等僧俗诸书俱载定光佛事迹，而可以断言，至迟在南宋时期，定光佛信仰已在粤东、赣南扎根，定光佛不只是闽西一地的乡土守护神，业已成为赣闽粤边各地共同的守护神了。

综观郑自严生前坎坷传道和死后大受崇奉的经历，可以看出官方的态度，特别是莅汀官师的态度，对于定光佛信仰的形成实有至关重要的作用。他传道的起初40年步履维艰，是因为当时的郡守视之为左道妖僧；他晚年大受崇奉乃至被抬高到定光古佛转世的地位，是得力于赵遂良、胡咸秩等主要官员的推挽；去世后由人变成神，更是一代代官员宣传奏请的结果。由此可知，一个僧人要由人变神，成为一方民间信仰的对象，其本身的神异事迹是基础，官方的推崇是必不可少的条件。这一点，研究定光佛信仰也好，研究其他各种民间信仰也好，都是不可忽略的。

---

① 乾隆《嘉应州志》卷8《杂记部轶事》"梅州老僧"条，程志远等整理本，广东省中山图书馆古籍部，1991，第409页。
② （元）刘将孙：《养吾斋集》卷28《定光圆应普慈通圣大师事状》。

定光古佛：台湾闽西客家移民的保护神

刘大可*

【摘　要】　定光古佛信仰是闽西客家地区最重要的民间信仰之一。伴随着闽西客家人移居台湾，定光古佛信仰也传播到台湾。因而定光古佛信仰在闽台客家人的信仰世界中和两岸客家文化交流中具有重要的地位。关于台湾的闽西客家移民与定光古佛信仰的关系，前人有过一些讨论，但嫌简略。本文试图在田野调查的基础上，结合文献资料，就闽西客家人迁台的基本情况、定光古佛信仰在台湾的传播及其发挥的社会功能作一较为全面的探索。

【关键词】　定光古佛　台湾　客家　保护神

关于台湾的闽西客家移民与定光古佛信仰的关系，前人有过一些讨论，如高峻、俞如先的《清代福建汀州人入台垦殖及文化展拓》是这方面研究较早的一篇[①]，有开拓之功，但嫌简略；杨彦杰的《淡水鄞山寺与台湾的汀州客家移民》一文，资料丰富，亦多真知灼见，但偏重于淡水鄞山一寺[②]；拙作《关于闽台定光古佛信仰的几个问题》则囿于当时的见闻[③]，资料似嫌单薄，论述亦有偏颇。本文试图在这些研究的基础上，利用新资料，就闽西客家人迁台的基本情况、定光古佛信仰在台湾的传播及其发挥的社会功能作一较为全面的论述。

---

* 刘大可，历史学博士，福建省委党校副校长，社会发展研究所所长、教授。
① 高峻、俞如先：《清代福建汀州人入台垦殖及文化展拓》，《福建师范大学学报》1994年第1期。
② 杨彦杰：《淡水鄞山寺与台湾的汀州客家移民》，《福建省社会主义学院学报》2001年第3期。
③ 刘大可：《关于闽台定光古佛信仰的几个问题》，《客家》1994年第4期。

一 闽西客家人迁移台湾的基本情况

通常所说的闽西客家地区，是指地处福建省西北部的八个县：长汀、武平、上杭、永定、宁化、连城、清流、明溪，这八个县的居民完全或大部分讲客家话，在清代以前隶属于汀州，称为汀州八邑。因此，本文所说的闽西客家人迁台实际上就是清代汀州人迁移台湾。

闽西客家人最初迁移台湾，约在清顺治末年和康熙初年。清顺治十一年（1654），郑成功率军攻打漳州，汀州籍的漳州协守刘国轩献城归顺，成为郑成功麾下的大将。顺治十八年，刘国轩随郑成功入台，为收复台湾立下了汗马功劳。此后，刘国轩奉命驻屯台湾北部，守鸡笼山，一些闽西客家人闻讯，随之入垦台北。但是，这时的闽西客家人迁台毕竟还是少数。

清康熙后期到雍正年间，闽西客家人迁台开始形成一定规模。黄叔璥《番俗六考》载："罗汉内门、外门田，皆大杰颠社地也。康熙四十二年，台诸民人招汀州属县民垦治，自后往来渐众。耕种采樵，每被土番镖杀，或放火烧死，割去头颅。"① 所谓"汀州属县民"，即闽西客家人。台湾学者林衡道《台湾史》一书曾记：罗汉内门里（今高雄县内门乡一带），康熙四十二年，汀州人开辟，康雍之际，移民渐多。② 杨绪贤《台湾区姓氏堂号考》一书对闽西客家移民28姓142户做过调查，其中雍正前入台的也有23户。③ 由于这些资料或为孤证，或依据口碑，长期以来，论者多不敢确信。2002年1月7日，闽西武平县岩前镇建筑队在南安岩定光古佛寺——均庆寺旁，开挖水沟时挖掘出一块石碑，为我们提供了这一方面的有力证据。

这块石碑长1.2米，宽0.55米，厚约0.1米。石碑两面分别镌刻"募叩台湾乐助碑记"和"台湾府善信乐助建造佛楼重装佛菩萨碑"。"募叩台湾乐助碑记"的正文为罗（7）、王（6）、黄（10）、曾（25）、钟（5）、

---

① 黄叔璥：《台海使槎录》，（台湾）成文出版社有限公司，1983，第272页。
② 林衡道：《台湾史》，（台湾）众文图书股份有限公司，1984，第341页。
③ 参见杨绪贤《台湾区姓氏堂号考》，（台湾）新生报社，1981年印行。

张（24）、林（30）、刘（12）、邓（6）、温（8）、陈（21）、吴（13）、叶（19）、朱（3）、徐、李（19）、萧、郭（7）、何（6）、巫（3）、汤（7）、彭、范（2）、蓝（5）、饶（2）、沈、蔡、熊、谢（24）、赖（19）、江、卜、吕、杜、郑（4）、傅（8）、古（2）、涂（5）、戴（5）、廖（6）、杨（5）、苏、□（33）、邹（3）、彭、宋（3）、卢（2）、邱（2）、练、韩、连等50多姓捐款人名及金额①，左侧落款为："大清雍正十一年岁次癸丑孟春月三房主持僧盛山、得济、远铎各捐金拾两往台释子宏滋得升吉旦立。""岩城首事温观止、朱安邦、邹□□、邹□□、练思永、郑其忠，匠人练圣作、唐及□。"

"台湾府善信乐助建造佛楼重装佛菩萨碑"则为张（28）、朱（2）、罗（16）、谢（18）、钟（15）、刘（26）、陈（17）、吕（2）、袁、林（14）、傅（7）、温（6）、黄（7）、徐（15）、赖（12）、李（19）、王（10）、潘、余、何（7）、□（27）、黎（2）、巫、管、邓、邱（15）、廖（3）、吴（5）、宋、郑（6）、冯、修、游（2）、苏、董、梁（2）、邹（3）、严、孙、胡、郭、涂（2）、古（2）、蓝（3）、戴（2）、汤（3）、曾（7）、叶（3）、范、伊、杨（2）、盛、江（2）、许、练、沈、冯等近60姓捐款人名及金额。②

从上述"台湾府善信乐助建造佛楼重装佛菩萨碑"捐款名单看，仅祖籍或原籍在岩前镇周围（至多扩大到整个武平县）的台湾捐款人就有近60姓334人，考虑到移民台湾的闽西客家人，还不是以武平县籍人为最多，而是以永定籍人居多，所以这时在台湾的闽西客家人已蔚成规模。

更大规模的闽西客家人迁台则出现在乾嘉道时期。关于这一点，无论是地方史志，还是今人论述、家谱族谱，抑或寺庙、书院建筑都可得到证实。

先从地方史志的记载来看，连雅堂《台湾通史》载："胡焯猷，字攀林，永定人，以生员纳捐例贡，乾隆初来台，居于淡水之新庄山脚。时新庄方驻巡检，而兴直堡一带多未辟。焯猷赴淡水厅请垦，出资募佃。建村落，筑陂圳，尽力农功；不十数年，启田数千甲。岁入租谷数万石，翘然

---

① 姓氏后括号内数字为该姓参与捐款的人数，下同。
② 此碑现存福建省武平县岩前镇镇政府，我们在田野调查时将原文照录。

为一方之豪矣。"①

盛清沂纂修《台北县志》卷五"开辟志"记载闽西客家人迁台垦拓甚多，为避免烦琐，兹列表如下②：

垦拓地	垦拓者	垦拓时间	原籍
八贤村	江庆玉	乾隆二十五年	永定
四浅桥	不详	嘉庆初年	永定
新庄子	江姓	乾隆末年	永定
番社后	江姓	嘉庆初年	永定
埔坪村	□	乾隆末年	永定
陈厝坑庄	陈姓	乾隆末年	永定
大坑村	江、谢二姓	乾隆末年	永定
二坪顶	江、谢二姓	乾隆中叶	永定
五脚松	江姓	乾隆中叶	永定
木屐寮	江姓	乾隆末年	永定
内柑宅	江姓	乾隆末年	永定
八连溪	华姓	乾隆中叶	永定
乾华村	练在君、练在恭、练一乾	乾隆十六年	汀州
大溪乾	练、钟、潘等姓	乾隆中叶	汀州

今人陈运栋先生的《台湾的客家人》记有：嘉庆年间，武平人张祥云入垦台中地区后里（现台中后里、厚里二村）。③ 林衡道先生的《台湾史》也记道：道光二十二年，始有汀州移民三十二户，计四十口，前往附近（宜兰县苏澳地区）垦殖；光绪年间，宁化黄开懋，渡海到台湾开基，落籍在今天的台中市西屯区牛仔铺。④

再从谱牒资料来看，江荣国编《江姓族谱》记：福建永定县高头乡人江汉瑜于乾隆年间来台，由淡水入籍新庄后迁居桃园大溪。其族散居各县。

---

① 连雅堂：《台湾通史》（全一册），（台湾）众文图书股份有限公司，1979，第905页。
② 参见盛清沂《台北县志》，中国方志丛书，据1959～1960年排印本影印，（台湾）成文出版社有限公司，1983，第1306～1315页。
③ 陈运栋：《台湾的客家人》，（台湾）台原出版社，1983，第141页。
④ 林衡道：《台湾史》，（台湾）众文图书股份有限公司，1984，第346页。

杨彦杰先生在永定县调查时，见到的许多族谱也多有移民台湾的记载，如古竹苏氏《芦山派系始祖益公遗下族谱》云：十一世祖肖屏公，嘉靖丁未岁（1547）生，娶吴氏，生五子，"此系后代第十七、十八世有人到台湾"。十六世祖泰友公，生八子，"其中一房移居台湾"。十五世祖升槐公，生于顺治八年（1651），娶卢氏，生四子，"第十七世迁台新竹"。十五世祖升袤公，生于顺治十七年，娶阙氏，生六子，其中次子癸舍、五子德舍、六子春满皆迁往台湾，现在生袤的后代在台湾共 1000 多人。① 与苏氏相邻的江氏也有类似的情况，据《济阳江氏高头族谱（北山房）》记载：仅北山这一房，清代迁往台湾的就不下三四十例。如"十四世继湖公之子以春公、以光公、以茂公，及以省公之子——玉公，以及以金公之曾孙鹏伍（号南溟）、锡伍（号书九）、珀伍（号存敬）、风伍（号丹山）等八公，往台湾居住谋生"。十九世建槐公派下，又有耀文、铭文、震文、鸿文、寿文、清文、焕文等七人在台。②

与之恰成对照，杨彦杰先生在台湾的族谱中，也见到不少姓氏是从永定迁往的。如江姓，其始祖原在永定高头开基，至六世后分成东山、南山、北山三大房，每房都有人移居台湾。这些移民从大陆渡往台湾，比较集中的是在乾隆年间或乾隆以后。其分布的地点除少数在台中、彰化、宜兰外，绝大部分都居住在今桃园、苗栗、新竹，以及台北的中和、板桥、圆山、新庄、淡水、基隆等地。③

而从寺庙、书院建筑也可见一斑，除下文将要述及的定光古佛寺庙外，据陈培桂修《淡水厅志》载，由永定县人贡生胡焯猷牵头建造的寺庙有关帝庙、凌霄寺和明志书院。《台湾通史》亦载："焯猷固读书，念淡水文风未启，乡里子弟无可就传，二十八年，自设义塾，名曰明志，捐置水田八十甲余，以其所入膏火，又延名师教之，肄业者常数十人⋯⋯则今之明志书院也。观音山在八里坌堡内⋯⋯焯猷登其上，建佛寺，置香田，至

---

① （清）古竹苏氏：《芦山派系始祖益公遗下族谱》，光绪二十一年手写本。转引自杨彦杰《淡水鄞山寺与台湾的汀州客家移民》，《福建省社会主义学院学报》2001 年第 3 期。
② 杨彦杰：《闽西客家与南洋的关系——以永定湖坑李氏为例》，第三届国际客家学研讨会论文，1996，新加坡。
③ 杨彦杰：《淡水鄞山寺与台湾的汀州客家移民》，《福建省社会主义学院学报》2001 年第 3 期。

今遂为名刹。"① 由寺庙、书院的建置，也可以窥见当时闽西客家人在该地区耕垦的盛况。

这种一波又一波的移民潮一直持续到晚清甲午战争前夕，中日《马关条约》签订后，台湾被割让给日本。日本殖民当局禁止移民迁入，于是历时两个多世纪的闽西客家人迁台随之结束。据统计，到日据时期，在台湾的闽西客家籍居民及后裔约有42500人。②

二 台湾定光古佛信仰的兴盛

伴随着闽西客家人迁台，定光古佛信仰也传播到台湾。定光古佛，又称定光佛、定公佛，俗姓郑名自严，泉州同安人。传说中的定光古佛具有除旱排涝、驱蛇伏虎、送子保赤，以及惩恶扬善、捍患御灾等职司和功能，是闽西客家人最崇拜的民间神明。③

定光古佛信仰最早传入台湾大致始于闽西客家人迁台之初，从前述"台湾府善信乐助建造佛楼重装佛菩萨碑"的捐款人数和捐款金额看，迁台的武平人及后裔对重修定光古佛佛像的捐款是十分踊跃的，其信仰也是十分虔诚的。再从落款"大清雍正十一年岁次癸丑孟春月三房主持僧盛山、得济、远铎各捐金拾两往台释子宏滋得升吉旦立"看，清雍正十一年，三房主持僧盛山、得济、远铎，之所以会各捐金十两往台，是基于这样的一个背景：在当时，居住南安岩一带的居民与移民台湾的武平人有比较密切的往来，且经常互通信息，并确知在台湾的武平人对定光古佛仍然保持坚定的信仰，甚或比在原乡时更为虔诚，为重修佛寺往台化缘有较大的把握。否则，他们断不会既花钱，又冒风险前往台湾募捐。由此不难发现，定光古佛信仰此时在台湾已形成一定规模，如果考虑到从移民家户零星奉祀定光古佛，到形成风气或一定规模，需要一段时间，则定光古佛信仰最初传入台湾的时间还应由此上溯，推至康熙年间，甚至前述顺治时期。

台湾的定光古佛信仰虽然在清康熙、雍正，甚至顺治时期即已传入台

---

① 连雅堂：《台湾通史》（全一册），（台湾）众文图书股份有限公司，1979，第905页。
② 转引自连文希《客家之南迁东移及其人口的流布》，《台湾文献》第23卷第4期，第15页。
③ 详见刘大可《关于闽台定光古佛信仰的几个问题》，《客家》1994年第4期。

湾，但直到乾隆以后才开始形成兴盛的局面，这与闽西客家人大规模迁移台湾是一致的。典型的标志就是先后在台中彰化、台北淡水建起了专门祭祀定光古佛的寺庙。

彰化的定光古佛庙，又称汀州会馆，乾隆二十六年（1761）由永定县人士、九路总兵张世英等倡建，道光十年（1830）贡生吕彰定等捐修，道光二十八年，因受地震灾害，张连喜等又鸠资修复。该庙定光古佛塑像庄严、高大，为台湾省神像少有之例，殿内陪祀有天上圣母、关圣帝君、境主公王、福德正神、虎爷等多种神像。该庙现存的古物，除殿前的狮子、殿内的佛像和神像外，还有乾隆二十六年立的"西来化雨"匾、乾隆三十八年立的"济汀渡海"匾、乾隆四十一年立的"光被四表"匾、乾隆三十六年立的"瀛屿光天"匾、嘉庆十八年立的"昙光普照"匾、道光五年立的"智通无阻"匾，均为富丽堂皇的巨匾。主要对联计有："是有定识拔救众生，放大光明普照东海。道光十年"；"古迹溯鄞江换骨脱身空色相乎圆光以外，佛恩施台岛灵签妙谛示吉凶于前定之光"；"定危有赖推移力，光被方堃造化心"；"活百万生灵迹托鄞江留一梦，觑三千世界汗挥线地有全人。道光十四年端阳月，永定巫宜福、禊敬题"；等等。①

淡水的鄞山寺，也叫汀州会馆，位于淡水镇淡街芊攀林家庄，为闽西永定县移民罗可斌、罗可章兄弟首倡，闽西客家八县移民共同捐资修建。道光三年，闽西客家移民分香迎受定光古佛到该寺，以定光古佛为主神，左右分别陪祀观音和福德正神。该寺包括前殿、正殿及两侧的护龙。前殿和正殿之间的天井，左右各有走廊连接。龙柱雕刻线条强劲有力，庙宇坐东朝西，据说是淡水镇最好的风水宝地，属于蛤蟆穴。蛤蟆的子孙是蝌蚪，蝌蚪很多，象征子孙不断，财富不尽。寺庙大厅上悬有道光四年立的"足发彼岸"和"大德普济"匾，以及同年张鸣冈立的古联刻字"捍患御灾功昭宋代，庇民护国法显皇朝"。另有光绪甲午年立的"分彼东宁"匾和光绪十九年的"鄞山寺石碑记"。② 关于鄞山寺的缘起，据说是清道光年间，从福建省汀州府八县迁来台湾的移民中，多半都是经由海路在淡水港上

---

① 周玺：《彰化县志》，台湾文献史料丛刊本，（台湾）大通书局，第158页；关山情主编《台湾古迹全集》第2册，户外生活杂志社，1980，第182页。

② 陈培桂：《淡水厅志》，台湾文献史料丛刊本，（台湾）大通书局，第346页；关山情主编《台湾古迹全集》第1册，户外生活杂志社，1980，第223页。

岸,当他们来往淡水与福建之间时,认为在淡水没有落脚之处殊感不便。可巧这时福建省有人倡议,准备把八县人总镇守的定光古佛迎到永定县鄞山寺,于是就由汀州人罗可赋(斌)、罗可荣(章)兄弟为发起人,向迁来台湾的八县人募捐大约1万多元,从中国大陆购买建材建庙,落成之后才迎来本尊。最后又用剩余的募款数百元,购买附近的土地,加以开垦之后种植五谷,后来虽然几经变迁,但是仍然算是该庙的所属财产。①

这两座寺庙的兴建,标志着定光古佛信仰在台湾进入了比较兴盛的时期,而围绕这两座寺庙每年正月初五、初六定期祭祀,以及对于各庙的"互相庆贺",又进一步促进了定光古佛的兴盛,在其他一些寺庙也开始出现配祀定光古佛的现象,如台北县板桥市的普陀山接云寺以观音佛祖为本尊,定光古佛位于配祀之首。②桃园县大溪的福仁宫,俗称"大溪大庙",兴建于嘉庆十八年(1813)。"宫内正殿主祀开漳圣王,左龛祀定公古佛,右龛祀玄坛元帅;左厢祀巧圣先师,右厢祀财神爷;后殿主祀天上圣母,配祀注生娘娘、池头娘娘。就庙宇的规制而言,左边为龙边,其位阶高于右边的虎边。定公古佛位居正殿左龛,可知他在福仁宫的地位仅次于开漳圣王。"③而私家供奉定光古佛则更为普遍,以至于"台北一带汀州人聚落,如淡水阿里荖沿岸,家户均供定光佛"④。时至今日,我们在台北三芝乡调查时,一位江姓人的家中还抄得一张神龛的神位表,题头为:金玉满堂富贵春;两边对联曰:灯焰光辉呈瑞色,香烟盘绕结祥云。中间神位为:南无大慈大悲观音佛祖莲座;左右两边依次为:三元三官大帝、天上圣母元君、五谷神农大帝、圆应定光古佛、高头民主公王、伯祖东峰公太。

三 台湾定光古佛信仰的社会功能

定光古佛信仰作为闽西客家山乡最主要的神明信仰,具有除旱排涝、

---

① 高贤治、冯作民编译《台湾旧惯习俗信仰》,(台湾)众文图书股份有限公司,1978,第301页。
② 高贤治、冯作民编译《台湾旧惯习俗信仰》,(台湾)众文图书股份有限公司,1978,第472页。
③ 蓝植铨:《大溪的诏安客——从福仁宫定公古佛谈创庙的两个家族》,台湾"国立中央大学"客家文化研究中心编《客家文化研究通讯》1996年第2期。
④ 陈香编著《台湾的根及枝叶》,(台湾)"国家出版社",1983,第34页。

驱蛇伏虎、送子保赤，以及惩恶扬善、捍患御灾等职司和功能。它传入台湾后，一方面继续保留了这种信仰的基本特征，另一方面它又随环境的改变，产生了一些新的变化，形成了新的信仰特色，如前述"济汀渡海"、"汀人来台营生，仗神呵护"等等。更重要的是，台湾的定光古佛信仰在台湾的闽西客家移民社会生活中发挥了重要的社会功能。

台湾定光古佛信仰的社会功能中，最突出的一点表现在：它已成为台湾闽西客家移民同乡凝聚的纽带，团结斗争的旗帜。这一功能的形成，与台湾闽西客家移民所处的社会背景密切相关。

清初以来，当闽西客家移民踏上台湾土地时，他们首先遇到了来自两方面的压力。一方面是来自大自然的挑战，这时台湾西部的平壤之地早已为先来的漳泉人开发出来，他们只好随粤籍移民，穿越西部平原，深入丘陵或浅山区地区；或在中北部登陆，建立居民点（如彰化、淡水等）。他们入垦的地区，大多为烟瘴弥漫、箐密林深、虎蛇成群之地。经常碰到的问题是旱涝、疾疫、毒蛇猛兽。另一方面，他们入垦地区的居民成分十分复杂，居民中既有凶悍的"原住民"，其中包括为数不少的猎头民族，又有先他们而来的漳泉人，还有稍前或同时来的粤籍人。这些居民之间的冲突，大体可分为漳州人与泉州人的械斗、福佬人与客家人的对抗、汉人与"原住民"的争战，等等。这种或大或小，或为争地划界，或为水利，或为保庄，或为私仇而起的战祸，造成了无数生命财产的损失，人们为了自身的安全，更自动、自觉地形成同一语系或同一祖籍的不同集团。

尽管闽西客家人一波一波地迁台，但与漳泉及粤籍移民相比，在台湾的闽西客家移民毕竟势单力薄。朱仕玠《小琉球漫志》载"台地居民，泉漳二郡十有六七，东粤嘉、潮二郡十有二三，兴化、汀州二郡十不满一，他郡无有"①，而据日据时期台湾总督府编印的《台湾在籍汉民族乡贯别调查》称，福建汀州府属（包括永定、上杭、长汀、宁化、武平等）的客家人最少，仅占1/15。② 闽西客家移民以这样的人口比例，其势力难以与漳泉移民和粤籍移民相比，也难以与祖籍不同的其他移民融合。他们既要时时防备"原住民"的突然袭击，又要在漳泉械斗或闽粤斗争的夹缝中求生

---

① 朱仕玠：《小琉球漫志》，（台湾）众文图书股份有限公司，1979，第52页。
② 转引自连文希《客家入垦台湾地区考略》，《台湾文献》第22卷第3期，第24页。

存。在这样的生存条件下，闽西客家移民的安全几乎全靠向神明的祷告来求取。这一神明既要有驱蛇、伏虎、除旱、排涝、解疾的本领，又要有在对敌斗争中捍患御灾的功能，同时还必须专门保佑闽西客家移民，能够担负这一重任的唯有在原乡素有灵响的定光古佛。因此，定光古佛自然拥有闽西客家移民精神世界里最高的领袖地位，而且它还成为他们在现实世界团结闽西八县同乡的纽带，号召八县移民共同对敌的一面大旗。在共同信仰下，团结一致去战胜来自自然与社会的种种困难，也正是基于这些意识。尽管彰化定光庵、淡水鄞山寺建庙、施田的都主要来自永定，但无论是建庙碑文的落款、匾额反映的内容，还是寺庙的产权都属于整个汀郡"公众"。

有关鄞山寺建立的传说也颇能说明定光古佛的这种纽带与旗帜作用。据说鄞山寺所在地如果就风水说观之，正好位于所谓"水蛙穴"，也就是庙后面的两口井相当于蛙眼，而庙前半月形水池则相当于蛙口，在这种地点建庙必然特别灵验，居民将受到周全的保佑，所以汀州人就计划在这里盖庙。然而，草厝尾街居民却认为他们这条街在风水说上恰好是一条蜈蚣，假如让水蛙开始活动，草厝尾街就会受到影响而归于衰落。因此，就汀州人的建庙计划提出严重抗议，可是汀州人根本不加理睬而照建不误。果然，建庙后草厝尾街灾祸频传，使居民陷于极度不安，于是就去请教风水先生。风水先生为他们想出一个对策，这就是钓鄞山寺之蛙的方法，先在草厝尾街高高立一个钓竿，每天夜里都在竿头点火作为钓饵，鼓乐齐奏，频频念咒。结果汀州人大为恐慌，深恐蜈蚣来袭，就通宵警袭，保卫水蛙，可是最后还是被草厝尾街人攻陷，其证据就是鄞山寺靠淡水的井水变成白浊。如此，汀州人更恐惧，就赶紧举行盛大祭典，最后总算保住了水蛙的另一只眼，但水蛙终成为病蛙，就因为如此，据传后来该庙的管理人，即使不死也要罹患重病。[①]

这则关于鄞山寺建立的传说，表面上是闽西客家移民与草厝尾街居民争夺风水，实际上则隐含了闽西客家移民在定光古佛大旗下，团结一致，与别籍移民争夺生存空间的斗争。这些现象反映的是台湾定光古佛信仰具

---

① 高贤治、冯作民编译《台湾旧惯习俗信仰》，（台湾）众文图书股份有限公司，1978，第301页。

有强烈的族群意识。闽西原乡的定光古佛信仰具有明显的社区意识，在闽西田野调查时，我们经常可见同一社区若干个相邻村落共建定光古佛寺庙，或某一县人共建定光古佛寺庙的现象。定光古佛信仰传到台湾后，这种社区意识、地方意识就演变成为闽西客家的族群意识，这是台湾定光古佛信仰随着社会背景的变化而产生的新变化。

　　台湾定光古佛信仰的另一项重要社会功能是，它逐渐成为祖籍原乡的象征，日常生活的守护神。台湾的定光古佛信仰保留了闽西原乡的基本特征，如鄞山寺的名称，就从闽西永定县的鄞山寺直接承袭而来，彰化定光庵的两副对联均出现"鄞江"一语，而鄞江是汀江在长汀水段的古称。彰化定光庵、淡水鄞山寺的定光古佛神像的摆设、神态、相貌与我们在闽西各地所见如出一辙。鄞山寺正殿内除供奉定光古佛外，左右两边还附祀有观音和福德正神，彰化定光庵"定光古佛塑像庄严，尺度高大，为台湾省神像少有之例，殿内陪祀有天上圣母、境主公王、福德正神等多种神像"也与闽西定光古佛寺庙大致相同。① 而其中"境主公王"作为定光古佛的陪祀更是体现了闽西客家的特色。"公王"是闽西客家人特有的村落守护神，通常设小庙于村落的水口，在闽西客家村落的寺庙与打醮活动中，当地的公王也常作为主人陪伴定光古佛左右。伴随着闽西客家人入台，公王信仰也传入台湾，如台北县三芝乡新庄村就有座民主公王庙，据说其由来很久：大约距今200多年前的乾隆八年（1743），有一批开垦小基隆（新庄子）的移民，民主公王就是指这些移民而言。因为他们是乡土的开拓者，当地民众感激他们的恩德，并且为了把这些恩德永远传之子孙，以及为了祈求平安幸福，才建了一座四尺方的小庙，当时称为"土地公庙"。道光二年，从大陆来了一位翰林，此人就是巫宜福，他到台湾各地观光，有一天路过小基隆休息时，对于该庙所在地的秀丽风光叹赏不已，于是就嘱令当地人，以后要把这座庙称为"民主公王庙"，当地信徒欣然接受。四月初八是例祭日，都要举行祭典。② 其实，"民主公王"之名早在大陆就久已有之，系因永定高头一带百姓感念"神恩浩荡"而建的村落守护神。

---

① 闽西定光古佛寺庙的建筑与摆设，请参阅刘大可《闽西武北的村落文化》，国际客家学会、法国远东学院、海外华人资料研究中心，2002。
② 高贤治、冯作民编译《台湾旧惯习俗信仰》，（台湾）众文图书股份有限公司，1978，第397页。

这座"民主公王庙",则是江姓移民时从永定原乡分灵而来的。由此观之,境主公王的信仰也当是从闽西原乡移植而来。

每年定光古佛特定的祭祀日期也与原乡一致,都是正月初六。如鄞山寺"善后章程"反复提到"每年春季祭典"、"新年春季祭祀";光绪元年(1875)立于台南的《神佛诞辰碑记》亦云:正月"初六日,定光佛圣诞"。在寺庙建筑方面,定光古佛寺庙不仅建筑风格和理念与原乡一样,而且建筑材料也尽量保持与原乡的联系。前述鄞山寺初建时,从大陆购买建材建庙,落成之后才迎来定光古佛。1997年《鄞山寺修建纪事》碑说:在最近的一次重修中,小组成员决议,"所有材料、工法应遵循古法修建,尤建材应采用原建筑相当之材料"。在修理屋顶时,所用瓦片"除少数滴水保留外,均远赴闽西龙岩订购更新"。鄞山寺的禾埕原为水泥铺面,此次重修特地采用大陆泉州的白石,上面镌刻莲花浮雕,重新铺换。凡此种种,均表明定光古佛信仰是作为祖籍原乡的一种象征扎根在台湾的闽西客家人心中。

而作为日常生活的守护神,在台湾的闽西客家人聚落,奉祀定光古佛蔚成风气,前述"台北一带汀州人聚落,如淡水阿里薈沿岸,家户均供定光佛"[①]就是明显的例子,他们朝夕都拜定光古佛,凡事都听命于定光古佛的安排(利用掷筊的形式来决定吉凶祸福),而每当他们遭逢灾难,或因偶然的机运而得幸免,或因某种因素而使大病痊愈,他们都认为这是定光古佛保佑的结果。杨彦杰先生在台湾调查时,还曾发现了一张算命的"流连"。算命者认为被算的生辰八字中有"冲破",且当年"犯天犬",因此在流连上批道:"卅六岁许定光古佛,葆(保)以清吉。"彰化的定光古佛庙"世居彰化的住民,早晚赴庙进香,习以为常。每天清晨、晚上,前来该庙佛前虔诚烧香的善男信女,颇有其人,是庙至今仍不失为热闹街坊中的一幽静之佳境"[②]。每逢年底及新春,安太岁及点光明灯的香客排成长龙,祈求平安。据该庙会计黄先生说,安太岁或点光明灯费用每个月500元,每年祈求平安之香客数以万计[③],足见定光古佛在台湾闽西客家人

---

① 陈香编著《台湾的根及枝叶》,(台湾)"国家出版社",1983,第34页。
② 林衡道:《彰化市的汀州会馆》,《台湾文献》第31卷第1期,第166页。
③ 林瑶棋:《汀州客团结的象征——以彰化定光佛庙为例》,闽西客家联谊会、龙岩市政协文史和学习委员会编《定光古佛与客家民间信仰》,第43页。

聚落中的保护神作用。

闽西客家移民入台，带去了家乡崇奉的定光古佛，为的是能够随时祈求得到定光古佛的超自然力量的帮助。但长期以来，清王朝采取禁渡与限渡的措施，人为地制造了海峡两岸交往的困难，渡台难，返乡亦难，以至于闽台两地虽近在咫尺，却如天涯海角。在这种特殊的背景下，闽西客家移民原乡的保护神——定光古佛就寄托了他们对故乡的眷恋与遐思。因而定光古佛信仰逐渐具有怀乡思祖的社会功能。前述为均庆寺踊跃捐款就是一个典型的例子，乾隆十六年（1751），武平南安均庆寺重修，亦有台湾信徒募捐，《武平县志》载："外募十方，远及台湾。"① 时至今日，定光古佛信仰仍然发挥着这种功能。近年来，台北淡水镇鄞山寺为定光古佛"寻根问祖"，派出胡俊彦、徐守权两位先生为代表，还三次到武平县岩前镇。第一次，在狮岩看到定光古佛来南安的古碑，用红漆填好字迹，拓好拓本带回台湾。第二次，胡、徐两位先生携台胞善男信女20余人到狮岩朝拜定光古佛。第三次，他们在厦门雕塑定光古佛佛像一座，用两部汽车运送到狮岩。② 同时，将定光古佛像立于狮口，定下一条规矩，要求信徒每隔3年，在定光古佛像前包装香灰回台。2000年，台南大竹镇派人到均庆寺举行分香仪式，移植香火到台湾。2007年6月23日，台湾彰化定光古佛寺庙主任委员黄子祯随同台湾海峡两岸合作发展基金会董事长张世良先生率领的台湾宗教文化参访团一行20人，来到岩前狮岩均庆寺，和来自广东以及本地的400多名信徒一起参加定光古佛庙会，向定光古佛供奉进香。这次参访团成员主要来自台湾彰化市，他们手摸着祖上安放的定光古佛像，虔诚地把炉中香灰装入瓶罐，他们要把香灰带回台湾，以示供奉的定光佛得到承认，庇佑平安。2010年9月11日，台湾150多名定光古佛信徒亦专程到武平岩前均庆寺参加定光古佛朝拜活动。

与台湾定光古佛信仰密切相关，定光古佛寺庙成为闽西客家移民入台的落脚点，社会文化活动的中心。无论是彰化的定光庵，还是鄞山寺都有"汀州会馆"的性质。如彰化定光古佛庙左厢房中的"汀郡八邑倡议题捐

---

① 丘复主纂《武平县志》，福建省武平县志编纂委员会，1986，第514页。
② 李坦生、林善珂：《武平县岩前庙会醮会概况》，杨彦杰主编《汀州府的宗族庙会与经济》，国际客家学会、海外华人研究社、法国远东学院，1998，第57页。

士绅缘首董事禄位"有135人，当年创庙的这135人虽多数住在犁头店（今台中市南屯），少数住在彰化，但定光古佛庙却建在彰化。盖因彰化是县城，创庙的动机是充当"汀州会馆"性质，所以定光古佛庙应建在市中心的闹区，而不像其他庙宇一样建在山区或郊区。据住在彰化的70多岁的吕川成先生说，当年汀州客刚抵达台湾，都暂住在这个会馆，直到能自力谋生，才离开会馆。住在会馆时，食住完全由会馆免费供应。①

鄞山寺的建造更是如此。"鄞山寺碑记"云："昔汀人在沪街后庄仔内，于道光三年建造庙宇，名为鄞山寺，供奉定光古佛，为汀人会馆。"因此，鄞山寺左右两边护龙内共设有14个房间，在平时就成为闽西客家同乡刚抵台湾初期的安顿栖息之所，由于管理的问题，后来甚至还发展到"内地汀人游台甚多，无论何等出身，一到台北即欲冒取花红，并向总理借款"②。在战争或械斗发生时，鄞山寺就变成保护同乡妇孺及商定作战计划、发号施令的中心。

在平时的社会文化活动方面，鄞山寺既是闽西客家人的议事中心兼具仲裁同乡争执之务，又是闽西客家人重大喜庆、祭祀的重要场所。光绪十九年（1893）"善后章程条款"碑文云："鄞山寺系台北汀众公建，所有本寺祀业，应由本地汀人办理。公议有事项商确之处，亦由本地汀众集合议决"；"公议鄞山寺对于各庙，本有互相庆贺之举，自应遵行。至于在地绅董实心办理，及实有与劳寺中善后各事宜，若有喜庆，应行恭贺，由董事闻众集议，妥筹办理"；"公议董事必由汀众公议遴选殷实老练之人，秉公办理。倘遇有应行改易者，仍由众议公举接办，以垂定章"；"公议每年春季祭典之时，各董事务宜整肃衣冠，早晨参拜，汀众亦然"。③这些章程虽然主要是针对鄞山寺的管理、日常活动而言，但通过鄞山寺的管理与活动及定光古佛信仰，在台北的"汀众"已紧密地联系在一起，因此其他重大事项在此商议，其他重大活动在此举行应属当然之举。

---

① 林瑶棋：《汀州客团结的象征——以彰化定光佛庙为例》，闽西客家联谊会、龙岩市政协文史和学习委员会编《定光古佛与客家民间信仰》，第43页。
② 转引自杨彦杰《淡水鄞山寺与台湾的汀州客家移民》，《福建省社会主义学院学报》2001年第3期。
③ "鄞山寺碑记"与"善后章程条款"均参见杨彦杰《淡水鄞山寺与台湾的汀州客家移民》，《福建省社会主义学院学报》2001年第3期。

上面的这些社会功能似乎说明台湾的定光古佛信仰完全是局限于闽西客家移民,具有封闭性和内向性特征。但事实并非完全如此,如前述台北县板桥市的普陀山接云寺,以观音佛祖为本尊,协侍有善才、良女,从祀有韦驮、护法,配祀有定光古佛、注生娘娘、十八罗汉、山神、开漳圣王、马元帅、李元帅。例祭日各不相同,本尊的观音是二月十九、六月十九、九月十九,定光古佛是正月初六,开漳圣王是二月十五。桃园县大溪的福仁宫也正殿主祀开漳圣王,左龛祀定公古佛,右龛祀玄坛元帅;左厢祀巧圣先师,右厢祀财神爷;后殿主祀天上圣母,配祀注生娘娘、池头娘娘。定光古佛与别籍移民的保护神(如开漳圣王等)置于同一寺庙中,甚至出现在以别籍人为主的寺庙中,共享香火与共同举行各种祭祀活动,显示出定光古佛信仰成为闽西客家移民对外交往的一条通道,因而又具有跨族群的功能。

定光古佛郑自严[*]

林国平[**]

【摘　要】　本文从郑自严生前寂后记述在志书和在民间广为流传的故事入手，以文人士大夫撰写的诗文等为佐证，探究郑自严从人演变为神，最后被历代朝廷多次敕封的前后经过，提纲挈领地介绍各个朝代传承和发展情况，从中窥见一斑。

【关键词】　定光古佛　信仰　源流

定光古佛，姓郑，名自严，同安县人。祖父仕于唐，为四门斩斫使，父任同安令。生于后唐同光二年（934），卒于北宋大中祥符八年（1015）正月初六日，享年82岁，遗偈117首，其中22首乃亲笔所书。11岁时出家，依本郡建兴寺契缘法师席下。17岁游历江西豫章、庐陵，拜高僧西峰圆净为师，在此盘桓5年后，告别圆净法师，云游天下。五代中叶至北宋前期，足迹遍及闽、浙、赣、粤。乾德二年（964），郑自严31岁，来岩前募化，看见何大郎的开基地南岩石洞，四周山青水秀、洞内鬼斧神工，可以做道场，求助何大郎。何大郎已开创了37年的家产物业，要施舍给郑自严做道场，他的子孙不同意，修道的何大郎之女何仙姑也坚决反对。郑自严为了得到狮岩名山胜境，颇费了一番心机。郑自严在离狮岩10里的伏虎村盖了一间草寮，晚上诵念佛经，天一亮就步行到狮岩找73岁的何大郎下棋，成了忘年之交。何大郎终于说服自己的子孙，捐赠所有家产物业给郑自严做道场，郑自严在此设道场数十年。宋真宗时封"均庆院"，现为文物保护单位。景德初（1004）定光佛应邀到江西南康盘古山弘法，主持

---

[*]　据林国平撰文整理。
[**]　林国平，《文化台湾》主编。

禅院，三年后返南安岩。大中祥符四年（1011），汀州郡守赵遂良慕名请其到汀州府城，建寺庵于州府后供其居住。清宣统年间碑记：成道则于泉，涅槃则于越，而卓锡于汀，独吾岩为最著。圆寂后，浙人金其肉身，南安岩塑其像以祀，至今南安岩定光佛塑像两侧仍有"金身留浙水，宝珞镇蛟湖"楹联。南安岩洞中的定光佛塑像，善男信女顶礼膜拜，成为一方保护神，方圆数百里内，人们外出飘番（指到东南亚各国），出洋过海（指到台湾、香港地区），都来朝拜定光佛，祈求平安，并许重愿。岩前镇自清乾隆开始，有钟、曾、梁、练、魏、冯姓人开基台湾，他们把定光佛香火带入台湾建寺供奉。而今，台湾岛内供奉定光佛的寺院有数百座，它们成为海峡两岸佛教文化交流的桥梁和纽带。

定光古佛在世时，民间就流传着许多有关他的神话传说事迹。

一是除蛟龙伏虎，为民除害。后周显德年间（954~959），定光佛云游天下，路过大和县怀仁江时，江水突然暴涨，浊浪翻滚。当地百姓说是蛟龙在江中兴风作浪，危害百姓。定光古佛手写佛偈一首，投入江中，江水骤退，变成一片沙洲，后来当地人称之为龙洲。相传汀州城南的龙潭中有孽龙危害百姓，定光佛也投偈潭中，孽龙遂销声匿迹。又传定光佛在南安岩设道场时，大蟒前蟠，猛虎傍睨，良久，皆俯伏而去。淳化间（990~994），农夫的牛被老虎伤害，定光佛闻讯后，直奔草场，在牛被老虎咬死的地方立一木牌，写上偈语，第二天天亮，猛虎死于路中。

二是疏通航道，寻找泉水。相传景德初，定光佛应邀到江西南康盘古山弘法途中，经过某一条江河时，江中布满槎桩，船只往往触桩而沉没，定光古佛用手抚摸着槎桩，说道："去、去，莫为害！"当天晚止，天未下雨而江水暴涨，槎桩均被江水冲走。到了盘古山后，发现井水枯干，禅院缺水，遂用禅杖敲井沿三下，说道："快出、快出！"到了晚上，落泉溅崖之声不绝于耳，天明，井水涌出满溢。又传祥符四年，郡守赵遂良结庵州后请定光古佛住持，庵前有一枯池，定光古佛投偈而水溢，今名"金乳泉"。

三是祈雨求阳。祥符四年，汀州久雨不晴，郡守赵遂良请定光古佛搭台祈晴，获应。不久，又发生旱灾，郡守胡咸秩遣使到南安岩请定光古佛祈雨，定光古佛写一偈语，给来使带回汀州，刚进入汀州境内，大雨倾盆，是年喜获丰收。

四是为民请命。咸平六年（1003），官府向寺院征收布匹，布匹则由当地百姓代交，定光佛于心不忍，写了一封要求免征布匹的信夹在上交的布匹中。官府发现后，十分恼怒，拘捕定光佛询问，定光佛拒不回答，郡倅张晔愈怒，令人焚烧衲帽，可是火燃尽了，衲帽却越烧越白，只好把他放了。

五是神通广大。相传宋真宗时，有一次在京都设宴请全国高僧，高僧在皇帝面前不敢就座。定光佛姗姗来迟，进殿后就大大方方地坐在皇帝对面，宋真宗感到惊讶，问道：大佛从何处来？几时起行？定光佛答道：今天早上从汀州来。真宗不相信，又问：汀州太守是谁？答道：是胡咸秩。宴毕，真宗故意叫定光佛带一些斋饭赐给胡咸秩。胡咸秩收到仍存余温的斋饭，十分惊诧，上表谢恩。真宗接胡表文后，才相信定光佛非等闲之辈，称之为现世佛。又传祥符初年（1008），广东惠州有一艘运载砖瓦的巨船搁浅于河源县沙洲，僧侣来南安岩请定光佛帮忙，定光佛写一首偈语，来僧持偈到搁浅的船上，船只莫名其妙地拨动，顺利航行。

上述神话传说说明，一是定光古佛在世时曾为百姓做了一些好事，受到群众的爱戴，故被亲切地称为"和尚翁"；二是定光古佛在世时就带有一定的神秘色彩，其影响不限于闽西，在江西、广东等地也有一定的影响，所谓自江以西，由广而南，或刻石为像，或画像以祀，家有其祀，村有其庵。定光古佛圆寂后，很快被群众奉为神灵，尊称为"圣翁"，许多文人、学士、大夫纷纷撰写诗文盛赞。志称名公巨卿，大篇短章，致赞叹意，数计百篇。其中以文学家黄庭坚的赞词最为有名。

郑自严在世时，百姓把他看做定光佛的托胎转世，然而据现有资料看来，他在世时，只有白衣岩士、和尚翁等称号，去世后不久，百姓谓之为圣翁，还没有径称定光古佛的记载。郑自严被朝廷敕封为定光封号是在北宋绍圣四年（1097）。

明清以来，定光古佛信仰的影响进一步扩大，主要表现在以下三方面。

第一，奉祀定光佛的寺庙增多，分布也较广。元代以前，定光古佛寺庙不多，主要分布在福建、江西和广东三省交界处。明清以来分布较广，佛氏之盛，精兰绀宇遍海内，而汀之禅院独称定光，定光禅院于临安、于泉南、于汀右，无弗有，而汀为最著。南安岩为定光古佛信仰的祖庙，曾在明万历年间和乾隆十六年先后两次重修。在武平县有伏虎庵、禅果院、定光伏虎庵等奉祀定光佛的寺庙。沙县洞天岩建有老佛庵，庵旁岩石上雕有定光佛睡像，俗称灵岩睡像，香火鼎盛。建瓯县铁狮山定光岩，深邃奇绝，中祀定光佛。顺昌芹山里人以为是定光佛第二道场。连城县白仙岩、崇安县大浆岌以及清流县境内都建有寺庙奉祀定光古佛。明清时期定光佛信仰转入台湾省，至今台北、台中还有不少专祀定光佛的寺庙，最有名的是淡水鄞山寺。

第二，与定光佛传说有关的胜迹遍及闽西、闽北地区。定光佛在世时，足迹遍布东南沿海各省，尤其在福建省留下许多与之有关的胜迹。如：清流县灞涌岩，飞泉怪石，茂林修竹，为一方胜境，相传旧无水，定光佛至飞锡，凌空七日复返，始有泉涌。其夜，风雷大作，雨水滂沱，僧惊避迟，明视之，庵推出谷口，其下飞瀑数丈如珠帘，至今莫寻其源。连城县滴水岩，相传定光佛驻锡于此。上杭县东安岩，宋定光佛常栖于此岩。武平县是定光佛信仰的中心，胜迹尤多。如禅果院后有龙井泉，常有龙珠在井中发光，相传为定光佛所凿。离南安岩数十里处的绿水湖，水色深绿，相传是定光佛创院时，驻锡成湖。建寺院的杉木从湖中涌出，定光佛取其绿色的湖水为颜料画梁柱。南安岩前有12座山峰并峙，相传因定光佛的偈语"一峰狮子吼，十二子相随"而得名。黄公岌上有泉水，名圣公泉，相传乃定光佛杖击泉涌。泉口虽仅杯勺大小，但千人饮之不竭。岩前蛟湖，相传是定光佛所凿。武平县有许多地名由来于定光佛的神话传说，如岩前镇的寄子岭的传说至今仍为当地百姓津津乐道。相传宁化余某，曾向定光佛祈求子嗣，不久，妻子果真怀孕，生下一子。余某夫妇感恩不尽，抱着儿子一起到南安岩均庆寺叩谢，不料离南安岩20里处儿子突然死去。余某夫妇坚信定光佛法力无穷，敬仰和诚信之心不改，就把死儿暂且安放荒岭后仍去南安岩均庆寺进香祈祷。拜毕，回到荒岭，见死儿已复活，还坐着吃馒头。后人称此荒岭为寄子岭。

第三，由于定光佛的影响很大，有些与之有关的宗教活动久而久之就转化为民俗。如汀州的两个习俗，一是抢佛子习俗，每年正月初七日，定光寺僧以长竹二竿悬数十小牌于杪，书伏虎佛号，无子者群奉而行，自辰至酉，咸以长钩钩之，一坠地则纷然夺取，得者用鼓乐迎归供之，以为举子之兆。然亦有应，有不应，惟其纷夺，或至斗殴涉讼耳。二是请湿风、请燥风习俗，汀州府城赤峰山有定光佛寺，为一郡最高处。寺中一长幡，久雨不晴，则竖寺前，有风自南来幡脚飘北，次日必晴，俗称之请燥风；久晴求雨则竖寺后，有风自北来幡脚飘南，次日必雨，俗称之请湿风。有时还要抬出定光和伏虎禅师的神像，巡绕田野，祈求丰收。杨登璐《芷溪竹枝十九首》之五："首菱青苗发水田，定光伏虎绕横阡。醮坛米果为山积，奏鼓咚咚祝有年。"

随着定光佛信仰的进一步扩大，各种神话传说大量流传，这些新出来的神话传说与宋代相比，具有三个鲜明特点。

一是人情味较浓。《洞天岩志》载，清顺治三年（1646），大图章京率兵至百步铺，有两位僧侣晋见，说：城即开，幸勿伤民。讫，忽然消失。第二天，又看见两位僧侣从水龙山巅往下洒水，深感诧异，召见当地百姓询问，并描述两位僧侣的形状，百姓曰：汀州府有定光、伏虎两位古佛，大王所见或许就是他们显灵。大图章京半信半疑，来到定光佛寺一看，所见到的僧侣与佛寺中的定光、伏虎古佛的塑像相同，遂命郡人重修寺庙。在此，定光佛不是像宋代那样通过灵异来阻挡或吓跑入侵者，而是见大势已去，采取劝告清兵不要屠杀无辜的灵活措施来保护汀州百姓，成为一个识时务的神灵，富有人情味。

二是与闽西人文紧密结合。首先，与何仙姑的传说相联系。据《何氏族谱》记载，何仙姑的父亲何大郎曾任宁化知县，定居在宁化石壁村，后唐天成元年（926）迁居南安岩，后晋天福二年（937）生女何仙姑。何仙姑自幼喜清静，不饮酒，不茹荤，隐遁在南安岩修真，成为神仙。乾德二年（964），郑自严游历武平，选中南安岩为寺院，到处募化建造寺院。他劝何仙姑另找地方修炼，何仙姑不答应，说：我生于此，长于此，岂能舍岩他住？有一天，何仙姑出观洪水，郑自严乘机入岩趺坐，何仙姑回岩后，发现大蟒、猛虎盘伏在郑自严周围，十分驯服，就将状告父。何大郎钦其神异，遂施岩为佛殿。乡人在建造佛殿供郑自严居住外，还构楼以祀何仙姑。其次，与李纲的传说相联系。相传定光佛游历沙县时，变成一个老和尚，从溪南腾空而渡，正好被李纲遇见，李纲知道老和尚非凡人，上前叩问姓名、住址，并要拜他为师。定光佛拒收他为徒后，李纲又以前程卜问，定光佛写一偈语送他，偈语曰："青著立，米去皮，那时节，再光辉。"最初，李纲不明偈义，到了靖康元年（1126），金兵包围开封府时，李纲应诏入朝，出任尚书右丞，翌年任宰相，偈语的预言（青著立寓靖，米去皮寓康）得以验证。《沙县志》又载，李纲被贬谪于兴国寺时，看见一个老和尚渡溪，足不履桥，离地腾空而行，觉得诧异，尾随老和尚到洞天岩。老和尚在岩石上闭目养神，李纲待老和尚醒后，前去与他攀谈，边走边谈，至溪桥才相别。待李纲回首，发现老和尚驾云腾雾而去，才知道老和尚是定光佛化身。

　　三是宣扬善有善报、恶有恶报的宗教观。相传某地筑陂，因水流湍急，久而不能合龙。一天，一位老太婆给筑陂的儿女送饭，遇到变化成乞丐的定光佛向她乞食。老太婆把筑陂事及家中困苦状一五一十告诉定光佛，对他的乞食面有难色。定光佛拖着沉重的步伐走开了，老太婆见他饿成这个样子，忽动恻隐之心，将所有的饭菜施给定光佛。定光佛吃完后，来到水陂，叫众人走开，即脱下草鞋，甩往垅口，弹指间水陂合龙，且十分牢固，经久不毁。乡人德之，立庙奉祀。又传定光佛某日到武平梁山下的萝斗坑一带化缘，某富翁不但不理睬他，而且连供锅煮饭也不给柴火，定光佛说：我只好用腿当柴火了。说罢，竟将双腿伸入炉膛，哔哔啪啪烧了起来。汤好饭熟，餐毕，定光佛扬长而去。富人发现定光佛双腿完好，而家中的桌、凳悉被烧光，遂持打狗棍追了上来。定光佛行走如飞，来到水口，背起一块大石头放在梁山顶，该石头悬空而立，危危欲坠，使为富不仁的富翁担心巨石从山顶滚下来而惶惶不可终日。

定光古佛信俗调查与研究

——以闽粤赣边界部分信俗区为例

林善珂*

【摘　要】　民国及以前，客家地区普遍祭拜佛教禅宗中的定光古佛，这种信仰的载体有庙会、醮会、古佛会等，甚至祖先崇拜也结合了这种信仰。可见，定光古佛信俗已深入客家地区和周边其他地方的生产、生活、商贸等活动中。

为顺应客家人宗教信仰的多元化和包容性，定光古佛糅合释、儒、道、巫，扎根于客家地区并随着客家人的迁徙流传到海内外各地。

【关键词】　定光古佛　信俗

定光古佛信仰为什么会发源于闽粤赣边客家地区并越千年而不衰？且又能被先辈移民带往更遥远的地方扎根发展？这是宗教文化界应该弄清楚的问题。笔者为此做了一番田野调查，在此将几点心得就教于各位行家。

一　定光古佛信俗调查

笔者走访了江西的寻乌县、会昌县，广东的蕉岭县、梅县，福建的武平县、长汀县以及新罗区等地，主要考察了各地专祀定光古佛的寺庙或兼祀定光古佛的寺庙，各地为祭祀定光古佛举办的庙会、醮会及其他习俗与传统。

---

* 林善珂，政协武平县委员会副主席，国际客家学会会员，福建省作协会员。

(一) 专祀或兼祀定光古佛的寺庙

据上述调查县区地方史志文献及当地老人回忆，民国及以前，专祀定光佛之寺庙，各县均有，其中，武平县、长汀县为最，都在十几所之数，或称寺院（如武平的均庆院、梁野山寺），或称禅院，或直接称"定光院"、"定光堂"、"古佛道场"，不一而足。专祀之庙，定光佛高居主殿（如武平之梁野山寺），为供各地斋醮之需，且安放数尊，其余神祇为附属，甚至弥勒也屈居旁殿或定光佛之侧；而附祀定光佛之寺院，则各县有几十处之多，也是福建武平、长汀为最。据武平、长汀两县旧县志及有关资料称，仅武平一地，就有60余处寺院附祀定光佛，且香火之盛，不亚于主殿之主神，如关帝庙、弥勒寺（在万安乡），甚至还有妈祖庙内兼祀定光佛的。诸如此类，虽有喧宾夺主之嫌，但足见当地百姓对定光佛之信仰情有独钟。

(二) 为祭祀定光佛举办的庙会

纪念定光古佛的庙会，几乎每一个大村（设圩场集市之村，或为今乡镇政府所在地）都有，时间比较固定，一般一年一次，也有的两三年一次，其主题虽为庙会，实则集市峰会或商贸盛会，即今名词"庙会搭台，经贸唱戏"之谓。庙会一般在春耕以前，秋收之后举办，时间较长。如定光佛修炼圣地岩前镇庙会，以定光古佛生日正月初六日（实为定光佛坐化日）为正日，但从正月初五开始至正月十五元宵节止，均为庙会期间。其组织也比较有规模，由当地德高望重者组成理事会，又推举总理公和副总理公，下设财务、外事、司礼、文牍、勤杂等专司之职，然后是集资，由当地富商和殷实人家首捐，百姓也纷纷捐助。庙会期间，各地善男信女，包括广东蕉岭、平远等县的善男信女，当地百姓的亲朋好友，均陆续前来进香朝拜，兼做商贸活动。10天时间内，汉剧、木偶戏、龙灯、船灯、马灯、狮灯等轮流上演，间或又将定光佛像抬出巡游。由于正值春节，其热闹和盛况可想而知。

(三) 为祈福、保平安、庆丰收、抗灾难、还愿举办的醮会

醮会一般规模较小，形式各异。有几村联合的醮会（如岩前镇就有上

坊片、下坊片之联合醮），有一村之醮会（几乎村村皆有），也有一姓之醮（如岩前灵岩练氏元宵节醮会），更有一家一户之醮（如岩前灵岩村曾有求家正月十六日的家庭醮会），等等。醮会时间一般都为一天或半天，有固定的日期，也有临时建醮。醮会主题明确，或祈福（此类醮会最普遍），或庆丰收，或还愿，或抗灾（如祈雨、祈晴）。客家人又称醮会为"扛佛"、"扛菩萨"，佛与菩萨，通常为定光古佛，此类醮会吃斋；也有属于迎神的醮会，神即妈祖、关帝、财神、土地神等，此类醮会是吃荤的，但次数与规模要少于和小于前类醮会。

上述庙会、醮会的民俗充分说明，定光古佛信仰在民间的普遍和深入，这种信仰甚至跟人们的生产、生活、商贸结合在一起。

（四）古佛会

民国时期及以前，客家地区民间普遍有规模大小不等的"古佛会"组织。此类组织是以定光古佛的名义成立并存在的，其宗旨是惩恶扬善，救济贫弱。入会信众贫富皆有，除交纳会费外，其资金还来自富人的捐助。古佛会往往依附于某姓祠堂或祭祀定光古佛的寺庙为活动场所，而且还置有田产，租谷充作经费。古佛会通常也主办或参与各种宗教活动如庙会、醮会等。

（五）特殊的偶像崇拜

客家人普遍相信定光古佛是自己的保护神，因此大量宗教活动都要求有定光佛像在场，于是寺庙里正规的佛像（贴金座像）供不应求。为此，千百年来民间实行了一种变通的办法，即简化偶像。凡主祀定光古佛的寺庙，都用香樟木雕有五尊高约80厘米，宽约50厘米的定光佛像，这种佛像一反往常的拟人化，而改为拟物化（究竟像什么，没有人能说出来，老人们说是上古传下来的），而且还排有序号（据说都是定光佛分身），曰大古佛、细古佛、三古佛、四古佛、五古佛，且有定向服务规定，如笔者家乡就由梁野山寺的三古佛定向服务，因此我们又把他亲热地称为"梁山顶三叔公"。这种佛像无疑大大方便了长途搬动和频繁出席各地宗教活动。

（六）民间日常祈祷词中的定光古佛

科学不普及的时代，民间遇到灾难或需祈祷时，往往首先搬出一批人们认为最权威的佛、神。我记得，我的祖母在她老人家喃喃有词的祈祷中，依序是这样呼唤的："天地神明、梁山顶三叔公……"由此可见定光佛在人们心目中的地位。具有异曲同工之妙的是，我的家乡（武平武东袁畲村）搬新房时，有一个出煞呼龙的仪式，此仪式也需呼唤各路仙佛到来，一起驱逐邪魔鬼怪，其呼唤次序是：玉皇大帝、梁山顶三叔公、天上圣母、关帝……虽然佛道结合，但定光佛的座次仅次于玉帝，可见地位之高。

（七）与祖先崇拜相结合的定光古佛信仰

中国汉族人的祖先崇拜以客家人为最，客家地区到处可见蓝蓝白白极其考究的墓地是其典型之一。更值得注意的是，客家人在祖先崇拜中结合了佛教的内容。祖先崇拜是孝道，也是儒学的基本内容之一。可见，客家人所信仰的定光佛教派，是儒释结合的。比较典型的是：其一，人死后魂灵去哪里了？笔者家乡古代的说法是去了三个地方——最好的去了天上，"归天"了，升格为佛或菩萨了；次好的（占大多数）转生了（转生又有三个档次，即转生为人、动物或植物、工具）；而坏人死后则进入地狱，且有十八层之说。其二，今迁入梅县的杨氏一世祖，其灵柩曾停留在狮岩，次日蚂蚁覆盖了灵柩。杨氏后人认为此为吉穴。定光古佛和他们商议，另择地葬之，便到了梅县城郊东厢村百祖岗。定光古佛剪下一片指甲为证，而杨某后人则在杨某墓地另立一专葬定光古佛指甲的墓，且嘱子孙凡祭扫一世祖，必先祭定光古佛玉甲墓。此墓作为梅县重要文物，至今保存完好。

（八）在闽南方言区也有广泛信众

一般人都认为，定光古佛终修于客家地区，其信众也基本在客家地区。其实不然。汉族各支系的信仰本来就是基本相同的，其存异的地方，民间也是互相借鉴的。定光古佛信仰，在客家方言区周边的其他方言区也有一定流传甚至风行一时。如闽南方言区的福建平和县的龙归堂寺庙，民国及以前就是专祀定光古佛的；而同属闽南方言区的福建龙岩市，定光古佛信众却十分普遍，这里的江山乡石佛公就是定光古佛分灵（寺门对联中上下联第一字即为"定光"），香火之盛，冠于全区，民间信众把他当做

"交通部长"、"安全部长",至今周边几十里凡新购机动车辆的人,都会到这里进香许愿、祈求平安。定光古佛一生修行、驻锡过许多寺庙,如赣方言区的江西盘古山寺、吴方言区的浙江天台山国清寺、闽南方言区的南安建兴寺。据说这些寺庙的信众也有祭祀定光古佛的。

二 定光佛信仰具有多元化和包容性特点

福建省武平县岩前镇狮岩山,这个被载入《中国名胜大辞典》的名山名洞,便是定光古佛的修炼成佛之地。建于北宋时代的均庆寺后的巨大洞穴,供奉的神佛却有一个有趣的现象:三尊定光古佛神像被摆在中央,旁边摆放着佛教的其他佛像(按佛教规矩,这些神像地位本应在定光古佛之上),佛龛的天花板上,则刻着道教的阴阳八卦图,定光佛像左右,还摆放着许多小小的巫神——赐人间生子之神"吉祥子"(当地人称谓)等。这一现象,反映的就是客家人对宗教的价值取向及包容性。他们与汉民族其他支系一样,除了对宗教抱有一定功利主义价值取向外,还善于糅合各种宗教为自己所用。古代客家社会,普通百姓也往往在家里摆一个神龛,其间摆放的神像或神位牌也是丰富多彩的,可能有观世音菩萨,也有玉皇大帝,也有捉鬼的钟馗,还有祖宗牌位等,而大门两侧,则张贴着"万般皆下品,唯有读书高"之类的代表儒学精神的对联。定光大师及其弟子们,正是顺应了客家人的这种信仰特征,定光大师也被尊奉为客家人的保护神。

(一)儒教信仰是客家人一生的宗教信仰之本

西方曾有人指责中国汉民族缺乏宗教精神。我觉得这纯属无稽之谈。我是同意"儒教"这个概念的,虽然儒家学说未必完全符合宗教的概念范围,但中国汉民族确实是把它作为一种宗教来信仰的,且这种宗教深深扎根于汉民族几乎所有的文明传承中,比之基督教于欧美,伊斯兰教于阿拉伯世界还要普及和深入人心。

儒家学说如果可以作为一种宗教的话,我认为它的核心是"仁",而"仁爱"和宗教的核心精神"善"是相通的。而且,它还包含许多积极的意义,即"四书五经"中的主要内容,如"修身齐家治国平天下"、"立德立功立言"等奋发有为的进取精神，正是这种"仁"和进取的辩证统一，构成了儒学精神，既有类同于宗教的一面，又有不同于消极避世的一般宗教的另一面。可以说，这种宗教精神是汉民族几千年来生生不息的精神支柱和传承发展、发达的根本。历史学家们曾经对世界四大文明古国的传承和现状下过一个研究结论：尼罗河流域文明（古代埃及）、两河流域文明（古代巴比伦）、恒河印度河流域文明（古代印度），虽然都曾经光辉一时，但后来的传承却没有像黄河流域的古代中国文明那样，几千年一脉相承，之后还一直领世界文明之先，至唐宋达到了当时世界的巅峰。近代以来虽然有过一段低潮，但今天它又重新崛起，前景令人鼓舞。

来源于中原汉族与闽粤赣边的南海国遗民融合的客家人，应该说对汉民族这一宗教精神的继承是特别虔诚的，出身读经士子，又曾任宁化知县的何大郎，成为当时在岩前传经布道的郑自严（定光大师）的亲密朋友，他们相处十几年，何大郎还把他的全部田产资财捐献给郑自严，并告诫子孙外迁，永不准再返回故里与佛家争田产资财。[①] 由此可见何、郑关系之密切，其互相影响是必然的。也就是说，郑自严肯定受何大郎的儒学影响很大，因此他及他的弟子们后来顺应刚刚成形的客家民系的这一精神皈依特色，在传教布道中渗透了很多儒学精神。

（二）佛教道教信仰是客家人后半生宗教信仰的重要辅助

一位被称为中国通的美国教授跟我说，你们中国古代的信仰智慧是举世无双的。你们在少年、青年血气方刚之时，普遍信仰儒教，执著于建功立业奋斗进取，因此社会不断进步，经济文化不断发展发达，但中年以后，因为少年、青年时代的许多理想抱负并未实现，且估计也实现不了了，"人到中年万事休"，而且整个身心也已十分疲惫。于是他们开始转向信佛信道，用佛道的"色空"、"无为"安慰备受创伤的心灵，在佛道信仰中化解不断衰老的悲哀和走向死亡的恐惧。这非常符合人一生的性格发展历程和特征。

诚如斯言。酝酿客家人的地区，普遍都是山区丘陵形势，交通不便，耕地稀缺，且当地土著少数民族十分剽悍。因此他们在开垦拓殖时期的生

---

① 武平《何氏族谱》。

存环境较之其他汉族民系更为恶劣,发展发达的机会也更少。这种自然物质环境的劣化,使他们更加依赖从中原带来的宗教信仰,少年、青年时期以儒家精神激励自己去进取奋斗,力图改变现状。但由于环境形势所限,人到中年以后,体力、精力的巅峰已过而事业未竟的人却占大多数,在来日无多,奋斗无望的情况下他们不得不转向信仰佛教、道教,以佛教的为善精神和"色空"观解释苦难的前半生,安抚疲惫和备受创伤的心灵;又以道家的"无为"和"养性"来规划后半生,并从佛道信仰中寻求化解走向衰老的悲哀和临终恐惧的精神依托。

当然,客家人的这种人生信仰安排,也是继承从中原故乡带来的信仰传统的结果。因为古老汉民族发生发展的历史,其精神依托实际上就是基本遵循前半生信仰鼓吹进取奋斗的儒教,而后半生则又皈依虚无看破的佛教、道教的。唐宋时期的大诗人、大文学家李白、苏轼就是两个典型。他们的诗文,前期后期便凸显了上述精神追求。

(三) 巫教信仰是客家人宗教信仰的重要补充

巫教实际上是人类在原始时期的最基本宗教。中国汉民族创造文字的目的,最初就是为巫教服务的,这就是甲骨文。此后,漫长的历史进程中,他们尽管找到了自己的精神皈依,如儒教,如外域传入的佛教、基督教,以及自己创造的道教等。可是,因为掌握的科学知识十分有限,而现实的生产生活中有许多无法解释的自然现象,又有许多人力尚未找到解决办法的生产生活的具体问题,于是人们只好求助于大自然各个方面的主宰——他们臆想中的各路神仙的指示与庇护。为此,他们构想了一个专门危害人类的鬼域世界,其间充满各种妖、魔、鬼、怪,在人世间为非作歹;他们又构想了一个为人世间济困扶危,救苦救难并对抗鬼怪的神仙世界,这就是至今仍广泛见于民间的各路神仙,如玉皇大帝、八仙、土地伯公、雷公电母、雨师风伯、水神、火神、山神、树神、桥神、石神、灶神、赐子之神"吉祥子",等等,不计其数。总之,凡有危厄不测,他们总找得到根源,即那些为非作歹的阴间鬼怪作祟,并由此又找到对应的神仙予以镇压化解,当然,另两个世界的鬼和神,也是人格化的,三个世界(鬼居住的阴间、人居住的阳世、神居住的天庭)的构想由此伴随人类的发展进程至今。

客家人从中原迁来，就带来了老祖宗丰富的巫术，如卜卦、扶乩、招魂，等等。他们迁入南中国酝酿成客家人的主要居地——闽粤赣边，又是汉初南海国故地，这里的原住民是古老越族的一支，即今天的畲族。在中原汉族迁来之前，他们居住在深山老林之中，由于他们当中的贵族，即南海国国王织及其王公臣僚们已被汉武帝迁往长江流域，因而留下的原住民相对来说文化文明程度不高，原始宗教盛行，巫文化也十分盛行。① 后来，他们与逐渐迁入的中原汉族融合为一个新汉族支系——客家民系，这个新民系便打上了畲族文化文明深深的烙印。客家人有相当一部分风俗习惯是融合畲族风俗而来的，如语言，如唱山歌的风俗，如男女同耕，如妇女不缠足，等等。客家民系肯定也继承了许多畲族的巫文化，如至今还在民间流传的上刀山、下火海、竹篮挑水、睡锥床，人神或人鬼互动的昏瞳、巫医以及非常盛行的祖先崇拜等等。

（四）定光大师顺应客家人的信仰特征形成了定光古佛信仰

客家人是喜欢革新宗教的。太平天国领袖洪秀全糅合天地会和基督教创造出一个拜上帝教就是一个典型事例。定光大师及其弟子们，正是顺应了客家人这一信仰特征，将儒教、佛教、道教、巫术糅合在一起，并在此后的实践中不断调整补充，形成了后来客家社会普遍的且比较坚固的信仰——定光古佛信仰。

闽台客家地区流传着许多定光古佛的故事，除了法力无边外，还有替人修陂作圳、为民除害、感化蛮邦、试验人间诚信、点石成金或点石成物、劫富济贫、与八仙和平共处、助人繁衍子息，等等。这里透露的信息，也说明定光古佛信仰的宗旨符合客家人信仰的革新性、多元化和功利倾向，因此成为闽台客家地区的普遍信仰。

---

① 见林善珂等编著《客家路漫漫》第五章。见《汉书·高帝纪》、杨澜《临汀汇考》、康熙三十八年编《武平县志》。

浅谈定光佛信仰在两岸交流中的桥梁纽带作用

张世良[*]

【摘　要】　定光佛信仰是闽西客家文化的象征，台湾的定光佛信仰正是来自于闽西客家移民。定光佛不管在闽西还是台湾，都是开山祖的角色，让移民在艰困的拓垦环境中获得心灵的慰藉。在海峡两岸的交流过程中，宗教无疑是最有凝聚力的。透过定光佛信仰的宣传，可以让台湾的汀州后裔重新认识祖籍客家文化，也能强化两地的联结。因此，汀州会馆的凝聚功能必须重振，定光佛信仰除了是宗教活动，更必须扩及文化、观光、商业等层面，才能将桥梁的功能完全发挥。

【关键词】　定光佛　定光佛信仰　客家文化

一　前言

定光佛信仰不管在大陆，还是在台湾，都是极具地方文化色彩的信仰，与地方的开发，尤其是客家文化息息相关。台湾的汉人多来自闽粤两省，来台的闽省汀州客家人虽然不多，清代的定光佛庙也仅有彰化定光佛庙、淡水鄞山寺，但却都具有汀州会馆的功能，甚至可能先有会馆再扩大建庙。换言之，定光佛信仰不但是家乡信仰的移植，同时也是信息、情感的联络渠道。

在今日海峡两岸交流热络，客家文化备受重视之际，定光佛信仰更具

---

[*]　张世良，财团法人海峡两岸合作发展基金会董事长、台湾彰化八卦山大佛寺管理委员会文化委员、彰化八卦山大佛风景协会董事长。

积极的意义。近年来，武平县、龙岩市各界，对于定光佛信仰的研究、定光佛相关史迹的维护，投注相当多的心力，获得重大的成果，两岸民众有目共睹。台湾的定光佛信众也组织参访团到大陆参访，受到各界热情的接待。定光佛信仰的凝聚力不仅仅在宗教领域，已扩及学术、文化、观光等层面，未来的交流值得期待，更需要持续的努力。

本文试着从定光佛的信仰内涵出发，从历史层面分析海峡两岸客家文化的联系，进一步论述汀州会馆功能之重振，再扩大至两岸宗教交流的多元化与现代化。学术讨论如能结合实务，才能有效地落实研究成果。有鉴于此，论述的角度除了历史资料之外，也将个人的交流经验提出分享、讨论，期望在未来能扩大定光佛信仰在两岸的桥梁作用。

二 定光佛信仰的内涵

佛教从汉代传入中国之后，经长期的冲突、融合，形成佛教中国化、中国佛教化。佛教因地域世俗而改变，主要有三个方面：其一，佛学理论由艰深烦琐演变为通俗简明，修炼成佛之路，也由长期的苦修转变为刹那间的顿悟；其二，僧侣从与世隔绝的寺院走入民间社会，参与祈福消灾、超度亡魂、驱邪镇妖等活动；其三，许多出家人因有功德于百姓，在圆寂后成为受百姓顶礼膜拜的保护神，即佛教俗神。唐末五代以后，佛教在福建迅速发展，至宋代达到巅峰，此时正是中国佛教世俗化的加速时期。因此，相对于其他地区，福建佛教的世俗化色彩更为浓厚，诸如对清水祖师、三平祖师、显应祖师、惭愧祖师、月光禅师、定光古佛、伏虎禅师等人的信仰。[1]

依据《临汀志》的记载，定光古佛，俗姓郑，法名自严，同安县人。祖父仕于唐，为四门斩斫使，父任同安令。934年，郑自严出生，11岁时出家，归依建兴寺契缘法师。17岁时，游历江西豫章、庐陵，拜高僧西峰圆净为师，5年后，告别圆净法师，云游天下。956年，郑自严来到武平县南安岩，见此地石壁陡峭，岩穴浑然天成，于是结庵在此。1004年，应邀往江西南康盘古山弘法，住持禅院，3年后返回南安岩。1011年，汀州郡守赵遂良慕名延请郑自严到汀州府城，建寺庙于州府后供其居住，以便

---

[1] 林国平：《定光古佛探索》，《圆光佛学学报》1999年第3期，第223~240页。

往来请教。1015年郑自严圆寂,享年82岁,遗偈共117首,其中22首乃亲笔所书。定光古佛去世后,百姓收集其遗骨及舍利,并塑像顶礼膜拜。①

定光佛在民间的神话传说甚多,诸如除蛟伏虎、为民除害、疏通河道、祈雨除旱、为民请命等等,限于篇幅不再赘述。重点在于神话传说反映出来的,正是定光佛信仰的内涵。定光佛的传说具有为民、护民的特质,民众在面对自然环境、社会环境的种种困难时,集体的心理需求使他们对定光佛寄予厚望。百姓期望在人为的努力之外,更有精神上的助力或安定。世俗化的佛教其意涵浅显易懂,百姓易于信服流传,不但使定光佛信仰在闽西客家地区形成,也符合闽西客家人移居台湾时的心理需求。

我们应再三的肯定先人从汀州渡海来台的冒险患难的精神,尤其不忘其本,将家乡的神祇随移民潮行,恭迎来台,随着年代人事的变迁,至少现在台湾还保留定光佛的庙堂,香火鼎盛,每逢正月初六定光佛诞,彰化市定光佛庙灯火通明,香客络绎不绝,妇孺老幼,结伴礼佛,盛况空前,这些都是"汀州佬"所传衍下的见证。

三 定光佛信仰与两岸客家文化的联系

中华文化丰富多元,在相同的根基与底蕴之下,因地理、气候、历史因素的差异,地方文化自有其特殊性。近年来,在经济发展与生活条件提升的同时,地方文化的内涵为地方政府所重视,学术单位投入研究,民众也重视,并重新省思自身具有的文化特色。不约而同地,台湾、福建、广东等客家人主要分布地,都兴起客家文化研究。

在闽西客家的信仰文化中,最具特色者,不外是定光佛信仰。因为定光佛是客家人所创造出的信仰,与闽西的地理环境及闽西的客家社会有密切的关系。定光佛在圆寂前,在闽西活动的时间,正是客家民系形成的年代,北方汉族移民入垦闽西地区。当时的开垦环境极其艰辛,崇山峻岭、交通闭塞。因此,从闽西客家社会形成的角度来看,定光佛正是客家开山祖的象征。② 在从中原入闽南迁的过程中,沿途的磨难与艰辛,以及与原

---

① 林国平:《定光古佛探索》,《圆光佛学学报》1999年第3期,第223~240页。
② 张佑周:《定光佛信仰与闽西客家社会》,《定光古佛史传论文选集》,2010,第83~91页。

住民的冲突，长久以来形成集体的历史记忆，形塑了闽西客家人坚韧不拔、朴实无华，固执却又勇于反抗的性格。① 客家人的坚毅性格的形成，实与定光佛信仰形成相互辉映。

闽西的客家人虽然信仰多种神祇，就如同南方汉人普遍信仰妈祖、观音，但定光佛的流传事迹，却是栩栩如生，令客家人备感亲切。定光佛信仰除了在闽赣粤等地广为流传，也随移民向四川、广西、台湾，甚至海外等地传布。如果扩大来看，台湾的各籍移民多有类似的情形，常见的如漳州人的开漳圣王、泉州人的清水祖师，或是发源于潮汕地区客家人信仰的另一重要神灵三山国王。但是，正是因为汀州人在台湾客家人的比例低，反而使定光佛信仰更具有鲜明的祖籍色彩。

康熙年间（1662～1722），客家人移居台湾南部，屏东地区以高屏溪东岸的近山平原为中心；高雄、台南、嘉义等地区则有点状的分布，然因人口流动性大，显得较不稳定。雍正年间（1723～1735），台湾中部新设彰化县，移民增多，客家人也推进到云林、彰化、台中一带。至乾隆年间（1736～1795），更向北推进到台北、桃园、新竹、苗栗等地区的台地、丘陵。② 以原籍的府县来划分，以嘉应州（包括镇平、平远、兴宁、长乐、梅县等县）的人数最多，约占1/2弱；惠州府（包括海丰、陆丰、归善、博罗、长宁、永安、龙川、河源、和平等县）约占1/4；潮州府（包括大埔、丰顺、饶平、惠来、潮阳、揭阳、海阳、普宁等县）约占1/5强；福建省汀州府（包括永定、上杭、长汀、宁化、武平等县）仅占1/15。③ 由上可知，汀州人在台湾的比例甚低，汀州人在台湾的史迹更值得重视、研究。

定光佛是闽西客家开山祖的象征，反观台湾的情形，定光佛也是闽西客家人开拓台湾的象征。如前所述，彰化定光佛庙与淡水鄞山寺，在清代都有会馆功能，在当时各籍移民竞争拓垦的时代，定光佛给予远离家乡的客家人以精神上的寄托，并且发挥团结同乡、照顾同乡的功能。如同原乡的客家社会，在台湾的汀州客家人当然不是只信奉定光佛，但定光佛具有

---

① 陈支平：《福建六大民系》，福建人民出版社，2001，第242～251页。
② 陈运栋：《台湾的客家人》，台原出版社，1992，第112页。
③ 陈运栋：《台湾的客家人》，第112页。

的鲜明家乡色彩,却是不言自明的。

  台湾的定光佛信众,与大陆之间的联系,很早就已经开始。应该说,在移民台湾的过程中,与祖籍信仰的联系并没有中断。举例而言,均庆寺出土的大理石碑"台湾府信善乐助建造佛楼重装佛菩萨碑",此碑刻立于1733年,上面刻有700多名台湾信众的姓名与捐献银两的数目。① 又如在刘登的《重建三宝殿碑记》中,对于1750年均庆寺重修的描述,即提及台湾信众的参与:"爰集同人,踊跃乐捐,外募十方,远及台湾,约共银一千有奇。"② 可见,定光佛信众的交流,即使在交通不便的时代,仍是持续不断。

  从大的文化环境来看,台湾文化的基础来自闽文化,但也对于闽文化产生影响,应该是先被动而互动。清代诸多台湾府籍的官员到大陆任官、返回原籍祭祖、郊商贸易往来,都将台湾的生活习俗带入福建。③ 交流联系不是单向的,所产生的影响是双向的,台湾的汀州客家人对原籍的影响实有进一步探讨的空间。

四　会馆功能的重振

  淡水与彰化定光佛寺,在清代都有同乡会馆之功能,虽然受时代冲击,长时间未能发挥应有的功能,但在两岸交流频繁、交通便利、网络发达的时代,实已重新启动。不管是在武平县均庆寺,还是淡水鄞山寺、彰化定光佛庙,各地定光佛庙都成为交流的凝聚点。

  这种交流,就空间而言,有两个层面:首先是区域定光佛信徒的凝聚,台湾北部的信徒,以淡水鄞山寺为中心,台湾中南部以彰化定光佛庙为中心,在大陆也是同样的情形。信徒透过庙宇的节庆活动、参访活动而凝聚。其次是台湾与大陆间的交流,台湾的信徒经由此一渠道,了解自己信仰的起源,或是与祖籍原乡重新联结。换言之,信徒虽然不一定有族谱,祖先迁台的事迹也未必明了,甚至已经不再使用客家话,但却因信仰

---

① 李贵海:《定光古佛信仰缘起初探——兼论定光古佛在台湾的传播》,《定光古佛史传文论选集》,第230页。
② 转引自王增能《谈定光佛——兼谈何仙姑》,《定光古佛史传文论选集》,第21~22页。
③ 何绵山:《闽文化概论》,北京大学出版社,1996,第8~10页。

而认识祖籍，进一步有情感上的联结。相对的，就大陆的定光佛信徒而言，不但认识到信仰的无远弗界，更具体感受到海峡两岸间所具有的深厚宗教情感。

  当然，时代变迁，不应墨守成规，重点不在于汀州会馆的汀州二字，信仰无分籍贯，而是在于会馆的功能与意义，将会馆互助、联络、交流的功能展现，才能真正发挥定光佛信仰的真义。

五　两岸宗教交流的多元与现代化

  宗教的信仰在台湾是生活的重要部分，是一种不可缺少的社会行为，每家每户，甚至每个人，从小就受家庭、宗教信仰的影响，宗教可使心灵有所寄托，可化精神信仰为一切行为的力量。台湾的宗教信仰，以道教、佛教为主，天主教、基督教、伊斯兰教次之，广大族群的宗教信仰，化成一股庞大的民意力量，可左右政策，可影响政府决策。所以台湾的政党或政治人物对宗教活动极为尊重，甚至热心参与。大陆的政治环境虽然与台湾不同，但近年来，也意识到宗教在现代化社会稳定民心的效果，所以两岸推动以宗教文化为主的交流，应有极大的空间。

  台湾在1987年开放大陆探亲，与大陆的宗教交流随之兴起，尤其是台湾的佛道教多源自于大陆，往来最为热络。两岸在宗教活动上的契合，实具有相辅相成之效。台湾与福建的宗教交流，因为地缘、神缘、人缘、语缘、庙缘之故，相对于台湾与大陆其他地区，具有时间早、人数多、代表性广的特色。总结20余年来两岸的宗教交流模式，大致包括：参访交流、法会庆典交流、院校交流、学术交流等几种类型。① 实际上，常见复合式的交流，例如举行庆典的同时也进行学术交流。

  笔者担任财团法人海峡两岸合作发展基金会董事长、台湾彰化八卦山大佛寺管理委员会主任委员、彰化八卦山大佛风景协会董事长，与大陆宗教文化交流有超过10年的经验，举其要者，例如2000年3月初，本人率团前往河南洛阳拜访关林管理委员会，洽谈宗教文化交流事宜，并商得同意赠与关林奉祀金面帝君像新塑一尊，以及青龙偃月大刀，以供奉于大佛

---

① 何绵山主编《闽台区域文化》，厦门大学出版社，2004，第60~70页。

寺恩主殿。随即策组迎圣团于同年 5 月 26 日前往河南关林迎圣。又如 2002 年 5 月，由山东庙岛迎回具有 880 年历史的铜身北方妈祖，为全台唯一。

2008 年 7 月，本人带领台湾彰化定光庙信众参访团，参加由闽西客家联谊会与龙岩市政协文史和学习委共同主办的"海峡两岸定光古佛与客家民间信仰学术研讨会"。会议在龙岩市举行，来自海峡两岸的民俗学专家、学者、信众齐聚，并促成永定金谷寺的重修及安置定光仙佛。此次，武平县举办"首届海峡客家风情节暨定光佛文化节"，能躬逢其盛，备感荣幸。

观察这十几年来的宗教活动，宗教信仰不再只具有祭祀、信仰的面向，而是一种文化活动。"文化节"的概念，点出目前宗教发展的趋势，宗教活动不是只有节庆祭仪，更可被视为一种文化活动，具体的活动内容更应该多元化、现代化，以适应群众在精神上、休闲活动上、经济发展上的需求。宗教交流原本即具有一定的观光、商业功能，古代的庙会吸引香客、信徒，常伴随临时市集的产生。时至今日，这样的功能更加强化，信众多、香火旺的寺庙，周边的商业或旅游必定发达。

笔者为推广两岸交流，与大陆宗教、文教、商业团体交流，将八卦山大佛推广到大陆，扩大彰化县的观光资源，于 2009 年 11 月 27 日前往四川乐山，与峨眉山乐山大佛风景名胜管委会签署旅游观光合作意向，开创两景区的观光旅游联盟，促进两地的宗教、旅游事业的发展。2010 年 5 月 1 日，八卦山大佛风景协会与四川峨眉山乐山大佛风景名胜管委会，在八卦山大佛前广场上签署宗教、旅游合作协议。由乐山市委副书记罗建安率团来台出席，并由乐山大佛景区党委书记秦福荣与本人代表签署协议。乐山大佛为大陆第一大佛，佛高 71 米，完成迄今已逾 1200 年，已列入联合国教科文组织全人类珍贵遗产，而八卦山大佛于 1961 年完工，高 24 米，为台湾第一大佛，两座大佛各具特色，相互辉映，在八卦山大佛兴建满 50 周年之际，两岸大佛结盟，格外有意义。

再举八卦山大佛的艺文教育功能为例，艺文方面设有"禅阁艺廊"，用于举办各项艺文展览活动，提供信众参拜或游客旅游之余，能有艺术欣赏的机会，提升群众艺文素质。教育方面，设有"台湾孔子研究院"从事孔子学说与儒家文化的专业研究与推广，并与读经会积极合作，举办中、小学的读经会考，或是提供校外参观教学。另设"普林宗教学研究所"，筹划开设宗教学课程，礼聘大学宗教系所教授授课。艺文与教育的功能不只是服务台湾的民众，在与大陆进行宗教交流时也能扩大交流的层面。

宗教的本质与核心价值没变，都是给予人们精神的寄托、心灵的安定与升华，多元化指的是因应时代的需求，扩大宗教层面，服务更多群众、造福社会。宗教文化化、宗教观光化、宗教学术化、宗教产业化、宗教慈善化等方向，都需要经营、管理与宣传。武平县各界以定光佛为号召，促进两岸的旅游业发展和文化经贸交流，从对外考察、规划管理、硬件建设、活动举办，都显示出现代化的积极思维，是全县齐心协力的结果。[①] 此次两岸信众共襄盛举，成果有目共睹，经营管理的经验也值得交流学习。

六 结语

定光佛信仰形成于闽西客家文化，再跨海来台，扎根台湾，维系海峡两岸信众的感情。不管在大陆、在台湾，定光佛都是客家开山祖的象征，在人民开山辟土之际，提供精神上的寄托、思念家乡的象征。台湾的定光佛庙虽然不多，但汀州客家人并没有在台湾开拓史上缺席。正是因为人少，团结互助是绝对必要的，与祖籍地的联系更为重要。宗教上是定光佛庙，社交上则是汀州会馆，两者相辅相成，互为表里。这样的定光佛信仰特色，在今日的两岸交流中更应重振、发扬。

武平县举办首届海峡客家风情节暨定光佛文化节，是定光佛信仰发展上的一大里程碑。将客家文化与定光佛信仰结合，由两岸共同参与，将两岸宗教交流提升到文化、观光、经贸层次，意义多重，功能扩大。两岸信众通过这样的交流将更加密切互动，台湾的汀州人重温祖籍地客家文化，感受先祖的文化、信仰。即使不是定光佛信众，也能借此活动了解、认识客家文化。

最后，我们有如下期许：第一，持续推广仙佛信仰，将定光佛信仰的特质展现出来，在现代社会中，发挥稳定人心、提升心灵的作用；第二，

[①] 武平县政协课题组：《全力打造定光古佛祖庙品牌》，《定光古佛史传文论选集》，第 269~278 页。

各地定光佛庙持续交流，不管是宗教上的参拜庆典、社交上的参访联谊、学术上的研究讨论，都可以扩大规模，使形式多样化；第三，两岸的定光佛庙信徒交流仅是初步，可以扩大至其他信仰的庙宇，进行广泛交流；第四，台湾的河洛客人数众多，虽然不再使用客家话，仍应广邀其参加定光佛文化活动，借此重新认识客家文化；第五，在台湾的客属地区（如新竹、桃园、苗栗），可以建立以定光佛为主题的客家信仰文化中心，以振兴闽西客家文化、信仰。

传扬古佛信仰的典范载体

——闽西四座具有代表性的定光寺庙的人文分析

吴福文[*]

【摘　要】　寺庙道观是信仰文化的重要载体和标志。本文详细叙述了闽西四座具有代表性的定光古佛庙，全面阐释这些寺庙对形成定光古佛信仰所产生的不同作用与影响。说明定光古佛信仰不但在闽粤赣客家地区，而且在非客家地区乃至海外都有深远的影响。

【关键词】　传扬　信仰　典范　载体

寺庙道观是信仰文化的重要标志和载体。定光佛（又名定光古佛）作为盛行于闽西及其周边乃至两岸客家地区的重要民间信仰，见证和传扬这一文化的寺庙在这些地区不计其数。然而，在这众多定光寺庙中，绝大多数仅以寄托、满足和延续一时一地有关信众的信仰而存在，真正对定光佛信仰的传播和发展有重大历史贡献和深远社会影响的则凤毛麟角。研究和探讨源远流长并地域广泛的定光佛信仰，不能不注意到这种现象，尤其当了解和把握了其中典型或具代表性的寺庙及其有关人文之后，对于定光佛信仰的认识或能起到窥斑见豹的功效，甚至有助于抓住有关问题的本质。依据这一思路，笔者认为位于闽西龙岩市境内的均庆寺、定光院、金谷寺和灵远宫，便是定光寺庙中极具典型或代表性的一类。它们在定光佛信仰发展史上，有的产生过不可替代或举足轻重的作用，有的具有里程碑意义或仍在发挥重要的影响。

---

[*] 吴福文，龙岩市委宣传部副处级调研员，新闻科科长。

一 均庆寺：定光信仰缘起延绵的圣地

均庆寺位于武平县岩前镇狮岩（古称"南岩"或"南安岩"），始建于北宋，历宋元明三朝几次毁坏而几次修建，现所见规模为清乾隆十六年（1751）重修所遗的部分建筑，由中轴线自南向北依次为三宝殿、大院坪、千佛楼及大坪两侧的钟楼、鼓楼等，其中三宝殿为双檐歇山顶抬梁式，燕尾高翘，古香古色，蔚为壮观。①

考究历史和调查比照，均庆寺所蕴含和附丽的人文内涵，远非其如今展示的那么空乏和简陋，而是非常深厚和影响深远。它不仅自身演进贯穿于定光佛信仰渊源的始终，而且历史以来在广大定光佛信众中具有无比神圣的地位。

其一，均庆寺是见证定光佛在南岩修炼、起居和圆寂的定光祖庙。据《临汀志》"寺观"和"仙佛"篇章记载：北宋乾德二年（964），定光佛驻锡南岩时，因其普救众生且法力无边，周边民众"咸起敬信，相与披榛畚土，筑室岩中，遂为一方精舍"，这便是均庆寺的前身；淳化二年（991），又"别立草庵居之"，这成为均庆寺的雏形；祥符八年（1015）正月初六，定光佛82岁时圆寂于狮岩后，"众收舍利遗骸"，所塑真相及其他遗物便供奉和收藏于此。由此可见，均庆寺是一座见证定光佛大半生的修炼、起居并连续其生前卒后神威的寺庙，因而是名副其实的定光祖庙。

其二，均庆寺是宋代以来最受信众敬崇并唯一香火延绵至今的定光寺庙。由于见证和伴随了定光佛驻锡南岩50多年的生涯，并且连接了定光佛生死两界的神威，所以，自宋代以来特别是定光佛灭度之后，均庆寺便成为定光佛信众心中的圣地，四面八方前来朝圣者络绎不绝，正所谓"若其化后，香火之盛，栋宇之崇，其威光显赫，不可殚载……数郡士女，结白衣缘，赴忌日会，肩骈踵接"②。而每次毁坏后修建时，都得到各地信众的热心响应和积极捐助。如元代初年重修时，"无论是达官贵人还是平民百

---

① 练康豪：《武平狮岩冠"三界"》，郭义山、张龙泉主编《闽西掌故》，福建人民出版社，2002，第109页。
② 刘将孙：《养吾斋集》卷28《定光圆应普慈通圣大师事状》，转引自刘大可《闽台地域人群民间信仰研究》，海风出版社，2008，第316页。

姓，均慷慨解囊"①；乾隆十六年重修时，"外募十方，远及台湾"②。正因有如此广泛的虔诚信众，所以均庆寺自宋代以来香火一直旺盛并延续至今。这是没有任何其他定光寺庙可以相比的。

其三，均庆寺是与台湾定光佛信仰渊源最密切的大陆定光寺庙。明末清初以来，随着包括汀州民众的大陆客家一批批渡海迁台，定光佛信仰也被传播到岛内。由于均庆寺是定光祖庙和定光佛信仰的发源地，任何地方流传的这种信仰都能并且只能在这里找到自己的根，因此，均庆寺对于台湾定光佛信众同样是梦萦魂牵的圣地，他们甚至不畏山高水阻前来朝圣拜谒。如2002年初，均庆寺附近出土一块"大清雍正十一年岁次癸丑孟春"所立的石碑，正反两面分别镌刻"募叩台湾乐助碑记"和"台湾府善信乐助建造佛楼重装佛菩萨碑"，共记有700余位台湾信男善女姓名及捐助数量。③ 台湾自"解禁"以来，岛内一些信众更是迫不及待前来寻根朝拜，其中淡水鄞山寺住持胡俊彦等人在1989年就跨越海峡走遍福建几个县寻找均庆寺，未果后又于1991年组织了35人来到大陆寻根，结果在杭州法相寺查阅有关资料得知均庆寺在武平后，随即前往朝圣，并包上燃灭的香灰才欣然返台，此后每隔两三年他们都组织十几至数十人不等来均庆寺朝拜。④ 这种对均庆寺的热心捐助和热切向往，充分体现了均庆寺与台湾定光佛信仰的密切渊源。

其四，均庆寺创造了闽西宗教史上的多个"第一"。一是最早敕赐寺名的寺庙。均庆寺在北宋祥符以前没有寺名，但"祥符四年，郡守赵公遂良状其灵异闻于朝，赐额'均祥禅院'"⑤。这种被皇帝赐予寺名的寺庙，历史上闽西只有两座。另一座是嘉熙四年（1240）敕赐的汀州定光院，比均庆寺晚了229年。二是首座供奉高僧遗骸并收藏其遗物最完整的寺庙。供奉和珍藏名僧特别是高僧、圣僧遗骸与遗物，是衡量寺庙知名度的重要标志。从宋朝至少六位皇帝七次敕赐定光寺名和定光师号以及苏轼、惠洪

---

① 刘大可：《闽台地域人群民间信仰研究》，海风出版社，2008，第316、317~318、317页。
② 刘登：《重建三宝殿碑记》，武平县政协编《武平县文史资料》第8辑。
③ 刘大可：《闽台地域人群民间信仰研究》，海风出版社，2008，第316、317~318、319页。
④ 何安庆：《闽台定光佛，根源在武平》，闽西客联会编《定光古佛与客家民间信仰》（2008年内部刊行）。
⑤ 胡太初修、赵与沐纂《临汀志》"寺观"。同书"仙佛"记"赐'南安均庆院'额"。

等名人为之赋诗作传来看，定光佛应列高僧。而均庆寺是在他灭度后及时收取"舍利遗骸骼塑为真相"以供奉，并收藏其舍利、遗偈、衣钵等遗物的寺庙。① 虽然这些在均庆寺"烬于劫火"后被汀州定光院移去，但这恰恰说明定光佛遗骸、遗物的珍贵。三是最早具有规模并曾经最大的寺庙。据史载和考证，均庆寺在元初重修后，至大德七年（1303）规模已"宝轮炫耀，栋宇高深，龙蛇通灵，护持显赫"，后来又得到汀州、梅州、循州、惠州、连州等地信众的巨额捐资，修建了大雄宝殿、雨华堂、山门、五百罗汉堂、云会堂、斋堂、塔等建筑并购置若干田产；② 甚至僧侣最盛时达300余人，其寺产之丰，登狮岩而眺望，一片平畴尽是其田产。③ 如此规模和气派，就是现在闽西境内也难有其他寺庙可比，因而有研究者称其为曾经"汀州最大的寺院"。

二 定光院：定光信仰辐射周边的中心

定光院位于汀州府衙后正北（现长汀县城中心地带），原为宋祥符四年（1011）临汀郡守赵遂良为便于向定光佛请益而用州衙房宅以供其住宿的庵房。嘉熙四年（1240）经汀州吏民请求郡守向朝廷表奏而赐名"定光院"，以后几经修建而香火极旺。20世纪70年代初，长汀县为兴建人民电影院而将其拆除。由此可见，定光院也是创建于北宋并在定光佛在世时就已存在的定光寺庙，而且还是第一座以"定光"命名的寺庙。但与均庆寺相比，它的创立和命名分别晚了47年和229年，并且现已不复存在。

然而，定光院在历史上为定光佛信仰的传播和发展所起的作用却是巨大的，甚至可说定光佛信仰在南宋就很快辐射周边而成为"赣闽粤边各地共同的守护神"④，很大程度应归功于定光院。这一认识至少可从以下几方

---

① 胡太初修、赵与沐纂《临汀志》"仙佛"。
② 刘将孙：《养吾斋》卷17《汀州路南安岩均庆禅寺修造记》，转引自刘大可《闽台地域人群民间信仰研究》，海风出版社，2008，第316～317页。
③ 傅子：《闽南人氏客家神——闽台客家的定光古佛信仰》，龙岩市社科联等主办《客家纵横》2001年第1期。
④ 谢重光、卢秀文：《宋代莅汀官师与定光佛信仰的形成》，闽西客联会编《定光佛与客家民间信仰》（2008年内部刊行）。

面推断和说明。

其一，定光院因定光佛信仰长期受到汀州最高决策者重视和推广而独具影响。据《临汀志》"寺观"和"仙佛"记载，在定光佛生前及灭度后，数任临汀郡守都极推崇定光佛及其信仰，甚至为宣扬定光佛的神威而不遗余力。如祥符四年在任的赵遂良听说了定光佛的大名就"延入郡斋"礼为上宾，还表奏朝廷赐其在南岩的居所为"南安均庆院"；嘉泰年间的郡守陈晔还认为"雨旸之应如响，是佛与守分治汀民也"；甚至定光佛的"定光圆应普慈通圣大师"法号，也是许尝、陈粹等几任郡守及有关官员先后于熙宁八年（1075）、崇宁三年（1104）、绍兴三年（1133）、乾道三年（1167）和嘉熙四年（1240）共五次上奏朝廷逐步诏赐的。体现在对定光院的建设上，从最初祥符年间赵遂良"结庵为师往来栖息之所"，到嘉泰年间陈晔"遂加广辟"，再到嘉熙年间戴挺"助俸率从鼎创"，直至淳祐年间卢同父"前创拜亭"等，都是郡守亲自决策甚至亲力亲为，从而使定光院长期成为汀州的"一把手工程"。由于有这种行政的推动特别是州府最高决策者高度重视甚至身体力行，定光院对定光佛信仰的传扬无疑甚于草根性的均庆寺，而且必将强势和顺利地影响广大汀州吏民甚至传到周边。

其二，定光院因内涵不断充实甚至从均庆寺获取重要佛物而独具魅力。与上述郡守对定光佛信仰及定光院工程的重视相关，宋代几任临汀郡守还十分重视提升定光院的宗教内涵以强化其魅力。据《临汀志》"寺观"和"仙佛"记载：元祐年间郡守曾孝总塑定光佛像于庵房（定光院前身）；嘉熙年间临汀郡守戴挺听从吏民请求向朝廷奏请诏赐"定光院"额；淳祐年间郡守卢同父倡办如同今日各地举办的大型节庆活动，即在"每岁正月初六定光佛坐化之晨"开展庙会法事活动，盛况达"四方敬信辐辏，名香宝炬，幡盖庄严，难以数计，虽隘巷亦成关市"；更有甚者，淳熙年间郡守吕翼之还把武平均庆寺的定光佛真身移到这里；嘉熙年间郡守戴挺又趁均庆寺"烬于劫火"而把定光佛的"御书、佛牙、衣钵等"接管到定光院；等等。这些不仅大大充实了定光院的信仰内涵并强化了其知名度和吸引力，同时还削弱了均庆寺的应有影响，从而使定光院成为"人心之皈"的寺庙。可见从南宋开始甚至在很长一段时间，定光院的影响不逊于均庆寺，甚至大于后者。

其三，定光院因地理条件和社会环境优越而更便于人们朝拜。定光院位于长汀县城中心的原"州治北"，而长汀县城自唐开元以来直至民国初年都是闽西最高行政建置——州郡路府的治所所在，是历史上闽西的经济、政治和文化中心，同时又毗邻赣南和地处连接粤东和赣南的汀江河畔，所以是闽粤赣边的重要交通枢纽，加上宋朝汀州城就有"十万人家溪两岸"和"阛阓繁阜，不减江浙中州"的繁华，① 因而其人流、物流和信息流都位闽西之首。因此，从所处的地理位置和社会环境来说，定光院对定光佛信仰的传播明显优于处于武平乡下的均庆寺。

正是由于以上因素，目前有关人士调查所了解的闽西境内特别是长汀、武平两县以及闽西境外的定光寺庙数量，才明显呈现这样的态势：一是长汀远多于武平。其中长汀仅专祀包括定光佛的三太祖师寺庙至少有21处，非专祀三太祖师但同时供奉有定光佛的寺庙至少有49处，遍及全县各个乡镇；② 而武平暂时只发现历史以来有供奉定光佛的寺庙35处③。二是靠近长汀而位于闽西北部非闽西地区的定光寺庙，远比靠近武平而位于闽西南部非闽西地区要多。如靠近长汀而位于闽西北的宁化、清流、顺昌、建瓯、将乐等县及赣州、吉安等地不少县（市）都有定光寺庙；而靠近武平的梅州、汕头等地定光寺庙都比较少。这无疑是历史上定光院的辐射和影响强于均庆寺的结果。由此可见定光院在南宋以来很长一段时期对于定光佛信仰往周边辐射和传播具有中心意义的地位。

三 金谷寺：定光信仰播迁入台的推手

金谷寺位于永定县金砂乡西湖寨村。据立于寺内的《金灯胜会碑》所记"大明天启间，善士张济良、丘□□六十六人"捐钱卖米以置田产作为祀奉佛像常年经费来看，该寺至迟建于明天启年间（1621~1627）。它是历史上永定著名三大古寺之一，并曾因作为中共永定县委于1928年领导永

---

① 胡太初修、赵与沐纂《临汀志》"桥梁"、"坊里墟市"。
② 张鸿祥：《长汀定光古佛与三太祖师信仰》，闽西客联会编《定光古佛与客家民间信仰》（2008年内部刊行）。
③ 刘大可：《关于闽台定光古佛信仰的几个问题》，福建省客家学会主办《客家》1994年第4期。

定暴动的指挥部,在新中国成立后被列为省级文保单位而按原貌修葺、保存完好。其建筑由上下两厅、内外天井及两侧厢房组成,占地300余平方米,砖木结构,背靠青山、面临池塘,屋栋镌有燕尾和翘蛾,飞檐雕有花草和飞禽,立柱及悬梁画有龙凤及"水漫金山"等民间故事,整座建筑典雅而古朴。

现金谷寺已辟为永定暴动陈列馆,寺内摆设多是有关永定暴动的文物和史料。但据史料记载和当地长老讲述,它从建成至20世纪40年代一直香火很盛,供奉的神灵有释迦牟尼、阿弥陀佛、观音菩萨、弥勒佛、定光佛、地藏王等。60年前寺内一直有僧尼住持,其中现在永定还有不少人敬信的原万寿寺著名住持恒发大师,在康熙年间住持万寿寺前就曾在金谷寺住持了7年。数百年来除每年定期几次法事活动极为隆重外,每月初一、十五前往焚香念佛的善男信女都络绎不绝。① 可见往日金谷寺佛事之盛和当地信众对包括定光佛的尊崇。

然而,金谷寺的存在除了见证和寄托了数百年来金砂一带民众对包括定光佛等神灵的崇敬之外,还有一个独特的贡献就是在某种程度上直接推动了定光佛信仰在台湾的传扬。众所周知,台湾客家特别是其北部汀州籍后裔跟大陆客家一样有信仰定光佛的传统,"各户在家庭大厅中神明榜上,普遍供奉了定光古佛"②,其中专祀定光佛的寺庙以彰化定光佛庙和新北淡水镇的鄞山寺最为著名。这两座寺庙的创建和延续,固然是当地"汀众"共同努力的结果,但与渡台金砂人有特别的关联,甚至可说与他们受到原乡金谷寺的影响直接相关。

首先,从彰化定光佛庙和淡水鄞山寺的生成与延续来看。据道光《彰化县志》记载:"定光佛庙在县治西北,乾隆二十六年(1761年)永定县士民纠金公建。"③ 而据调查考证,这些"永定县士民"就是"先期从金砂西湖寨迁台的张姓人士"④。该庙于道光二十八年(1848)因受地震毁坏,由张连喜等人重新修建并将原名"定光庵"改为"定

---

① 罗福初:《金砂金谷寺摭谈》,永定县政协编《永定文史资料》第19辑。
② 廖伦光:《台北县汀州客寻踪》,台北县政府文化局出版,第69页。
③ 转引自林瑶棋《汀州客团结的象征——以彰化定光佛庙为例》,闽西客联会编《定光古佛与客家民间信仰研究》(2008年内部刊行)。
④ 罗福初:《金砂台湾有佛缘》,龙岩学院等主办《客家纵横》2011年第1期。

光佛庙"。① 而张连喜又是迁台的金砂后裔。② 至于淡水鄞山寺，据《淡水厅志》"古迹考"附"寺观"记载："（鄞山寺）在沪尾山顶，道光二年（1822年）汀州人张鸣岗等捐建，可斌施田。"③ 此"张鸣岗"为何籍暂无人考，但"可斌"却是迁台的金砂人。这从鄞山寺前罗公亭内所立墓碑正面所刻"汀州永定金砂可斌、荣罗公墓"就一目了然。据考：罗可斌、罗可荣兄弟是清代嘉庆年间从金砂来到淡水经商并在东兴街开店发迹，道光二年是由他们捐献田地，张鸣岗等人募款集资而创建鄞山寺的；鄞山寺建成后，罗可斌兄弟又捐出寺前一带三段田地，每年可收租谷350石（7万斤）以供鄞山寺作为活动经费。④ 从鄞山寺专门为罗可斌兄弟建亭立碑即可见出其对该寺贡献最巨。

其次，从彰化定光佛庙和淡水鄞山寺的建筑结构来看。虽然笔者未亲临目睹这两座寺庙，但淡水鄞山寺从图片和有关文章描述可知是"两进两廊左右厢房"的格局，⑤ 与金谷寺极相似，甚至有研究指出："道光三年（1823年），汀州人罗可斌、罗可荣发起在淡水建庙，奉祀定光古佛，大家捐一万余元，从大陆运来建筑材料建起寺庙，并从永定鄞山寺（注：应为金谷寺，因为永定无名为"鄞山寺"的寺庙）迎来定光佛，是为淡水鄞山寺。"⑥ 至于彰化定光佛庙的建筑结构，迁徙彰化的金砂西湖寨张姓后裔、台湾前"立委"、中华海峡两岸合作发展基金会理事长张世良于2007年2月27日首次回金砂寻根而朝拜金谷寺时，认为两者的建筑结构"太相似了"，并说"祖辈告诉我，在筹建定光佛庙时，曾派人渡海回大陆老家绘制金谷寺的建筑结构图，回到台湾以后，按照金谷寺的样式建造"⑦。

---

① 转引自林瑶棋《汀州客团结的象征——以彰化定光佛庙为例》，闽西客联会编《定光古佛与客家民间信仰研究》（2008年内部刊行）。
② 罗福初《金砂台湾有佛缘》，龙岩学院等主办《客家纵横》2011年第1期。
③ 转引自台北县客家公共事务协会编《台北县的客家人》，（台湾）爱华出版社，2007，第31页。
④ 罗福初：《金砂台湾有佛缘》，龙岩学院等主办《客家纵横》2011年第1期。
⑤ 江彦震：《定光古佛在台湾》，闽西客联会编《定光古佛与客家民间信仰研究》（2008年内部刊行）。
⑥ 林国平、范正义：《台湾的定光古佛崇拜》，闽西客联会编《定光古佛与客家民间信仰研究》（2008年内部刊行）。
⑦ 罗福初：《金砂台湾有佛缘》，龙岩学院等主办《客家纵横》2011年第1期。

此外，从金砂与别地迁台者对建造两座寺庙的热情和贡献的比较来看。闽西是重要的台胞祖籍地，历史上迁台者不计其数，如今后裔已繁衍至 70 万左右，而且早期还涌现过刘国轩、胡焯猷等在台湾史上著名的军政和实业人物；但永定金砂迁台的人历来极少，如果不是因为台湾这两座定光寺庙的有关文物和史料记载，可能连罗可斌等人是金砂迁台者都无人知道。然而，在这么多闽西迁台者中，建造当地定光寺庙的热情和贡献，却表现为以人数极少、经济实力普遍不出众的金砂籍人最为突出。这充分说明是建设者深受家乡金谷寺的影响。

四　灵远宫：定光信仰拓展非客的代表

灵远宫位于龙岩市新罗区江山乡九侯山。这里地理偏僻却香火极旺，香客中尤以驾车者和新婚或婚后不育的夫妇为众。特别是每年春节期间，前往祈愿的司机驾着各色车辆穿梭于沿途；宫中一排排功德碑上，车牌号码夹杂于信男善女的名字之中，成为灵远宫区别于其他寺庙的一大特色景观。

灵远宫之所以香火如此之盛，据说是宫中主祀的石佛公十分灵验。但这石佛公为何方神灵多数人却不得而知，只是传说在明崇祯七年（1634），当地乡民张预、林明、廖宾从九侯山南面（今石佛公门楼处）往现在灵远宫方向行走时，三人同时发现前方不远处有一位和尚，于是都加快脚步试图赶上，可和尚突然不见了，只在其消失处发现一块大石头。第二年春天，他们就在和尚消失的地方建起了灵远宫，并将那块大石头作为神灵来供奉。据一些人说，当年张预等三位乡民发现那块大石头时，上面有"定光古佛"字样。① 但因为这块石头在灵远宫里一直被红绸遮盖而使人难以见其面目，所以该神灵身份一直没人知道，长期以来大家都称它为"石佛公"。

其实，不管那块石头是否有"定光古佛"字样，只要稍有文化或细心一点的香客和游人都能从有关信息中得知石佛公就是定光佛。

---

① 王永昌：《定光古佛，客家人的守护神》，闽西客联会编《定光古佛与客家民间信仰研究》（2008 年内部刊行）。

一是神龛两边有副对联已经昭示。这副对联是:"定力无边感召有情,光照社稷庇护百姓。"这是一副镌字联,两边首字分明就是"定光"。

二是定光佛在宋代就有"石佛"的别称。如收于黄庭坚《山谷集》的长诗《定光石佛赞》及其开头即谓"定光石佛,不显其光……"这大概是定光佛生前卒后都与石有缘:不仅卓锡于"南安石洞",而且许多祀奉之处都与岩石有关,如上杭东安岩、连城滴水岩、建瓯定光岩、沙县洞天岩等。

三是从拜祈者对象及香火兴盛时间也可看出。如前所述,祈拜石佛公者多是驾车者和新婚或婚后长久不育的夫妇,香火最旺时是春节期间。这其实是受定光佛神迹法力及其身世影响所致。据史籍记载,定光佛普救众生的神迹法力主要有六大方面:祷雨救旱、驯服猛兽、活泉止水、治河护航、赐嗣送子、避免战祸。这六大善术中,"祷雨救旱"和"活泉止水"现已被先进科技所解决,"驯服猛兽"则现在连老虎都濒临灭绝而需保护,"避免战祸"则和平与发展年代一般不用为其操心,唯有"赐嗣送子"因多数人受传统文化影响还很重视;而"治河护航"属于交通安全,这方面旧时以舟楫航远为主的交通方式在山区已一去不复返,取而代之的主要就是公路汽车,所以受到驾车者的重视。至于灵远宫在春节期间香火最盛,则因为正月初六是定光佛的忌日,以往此日及前后,许多有定光寺庙的地方都要举行庙会以纪念定光佛。

灵远宫所在的新罗区是非客家人口占95%以上的县(市、区)。这种在非客家或非纯客家地区有定光寺庙的现象许多地方都有,如福建泰宁的丹霞禅院、顺昌的古佛庵、将乐的古佛堂、平和的龙归堂、同安石鼓山的铜钵岩,以及广东汕尾的清云山定光寺、江西吉安的西峰宝龙祥符寺、浙江衢州的天宁寺、四川广安肖溪的中相寺等,都是非纯客家或非客家地区崇奉定光佛的寺庙;① 即使台湾也是一样,如位于桃园县大溪镇的福仁宫,其正殿主祀开漳圣王的左龛就是定公(光)古佛。② 然而,灵远宫地处深山却香火如此之旺——在20世纪末就"有说每日供求拜者的斋饭就得煮

---

① 王永昌:《定光古佛,客家人的守护神》,闽西客联会编《定光古佛与客家民间信仰研究》(2008年内部刊行)。

② 傅子:《闽南人氏客家神——闽台客家的定光古佛信仰》,龙岩市社科联等主办《客家纵横》2001年第1期。

三、二百担大米,又说每年香客的捐金甚于江山乡的财政收入"①,并成为当今闽西著名的宗教圣地和"崇奉定光大师寺庙之最"②。这种状况是很少有其他定光寺庙可比的,因而当之无愧可视为体现定光佛信仰在非客家地区传播的典型或具代表性的定光寺庙。

---

① 傅子:《掀起你的盖头来——闽西新罗区石佛公神灵及其信仰剖析》,龙岩市社科联等主办《客家纵横》2001年第2期。
② 王永昌:《定光古佛,客家人的守护神》,闽西客联会编《定光古佛与客家民间信仰研究》(2008年内部刊行)。

定光佛信仰的民间文化基础及其现实意义

林清书*

【摘　要】 客家地区的物质基础和哲学基础，以及民族融合等因素，给定光佛信仰提供了客观的条件。郑自严法师主动了解民风民情，分析闽粤赣地区的实际情况，努力寻找佛教哲学和民间信仰的结合点，普及基本的佛学理念，争取官方的理解和支持，奠定了定光佛信仰的基础。这是郑自严法师主观努力的结果。

定光佛信仰的主要意义：佛学与民间信仰融合的典型个案；客家文化形成和发展研究的重要内容；提炼传统文化精华、促进现代人人性反思和现代人文建设的重要启示。

【关键词】 客家　定光佛　郑自严　民间信仰　人性反思

定光大师是五代末、宋初的高僧，俗名郑自严，公元934年出生，公元1015年圆寂，享年82岁。泉州府同安县人，11岁时出家，17岁起，先后在豫章（南昌）、庐陵（吉安）、太和、梅州、武平、汀州、南康一带修学和行道。公元1240年，朝廷赐汀州府衙后为定光佛建造的庙名为"定光院"，并敕封自严为"定光圆应普慈通圣大师"，于是民众尊称其为定光古佛。①

一　定光佛信仰在客家地区形成的民间文化基础

（一）客家地区的物质文化基础

山区的地理特征，形成了以农耕和狩猎为主的经济模式，形成了山地

---

* 林清书，龙岩学院文学与传媒学院教授，主要从事客家方言与客家文化、汉字文化学研究。
① 谢重光：《福建客家》，广西师范大学出版社，2005，第33页。

文化特点。

(二) 客家地区的哲学基础

1. 人生观、价值观体现了耕读为重、重农抑商的特点。

2. 由于闽越、畲族、汉族文化的交融，闽粤赣交界地区在民间信仰方面逐渐形成了多元信仰、实用主义的特点。定光佛信仰顺应并发展了这个特点。

(三) 从郑自严法师到定光佛——定光佛信仰的形成

1. 佛教（禅宗）弟子郑自严法师及其主要贡献

根据学者们的考证，郑自严法师童年在泉州皈依佛门，17 岁游学豫章、庐陵，约有 5 年的时间。这一带是禅宗盛行的地方。在郑自严法师的少年时代，云门文偃（？~949）开创了云门宗。郑自严法师既然在云门宗学习，自然是学习禅宗（南宗禅）。①

我心即佛、不立文字、直指人心、不拜偶像等禅宗的宗旨，以及亦僧亦俗的特点，使得法师的言行更多地体现了禅宗的特点。

因此，从禅宗入手，才能更加准确地理解郑自严法师的一些个性行为特点。比如法师很少有传世之作，不穿袈裟，"白衣、寿帽、素履"亦可，与道教何仙姑和平共处，不避世俗，与政府官员进行沟通，等等，不同程度上体现了禅宗的理念和特点。

作为佛教弟子的郑自严法师有如下主要贡献。

树立和传播佛教的主要观念。在佛学看来，道德上的善恶和心境的染净以及人生、宇宙的本质的真假，完全一致。所谓善就是净，也就是真；所谓恶就是染，也就是假。所谓众生成佛，就是去恶从善，由染转净，由假返真的过程和结果。② 郑自严法师对真善美的肯定，对假丑恶现象的惩罚，体现了对人性的考验，同时也对客家人的人生观和价值观的形成产生了重大的影响。

郑自严法师的活动范围主要是在闽粤赣交界地区，当时的人员构成主要是部分闽越族后裔、畲族、土著以及部分移民；在这个区域范围之内必然会涉及俗事和佛事，通过了解、分析闽粤赣地区的实际情况，吸收当地

---

① 谢重光：《福建客家》，广西师范大学出版社，2005，第 34 页。
② 方立天：《佛教哲学》，中国人民大学出版社，1986，第 231 页。

地域文化的成分，如民间信仰、民族信仰等；努力寻找佛教哲学和民间信仰的结合点，探索普及佛学的道路。他能够适应当地地域文化的要求，力求解决实际问题，才能得到信众的尊敬。同时能够争取官方的理解和支持，扩大弘扬佛法的成果。

佛教与儒教、道教三教合一的基本思路和实践，以及佛教的开放性特点和变异性特点，都使得郑自严法师吸收当地的民间信仰、原始宗教（包括巫术）、道教以及儒教的内容和形式，有了理论上的依据。

佛学的变异性，是佛学的一个基本的特点。纵观2500多年来佛教哲学的演变，可以看出，由于社会历史条件的作用、其他学说的影响和佛教哲学自身的逻辑脉络，决定了佛教哲学的鲜明的变异性。佛教哲学的变异性，使其内容更加复杂，也表现了它的适应性功能，这也是佛教经久不绝，延绵至今的重要原因之一。①

作为僧人，郑自严法师在当时比较蛮荒的闽粤赣边区，就是高级知识分子，具有广博的知识，能够为当地政府和百姓提供智力支持，解决许多日常生活中的难题，比如为政府提出建议、帮助调解纷争、指导百姓躲避灾害、为百姓治疗疾病等等，以普济天下为己任的僧人，都会自觉地承担这些责任和义务。郑自严高僧为当地做过许多好事，才会取得当地老百姓的信任和尊敬，才会有很高的声誉。

因此，郑自严法师在客家地域文化，特别是客家民间信仰、集体性格以及人生观、价值观等方面的逐步形成当中，作出了重要贡献。

2. 在郑自严法师的基础上逐渐形成的定光佛形象

郑自严法师的故事，通过民间和官方的加工和流传，逐渐形成了"定光佛"的形象。

其一，民间传说定光佛具有神奇的法术。如运用神功搬动大石、大山，移动河水、泥浆，搬运柴火（将腿伸进灶膛，实际上是把桌子、凳子的腿儿搬运到灶膛里）等。其目的是征服自然、打击贼寇，或考验人性真善美、奖善罚恶、树立正气、打击邪气等。

其二，各种"应验"的神奇故事，提升了定光佛的声誉，使得定光佛的功德广为传播。

---

① 方立天：《佛教哲学》，中国人民大学出版社，1986，第234页。

相传"宁化余某，求嗣立应。后夫妇抱子齐来叩谢，距岩二十里，子忽毙。余夫妇敬心不改，把子暂寄荒岭，仍亲到岩。致斋毕，乃归，视子坐食馒头，遂尽舍财产入寺。今其岭犹传'寄子'云"①。

其三，定光佛在出游中经常考验人性的善恶美丑，或加以褒奖，或加以惩罚，体现了佛学的基本观念，表达了客家普通老百姓美好、善良的心愿。同时也提高了定光佛的知名度。例如：

"一江猪子"的故事②

主题：考验人性"真善美"。

人物：定光古佛、商人、村姑。

事件：定光古佛把随汀江滚滚而下的乱石泥浆，叫做"猪子"。商人讲话习惯"顺杆爬"，乱石泥浆继续向前；村姑讲实话，乱石泥浆立刻停下，因此，她的村子江水平缓。

又如：

"梁野山古母石"的传说

主题：考验人性"真善美"；惩罚财主。

人物：定光古佛、财主。

事件：定光古佛化身为乞丐，向财主乞讨。财主不肯施舍。定光古佛拿出自己带的米，用自己的腿当做柴火，伸进灶膛里燃烧。实际上是运用了法术，把财主的桌子、凳子的腿儿统统当做柴火烧了。财主很生气，就派家丁追赶，定光古佛就用伞柄挑着一块石头，放到梁野山山顶上，摇摇欲坠，把没有一点恻隐之心的小气的财主吓坏了。

其四，皇帝的册封，进一步提高了定光佛的知名度。

公元1240年，朝廷赐汀州府衙后为定光佛建造的庙名为"定光院"，并敕封自严为"定光圆应普慈通圣大师"，于是民众尊称其为定光古佛。

其五，各地寺庙的建立，使得定光佛声名远播。

据《临汀志》所载，截至南宋为止，专门或主要崇奉定光佛的寺庙，武平县有南安均庆寺、东山禅果院、南安廨院，汀州州城及长汀县有定光

---

① 见清宣统元年所立"定光大师来岩事迹碑"，现存武平县均庆寺内。转引自谢重光《福建客家》，广西师范大学出版社，2005，第39页。

② 参见苏振旺、何志溪主编《闽西民间故事选》，华艺出版社，2009。本文作者对原文的故事情节进行了简单的概括。

院、文殊院、南安廨院、定光堂，上杭县有东安岩，连城县有太平庵、东田石、白仙岩、广灵岩、定光庵，清流县有灞涌岩。

在客家地区，被长期尊奉的定光佛，是为民除害的英雄，是穷人的依靠，是客家人凝聚人心的保护神。

（四）客家地区的民间文学基础

定光佛的传说吸收了各地民间故事的素材，在不断传播的过程中不断修改、逐渐完善。

定光佛故事是在郑自严法师的基础上，经过官方和民间长期和广泛的流传，逐步形成的。其中包含了许多民间人士的创造和加工。通过口头传承的方式，一代一代流传在客家地区，使定光佛的故事得以保存下来，使定光佛成为客家民间文学的一个重要形象。

（五）定光佛局限在客家地区传播的主要原因

首先，佛教在中国的宗派很多，传播范围广泛，各有一定的地域范围。

其次，禅宗不立文字的理念、师徒口传的方法、历史的久远，也使得有关郑自严法师言论的书面资料难得一见，更多的是依靠口头的传承和《临汀志》等有限的记载。

再次，闽粤赣交界地区基本上都是山区，交通闭塞，政治、经济、文化地位不高，传播力度有限，影响力有限。

最后，是地域文化形成和传播规律自然约束的结果。唐宋之际，闽粤赣交界地区主要是百越遗民和畲族的聚居区，汉族移民逐渐迁入，客家地域文化尚处在逐步形成的起步阶段。

因此，早期定光佛信仰的传播范围主要集中在客家地区。

二 定光佛信仰的历史意义和现实意义

（一）定光佛信仰是佛教与道教、民间信仰融合的一个典型个案，是民俗佛学生成与发展研究的一个范例

定光佛信仰，包含了传统佛教特别是禅宗的内容，吸收了原始宗教和

民间信仰的成分，吸收了道教（比如郑自严法师和何仙姑的和谐共处，互相支持的传说，说明了佛教和道教之间的互相影响的可能性）和巫术的成分，有的学者认为，定光佛信仰是一种民俗佛学。①

因此，定光佛信仰是佛学与道教、民间信仰融合的一个典型个案，是民俗佛学生成与发展研究的一个范例。

郑自严法师的高僧地位，在闽粤赣地区的佛教传播中具有特别重要的意义，是体现和传播汉文化的一个重要渠道，是老百姓心目中的一个非常敬仰的偶像。所以逐步为官员所理解，并得到他们的支持。

(二) 定光佛信仰是客家文化形成和传播研究的一个重要内容

凡是说客家方言的、保持客家的生活习俗的、具备客家的共同性格特点的、坚持客家精神的人，就是客家人。

在兼收并蓄而又有所选择的哲学理念的基础上形成的基本的人生观和价值观是客家民系不断发展的动力所在。

开放与创新是客家民系发展的活力所在，是客家人生存与发展之道。

共同的哲学基础上形成的人生观和价值观，共同的心理基础是客家精神的根本。

综合起来说，客家人的哲学基础包含了儒、佛、道、原始宗教、侠义精神以及历史上的各种思潮。随着哲学思想的发展而发展。所以，客家的哲学基础也是一个发展的概念，不能满足于静态的观察。在综合的、发展的哲学思想的基础上，逐渐形成了客家民系的人生观和价值观，用以指导客家人的生产生活实践。

客家民系的人生观、价值观，有与其他民系基本的共性的方面，也有一些自己的特殊的方面，综合起来看就能够显示客家民系的人生观、价值观方面的特点。

定光佛信仰在儒、佛、道和民间信仰的结合方面作出了成功的探索，在建立客家民间哲学方面作出了贡献，是客家民间宗教的一个最重要的、最有影响力的组成部分，是客家人善恶观、美丑观、真假观等人生观、价值观逐渐形成的一个重要阶段，是客家文化的一个重要的组成部分。

---

① 谢重光：《福建客家》，广西师范大学出版社，2005，第38页。

谢重光先生认为，自北宋初至南宋末，以汀州为中心，旁及赣南、粤东、闽西北等地，已经形成一种取代昔日巫觋迷信，具有广泛群众基础，适应官民、土客各方面、各阶层需要的民间信仰——定光佛信仰。这种信仰是以汀州为中心的一个新民系在意识形态方面的鲜明旗帜，是这个民系在意识形态方面与其他族群、民系相区别的重要标志。[①]

定光佛信仰是民间不断塑造和流传的结果，是客家民间文学研究的一个重点。

（三）定光佛信仰是民心民意的自然体现

定光佛信仰代表着改造自然、改善生活环境和生活条件、提升物质生活水平的意愿。因此，定光佛信仰在一定的程度上可以说是民心民意的自然体现。

（四）定光佛信仰是海峡两岸文化交流的一个重要媒介

根据有关报道：

1991年，台北淡水镇鄞山寺住持胡俊彦带领信士35人，找到武平均庆寺。1992年，胡住持斥资雕刻定光佛像立于狮口，每隔3年在定光佛像前包装香灰回台。2000年，台南大竹镇派人到均庆寺举行分香仪式。

2010年3月中旬以来，已有彰化定光佛宗教文化研究会、台湾狮子会、台湾大叶大学、台湾客家公共事务协会、花莲劳工教育发展协会、台北市武平同乡会等单位、团体回访武平，或到均庆寺举行进香朝拜仪式。

2010年12月中旬，由武平县人民政府和台湾中华海峡两岸客家文经交流协会、彰化定光佛庙、台北淡水鄞山寺联合举办定光佛金身巡游台湾活动。

定光佛信仰逐渐演绎成为两岸宗教文化交流、客家文化交流和加强五缘关系的重要媒介。

两岸共同的定光佛信仰和交流，也为进一步的佛教文化、客家文化的研究与交流打下了基础。

---

① 谢重光：《福建客家》，广西师范大学出版社，2005，第40页。

(五) 定光佛信仰是现代文化创意的一个重要素材

定光佛信仰已经在客家地区、海峡两岸形成了一定的影响力,最好有一位具备一定影响力的僧人,主持均庆寺的各项工作,与政府形成更方便的沟通,争取在传播禅宗文化、在研究定光佛信仰与客家文化的形成、在提炼传统文化精华、在形成定光佛系列创意文化等方面,都有一个更好的发展。

定光佛信仰可以成为现代文化创意的一个重要素材,在影视、音乐、美术等许多领域,都有创意价值。

(六) 定光佛信仰是提炼传统文化精华、促进现代人人性反思和现代人文科学建设的一个重要启示

定光佛奖善罚恶、对人性反复考验的故事,推崇人性真善美的基本理念,坚持无私奉献的精神,促使现代人进行深刻反思:在拜金主义、私欲膨胀、环境恶化、信仰缺失的现象面前,我们是否应该警醒,冷静而深刻地反思,应该做一个什么样的现代客家人?现代客家人,作为中华民族的一个重要的民系,应该带头深刻反思和解剖自己,总结和概括传统文化中的精华,加以发扬光大,促进现代人文科学建设,才是对定光佛最好的纪念。

定光佛信仰语境下的客家文化探析

俞如先 张雪英*

【摘　要】　定光佛信仰是客家文化重要的民俗现象。揭示定光佛信仰形态生成的意义不在于定光佛信仰本身，而在于为客家民系的生成提供参照系。笔者认为，定光佛信仰是客家文化沃土里生长起来的信仰形态，具有较高的层次，定光佛信仰联系着丰富的客家文化内容，是客家族群文化认同的标志，而且也可以作为文化认同的标志，标志着客家民系至迟于北宋年间就已形成。定光佛信仰语境下客家文化与中原文化的渊源关系无可辩驳地证明，客家文化是中华文化的组成部分。

【关键词】　定光佛信仰　语境　客家民系　中原文化

定光佛信仰是以定光佛崇拜为核心流行于海峡两岸客家地区的民间信仰。历史上，闽粤赣边的移民族群在开疆拓土的艰辛历程中，不断借助定光神明信仰凝聚力量、激发热情，锲而不舍地播植中华文化，熔铸成博大精深的客家文化。定光佛崇祀地位确立的过程，恰是客家文化形成的过程。有个别学者敏锐地认识到，客家民系祀神是为了寻求文化的发展，是为了播传中原文化。[①] 也因此定光佛信仰的圣人、圣物和圣地必然历史地联系着极为丰富的客家文化因子。但是目前定光佛语境下客家文化的内容问题尚未见相关的研究成果。笔者立足于客家民俗学的理论基础，通过梳理相关文献资料和田野调查资料，对此问题进行尝试性的探

---

* 俞如先，中共龙岩市委党校副教授，法学博士；张雪英，龙岩学院思政部教授。
① 王日根：《客家定光佛信仰的中原文化情结》，闽西客家联谊会、龙岩市政协文史与学习委员会编《定光古佛与客家民间信仰》，2008。

讨，这对于深化定光佛信仰、客家文化、中原文化关系的认识无疑是大有裨益的。

一　定光佛信仰的形成

五代十国时期，定光大师自江西辗转前来闽西弘法。定光佛毫无疑问是佛门弟子。跟大师崇拜逝去的教主及相关神灵相连。大师亲手营建的均庆寺大殿——三宝殿大厅神舆正中供奉如来佛祖，两边分别是迦叶尊者、阿难尊者，大厅两边供奉二十四诸天菩萨。① 大师执著于禅宗信仰。定光佛深悟禅道，圆寂前夕曾说法道："吾此日生，今日正是时，汝等当知妙性廓然，本无生灭，示有去来，更言何事？"② 这一说法与禅宗六祖慧能"世人妙性本空，无有一法可得"③ 的说法如出一辙。大师追求普度众生的价值观。大师驻锡狮岩之时就立下宏愿："今我亦愿委身此地，以度群品。若不然者，当使殒碎如微尘。"④ 大师镇蛟伏虎、为民除害、兴修水利、开山辟路、呼风唤雨、祈来晴雨、送子施惠等的善行义举，⑤ 都是定光佛属于佛教范畴的典型例证。

定光大师的佛性品格迎合了闽粤赣客家流民群体的某些功利需要，流民群体也由此获得了拓荒岁月里久违的温情满足。闽粤赣边民众间难免有不实甚至是夸大之处的大师灵异表现的口口相传和官师的强力推动⑥，赋予了大师神格和人格的双重魅力，不断强化了大师客家流民群体潜意识里保护者的角色。大师圆寂之后，最终实现了由佛徒身份向民间信仰神明的转变。客家百姓对大师身前身后称呼的变化生动地见证了这种转变："师见在，民呼曰'和尚翁'，亲之也；师灭度，民皆曰：'圣

---

① 对武平县岩前镇灵岩村练福清的调查，2011 年 3 月 11 日。
② 闽西客家联谊会、龙岩市政协文史与学习委员会编《定光古佛与客家民间信仰》，2008，第 156 页。
③ 转引自黄诚《试论慧能的"心性论"思想》，《贵州大学学报（社会科学版）》1999 年第 4 期，第 56 页。
④ 闽西客家联谊会、龙岩市政协文史与学习委员会编《定光古佛与客家民间信仰》，2008，第 150 页。
⑤ 俞如先：《论定光公信仰的形成与发展》，《龙岩学院学报》2007 年第 4 期，第 16 页。
⑥ 丘复主纂民国《武平县志》，福建省武平县志编纂委员会整理出版，1996，第 514 页。

翁'，尊之也。"① 定光佛由此成为闽粤赣边民众共同的精神支柱："家画其像，饮食必祭。"② 定光佛信仰这一信仰形态虽然具有"宗教性"和"民俗性"的双重维度，但从民间信仰的视角来看，这一信仰形态应属于民俗的范畴。

关于定光佛信仰的形成，谢重光、卢秀文先生也认为是在北宋时期大师圆寂之后："定光大师去世后，人们对他的崇拜有增无减，定光佛信仰逐渐形成。"③ 笔者则更为确切地认为定光佛信仰的形成可以以狮岩大师塑像落成为标志。大师圆寂之后，感恩不尽的客家先民为大师塑像，供奉于狮岩，"众收舍利遗骼，塑像岩中"④，"定光公塑像的落成及主祀定光佛的均庆寺禅院的建立，标志着定光公（佛）信仰的形成"⑤。

定光佛信仰是北宋前期流落闽粤赣边的移民群体文化创造的文明成果之一，定光佛信仰的形成为闽粤赣边族群共同体的形成及族群文化的建构注入了信念的力量。

二 定光佛信仰语境下的客家文化

信念力量支持下形成的客家文化多姿多彩，定光佛信仰的圣人、圣物、圣地紧密联系着客家文化多方面的内容。

1. 体现了客家和谐的价值追求

和谐是对立中的同一关系，"和谐是对立事物之间在一定条件下动态的辩证统一，是不同事物之间共同发展的关系"⑥。客家人珍视和谐，"崇尚与家庭、宗族的和洽、崇尚与社会的和平、崇尚人与自然的和合的价值

---

① 闽西客家联谊会、龙岩市政协文史与学习委员会编《定光古佛与客家民间信仰》，2008，第156页。
② 闽西客家联谊会、龙岩市政协文史与学习委员会编《定光古佛与客家民间信仰》，2008，第143页。
③ 福建省武平县客家联谊会、政协福建省武平县委员会文史与学习宣传委员会编《定光古佛史传论文选集》，2010，第37页。
④ 刘将孙：《养吾斋集》卷28《定光圆应普慈通圣大师事状》，影印文渊阁《四库全书》集部一三八，别集类。
⑤ 俞如先：《论定光公信仰的形成与发展》，《龙岩学院学报》2007年第4期，第17页。
⑥ 程恩富：《核心价值观凝练的五个方面》，2011年3月28日《光明日报》第11版。

追求"①。定光佛信仰里也渗透进了客家和谐的价值追求，如武平县下坝乡露冕村归庆庵（定光庵）正门对联即言道："露冕佛道场六圳十七村下坝三塘和谐度安康，贤成是隘主小车灌大田上下三石园潭福圣地。"② 定光佛信仰语境下，客家和谐的价值包含三个层次：基础是人与自然的和谐，在对待自然界的问题上，采取一种平等共处，而不是征服的态度。客家传说中的定光佛初来狮岩禅修时面对大蟒猛虎的威胁，并没有选择大开杀戒，"数夕后，大蟒前蟠，猛虎旁睨，良久，皆俯伏而去"③。人与自然的和谐归根结底是为了社会的和谐，即人与人的和谐，为此客家人一展智慧，对人神活动进行创造性的处理。如历史上岩前东门、西门、南门都有醮，岩前城里和周边17村也均有醮，甚至一村往往有多个醮。有的醮恰好就在正月初五同一天抬定光菩萨。如高屋莲塘子自然村罗姓、井下自然村钟姓、田寨下自然村曾姓三姓同一天打醮，为了避免因争抬定光菩萨纠纷的发生，就在狮岩另外雕刻了两个定光菩萨，即今狮岩主洞三定光佛像的由来。④ 当然，和谐最高的文化境界是神与神、人与神的和谐。狮岩即是这类和谐的圣地。狮岩千佛楼左右均有台阶，左可通韦陀宫、观音宫、地藏菩萨宫、土地神宫、何仙姑宫、七圣宫，右转上行若干台阶可通药王菩萨宫、九子圣母宫、财神宫，诸神完全按照客家人的要求和意愿和谐共处，而且狮岩的神明具有浓郁的人格化、家庭化倾向。如何仙姑宫就是一个和谐的小家，正中间供奉何仙姑之父何大郎禄位，何仙姑母女合十端坐禄位两边。各宫组织成各小家，各小家比邻而居，组成为和谐共处的大家庭，共保一方平安，折射出人神和谐有趣的人文风景。

2. 体现了客家崇儒尊孔的人文志趣

定光佛信仰与儒家思想虽然有一定的冲突，如作为定光佛信仰象征的狮岩狮形宝地，雄狮雄踞岩前东南，"有过于刁悍之嫌"⑤，使风水存在瑕

---

① 福建省客家研究联谊会编《海峡两岸客家族谱研究论文集》，海风出版社，2010，第276页。
② 钟德彪、钟茂富：《归庆里定光佛，风雨沧桑五百年》，2011年1月22日《闽西日报》第3版。
③ 闽西客家联谊会、龙岩市政协文史与学习委员会编《定光古佛与客家民间信仰》，2008，第150页。
④ 对武平县岩前镇灵岩村练福清的调查，2011年3月11日。
⑤ 钟茂富：《客村》，海风出版社，2010，第248页。

疵。但狮岩一带的客家人还是成功地实现了二者的融合。狮岩一带百姓既崇祀定光佛，又崇信儒家思想："人知礼节，俗尚诗书，自昔而然。"① 他们营建了崇文重教的标志性建筑，如紫阳祠，"至（康熙）五十六年始核准兴工。……规模宏敞，奉先贤朱子牌位"②；又于清乾隆年间兴建了文光塔，"在岩前城西南一望之远。共七层，高六丈，系紫阳祠之文笔峰"③，与狮岩遥相呼应；还在狮岩辟七圣宫，供奉包括学圣孔子在内的七位中华文化标志性人物。定光佛信仰语境下的民间信仰与儒家思想的融合在闽西具有一定的普遍性。如千年名乡长汀县三洲乡每年农历正月十五的迎花灯抬三太祖师民俗活动（定光佛、伏虎禅师、观音菩萨）非常隆重。其中圣帝庙（供奉关公、孔圣）也要出一盏关帝圣君灯，在长长的花灯队伍中排在最前列。而且三洲乡无论是正月十五的迎花灯还是六月十五的抬三太祖师菩萨活动，圣帝庙都是必经之地，客家百姓在祈求定光佛祖庇护的同时，不忘强化儒家思想在乡村的影响。④

3. 体现了客家的祖先崇拜习俗

历史上，客家人传承中原故土的宗法精神，在闽粤赣边普遍建立了以血缘为基础的乡族社会组织形式。为了增强乡族的凝聚力，往往赋予死去的祖先神格，也顶礼膜拜，形成了祖先崇拜的习俗，也因此族人去世后的丧葬仪式都非常隆重，还要请法师为逝者超度。如唐末长汀县莒溪堡（今连城县莒溪镇）的朱仁贵、朱千三郎为筹钱给亡故的母亲陈宝娘"追荐使用"⑤，卖出了大片的田产、山场。出于敬祖的需要，客家地区习惯上对逝者是以土葬处理的，以便在未来吉日选择吉穴进行二次葬，客家地区也已经形成了约定俗成的规矩。话说定光大师在世时曾按佛门规矩，以火葬形式处理了一个死去的僧人，这在定光大师看来是无可厚非的事情，"公恨所说法听者疑信半"⑥，却因与当时的客家民间土葬习俗格格不入，引起了

---

① 丘复主纂民国《武平县志》，福建省武平县志编纂委员会整理出版，1996，第460页。
② 丘复主纂民国《武平县志》，福建省武平县志编纂委员会整理出版，1996，第405页。
③ 丘复主纂民国《武平县志》，福建省武平县志编纂委员会整理出版，1996，第460页。
④ 对长汀县三洲乡三洲村黄麒的调查，2011年2月7日。
⑤ 政协连城县委员会文史与学习宣传委员会编《连城文史资料》第35辑，2008，第232页。
⑥ 闽西客家联谊会、龙岩市政协文史与学习委员会编《定光古佛与客家民间信仰》，2008，第144页。

当时官府的高度关注,并招致了不小的麻烦:"邻寺僧死,公不知法当告官,便自焚之。吏追捕,坐庭中,问状,不答,索纸作偈曰:'云外野僧死,云外野僧烧。二法无差互,菩提路不遥。'"① 从定光大师此次不幸的遭遇可以看出,五代至北宋时,闽粤赣边一带客家社会已经形成了土葬祀祖的习俗。

4. 体现了客家的迎神打醮习俗

客家地区的醮事源于道教,如宁化县的道教隋朝时方才传入,"各种庙都有自己的庙会会期,抬菩萨、做醮事、装古事、唱故戏,祈祷五谷丰登、六畜兴旺"②。把打醮活动运用于定光佛神明的崇拜是客家人的独创,"唯客家地区的定光古佛和天上圣母具有出庵打醮的习俗"③。这种醮事在闽西较为普遍,打醮实际上成了定光信仰的代名词,其中尤以岩前一带最盛。岩前狮岩脚下各村和集镇周边各村打醮集中在每年的农历七月、八月。届时全乡各村轮流派出童男玉女,把定光古佛神像抬进村子,当地百姓供三牲,点香燃烛,虔诚礼拜,祈求定光古佛带来平安。④

5. 体现了客家的建筑文化

武平狮岩均庆寺是定光大师亲手营建的,"取绿湖水以画彩,殿宇经佛力亲成之。自五代而宋而明,阅数百年"。虽然历经多次重修,但整体格局仍保留着初建时期的风貌,"规模悉仍其旧"⑤。均庆寺具有客家地区唐宋建筑的鲜明特点:一是讲究中轴对称。均庆寺整座寺庙规制严谨,"坐北朝南,土木结构,自南向北依次为三宝殿、大院坪、千佛楼"⑥,几大主要建筑都处在南北中轴线上。二是钟鼓楼之制。处在中轴线上的大院坪左为钟楼,右为鼓楼,左右对称分布,实为典型的唐宋建筑规制,"宋代有

---

① 闽西客家联谊会、龙岩市政协文史与学习委员会编《定光古佛与客家民间信仰》,2008,第144页。
② 张恩庭:《浅析宁化道教》,《客家魂》总第16期,第59页。
③ 钟德彪、钟茂富:《归庆里定光佛,风雨沧桑五百年》,2011年1月22日《闽西日报》第3版。
④ 钟茂富:《客家人纪念定光的由来》,2006年8月31日《闽西日报》第6版。
⑤ 丘复主纂民国《武平县志》,福建省武平县志编纂委员会整理出版,1996,第514页。
⑥ 福建省武平县志编纂委员会编《武平县志》,中国大百科全书出版社,1993,第720页。

专建高楼安置钟、鼓的记载"①。三是建筑级别较高。三宝殿为重檐歇山顶抬梁式结构，面阔 9.3 米，进深 15 米。歇山顶唐宋的说法是九脊顶，是两坡顶加周围廊的结构，它由正脊、四条垂脊、四条戗脊组成，仅次于庑殿的屋顶样式，故又称九脊殿。三宝殿第二层檐披和第三层檐披之间起着采光、通风作用的斗拱美观大方、动感十足。历史上，斗拱结构一般出现在较为大型的建筑上。足可见，三宝殿具有极高的客家建筑艺术的价值，弥足珍贵。

三　定光佛信仰语境下客家文化的基本判断

1. 五代十国时期至北宋前期客家族群业已形成

唐末，闽粤赣边一带因接纳大批移民而逐渐得到了开发，历史性地形成了众多的村落。今清流县长校镇一带，"隋唐之际，当今长校境域已有星落村庄"②。武平县平川镇屯里村落，南唐大保年间，地理位置重要，"乃是当时交通、军事的重地，也是商业的繁华地带"③。这些移民村落的百姓具有惊人一致的人文习惯。移民村落普遍都以开基姓氏命名。原长汀河源里吴家坊（培田自然村，现归连城县宣和乡管辖）吴氏元代迁居，当时吴家坊尚被叫做赖屋；④ 连城县赖源乡，"原名赖家坊，后改赖源。因赖姓居此而得名"⑤；永平乡塘屋村，原名唐屋村，南宋初年，"居住着唐、黎、陈、曾等姓人氏，其中唐姓人最早在此定居，人口最多，故排于前列，统称为唐屋"⑥。移民村落的百姓普遍还有取郎名的习惯。唐末黄巢起义期间，李氏一支避乱宁化，"大郎徙居宁化"⑦；连城县莒溪镇刘地社朱

---

① 赵宏编著《中国旅游文化概览》，西安交通大学出版社，2010，第 115 页。
② 清流县档案馆、政协清流县委员会文史和学习委员会编《清流姓氏》第 1 辑，中国文化出版社，2010，第 31 页。
③ 政协福建省武平县委员会文史与学习宣传委员会编《武平文史资料》第 21 辑，《武平地名文化》，2009，第 39 页。
④ 俞如先：《培田：中国古村落》，海峡文艺出版社，2004，第 71 页。
⑤ 连城县地方志编纂委员会编《连城县志》，群众出版社，1993，第 990 页。
⑥ 政协福建省武平县委员会文史与学习宣传委员会编《武平文史资料》第 21 辑，《武平地名文化》，2009。
⑦ 清流县档案馆、政协清流县委员会文史和学习委员会编《清流姓氏》第 1 辑，中国文化出版社，2010，第 31 页。

屋的开基客家先祖之一是朱千三郎①；武平狮岩一带最先入驻开基的是唐明宗时何大郎。可见，由移民村落百姓诸多共同的人文习惯不难推断，这些移民有着共同的来源。这些有着共同来源的移民，于特定时间迁入闽粤赣边较为安全特定的地理区域。在区域内村落间百姓有着密切的经济联系。如唐末连城莒溪刘地社朱屋的朱千三郎、朱仁贵托中将田产、山场等卖予罗屋东坑（今莒溪夏庄村）的罗均二、罗均七兄弟，②并一同参与社会建设；武平狮岩脚下岩前各村落百姓群策群力建设三千罗陂，"罗陂波面十余丈，灌田千余亩，工程浩大"③，一同追寻着精神世界慰藉的梦想；北宋年间长汀县四都一带与毗邻的一些江西客家村落民众宋时曾蒙罗公恩惠，"罗公离世后，闽赣百姓感恩戴德，纷纷建罗公庙纪念他，并尊称罗公为罗公祖师，塑像供奉，顶礼膜拜"④。由此于五代十国至北宋年间最终形成了共同的文化生态，即生成了特定的族群——客家族群。

客家民系形成的一个显著标志即是统一神明——定光佛信仰的形成。众所周知，历史上，民间信仰在统摄乡族社会方面发挥着不可替代的作用，"它在中国民众中的影响却不逊色于正统宗教"⑤。长汀县及与长汀县临近的江西边界地区就有所谓罗公祖师"上半年管福建，下半年管江西"⑥的说法。空旷无比的闽粤赣边乡族社会也需要统一的民间信仰发挥民间治理重要的辅助作用。定光佛也正好适应特定族群的需要，扮演着闽粤赣边特定族群地区收拢人心的角色。正如宋嘉泰年间汀州郡守陈晔所言："雨旸之应如响，是佛与守分治汀民也。"⑦所谓的"管"和"治"实际上是同一神明认同下乡族社会的自我管理、自我治理。可见，定光佛信仰确实是客家民系形成的文化标志。我们自然也就有理由判定，至迟至北宋年

---

① 政协连城县委员会文史与学习宣传委员会编《连城文史资料》第35辑，2008，第232页。
② 政协连城县委员会文史与学习宣传委员会编《连城文史资料》第35辑，2008，第232页。
③ 政协福建省武平县委员会文史与学习宣传委员会编《武平文史资料》第21辑，《武平地名文化》，2009，第150页。
④ 俞如先：《汀南三洲东林寺的罗公信仰》，2010年2月20日《闽西日报》第3版。
⑤ 何敦培：《宗教因子及相关问题辨析》，《湖南师范大学社会科学学报》，2008年第6期，第53页。
⑥ 俞如先：《汀南三洲东林寺的罗公信仰》，2010年2月20日《闽西日报》第3版。
⑦ （宋）胡太初修、赵与沐纂《临汀志》，长汀县地方志编纂委员会整理，福建人民出版社，1990，第166页。

间，客家民系已经在闽粤赣边生成。

2. 客家文化根在中原

闽粤赣边原属南蛮之地，客家迁入之后，才陆续走上了文明提升的道路。定光佛信仰语境下的诸多客家文化因子，实际上都是伴随着客家先民的迁入，把中原文化的种子播撒、生根、发芽的结果。定光佛语境下，客家文化的诸多内容都与中原文化有着密不可分的渊源关系。

就和谐的价值追求而言，这一哲学思辨的人文价值理念并不是在闽粤赣边的土地上生长起来的，而是华夏文明数千年积淀的中国文化的精髓，"追求和谐是中国思想史发展的基本轨迹，和谐文化模式是中国传统文化的精髓之一"①。崇儒尊孔的人文志趣也源自中州，"客家人自始至终尊孔崇儒，称得上崇文重教的光辉典范，其尊重历史传统文化的盛典，不亚于中州人"②。敬祖习俗一样传自中原，先秦时期祀祖就构成了周礼教化的条件。③ 就客家建筑文化而言，其与中原建筑文化的渊源关系更是不言而喻的，连岩前脚下普通百姓都知道均庆寺的建筑风格跟天安门城楼有惊人的相似之处。笔者于2011年3月11日上午在家住狮岩脚下的温养声老师陪伴下到狮岩调研，在三宝殿恰巧碰到一个上了年纪不知名字的长辈，他一再骄傲地跟我们提起说：这是天安门。一开始我们还一脸的疑惑，后来该长者用手指大殿屋顶位置，我们方才理解老人的意思，原来老人所指为均庆寺三宝殿第二层檐披和第三层檐披之间起着采光、通风和装饰作用的斗拱，老人要表达的意思是三宝殿的斗拱跟天安门城楼的斗拱很是相似，这说明均庆寺虽然无法跟天安门城楼媲美，但都有着共同的中原文化渊源。我国斗拱结构的产生与发展历史悠久，唐宋时期最为流行。④ 均庆寺追求中轴对称的特点也是符合周易八卦要义的，"注重中轴线和对称性，体现了八卦方位的涵义"⑤。这些都有力地证明了定光佛信仰语境下的客家文化与中原文化有着密不可分的联系。

---

① 史美青：《中国传统文化中的和谐图景》，《中国社会导刊》2007年第6期，第62页。
② 政协连城县委员会文史与学习宣传委员会编《连城文史资料》第37辑，2010，第326页。
③ 梁漱溟：《中国文化要义》，学林出版社，1987，第100页。
④ 俞如先：《长汀县三洲乡客家建筑演变轨迹初探》，《龙岩学院学报》2010年第1期，第28页。
⑤ 王娟：《民俗学概论》，北京大学出版社，2002，第246页。

根据以上分析，笔者认为，至迟到北宋年间，定光佛信仰即已形成。定光佛信仰的形成标志着定光大师的民众形象由佛徒向民间信仰神明的转变。定光佛信仰凝结着丰富的客家文化因子，具有较高的层次，是闽粤赣边客家文化认同的标志。定光佛语境下客家文化与中原文化密不可分的渊源关系有力地证明：客家文化根在中原。

做好"定光祖庙"文章
凝聚海内外客家亲情

张佑周*

【摘　要】　定光古佛是海内外客家人共同信仰的保护神，是海内外客家人心中的佛。武平岩前均庆寺是宋代高僧自严法师驻锡几十年并圆寂之所在，是其被封谥为"定光大师"或"定光佛"的圣寺。守护好这一圣寺，传承好定光古佛信仰，运用好定光祖庙这一珍贵的文化遗产，对于凝聚海内外客家乡亲亲情，尤其是促进海峡两岸的文化交流及两岸关系和平发展，无疑可以发挥巨大的作用。

【关键词】　定光祖庙　文化交流　和平发展

一　定光祖庙在武平均庆寺

定光古佛既是生前有功于闽西客家人，死后被尊奉为客家保护神的人格神，又是佛教大德高僧，被誉为定光佛（梵名提洹羯佛，译锭光佛或燃灯佛，锭光又作定光。有足曰锭，无足曰灯）转世之"见世佛"（现世佛，活菩萨），在闽西客家人心中有着极高的位置。

据史载，定光佛俗姓郑，名自严（亦其法号），泉州府同安县人，生于后唐龙启二年（934），"祖仕唐，为四门斩斫使，父任同安令"。自严少有佛心，"年十一，恳求出家，依本郡建兴寺契缘法师席下。年十七，得

---

* 张佑周，教授，龙岩学院客家研究中心主任，兼任龙岩市社科联副主席、闽西客家联谊会常务副会长、《客家纵横》杂志副主编等。

业游豫章,过庐陵,契悟于西峰圆净大师……盘旋五载"①。后告别圆净法师,到闽粤赣各地云游参访、行善布施,历18年苦旅,终成一介高僧,遂开始择地结庵,自任住持,侍佛传经。"乾德二年(964年)驻锡武平南安岩,淳化二年(991年)别立草庵居之。景德初,迁南康郡盘古山。"②北宋惠洪《禅林僧宝传》载有自严法师在赣南南康盘古山主持法席事:"先是,西竺波利尊者经始,谶曰:'却后当有白衣菩萨来兴此山'。公住三年,而成丛林,乃还南安。"南宋《临汀志》亦有载:"初,南康盘古山波利禅师从西域飞锡至此,山有泉从石凹出,禅师记云:'吾灭度后五百年,南方有白衣菩萨来住此山。'其井涌泉,后因秽触泉竭,舆议请师主法席以符古谶,师许之,乃泛舟而往。"已符古谶的自严法师于是声名大噪。但后来他却毅然选择回到闽西。"祥符四年(1011年),汀守赵遂良即汀宅创后庵延师。至八年(1015年)终于旧岩。"③自严享年82岁,僧腊65载。

自严和尚生前游遍闽西大地,驻锡武平南安岩后更是大部分时间居留闽西,圆寂亦在南安岩,其生前逝后镇蛟伏虎、御寇除妖、呼风祈雨、修陂筑路、送子救生等佛法神力和善行义举使之在闽西民众心目中既是佛法无边、神通广大的高僧神灵,又是大智大勇、功德无量的智者圣贤。于是,自严和尚圆寂后,"众收舍利遗骼,塑像岩中。熙宁八年(1075年)守许尝之祷雨感应,初赐均庆禅院开山和尚,号'定应大师'"④。其后,经闽赣两地官员一再奏请,有宋一代便得到朝廷的三次封谥:"至崇宁二年,守陈粹白衣菩萨木雕真相……至四年而上右边,及后枕再生白毫。有旨加号'定光圆应'","绍兴三年,以江西转运司奏,虔州南安岩定光圆应大师于虔之虔化县塔上放五色毫光,惊破剧贼李敦仁,收复二县,乃赐'普通'二字,乾道三年,再以福建转运司奏,汀州祈祷列上实迹,复加赐八字师号为'定光圆应普慈通圣'大师"⑤。自严和尚由是实现了由僧人

---

① (宋)胡太初修、赵与沐纂《临汀志》,福建人民出版社,1990,第164页。
② (宋)胡太初修、赵与沐纂《临汀志》,福建人民出版社,1990,第164、166~167页。
③ (宋)胡太初修、赵与沐纂《临汀志》,福建人民出版社,1990,第164、166~167页。
④ 刘将孙:《养吾斋集》卷28《定光圆应普慈通圣大师事状》,影印文渊阁《四库全书》集部一三八,别集类。
⑤ 刘将孙:《养吾斋集》卷28《定光圆应普慈通圣大师事状》,影印文渊阁《四库全书》集部一三八,别集类。

向人格神"转世佛"的转化，其人格魅力和神格力量都越来越大，"定光大师"、"定光古佛"尊称由是在闽赣地区广泛传播。与此同时，武平岩前均庆寺作为大师驻锡及圆寂之所在，理所当然成为"定光佛"祖庙，其地位在宋代就已确立。

二 定光佛信仰向海内外传播

定光古佛信仰在闽粤赣地区确立之后，以定光古佛为主祀对象的禅院、寺庵最先在这些地区大量兴建。

与均庆寺同时创立的是自严和尚生前另一处弘法地武平梁野山白云寺。《临汀志》载："梁野山在县东三十五里。俗传高五千余仞，分十二面，绝顶有白莲池。昔乡民采茗，误至一岩，见垂龙须草幕其门。披蒙茸而入，中有佛像、经帙、钟磬、幢盖，俨然如新。欲再往，迷失故路。按《梁野山》记：'古迹，有素书三百卷。瀑布奔入千秋溪，旁垂石如覆釜。'"① 今人调查亦云梁野山顶云仙岩至今尚存佛堂及坐禅小洞，洞壁有安放油灯的遗址，被认为是定光古佛当年弘法之处，后人便在梁野山建起白云寺。② 该寺虽几经兴废，却至今香火甚旺。

由于定光古佛生前弘法所在的均庆寺和白云寺都在武平，因而定光佛信仰最早在当地兴起，由二寺分灵的寺庙也很多，如武平桃溪东林寺、亭头太平寺、湘坑宝林寺、昭信田心寺等等。

除武平外，闽西各县很快也兴起定光古佛信仰，陆续建起奉祀定光古佛的寺庙，除相传定光大师生前足迹所达的汀州定光院、上杭东安岩、连城滴水岩、清流灞涌岩金莲寺等名寺外，长汀有永安寺、金峰山寺、永福寺、禅元寺、定光寺、云仙寺等，上杭有回龙庵、崇福寺、石陂庵等，连城有定光庵，永定有镇龙塔、永丰堂、鄞山寺、上老庵等，清流有灵台山圆通寺、翠峰寺、醉峰寺、福源寺等，龙岩新罗区有江山石佛公寺等。

闽西北各地也早在宋代开始就盛行定光古佛崇拜，如沙县定光禅院，

---

① （宋）胡太初修、赵与沐纂《临汀志》，福建人民出版社，1990，第 51 页。
② 刘大可：《圣人、圣物与圣地：闽西武平县定光佛神迹崇拜研究》，闽西客家联谊会、龙岩市政协文史与学习委员会编《定光古佛与客家民间信仰》，2008，第 94 页。

据称始建于唐，后奉定光。沙县洞天岩旧有定光古佛卧像，清代陈芳楷有《题洞天岩睡像》诗云："定光何处禅，冷卧灵岩上，阅世慵开眼，依稀成睡像。"三明有瑞云寺，泰宁有丹霞禅院，将乐有古佛堂。建瓯县铁狮山有定光岩，"深邃奇艳，中祀定光佛"①。顺昌县芹山，"里人以为定光佛第二道场"②。尤其建瓯南雅定光院，曾祀浙江长耳定光佛行修，并有行修七岁成佛的传说，寺内定光佛大塑像前的佛龛中供有儿童形象的长耳定光佛，但庙祝常介绍定光佛来自汀州，寺内碑记亦称："定光院始于何年未得确考。父老相传最早为南雅张厝坟墓，后因定光佛显灵，始建小庙一座，供奉定光古佛。大清咸丰元年进行第二次重建。而后香火旺盛，成为南雅主庙之一，定光佛亦为南雅权威之佛。重建之后，迎佛仪式庄严隆重，南雅本籍人士通为集资值事，居住南雅的福州籍民众负责戏文唢呐彩装銮驾。汀州籍民众负责三眼神铳，鸣锣开道。江西籍民众负责自街到殿布帛遮蓬。一路香灯叩拜，十分壮观。"有人认为，由于碑中所记第二次重建有汀籍和赣籍人士参与，闽西定光佛取代浙江长耳定光佛成为"南雅权威之佛"，但却未能证明原"张厝坟墓"有"定光佛显灵"之"定光佛"到底是闽西定光佛还是浙江长耳定光佛。当地人将一大一小两尊佛像并列寺内奉祀也许是最聪明的办法。

赣南与粤东都是自严和尚生前涉足的地方，南康盘古山还是自严和尚作为古谶中"白衣菩萨"显身应验的地方，定光佛信仰盛行不足为怪。刘将孙《养吾斋集》卷17《西峰宝龙祥符禅寺重修记》载：庐陵城中诸禅院现大神通道场者，西峰第一。西峰之盛繇定光古佛。古佛之得道，繇圆净大师。圆净则西峰之第六世也。今法堂题"古佛参处"以此然。郡士民与四方皆知事定光，请药药现，五色异彩。祈嗣悉应，祷雨阳雨阳若。……定光之辞世也，圆净曰："留福德镇山门。"以是西岩虽盛于临汀，而灵异尤著于庐陵与仰山等方寺。盛时，每岁孟春六日，人皆祓服车徒，波腾尘沸，十里争道，环为园林，游娱绚丽。地主邀头歌衢击壤，耳喧目夺，忽转禅林，乔木如云，高堂法座，风幡肃然。虽接迹坌至，入门意消。稽首足尊，生平何行，未有不俯仰自失也。而洪迈《夷坚志》则

---

① 《八闽通志》卷5《地理》。
② 《八闽通志》卷10《地理》。

载：宋贶益谦，少时遇一僧人，相约到嘉应州见面，绍兴后，宋氏果到嘉应为官，"追忆僧言，至即访之，彼人云：未尝有。或曰：'此邦崇事定光佛，庵在城外，有签告人，极灵感'。欣然往谒。再拜，仰瞻貌像，乃一化僧真身，与昔溪上所睹无少异。自是日往焚香致敬。既而因母老故，恩许自便，作木像僧真，舆以归。到新安，于宅旁建庵，名曰'慈报'"。可见粤东亦于宋代就已盛行定光古佛崇拜。梅州地区除了有定光古佛玉甲墓外，还有多座寺庵供养定光古佛。此外，汀江（韩江）下游的粤东潮汕地区也有陆丰定光禅寺、汕尾清云山定光寺等。

随着明清以来闽西粤东客家人向外播迁的足迹，定光古佛也远赴广西、四川、台湾乃至海外。尤其是祖国宝岛台湾，自明末清初郑成功麾下名将汀州客家人刘国轩随郑赴台辅郑治台"寓兵于农"，开闽西客家人较大规模跨海渡台开发创业之先河以来，闽西客家渡台者越来越多，特别是地处闽粤交界的武平、永定两县，也许凭借汀江、韩江往汕头出海之便利，也许当时该二县地窄人稠，出海往洋闯荡者较多，在明郑时期赴台者就为数不少，① 清中叶以后，闽西客家赴台者更是越来越多。

大凡背井离乡，移民外地开发创业的人们，面对新居地极为险恶的环境，除了艰苦奋斗、排除万难，靠自己勤劳的双手闯出一片新天地外，往往要祈求神灵的庇佑或幸运的降临，因而，人们往往把原乡崇拜的神灵迎往新居地继续崇拜，尤其是具有地方保护神职能的神祇，既是移民们所熟知所虔敬的神祇，又是他们远离家乡、远离亲人的心灵慰藉。于是，从闽南地区渡台的人们带去了妈祖和王爷公，从粤东潮汕地区渡台的人们带去了三山国王，而从闽西地区渡台的人们则带去了定光古佛和民主公王。

明郑时期赴台的闽西客家人就已经将家乡信仰的神祇伯公、民主公王和定光古佛等带往台湾。伯公和公王都无需分灵也无需建庙，只需在新居地水口或石山、古树下择址设坛安上个祭拜点就行，简单方便，因而凡有闽西客家移民的地方，就有伯公或公王坛。而定光古佛则

---

① 参见张佑周《无法割断的血缘和文缘关系——闽西与台湾客家关系综述》，《亚太经济》2010年5月。

需建庙庵并从家乡祖庙分灵而去才行，因此，台湾史载最早创设的定光佛庙——彰化定光佛庙，迟至清乾隆二十六年（1761）才始建，由永定籍士民及北路总兵张世英等集资公建，初名"定光庙"，主祀神灵定光古佛由汀州定光院分灵。同时，该庙又兼作"汀州会馆"，用以接待当时源源不断地从闽西各县渡台的客家乡亲。该庙经嘉庆、道光、咸丰年间多次重修，已扩大规模，并摒弃了会馆功能，成为台湾最著名的定光佛庙。

始建于清道光二年（1822）的台北淡水鄞山寺是台湾第二座著名的供奉定光佛的寺庙。该寺由永定籍客家人张鸣凤等捐建，建寺之初亦作汀州会馆，但大殿却供奉由永定金砂鄞山寺迎来的定光古佛。其后虽经多次重修，却仍保持190年前的汀州永定等地古建筑原貌。

除上述二寺外，台湾兼奉定光古佛的寺庵还有许多，如台北板桥的接云寺及台湾各地的许多寺庙，都在奉祀其他各路神灵的同时，或兼设定光古佛牌位，或安奉定光古佛塑像，丰富了客家民间信仰中极其常见的一庙多神、佛道兼容的奇特景观。

定光古佛信仰还随客家人"过番"而远播东南亚各国，尤其是佛教盛行的泰国、缅甸、柬埔寨等国，不少客家华侨都知道定光古佛祖庙在闽西武平，如1996年10月，粤籍泰国华侨谢先生，就曾携全家老少到武平南安岩均庆寺向定光佛还愿。

三 努力打造定光佛祖庙的文化名片

农历己丑年除夕，胡锦涛总书记视察永定客家土楼，对土楼客家乡亲深情地说："客家土楼是中华文化瑰宝，是大家庭、小社会和谐相处的典范，希望一定把祖先留下的这份珍贵遗产守护好、传承好、运用好。"作为物质文化遗产"瑰宝"的永定客家土楼，在胡总书记亲切关怀下已经得到各级党政领导及广大客家乡亲的高度重视，将其"守护好、传承好、运用好"已经成为社会各界的共识，并已成为各级领导和客家乡亲的自觉行动。而作为精神文化遗产的客家民间信仰，其实也是客家传统社会和谐相处的重要基础，尤其是作为客家民间信仰主要载体的"祖庙"、"祖祠"、"祖墓"等物质文化遗产部分更是联结血缘、亲缘，凝聚族心、民心，构建社会和谐的载体，将其守护好、传承好、运用好，无疑也是摆在有识之士和客家乡亲面前的迫切任务和重要使命。

慎终追远、念祖追宗是恪守中华传统文化的海内外客家人永恒的情结，尤其是移民外地、漂泊异国他乡的人们，更是念念不忘故乡，代代相传着对祖先和祖地的牵挂。台湾"客家大佬"、中国国民党荣誉主席吴伯雄先生2000年10月首次回祖籍地永定县下洋镇思贤村寻根祭祖，2008年8月14日又二度回思贤村省亲谒祖，当时他曾感慨地说，他第一次回来是遵循其父亲的嘱托，完成其祖辈、父辈回"唐山"祭祖的遗愿，第二次是为自己并代表家人回来省亲祭祖，以后还要带着儿孙回来，因为，"同宗同族同心声，隔山隔海难隔情"，"海峡两岸人民有着相同的文化、血缘，我们的关系是任何力量不可切割的"。可见，祖地、祖先、祖祠、祖墓，不仅是移民异地的客家人挥之不去的念想，也是像吴伯雄先生那样的外地客家裔孙魂牵梦萦之所在。

神灵的祖庙尤其是具有原乡地方保护神职能的神灵祖庙也是漂泊异地的人们魂牵梦萦之所在。徙居异地的人们除了在新居地创设原乡神祇庙坛安奉原乡神祇（如台湾客家安奉公王、伯公、定光古佛、三山国王、汀州妈祖）外，一有条件就要回到原乡祖庙进香祭拜。如近年来成千上万的台湾同胞回到莆田湄洲湾妈祖庙祭拜，台湾笨港天后宫信众也多次回到汀州妈祖的祖庙汀州天后宫进香祭拜。而台湾定光古佛信众则从清代起就有人辗转跋涉回到武平南安岩均庆寺祭拜并捐款重修均庆寺。2002年1月均庆寺发掘出一块雍正十一年的石碑，石碑两面分别镌刻"募叩台湾乐助碑记"和"台湾府善信乐助建造佛楼重装佛菩萨碑"，正文分别刻有各姓氏捐款人名及金额，其中台湾善男信女约700余名，可见，当时台湾信众对定光祖庙之虔敬。如今，台湾定光佛信众更是加强了与均庆寺祖庙的联系，将均庆寺视为圣地。1991年，台北淡水鄞山寺住持胡俊彦法师就带领信士35人到均庆寺朝拜，并要求信徒每隔3年要到该寺定光古佛像前包装香灰回台护身庇福；2000年，台南大竹镇派人来到均庆寺举行分香仪式，移定光古佛香火回台；2007年6月，台湾海峡两岸合作发展基金会董事长张世良，率彰化20多位定光古佛信众来到均庆寺进香；2010年9月，台湾信众150多人前来均庆寺进香；2010年12月，均庆寺定光古佛金身首度飞抵台湾，在彰化、台中、苗栗、桃园、新北、台北等县市先后进行了巡游……

虽然武平岩前均庆寺作为定光古佛祖庙的地位已经确立且毫无异议，虽然海内外客家人尤其是台湾客家人前来均庆寺进香朝拜已为常态且虔诚信众越来越多，然而，相较于湄州岛妈祖祖庙甚至相较于"李氏闽粤大始祖"李火德公的上杭稔田李氏大宗祠的成千上万人的祭拜规模而言，岩前均庆寺仍可谓"门前冷落车马稀"，其名气及其向心力、凝聚力都远未与祖庙、圣地名实相副。如何进一步做好"定光佛祖庙"这篇文章，如何进一步守护好、传承好、运用好定光古佛祖庙这一珍贵的文化遗产，进一步凝聚海内外客家乡亲亲情，构建和谐社会，促进海峡两岸文化交流及和平发展，无疑具有重大的历史意义与现实意义。窃以为，要从如下三个方面做足工夫。

首先，要着力提高定光古佛祖庙的知名度和权威度。

近年来，定光古佛祖庙武平岩前均庆寺在各级政府的支持和海峡两岸信众的共同努力下，进行了大规模的整理和重修，面貌焕然一新，在弘扬定光古佛文化，推动民间祭祀活动，促进两岸信众往来交流诸方面都卓有成效。但定光古佛作为两岸客家共同信仰的主要神灵之一，其祖庙的影响仍不够广泛，祖庙所举行的法事和祭祀活动仍未进入常态化。表现为特定时日热热闹闹，大多数时候则冷冷清清。虽然武平县已经为祖庙划出大片的地盘，能满足祖庙举行各类活动的需要，但是如果长期佛事冷落、人气不旺，其大片的土地和宽敞的禅房将重归荒芜破败恐亦不难预料。因此，不仅要扩大地盘并充实人员，科学地管理庙产，更重要的是要延请高僧，进一步提高僧俗信徒的佛学素养，使之能多做法事，做好法事，提高祖庙在佛教界的知名度和权威度，还可创办禅院或佛学研究院，并使之成为弘扬定光古佛文化的重要基地。

其次，要对定光古佛文化遗产进行更深入的研究。

定光古佛是有真人真事的"见世佛"，是闽西客家造神运动创造的佛，有关其"佛身"自严和尚生前逝后镇蛟伏虎、呼风唤雨、救苦救难、御敌除灾等善行义举和无边佛法的传说在闽粤赣各地广泛流传。他不仅是闽西客家人心目中的高僧大德、转世神灵，也是闽西客家人心目中有如张化孙、李火德那样的开山祖的象征。对其研究，不能仅仅停留在他佛法无边的神奇传说上，也不能仅仅停留在其崇拜信仰的传播状态等浅层次上，而要在更深的层次上进行全方位研究：既要将其作为宗教人士进行研究，也要将其作为历史人物进行研究；既要对其生前逝后之功德和影响进行研究，也要对其之所以在闽粤赣客家地区成为"见世佛"的社会历史原因进行研究；既要对其信仰在客家地区的传播进行研究，也要对其信仰在非客家地区的传播进行研究；既要对其信仰的传承进行研究，也要对其信仰的变异进行研究……通过诸如上述方方面面的研究，进而扩大定光古佛之影响。

再次，要积极推动定光古佛祖庙朝圣祭祀活动不断兴起高潮。

尽管定光古佛崇拜在海峡两岸尤其在闽西客家人中已非常广泛，尽管武平均庆寺及各地奉祀定光古佛寺庵的香火也越来越旺，然而，均庆寺祖庙的"人气"和"佛气"都似乎仍然稍嫌不足，尤其是其平时的香火甚至远远不如新罗区江山乡石佛公寺旺。究其原因，除了岩前地处偏僻远离城市，还有诸如人们常说的宣传力度不够等原因外，更主要的是朝圣式的大型庆典或祭拜活动的缺失。大凡宗教圣地、圣庙的确立，除了有神灵、圣人的威名之外，更主要是由信众朝圣活动的规模与频繁度决定的，且不说伊斯兰教的麦加朝圣达数百万之众，就我国曲阜孔庙和湄洲妈祖庙一年数度的朝圣式祭拜活动的巨大规模所产生的影响也可见一斑。定光古佛也如同孔子、妈祖一样是由民间信仰造就的人格神，他也如同孔子、妈祖一样有诞辰和升天纪念日，也可以在一些特殊的日子举办一定规模的祈福法会或祭拜活动，甚至可以经过一定时间的筹备，择日举行世界客属定光古佛朝圣大典。所有这些民间活动如果能常态化，随着其信众越来越多，活动规模越来越大，定光古佛祖庙的影响势必越来越大。

定光古佛不仅是客家保护神，也是非客家信众的保护神，甚至是"与时俱进"的保护神。如龙岩新罗区是非客家人聚居地，而江山石佛公却被奉为地方保护神，如今甚至被奉为交通安全保护神，不仅汽车司机常定期去祭拜，祈求一年到头出入平安，而且在许多地方的公路事故多发地段，人们或者设立石佛公小神龛，或者竖立"石佛公在此"牌位，警示人们随时随地注意交通安全。可见，定光古佛信仰的热度在现代化进程中也没有减退，甚至有可能不断地被推陈出新。

均庆寺是定光古佛祖庙，也是客家祖地闽西的一张文化名片。做好"祖庙"文章，守护好、传承好、运用好"祖庙"这一文化遗产，不仅可以增强海内外定光古佛信众的向心力、凝聚力，也可以增强海内外客家乡亲对于闽西客家祖地的向心力、凝聚力，进一步增进海内外客家亲情，其意义是非常积极的。

"南安岩定光佛"文献初步研究

张木森 邹文清[*]

【摘　要】　因种种原因，南安岩定光佛史传的文献资料甚少，幸存的些许文献虽残缺不全，却弥足珍贵。本文对现存宋代以来的有关南安岩定光佛主要文献写作年份、文章内容、作者等相关内容做了深入浅出地探究，辨其真伪，鉴其巅末，以利于读者更好地了解郑自严生平，更好地走进郑自严的内心，更好地继承他广造福田的善举。

【关键词】　定光佛　文献研究

本文所说的定光佛，专指宋初卓锡于汀州南安岩被敕封为"定光圆应普慈通圣"大师的郑自严。

一　宋代定光文献学初析

（一）文献的写作情况

据《临汀志·定光传》记载，宋代定光赞诗写作出现过两个高潮。

一是定光圆寂前，汀州郡守胡咸秩"解印入觐，历言朝列，丞相王钦若、参政赵安仁，密学刘公师道皆寄诗美赠"。《临汀志·郡县官题名》载胡咸秩大中祥符六年（1013）起任汀州知州，《宋史·刘师道传》载刘师道"大中祥符七年六月卒"，说明这些赠诗出现在定光大中祥符八年正月定光圆寂前。

二是定光圆寂后，朝廷对定光的四次追封期间，尤其是崇宁三年

---

[*] 张木森，原龙岩市政协文史委主任；邹文清，龙岩市政协文史委干部。

(1104) 定光被朝廷第二次加封为"定光圆应",这是朝廷对其"定光佛应身"的正式承认,《临汀志·定光传》所称"名公巨卿,大篇短章,致赞叹意,无虑数百篇"的情况应主要出现在崇宁三年。

现将有关文献的情况排列如下。

①约大中祥符七年(1014),王钦若(962~1025)、赵安仁(958~1018)、刘师道(961~1014)的赞诗有待发现,也可能旧已佚失。

②熙宁八年(1075),定光被追赐"定应"封号,这是定光获得敕号的开始,沈辽(1032~1085)的《南安导师赞》应为此际所作。

③崇宁三年(1104),定光被敕封为"定光圆应"之际,应有一股赞诗写作高潮,《临汀志·定光传》中所谓的"名公巨卿"主要应指士大夫,已知的赞诗主要有:《临汀志·定光传》中署名苏轼(1037~1101)的《定光石佛赞》(应为黄庭坚之作,详参后文小考)和黄庭坚(1045~1105)的《定光佛石松赞》。惠洪(1071~1128)的《南安岩严和尚传》、《南安岩严尊者传》(录于《禅林僧宝纪》)、《南安岩主定光古佛木刻像赞》、《南安岩主定光生辰五首》,及释宗杲(1089~1163)的《南安岩主赞》也应作于此后。

④乾道三年(1167),定光被朝廷累封至八字,据《元一统志》卷 8"风俗形势"门所引《鄞江志》佚文"郡有三仙二佛"及《临汀志·定光传》所载,1198 年所修《鄞江志》应录有《定光古佛行实编》,同时所编的《鄞江集》也应录有定光偈语,并成为日后《临汀志·定光传》的基础。

其后有洪迈(1123~1202)的《夷坚甲志》卷 1、《夷坚志补》卷 14 提及了定光,周必大(1126~1204)约 1202 年写有《新创定光庵记》(详参下文小考),《临汀志》(1259 年修成)录有长达 2000 余字的《敕赐定光圆应普慈通圣大师》(以下简称《临汀志·定光传》),志磐的《佛祖统纪》(成书于 1269 年)卷 44 亦提及定光,宋末元初吉州籍在汀州做教授的刘将孙(1257~?)写有《定光圆应普慈通圣大师事状》及涉及定光的《西峰宝龙祥符禅寺重修记》、《汀州路南安岩均庆禅寺修造记》(均收于刘将孙《养吾斋集》)。

(二) 惠洪与定光传记

惠洪所作的定光传记是现知最早的定光传记,现存最翔实的定光传记——《临汀志·定光传》前半部分内容与惠洪定光传记如出一辙。

惠洪的《禅林僧宝纪》成书于他圆寂前4年的1124年，这时距定光圆寂已有113年，那么，惠洪是怎样写出定光传记的？

首先，与惠洪的僧人身份、籍贯、行踪有关。晚唐以来，禅宗主要在江南地区发展，惠洪为北宋筠州新昌（今江西宜丰县）人，早年出家，对禅宗高僧事状是颇有了解的，故能写出《林间录》、《禅林僧宝纪》等有关寺院、高僧的著作。

定光行踪遍及闽赣粤一带，他在庐陵西峰周旋五年、"密契心法"，据刘将孙《西峰宝龙祥符禅寺重修记》载"（庐陵）郡士民与四方皆知事定光"，"西岩虽盛于临汀，而灵异尤著于庐陵与仰山等方寺"，刘是庐陵人，他的描述说明定光在江西亦有很大影响，《临汀志·定光传》中出现的王钦若、王贽、胡咸秩、黄庭坚、周必大都是江西人，都很崇拜定光，也能说明这点。惠洪祖籍新昌在吉州庐陵之北，他对定光的事迹应是耳熟能详的。

其次，与惠洪和以僧彦圆为代表的汀籍僧人的交往有关。据惠洪《石门文字禅》卷18《南安岩主定光古佛木刻像赞》一文载："僧彦圆自汀州来，出示定光化身木刻像，平生偈语百余道"，可知僧彦圆的转述是惠洪了解定光的一个重要渠道。

僧彦圆何许人？查《临汀志·道释》载："僧彦圆，胡姓，长汀县人"，并载其于靖康己酉七月于汀州龙潭求雨成功的异事。

靖康己酉（应为建炎三年）即公元1129年，以定光为例，一名僧人为世认可应在高龄阶段，设若僧彦圆求雨时60周岁，则其大约生于1069年，与生于1071年的惠洪年纪相仿。僧彦圆为入传《临汀志·道释》的十名高僧之一，本身很可能就是定光在汀州的嫡传弟子，他在游方过程中与惠洪相识相交，将定光事迹转告惠洪是情理之中的事情。

又据《临汀志·道释》所载高僧小传，汀籍僧人多与江西关系密切，著名者如庐山罗汉院小南禅师（？~1094，事载惠洪《林间录》），这些汀籍僧人也可能将定光在汀事迹带入了江西。

再次，可能与惠洪读过定光传记有关。惠洪《南安岩严和尚传》说：定光"亦自有传，然传不载其得法师名字"，说明定光弟子可能写有定光事状。惠洪读了这些事状，发现内中未载定光在江西的"得法师"名字，而这正是惠洪所熟知的，于是在他所写的定光传记中补写了这些情况。而惠洪定光传记中有关定光在汀事迹，则来自原先的定光传记。

惠洪圆寂于1128年，此前定光已被朝廷追敕为"定光圆应"，这是朝廷对定光为"定光佛应身"的重要肯定，这也应是惠洪为定光作传的一个重要原因。

（三）《新创定光庵记》的写作年份

有研究者据《临汀志·定光传》等记载认为："现存最早的有关记载闽西定光古佛生平的文献是南宋文人周必大（1126~1204年）的《新创定光庵记》"，"周必大对定光古佛的生平的描述虽然比较简略，但寥寥数笔清晰地勾画出定光古佛生平的基本轮廓，没有任何神话色彩，成为后世志书撰写定光古佛传记的蓝本"。[①]

通过上文所列，我们知道这些说法不准确，应该说"现存最早的有关记载闽西定光古佛生平的文献是北宋惠洪的《南安岩严尊者传》等定光传记"。

事实易辨，但我们还是来考证一下《新创定光庵记》的写作年份。

先来了解汀州定光庵的创修过程。《临汀志·寺观》"汀州定光院"条、《临汀志·定光传》等记载了这方面的情况：祥符四年（1011），郡守赵遂良结庵州后，延请晚年定光往来栖息话次；元祐间，郡守曾孝总（1091~1092年任汀州知州）重修；嘉泰间，郡守陈晔（1201~1202年任汀州知州）遂加广辟。

所以说，"新创定光庵"一事，即是指1201~1202年间陈晔新创定光庵。

除《新创定光庵记》，《临汀志》还提及周必大为汀州作记的事情，《临汀志·坛壝》载："长汀县社稷坛，在县西一里……嘉泰间（1201~1205年），宰谢周卿重创，少傅、益国公周必大为之记。"《郡县官题名·长汀知县题名》又载："谢周卿，承议郎。嘉泰元年十二月到任，四年十二月满替……创县治，诚斋杨万里记。创社坛，益公周必记。"

谢周卿嘉泰元年至四年（1201~1204）任长汀知县，有关他的事迹记载很少，《宋史·本纪第四十一·理宗》中载理宗登基的宝庆元年（1226）因帝位之争的所谓"湖州之变"时，谢周卿任湖州知州。

[①] 林国平：《定光古佛探索》，《圆光佛学学报》1999年第3期。

谢周卿应与杨万里（1127~1206）、周必大同为吉州人，故请两人为其创县治、社坛作记。谢周卿嘉泰元年十二月任长汀知县，当年不可能创县治、社坛，而陈暎新创定光庵在嘉泰二年（1202），若《新创定光庵记》与《长汀创社坛记》为同年所作，则这一年应为嘉泰二年。

周必大落籍吉州庐陵，对定光事迹必有了解，又于南宋乾道四年（1168）曾知福建南剑州（今福建南平市以南和三明市除西南部一带），《临汀志·寺观》"汀州定光院"条载："嘉熙间……近南剑人士金饰十八尊者附置阁上"，说明定光在南剑州一带亦有影响；同时，陈暎与其兄陈晔为福建长乐人，同为进士，周必大与之应有交往。所以，周必大为陈暎新创定光院作记，是顺理成章的。

所以说，周必大的《新创定光庵记》最有可能作于其晚年的嘉泰二年。文中的"定光平生简述"不但不是后世定光生平传记的蓝本，反而很可能取材于惠洪等前朝定光传记。

另外，《新创定光庵记》行文重点应为"创庵"，其所述"定光生平事状"必然简略。《新创定光庵记》现载周必大的《周益文忠公集》，笔者无缘读及，估计内容及创作年份应符合笔者推测。

（四）《定光石佛赞》的作者

《临汀志·定光传》中署名苏轼的长诗《定光石佛赞》，是现存最长的定光赞诗，这首诗又被题名为《南安岩主定应大师真相赞》收入黄庭坚的《山谷集》。

那么，这首诗的作者究竟是苏轼还是黄庭坚呢？笔者倾向于认为是后者。主要是考虑了以下几个因素。

一是诗中"定光石佛"的称呼因素。定光生前并无"定光佛"、"定光石佛"之类称呼，《临汀志·定光传》说："师见在，民呼曰'和尚翁'，亲之也；师灭度，民皆曰'圣翁'，尊之也。"定光除外出赣南盘古山3年外，近50年生活在南安岩一带，但他在此弘法并非一帆风顺，惠洪定光传记及《临汀志·定光传》这方面的记载很多，甚至到晚年，汀州郡守欧阳程还疑其为左道。定光的荣耀大多出现于圆寂后，崇宁三年被朝廷加封为"定光圆应"，其中的"定光"两字极其重要，它表明朝廷已正式承认了定光是"定光佛应身"。若没有朝廷的敕封是不能随便在诗文中称一个僧人为"定光佛"的,作为士大夫的苏轼、黄庭坚不会不知道这一规矩。

《定光石佛赞》开句便说:"定光石佛,不(丕)显其光",说明此诗应作于崇宁三年以后,查《宋史·苏轼传》载:苏轼"建中靖国元年,卒于常州",建中靖国元年即 1101 年,而黄庭坚逝世于崇宁四年(1105),从这一点来说,黄庭坚作此诗的可能性大于苏轼。至于诗尾的"名曰'定应'",应是为了押韵而只称定光的第一个封号,或都为了押韵对"定光圆应"的简称。

二是黄庭坚的籍贯及与惠洪的交往因素。黄庭坚是洪州分宁(今江西修水)人,分宁地近吉州庐陵,黄庭坚对定光的了解显然要大于苏轼;再者,黄庭坚与惠洪可谓"忘年交",而惠洪虽然很景仰苏轼,但据考证与苏轼并无直接交往,① 所以黄庭坚很可能从惠洪等处详细了解定光事状,才能写出对定光事迹准确描述和评价的《定光石佛赞》。

三是黄庭坚与汀籍禅师的交往因素。宋代汀州人多为江西移民,与江西交往密切,汀籍禅师亦多入江西,如《临汀志·道释》载长汀籍庐山罗汉院小南禅师(事载惠洪《林间录》)绍圣丙子(1096)圆寂后,黄庭坚"为之伤悼,不食肉者累日,颂以祭之","既葬,复为铭以表其塔",黄庭坚从汀籍禅师处了解定光并为之写诗的可能性也显然要大。

另外,黄庭坚还作有《赠南安岩主大严禅师》,诗云:"蒲团木榻付禅翁,茶鼎熏炉与君同。万户参差泻明月,一家寥落共清风",也可作他心仪定光的旁证。

二 文献中定光事状分析

(一)定光的生卒年

定光的生卒年为 934~1015 年,本不是一个问题,但由于某些时候研究者掌握文献不足,或者取材不当,造成一些歧说。

据《临汀志·定光传》记载:定光逝于北宋大中祥符八年(1015)正

---

① 萧丽华、吴静宜:《苏轼诗禅合一论对惠洪"文字禅"的影响》,玄奘大学"佛学与文学学术研讨会"论文,2003。

月初六日，春秋八十有二。古人虚岁纪岁，由此前推则定光生于五代后唐应顺元年、闽国龙启二年（即 934 年）。按定光自称他是生于正月初六，圆寂于正月初六。惠洪的《南安岩严尊者传》虽然年号有误说定光圆寂于"淳化乙卯"、"阅世八十有二"，北宋淳化年间只有 5 年，元年干支为庚寅，下推至乙卯年，正是"大中祥符八年"。

歧说主要有两种，一是丘逢甲的"元代说"，二是王增能的"917 年"说。

丘逢甲先生在台抗日失败后，于 1895 年回祖籍地广东蕉岭县文福，文福与武平南安岩（狮岩）接壤，丘逢甲曾到上杭，应也曾到过南安岩。丘逢甲上杭同宗丘复总纂的民国《武平县志·古迹》载：丘逢甲据《元至治自严尊者碑》中的"自严尊者，元仁宗时曾应诏入都"等记载，得出结论说："今所传宋封定光圆应大德普度古佛者，当元仁宗而讹"，此中不但定光的封号不尽准确，结论更显有误，盖因《临汀志·定光传》曾载宋真宗诏宴定光一事所致，而宋仁宗正是宋真宗第六子，下一位皇帝，应诏入都之事，由宋真宗而成宋仁宗，由宋仁宗而成元仁宗，鲁鱼亥豕，不能不辨。

而王增能先生据武平《何氏族谱·序》中的"北宋乾德二年（934 年），郑自严卓锡于南安岩，时年四十八岁"记载推算，认为"公元 917 年为定光古佛诞生年，确属明白无误"[①] 这个结论也经不起推敲，且不说族谱记载的失实率之高，若按这种生年计，则定光当八十二岁圆寂于 989 年，即太宗端拱二年，则惠洪及《临汀志》所载的定光与郡守欧阳程的冲突、前往南康盘古山诸事，皆成了子虚乌有。族谱比之时人惠洪、《临汀志》等之记载，可信度孰高，自是不言而喻。

至于将五代浙江西湖法相寺中也称定光佛转世的长耳和尚（僧行修，？~950 年，亦泉州人），与郑自严混为一谈，称郑自严圆寂于杭州法相寺的说法，也是考证不精所致。

定光乾德二年（964）来到南安岩时，曾说过："当年我如来佛祖，静坐沉思以致芦苇丛生淹没过膝，鹊鸟不察在他头顶上筑巢，这样才修得正果"，考释迦牟尼出家静坐时正值 29~35 岁，彼时定光正值 31 岁，联想到

---

① 王增能：《武平文史资料》第 8 辑。

佛祖成道一事，决心停止云游委身南安岩以度群品，故而怃然有叹，这或许也可作验证定光生卒年考证的一个联想吧。

（二）定光的信仰

定光是个佛徒，这是毫无疑义的。但是有研究者据文献记载中定光的穿着、行事的某些怪异性，质疑他的佛徒身份。①

谢重光先生在《佛教的外衣，道教的内容——福建民俗佛教论略》一文中，指出定光佛信仰是唐宋时福建的一种民俗佛教，以巫术和道法作为主要传教手段，具有民俗佛教"佛皮道骨"或"佛道不分"的宗教性质。

在《闽台定光佛信仰宗教性质辨析》②一文中，谢重光先生又结合唐宋以来密宗在江南流行、禅宗与密宗广泛结合的历史背景，以及《临汀志》等所记定光佛的所作所为，诸如在庐陵西峰寺向圆净禅师学习密法、使用具有密教咒语法术性质的偈语、前往盘古山应验唐代密教僧人波利禅师谶语等，证明定光佛是禅、密兼修的云门宗禅僧。

联系禅宗发展史及惠洪定光传记，定光的禅宗身世源流会有更为清晰的脉络。慧能禅宗发展到晚唐，一花五叶，南岳怀让法系分化出沩仰、临济两派，青原行思法系分化出曹洞、云门、法眼三派，称为"五家"；宋代，临济宗又分出黄龙、杨岐二派，合称"五家七宗"。经梳理，定光的宗派源流谱系如下：

佛教传入中国（两汉之交）——达摩创立禅宗（北魏）——慧能（638～713，禅宗六祖，住广东韶州曹溪宝林寺）——青原行思（？～740，住吉州今吉安青原山，创禅宗青原系）——石头希迁——天皇道悟——龙潭崇信——德山宣鉴——雪峰义存（822～908，泉州南安人）——云门文偃（864～909，禅宗十三传，青原六传，往韶州云门山大觉寺，创云门宗）——奉先深、清凉智明（同为文偃弟子，青原七传，云门二传，深住金陵奉先寺，智明住金陵清凉寺）——西峰云豁（即圆净大师，奉先深、智明禅师弟子，青原七传，云门三传，住吉州西峰宝龙

---

① 蔡相辉：《台湾的祠祀与宗教》；陈一舟、涂元济：《福建摩尼教寺院遗址考》。观点转引自谢重光《闽台定光佛信仰宗教性质辨析》，《佛学研究》2006年第15期。

② 谢重光：《闽台定光佛信仰宗教性质辨析》，《佛学研究》2006年第15期。

寺）——南安岩严（即定光，云豁弟子，禅宗十六传，青原八传，云门四传，住汀州武平南安岩）。

云门宗五代南唐末年由文偃的三传弟子自严禅师和省因禅师传入福建，省因禅师卓锡于泉州南安云台山荐国报忠禅院。云门宗在福建传了六传，大约于北宋神宗朝（1068~1086）在福建发展至全盛，南宋孝宗朝（1163~1190）以后衰微。

惠洪定光传记及《临汀志·定光传》有关定光是云门宗禅师的记载很多，《临汀志·山川》"金乳泉"条载南宋绍兴间汀州郡守张宪武为定光开凿于汀州卧龙山下的金乳泉写诗说："六祖卓锡，曹溪发源；定光说偈，卧龙涌泉"，也资说明定光是卓锡于韶州曹溪的禅宗六祖慧能的嫡传，朝廷敕封也说明定光是个道高行深的禅僧。

据谢重光先生《闽台定光佛信仰宗教性质辨析》一文介绍，近年有研究者将定光当作摩尼教师僧，谢先生经过详赡考证，驳斥了这种说法。

但是定光与摩尼教的关系，的确是一个值得研究的问题。据载，摩尼教在我国三国前后起源于西亚，其基本教义是崇尚光明，有日月崇拜、衣服尚白、摩尼光佛造像有背光等特征，唐宋传入中国，宋代福建是摩尼教的南方重要传播地。

除定光穿白衣易使人将其与摩尼教相联系外，《临汀志·定光传》中的"草庵"是探究定光与摩尼教关系的很值得重视的一个词语。传中出现"草庵"两处："淳化间，（定光）去（南安）岩十里立'草庵'牧牛"，"淳化二年，别立'草庵'居之"。定光佛是个禅师，本在南安岩开石窟修行，为什么要离开南安石窟十里别立"草庵"呢？除了传中所写的"同道惧其大甚"外，还有没有别的原因？"草庵"非必是茅草搭成的简易庵庙，很可能是庵名。

耐人寻味的是，今泉州晋江市华表山麓还有一庵名"草庵"，是全国仅存的摩尼教遗迹。据载，宋朝摩尼教在南方大港泉州一带盛行，摩尼教原创时和后来为了发展都吸收了佛教内容。定光正是泉州同安人，自小受业于泉州，后来又是一名禅、密、道兼容并蓄的僧人，那他为什么就不能兼蓄摩尼教呢？

（三）定光受封与诏宴

据《临汀志·定光传》载：定光1015年圆寂后至1167年累封至八字

大师，花去了 150 余年，其过程如下：

①熙宁八年（1075），定光圆寂一甲子（60 年），由其泉州同籍、汀州郡守许当（尝）上表祷雨感应，朝廷诏赐定光为"定应"。

②崇宁三年（1104），朝廷加号为"定光圆应"。

③绍兴三年（1133），嘉"普通"二字；

④乾道三年（1167），又嘉"慈济"二字；

⑤嘉熙四年（1240）后，定为"定光圆应普慈通圣"大师。

据载，宋代随着佛教的进一步世俗化，朝廷对高僧（多为禅僧）多有赐封，一般为追封，一次赐两字，一般僧人能得一赐号已为至高荣誉，但也有极少数高僧能获得三次甚至四次封号。

定光就是得到四次封号的极少数八字大师之一。而八字之中，至为重要的是"定光"两字，这是朝廷承认其为"定光佛转世应身"的标志。其余六字乃是封号的常用之字，一些高僧的封号就广泛使用了这些字，如《宋会要辑稿》等载有："法威慈济妙应大师"（卓锡建宁府崇安县瑞岩禅院）、"灵感通济广惠大师"、"神济妙应圆照大师"、"正觉慈应普济禅师"、"圆觉慧应慈感普救大师"（卓锡遂宁府广利禅寺）、"通林真觉慈应慧感大师"、"昭应广惠慈济善利大师"（卓锡安溪县清水岩）等，还有《临汀志》所载的卓锡长汀平原山的伏虎禅师也是八字大师："威济灵应普惠妙显大师"。

据载，"定光佛"是佛教中决定人之来世的"未来佛"，在信众中有极高的地位，宋代虽有多人托名定光佛转世，除郑自严外，著名的还有五代长耳和尚行修，但《武林西湖高僧事略》载僧行修"崇宁二年赐谥崇慧大师"，而郑自严在崇宁三年却成为唯一获得了朝廷正式承认和敕封为"定光"的高僧。在此之前，定光只能按其他高僧"卓锡地＋法名"通例，被称为"南安岩严"，而后"定光"就成为其无比荣耀的封号。

《临汀志·定光传》还载有宋真宗（998～1022 年在位）诏宴定光在内的天下高僧一事，在记载中，定光被众高僧奉为"佛祖"，而且还能早发汀州，万里京汀一日还，这和传说中定光骑竹马腾云驾雾去苏州赏戏一样，都意在说明定光的广大神通。

因宋代支持佛教，一些皇帝与高僧多有交往，惠洪《南安岩严尊者传》就载有宋太宗诏召定光师父西峰圆净大师馆于北御园舍中一事，这些可佐证定光在真宗诏宴之列的真实性。

（四）文献中的地名考

①建兴寺或建兴卧像寺：今泉州市区北南安市洪濑镇有古刹建兴寺，定光11岁出家的泉州建兴寺应即为此寺，可能因塑有释迦佛祖右胁卧逝的卧像，故又称"卧像寺"。

②西峰：据宋末元初刘将孙《西峰宝龙祥符寺重修记》载，西峰在庐陵（今江西吉安市）中，宝龙祥符寺应因建于北宋大中祥符间而得名。西峰及宝龙寺现在吉安市何处，待查。

③怀仁江与龙洲：今江西泰和县有桥头镇龙洲村，应即为《临汀志·定光传》中所谈及的"龙洲"，流经龙洲村的河流为朱砂河，又名牛吼河，发源于井冈山，为赣江支流，此河应即怀仁江。

④乾（干）溪：很可能在今广东梅州平远县差干镇，差干镇，《临汀志·至到》作"沙干村"，村名可能与"乾溪"有关，乾溪很可能为今石窟河在差干镇的一段河道。梅江支流、发源于武平的石窟河，也应与定光在南安岩开石窟修行有关。

⑤南安岩：即今狮岩，为何称"南安岩"，一般解释是据清杨澜《临汀汇考》称此地五代为南安场，北宋与武平场升为武平县，南安、武平二名系因汉初闽越首领织的封国在这里，织的封号为"南安侯"，后添"安平"二字为"南安"、"武平"二场名。

但《临汀志·山川》载，南安岩俗呼"龙穿洞"，《临汀志·建置沿革》只载"武平场"而无"南安场"，"南安场"之名晚出，可能未必为史实。颇疑"南安岩"一词与定光剃度于泉州南安建兴寺有关，南安在北宋为泉州属县，故定光或其他人因此称武平"龙穿洞"为"南安岩"。

如果南安岩在定光卓锡之前确称"南安岩"，不妨推想，当定光云游至"南安岩"时，想起自己早年受业的南安建兴寺，想起自己的故乡和亲人，想起自己的恩师契缘法师，想起如来与自己同龄之际苦修以普救众生，于是怃然而叹发下"愿委身此地，以度群品，若不然者，当使殒碎如微尘"的大誓愿，决心在此开石窟弘法。

⑥盘古山：在今赣南于都县南部的盘古山镇。今毗邻盘古山镇的安远县北部有浮槎乡，"浮槎"一名应与《临汀志·定光传》所载定光在此抚槎桩

使之随流浮逝一事有关。今流经此地有河名龙布河，为赣江上游贡水支流。

（五）定光"与何仙姑斗法传说"的真实性

在武平岩前一带流传着定光与何仙姑斗法的故事，武平《何氏族谱》等载：何仙姑之父何大郎曾任宁化知县，定居于宁化石壁村，因入征梅州，后唐天成元年（926）迁居南安岩，后晋天福二年（937）生女何仙姑。何仙姑隐遁南安岩修真，成为神仙。宋乾德二年（964），郑自严游历武平，选中南安岩为寺院。有人劝何仙姑另找地方修炼，仙姑不答应，说："我生于此，长于此，静修于此，岂能舍岩而他住？"有一天，何仙姑外出，郑自严乘机入岩趺坐。仙姑回岩后，发现有大蟒、猛虎盘伏在郑自严周围，十分驯服，将此告诉父亲。何大郎钦其神异，遂施岩为佛殿，并捐献田地为寺院供养。

不论是否真有定光与何仙姑斗法的史实，但定光来南安岩弘法并非一帆风顺，而是充满了矛盾甚至斗争是不争的事实。撇开惠洪及《临汀志》所记定光与官府的冲突不说，定光与民众、同道之间的关系也经历了一番曲折。

惠洪《南安岩严尊者传》说："公恨所说法听者疑信半，因不语六年。"定光在南安岩一带为百姓宣扬佛法，但人们半信半疑，这竟使他沉默了六年。《临汀志·定光传》说得更清楚："同道者惧其大甚，师曰：'只消吾不语耳。'遂不语。"所谓"同道者"，当然包括同道的僧人，也包括"何仙姑"这样的道教中人甚至是巫女，因而黄庭坚定光赞诗说："彼逆我顺，彼顺我逆"，意在说定光与周围道教、巫教以及不敬佛人群的分歧。

所以，姑且不论武平南安岩是否真有一个"何仙姑"，但把她当作与定光争夺信众的化身代表是恰当的。

（六）定光"惩恶传说"的真实性

武平还流传"定光梁野山惩罚财主"的传说：定光某日到武平县梁野山下的萝斗坑一带化缘，某财主不但不理，而且连借锅煮饭也不给柴火，定光说："我只好用腿当柴火了。"说罢，竟将双腿伸入灶膛，噼噼啪啪烧了起来。须臾饭熟，餐毕，定光扬长而去。财主发现定光双腿完好，而家中的饭桌凳脚悉被烧光，遂持打狗棍追了上来。定光行走如飞，来到水口，背起一块大石头放在梁野山顶，让石头悬空而立，危危欲坠，使为富不仁的财主担心巨石从山上滚下来而惶惶不可终日。此石即今梁野山上的"古母石"。

作为民间一个"济公式"的高僧，定光惩恶传说无疑寄托了人们对为富不仁者的谴责与规劝。

与之相应，惠洪定光传记及《临汀志·定光传》都提到这么一件事情：有一个南海郡（今广州）僧人来南安岩，告知定光惠州河源县江中有大船搁浅沙中，请定光帮助移动沉船，以便用来运砖造塔为百姓"生福田"，定光写偈给他帮助移船成功，船顺东江进入广州，运砖完毕，有一巨商趁机要求借船运载木材牟利，结果船很快就被恶风卷走，商人落得个竹篮打水一场空。

而关于定光途经梅州黄杨峡求水一事，有关文献记载不尽相同，惠洪的《南安岩尊者传》说是定光到达黄杨峡时想饮水，恰逢溪水干涸，定光把锡杖丢于溪中水就来了。南宋僧志磐的《佛祖统记》载为定光"移近于道"，即把河流从远处移到跟前取水喝。但《临汀志·定光传》对此事的描述却相反，称当地人不给定光水喝，定光用法术使溪水外迁数里以示惩戒。

扬善与惩恶相辅相成，同为定光弘法的重要途径。

（七）定光"牧牛凿水传说"的真实性

在旧汀州大量流传定光童年牧牛凿水的传说。

定光幼时为东金（财主）牧牛，常用竹枝画地牢牛，然后和牧童们一起四处游逛，还能用竹枝搭成竹马骑着腾云驾雾一起去苏州赏戏。定光也常用竹枝凿穿石壁为农田开导水源。东金为人忠厚，又发觉定光灵异非凡，就留心善待定光，而东金妻子为人吝啬，常刻薄定光。忽一日，定光说他要成佛离去了，为感激东金也度化他成佛，东金妻闹着也要成佛，定光将一盆水倒入"泥羹汁"（水沟）说：你钻入"泥羹汁"吧，就能成佛。东金妻赶忙踏入水沟却变成一条蛇。东金后来成为"蛇王菩萨"（或称"蛇岳灵王菩萨"），手上就握着一条蛇。

查《临汀志·定光传》有定光"淳化间，去岩十里立'草庵'牧牛"之记载，说明定光牧牛传说是有史实根据的。至于定光凿水事迹也是文献大量记及的。

三 定光事迹、受封年表

帝号纪年	公元纪年	年龄	事　迹
后唐应顺元年	934	1岁	生于五代闽国泉州同安县令家中。
后晋开运元年	944	11岁	离家到泉州建兴卧像寺，依契缘法师为童子，法名自严。
后汉乾祐三年至北宋乾德元年	950~963	17~30岁	①17岁前往豫章（今南昌）、庐陵（今吉安）西峰，依云豁法师（圆净大师）5年，成为云门宗第四代传人；②过太和县（今江西泰和县）怀仁江，投偈为民除蛟害，其地因名"龙洲"；③过梅州黄杨峡，以杖得水（或迁溪流数里之外），其地因号"乾（干）溪"；④前往上杭来苏团（今中都）东安岩。
北宋乾德二年	964	31岁	①到汀州南安岩，发普度众生大誓愿，开石窟修行；②伏虎降蛇，百姓以为神人，为之建庵。
乾德三年至淳化年间	965~995	32~62岁	①因焚化邻寺僧人遗体，官吏为之大怒；②60岁前后离开南安岩十里创"草庵"，与一猴相伴牧牛3年，其间书偈毙虎，猴死，为之建庵；②因同道者惧其太厉害，沉默6年。
咸平四年至景德四年	1001~1007	68~74岁	①70岁前后，因输纳布匹事件，与郡守欧阳程发生冲突，从此穿白衣；②受南康郡百姓之邀，乘船前往盘古山应500年前波利禅师之谶，途中除江中槎桩，在盘古山凿泉、创丛林，共3年。
大中祥符元年	1008	75岁	因南海郡（广州）僧人来南安岩请助，写偈助其拨动惠州河源县沉船运砖造塔南海郡。
大中祥符四年	1011	78岁	①郡守赵遂良在州后建庵，延请定光往来谈话；②在汀州投偈凿"金乳泉"，在龙潭投偈除害；③赵遂良上表，朝廷赐"南安均庆院"额匾；④赵遂良请下雪，果然下雪。

续表

帝号纪年	公元纪年	年龄	事迹
大中祥符六年至八年	1013~1015	80~82岁	①宋真宗诏宴定光，前往京都东京；②郡守胡咸秩入京，历言朝列，丞相王钦若、参政赵安仁、密学刘师道寄诗美赠；③82岁圆寂于南安岩。
熙宁八年	1075		郡守许当（尝）上表祷雨感应，诏赐号"定应"。
崇宁三年	1104		①郡守陈粹上表定光真相生白毫，加号"定光圆应"；②名公巨卿苏轼、黄庭坚等，大篇短章致赞叹意。
约宣和六年	约1124		诗僧惠洪作《南安岩严尊者传》，是为现存第一部定光翔实传记。
绍兴三年	1133		显灵助虔化县令刘仅击退"虔寇"李敦仁，江西漕司上表，加"普通"二字。
乾道三年	1167		朝廷加号"慈济"，累封至八字大师。
绍定三年	1230		与伏虎大师一起显灵汀州，惊退宁化奸盐商"□寇"。
嘉熙四年	1240		朝廷赐"定光院"匾，定为"定光圆应普慈通圣"大师。

四　定光与宋代客家畲族关系略论

定光的活动足迹主要在赣中、赣南、粤东北、闽西，这里是客家、畲族分布的中心地域。《临汀志·定光传》称："师见在，民呼曰'和尚翁'，亲之也；师灭度，民皆曰'圣翁'，尊之也"；元刘将孙《定光圆应普慈通圣大师事状》称："自江以西，由广而南，或刻石为相，或画像为祠，家有其祀，村有其庵"；清杨澜《临汀汇考》卷二说："伏虎、定光，生为汀人，没为汀神"。这些描述说明定光在客家、畲族中心区域有很大影响。

定光的祖父为唐末官员，父亲是五代泉州同安县令，则定光祖、父应是唐末五代的中原入闽移民。而定光生活的宋代，正是移民不断进入赣南、闽西、粤东的重要时期，也是客家形成和畲族发展的关键阶段，定光在此际弘法于赣闽粤边受到移民和土著的欢迎，又由于宋代崇佛的时代大背景及官员积极上奏等种种因素互为推动，于是形成了影响深远的定光信仰。

定光与移民、土著的良性互动关系表现为以下三个方面。

一是定光帮助解决了移民、土著的生产、生活的实际难题。宋代是汉移民和部分少数民族大量徙入赣闽粤边与闽越遗裔土著共同生活、开发赣闽粤边的重要阶段，对新移民来说，开基落户、开山辟田、对开交往需要凿井、引水、导航，以虎蛇为代表的恶劣自然环境需要战胜，而定光正是为解决这些难题做了大量工作。

二是定光在赣闽粤边宣扬佛教轮回报应之说，促进了族群的和谐相处。当新移民和土著相遇矛盾大增之际，定光在"异类中住"，为"无法天尊"，劝人们"畏业报而息冤怨"，号召人们行善，这自然调和了土客矛盾，有利于不同族群消除矛盾、和谐共处。

三是定光圆寂后所谓的"显灵御寇"等灵异之事，有利于赣闽粤边社会的稳定。

"生为汀人，没为汀神"，1000 年前，一个年仅 11 岁的同安幼童毅然离开官宦之家投身沙门，一个正直而立的青年僧人立于南安岩前发下"普度众生"的大誓愿，一个年逾八十的耄耋僧人为了脚下这片土地的安宁风尘仆仆往返闽赣粤边，这一切表明他无愧"定光佛转世应身"封号。

以上通过对定光有关文献的分析，希望有利于后人更好地了解定光生平，更好地走进定光的内心，更好地继承定光广造福田的善举。

岩前定光大师"金身留浙水"楹联考辨

罗炳星*

【摘　要】 岩前狮岩洞定光大师祖庙宝殿两边的楹联"金身留浙水，宝珞镇蛟湖"的蕴涵，近十几年来引起了许多人的猜测与争议。本人试以典藏文献和当地的民间传说、田野调查为据，澄清是非，以正视听：定光大师祖庙是在岩前，而真身的确滞留在原浙江杭州法相寺。

【关键词】 定光大师　金身　考辨

岩前狮岩洞均庆寺定光大师祖庙的宝殿大门两边，挂着一副用上好樟木板镏金阴刻的楹联："金身留浙水，宝珞镇蛟湖"。据祖居在狮岩洞附近的几位八旬老叟回忆，在他们孩提时期挂的就是这副既无作者署名，亦无年代显示的楹联。20世纪60年代"破四旧"时，定光大师佛殿被荡涤无存。80年代依原貌重建大师宝殿时，依原来的楹联字体、内容和尺寸大小复制，仍将此联挂上。诸多方家认为，此联中的平仄、对仗是无可挑剔的，堪称为工对。但随着岩前定光佛信俗热的不断升温，对定光大师的研究不断深入，联中的含义却引起了一些争议，甚至有人建议，要拆下这副楹联。为此，本人不揣浅薄，对此联的蕴涵谈谈个人看法，祈请专家、学者不吝赐教。

据宋代胡太初修、赵与沐纂的《临汀志》所记录的材料，定光古佛俗姓郑，名（一作法号）自严（又作自岩），福建泉州同安人。祖父在唐代曾任"四门斩斫使"，父任同安令。自严11岁时恳求出家，依本郡建兴寺契缘法师席下；950年自严17岁时游豫章（今江西南昌）、过庐陵（今江西吉安市），契悟于西峰园净大师；964年，自严到汀州武平，驻锡南安岩

---

* 罗炳星，武平县政协文史资料研究员，现任《武平文史资料》责任编辑。

（即现在狮岩洞）；1011年，汀守赵遂良延入郡斋；1015年正月初六申时圆寂于南安岩，春秋八十有二，僧腊六十有五。淳熙元年（1174），时汀州知府吕翼之，将郑自严真身迎入州后庵，以便祈祷，从民请也。后均庆寺屡请还岩，郡不能夺。可是当自严真身座轿至返岩途中，却沉重得无法抬动。问卜后得知，自严真身愿留汀州府后庵，众人只得把自严大师漆金真身塑像抬回汀州府后庵安放。

据刘将孙《养吾斋集》卷28《定光圆应普慈通圣大师事状》文载和民间传说，定光大师，祷应如响。生前，客家人称其为"和尚翁"、"白衣岩主"，此为亲之也；灭度后，则皆曰"圣翁"，此为尊之也。名公巨卿有大篇短章致赞叹之意者不虑百篇，流传至今。民间也流传着许多有关郑自严生前死后德行高尚、超凡入圣，获得常人所没有的特异功能的传说。北宋乾德年间（963～968），郑自严在江西太和县怀仁江（即今朱砂河）为民除蛟害；乾德二年甲子（964），自严抵武平南安岩后，用偈语、金钟、铁链制服湖中蛟龙（现遗迹尚在，保存完好），这是"宝珞镇蛟湖"的由来，1000多年来，庶民官吏，笃信无疑。

但缘于"金身留浙水"的联对，后人对定光佛圆寂地亦众说纷纭，康熙《县志》谓"正月初六日申时集众而逝，遗骸塑为真像"，未明言卒于何地；乾隆《府志》谓"淳化八年坐化，邑人塑其肉身以祀"；民国《县志》掇拾元至治（1321）《自严尊者碑》旧闻，谓示寂于杭；清《宣统碑记》谓"宋淳化间，坐化杭州法相寺，杭人全其肉身，岩人塑其像以礼"；清末民初的上杭学者丘复（荷公）在《南武赘谭》中亦谓："碑称示寂于杭者可信。《府志》云邑人塑其肉身以祀者，误也"；武平县著名学者王增能先生生前亦认为"定光古佛卒地属杭州为无疑矣"；如此等等。这些都致使定光佛殿前的"金身留浙水"许久以来，一直无人持异。

定光大师的圆寂地和真身真的是"属杭州而无疑"吗？

福建师范大学闽台区域研究中心文化所所长，福建师范大学社会历史学院教授、博士生导师谢重光先生经研究考证后，在《论定光佛信仰的形成和传播》一文中云："在定光大师的身世和生卒问题上，还有一种把闽西定光大师与江浙长耳和尚混为一谈的错误。江浙一带称长耳和尚为定光佛的应身。""吴任臣《十国春秋》卷八十九载其事甚详，略曰：僧行修，泉州人本陈氏子。生而异香满堂，长耳垂肩。迨七岁犹不可言，或曰哑邪，忽应声曰：'不遇作家，徒撞破烟楼耳！'长游方外，至金陵瓦官寺，祝发受具，参雪峰义存。后晋天福（936～942年）时，行修至四明山中独栖，松下说法，天花纷雨，又趺坐龙尾岩，结茅为盖，百鸟衔花飞绕。""后晋天福元年（943年），来杭之法相院，依石为室，禅定其中。乾祐初（948～950年），忠懿王以诞辰饭僧永明寺，僧延寿告王曰：'长耳和尚，定光佛应身也。'王趣驾参礼，行修默然，但云永明饶舌。俄倾，跏趺而化，后赐号宗慧大师。"

谢先生还把僧行修与僧自严两相对照："一个俗姓陈，一个俗姓郑；一个活动于江浙，一个活动于闽粤赣边；一个于五代乾祐初逝世，一个于宋祥符八年（1015年）逝世；一个赐号宗慧大师，一个赐号定光圆应普慈通圣大师。"可见他们彼此间除了同为泉州人之外，几乎没有什么相同之处。以僧行修之事来说明闽西定光大师的生卒年和寂化地点，实属失察。实际是定光佛（郑自严）北宋祥符八年正月六日，示寂南安岩中。而五代乾祐初跏趺而化的为长耳和尚。有些人认为"金身留浙水"就是说定光古佛是在浙江法相寺圆寂的。谢先生认为这是"犯了张冠李戴的错误，是考证不精所致"。历史学博士、文学博士后，福建省委党校社会发展研究所所长刘大可先生，经多方考证后，亦赞同这个观点。还有些人以为，由于"金身留浙水"联的误导，致使1989年，由台北淡水镇鄞山寺住持胡俊彦先生一行，跨越海峡，虽经辗转反复、跋山涉水、费尽心机寻找定光古佛的根，却无功而返。至1991年，胡俊彦先生一行35人，再次来到大陆，这次他们第一站到了杭州法相寺，参拜了定光古佛金像，又查阅了大量的资料，后把源头追溯到福建武平县岩前狮岩，才找到了定光古佛的"根"，遂了几代人的夙愿。这段史实，除了可证实自严大师并非在浙江法相寺圆寂外，还有必要声明一下，1989年胡俊彦先生一行并非是寻找定光大师的"真身"，而是在寻找定光大师的"根"，是来大陆寻根谒祖的。将1989年的"无功而返"归咎到"金身留浙水"的误导，有失公允。

那么定光古佛金身留在浙水的说法又缘何而来呢？热衷于定光古佛研究的中南工业大学硕士研究生清亲先生，经过查找历史文献，反复多方考证和多处实地考察、田野调查，得知宋恭帝德祐元年（1275）正月，元军大举进攻，宋军的长江防线全线崩溃。文天祥（江西吉安人）于宝祐四年（1256）考中状元后，曾在江西吉安、江西省府、宁海军、京都、湖南、江西赣州等地任要职。他内心非常清楚国家的危难，自身的前程难测，生死未卜。悉知自严大师圆寂后，仍关注社稷民生，屡显毫光，驱逐贼寇，护国佑民的事。于是考虑再三后，带上数人快马加鞭赶到福建汀州府，请求定光大师漆金真身塑像跟随江西义军同行，祈祷自严大师能多多显灵保佑，消除灾祸，使国泰民安。时汀州知府答应了文天祥的请求，派出四名壮汉，抬着自严大师的真身漆金塑像跟随文天祥来到了江西赣州。先将大师的真身塑像存放在江西吉安西峰宝龙寺。后义军到了京城临安（杭州），经人推荐，将定光大师真身塑像暂时安放在法相寺。此后因法相寺屡经战火的洗劫几成空壳，大师的漆金真身塑像也不知去向了。景炎元年（1276）五月，文天祥辗转到达福州，被宋端宗赵昰任命为右丞相。但由于与一些权臣的意见相左，于是主动离开南宋小朝廷，以同都督的身份在南剑（今福建南平）开府，指挥抗元。不久，文天祥转移到汀州，看到州府后面的定光院中的定光大师的木雕像，想到元军占领下的临安城法相寺中存放的定光大师漆金真身塑像，心如刀绞、悲痛万分、后悔不迭，便找到当地工匠，用樟木雕刻成一小尊定光大师像，随时带在身边供奉。那尊在汀州雕刻的定光大师樟木像，伴随他到过福建、广东、江西的州州县县，取得了抗元斗争一个又一个的胜利。最后从广州一路北上到达北京，并陪伴他度过了最难熬的岁月，直至为国殉难。而定光大师漆金真身塑像，也就只能算是滞留在浙江临安城（杭州）法相寺了。

综上所述，郑自严大师确实是在武平狮岩均庆寺圆寂的，均庆寺是自严大师的祖庙，自严大师宝殿侧的楹联"金身留浙水"及何氏族谱谓"定光菩萨真身留在杭州府法相院"，的确言之有理，言之有据，并非空穴来风。

参考文献

1. 谢重光：《论定光佛信仰的形成和传播》，政协武平县文史与学宣委编《定光古佛史传文论选集》，2007。
2. 清亲：《毫光照大千——定光古佛传奇》，闽西作家协会武平分会，2010。
3. 丘复：《南武赘谭》，《武平文史资料》第18辑。
4. 王增能：《谈定光佛——兼谈何仙姑》，《武平文史资料》第8辑。

5. 张木森、邹文清：《"南安岩定光佛"宋代主要文献校注》，闽西客家联谊会、龙岩市政协文史和学习委员会合编《定光古佛与客家民间信仰》，2008。
6. 何安庆：《闽台定光佛，根源在武平——兼谈定光佛与入闽始祖何大郎公的亲密关系》，闽西客家联谊会、龙岩市政协文史和学习委员会合编《定光古佛与客家民间信仰》，2008。
7. 刘大可：《圣人、圣物与圣地：闽西武平县定光古佛神迹崇拜研究》，闽西客家联谊会、龙岩市政协文史和学习委员会合编《定光古佛与客家民间信仰》，2008。

定光古佛信仰的文化内涵及其发展前景

邱立汉*

【摘　要】　定光古佛是海内外客家人的保护神，神通广大，庇佑百姓，受到客家地区乃至周边地区人们的敬仰。定光古佛信仰是宗教信仰，也是客家人的民俗信仰，具有传统儒道文化内涵，是客家文化的重要组成部分，在两岸文化交流上具有重大意义，发展前景广阔。

【关键词】　定光古佛信仰　文化内涵　发展前景

闽西客家地区的民间传统信仰十分驳杂，信奉的神祇众多，膜拜的方式也灵活多样。客家人既有在田头地尾随处信奉的雷公电母、风神雨神、树木石头、社官伯公等自然神，也有被大兴土木建寺设庙虔诚供奉的如来、观音、玉帝、关公、佛祖、妈祖、先祖等宗教神灵或人造佛神，人们甚至不管神界仙界，不问神灵身份来历，只要各路神仙能帮助他们在日常生活中避祸禳灾，保佑他们一年四季岁时丰收平安吉祥，都一概拿来敬奉。在众多神祇崇拜中，定光古佛因其乐善好施、保境安民、神力无边，在客家民间信仰中脱颖而出，成为客家人的守护神，最受客家人顶礼膜拜。直到今天，定光古佛祖庙及分香各地的寺庙香火仍然很旺。

一　定光古佛信仰

据修于南宋的《临汀志·仙佛》"敕赐定光圆应普慈通圣大师"条载，定光古佛，又称定光大师、定应大师、定光佛、和尚翁、圣翁等。定光古佛是客家地区人造人格神之一，俗姓郑，名自严（亦其法名），泉州府同

---

*　邱立汉，龙岩学院客家学研究中心办公室主任，讲师，文学硕士。

安县（今属厦门市）人。郑自严生于官宦家庭，祖父仕唐，为四门斩斫使，父亲任同安县令。幼时聪慧，奇异过人，少有佛心，"年十一，恳求出家，依本郡建兴寺契缘法师席下。年十七，得业游豫章，过庐陵，契悟于西峰圆净大师，由此夙慧顿发，遂证神足，盘旋五载"①。后云游四方，咨参修道，行善布施，足迹遍布闽粤赣名山大川，于乾德二年（964），过武平岩前，睹南安岩之形胜，慨然誓言"委身此地，以度群品"，遂驻锡南安岩。淳化二年（991），年逾花甲的定光大师在离南安岩十里之外别立草庵居之，其间感化野猴，牧牛三年。景德初，迁南康郡盘古山。祥符四年（1011），汀州郡守赵遂良在其州宅创后庵延请大师往来谈话。祥符八年坐化于旧岩，享年八十二岁，僧腊六十有五。

  定光古佛的信仰在闽西客家地区被推崇备至，究其原因是多方面的。其一，定光大师活跃在闽西的时间也是客家先民因黄巢起义避乱南迁（即第二次南迁）暂得安定的时期，屡遭兵灾历尽辗转流离之苦的客家先民早已身心疲惫，渴求得到神灵的庇佑，过上风调雨顺、衣食无忧、国泰民安、幸福祥和的日子。定光大师恰好在此时修成能降福于民神力无边的高僧，既能退敌除寇保境安民，又能战胜自然，"驱使草木，教诲蛇虎，愁霖出日，枯旱下雨"，还能赠人以子嗣，使人"无男得男，无女得女"，从而，使得初来乍到面临自然环境极其恶劣的客家先民有了立命之地，也使得因战祸而终日惶恐不安的心理得到极大的慰藉。由此，客家先民对民有祈祷而无愿不从的定光大师推崇备至，甚至认为以定光古佛的信仰取代其他神明信仰也理所当然。其二，定光大师不仅是一介高僧，得到圆净大师衣钵真传，成为云门宗第四代传人②，且"亦俗亦真"，拉近了人与神的距离。客家先民迁居闽西后，在与土著民族大融合中大量地吸收了他们的自然崇拜和原始巫道信仰，而这些受人们长年累月祀以供食终日敬奉的崇拜信仰对象，总是神秘莫测，来去无踪，虚无缥缈。相形之下，行则溪头村道，居则寺庙草庵，日夜守护民众尽显神异的定光大师却历历在目，令人备感亲切。于是，大师生前是值得民众亲敬的"和尚翁"，灭度之后是赢

---

① （宋）胡太初修、赵与沐纂《临汀志·仙佛》，福建人民出版社，1990，第164页。以下未注明出处的引文均出自本书。

② 张木森、邹文清：《"南安岩定光佛"文献初步研究》，闽西客家联谊会、龙岩市政协文史和学习委员会编《定光古佛与客家民间信仰》，2008，第124页。

得广大信众尊仰的"圣翁"。其三,作为云门宗(禅宗五家之一)第四代传人的定光大师,依循中国禅宗的特点看,同样也吸收了儒、道等中国传统文化思想,主动融入了士大夫文化圈,在与汀守赵遂良"往来话次"中也应付自如,契合时政。所以,诸如朝廷政要王钦若、赵安仁、刘师道,文坛巨擘苏轼、黄庭坚等名公巨卿或"寄诗美赠"或"大篇短章致赞叹意",这无疑增加了定光古佛信仰的文化品位。其四,从熙宁八年(1075)至乾道三年(1167),定光古佛因屡屡显灵,庇护汀民,莅汀官员多次上表,朝廷累封定光佛至八字大师。官方的屡次赐封奠定了定光古佛信仰的权威地位,对民间信仰起到了巨大的推动作用。

二 客家定光古佛的文化内涵

客家先民走进了遮天蔽日的深山密林,此处比之辽阔的中原平野,虽然失去了往日的繁华,但却是避乱的乐土,客家人终与大山结下了不解之缘,所谓"逢山必有客,有客必有山"。他们毕竟还是万般无奈"客"居大山的,面北思念天遥地远、万重山水的故乡,"别时容易见时难",思乡念土之心魂牵梦绕。让子孙说祖宗话、读祖宗书、续祖宗脉是化解这种愁绪的最好办法。因此,他们在向土著传授中原先进文化的同时,恪守了以儒家的"仁爱"思想和道家的"无为"思想为主流的中华民族传统文化。而定光大师在汀州"异类中住",弘扬佛法不是那么顺畅,为了争取更多的信众,不仅佛、道、巫并用,在为人处事所体现的文化意蕴上也暗合了客家民众,才最终赢得"无天中尊"的地位。

定光大师在闽西弘法的过程中充分体现了儒道结合的精神要旨,即"兼济天下"与"独善其身"。当遇社会昌明时,大师"兼济天下",积极帮助官民降福除害,"民有祈祷,辄书偈付与,末皆书'赠以之中'四字,无愿不从";应汀郡赵遂良之请,结庵州后,投偈枯池为庵出水,投偈龙潭为民除蛟患。当同道因其法术过人而生畏惧(更多是嫉妒)时,当为民请命免征布匹而得罪官府时,大师则"独善其身",或主动数年不语,如"民有询过去未来因者,师皆忠告,莫不悚然。同道者惧其大甚,师曰:'只消吾不语耳。'遂不语",或割爱袈裟而白衣布帽,如"一年,岩院输布,师以手札内布中,监临郡倅张公晔见词,闻于郡守欧阳公程,追摄问状,师不语。守、倅愈怒,命焚其衲帽,火烬而帽如故;疑为左道,以彘血蒜辛厌胜,再命焚,而衲缕愈洁,乃遣谢使归。自是白衣而不褐"。这里的"不语"、"白衣"是道家之"无为",却也是无所不为。

从定光古佛的神迹传说看,定光大师生前神异与圆寂后屡屡显灵而庇佑众生,诲人行善,处处体现传统文化的儒家精神。

在《临汀志》记载有关定光古佛的神迹传说中,反映为民祈雨阳征服大自然一类的不在少数。如赵遂良莅汀期间,汀州很长一段时间阴雨连绵,不见天日,百姓愁怨,遂良叫大师作法以请晴阳,果然晴天昭日;福建转运使王赟过南安岩,叫大师作法以请瑞雪,天公如是答应;汀官胡咸秩因干旱欲求雨,命其部下入南安岩祈祷,"大师以偈付来吏,甫至郡而雨作,岁乃大熟";熙宁八年(1075),郡守许尝上表祷雨感应,自严第一次获得皇上赐予"定应"的师号;苏东坡、黄庭坚等名公巨卿也大赞其有能"愁霖出日,枯旱下雨"、"万里出云雨"之神力。这与远古先民创造的自然神话(如夸父逐日、精卫填海)一样,表现出人们积极改造大自然、征服大自然的美好愿望,也体现了定光古佛战胜大自然、人定胜天的积极人生观,反映出儒家思想积极进取的一面。与消极顺应大自然,悲观厌世、无所作为和宣扬轮回报应的封建宿命论,不可同日而语。

民间传说中"寄子岭"的故事则是充分体现了儒家的"仁爱"思想。相传宁化余某,曾向定光古佛祈求子嗣,不久,妻子果然真怀孕,生下一子。余某夫妇感恩不尽,抱着儿子一齐到南安岩均庆寺叩谢,想不到离南安岩20里处小儿子突然死去。余某夫妇仍坚信定光古佛法力无边,定能使自己的儿子死而复生,就把儿子暂且安放在荒岭,一起到南安岩均庆寺进香祈祷。拜毕,回到荒岭,死去的儿子早已复活,正坐在那里吃馒头呢。后世人称此荒岭为"寄子岭"。此传说故事在《定光大师来岩事迹》碑中有载。《临汀志》中记载定光古佛心怀恻隐,悲天悯人,行善济世,展现人性的关怀、人间的温情一类的神迹故事最多。如,定光大师云游江西太和县,渡怀仁江时,刚好遇江水暴涨,听当地百姓说,江中有害人之蛟在作怪,百姓苦不堪言,大师慈悲大发,乃写偈投潭中除害,水退沙壅,今号龙洲;南康盘古山因井泉枯竭,大师应邀泛舟前往作法,途中,"江有槎桩,常害人船"大师顿生善心,手抚槎桩作法念道:"快去!快去!莫为害",当天傍晚,无雨而水暴涨,害人之桩随流而逝;大中祥符初年,南海郡(今广州)欲建造砖塔,求巨舰载砖瓦,而惠州河源县沙洲有船插沙岸,无人能取,遂派僧人来南安岩请大师作法助力,后写偈给僧,僧持偈语返回沙洲,船应手而拔。

定光大师不仅常怀恻隐之心而行善广施、助人为乐,同时也存羞恶、是非之心,作法惩戒坏人。对社会品行不端、犯恶贪利之徒通过法术来惩恶扬善,起到教化世人的作用。如据《临汀志》载,定光大师云游广东,途经梅州黄杨峡,"渴而谒水,人曰'微之',师微笑,以杖遥指溪源,遂涸,徙流于数里外,今号乾溪"。上述南海郡僧人用大师作法得来的大船运完塔砖后,有贪利奸商想乘机借船载木牟利,大师神灵突显,霎时,恶风大作,船摇人翻,莫知所往。武平梁野山白云寺是定光古佛当年弘法的重要圣地,民间盛传梁野山"古母石"的故事:

相传在宋朝某年的一天,定光古佛化装成一个乞丐,离开白云寺,前往古母顶西北山脚的箩斗坑化缘。中午时分,来到一个财主家,财主正在吃午饭,大鱼大肉摆了一桌,定光古佛上前讨食,财主见是一个乞丐,根本不予理睬,竟不肯施舍半口饭菜,用手一挥,吩咐侍立在一旁的家丁把古佛赶出门。古佛饥肠辘辘,忙取出背上袋里原已乞讨到的一点米,央求财主借锅煮口饭吃,财主又以没有柴草为借口,不予答应,古佛说:"那就用我的两只脚作柴草,可以吗?"财主勉强答应。只见古佛不急不忙,待淘米下锅后,就把双脚放进灶膛里,噼噼啪啪烧起熊熊大火。不多久,饭煮熟了,古佛在厨房里吃完后,也不跟财主打招呼就径自离去。财主见古佛的两条腿仍是好端端的连个伤痕也没有,而且行走敏捷,不禁大惊失色,家人又报告说饭桌、凳子全都无影无踪了,他急忙跑到厨房,只见尚未完全烧尽的桌脚、凳脚残存灶膛。财主恼羞成怒,连忙吆喝众家丁手持棍棒追赶。古佛走到村头水口处,见有块镇水口的大石,忙解下身上的腰带把它捆绑好,用伞柄背上石头健步如飞朝古母顶疾走,待走到山顶回头一看,财主率领众家丁仍在半山腰上穷追不舍。古佛就生气地把背上的大石往地上一放,施展法术,这块石头竟像吹气球似的迅速变大,最后连十几个人都环抱不过。正在山腰上气喘吁吁追赶的财主一伙,偶一抬头,猛然看见山顶一块巨石悬空而立,摇摇欲坠,个个胆战心惊,吓得落荒而逃。从此,巨石屹立在山顶,饱经风霜雨雪,电劈雷击。这就是古母石。

　　这则故事在民间有多个版本流传，有不少出入，主人公或是懒散的村民，或是腰缠万贯的财主富翁。但这并不重要，重要的是，定光古佛想通过烧毁桌凳、悬空巨石来愚弄没有半点慈善心的人，以此达到教化世人的目的。

　　定光古佛亦佛亦道，亦僧亦俗，敦仁爱人，由宗教而教化人生。其佛皮道骨、近于世俗的特性吸引了更多信众。定光古佛是德与善的化身，是智与勇的化身，是中国传统文化中儒与道的交融。其光辉的人格神魂如救世英雄般永远活在广大信众的心中，以至于宋代一时出现"民依赖之，甚于慈父"的局面。

三　新时期客家定光古佛信仰的意义及其发展前景

　　宗教信仰在我国有着悠久的历史和广大的群众基础，是社会发展的重要一环。因宗教信仰的特殊性和复杂性，关系到社会的发展和稳定。新时期，我国党和政府更加重视宗教信仰问题，江泽民同志在2001年12月全国宗教工作会议上指出："宗教的存在有着深刻的社会历史根源，宗教将会长期存在并发生作用。"并进一步指明："由于宗教的这种群众性，宗教往往构成一种非常强大的社会力量，处理得好，可以对社会发展和稳定产生积极的作用。"[①] 定光古佛信仰在历史上曾出现过空前盛况，"七闽香火，家以为祖"，不仅在闽粤赣客家地区拥有庞大的信众，在周边非客家地区也具有广泛的群众基础，对社会的发展和稳定产生过积极的作用。民间，定光古佛庇佑百姓，寇盗不敢妄为，如"岩介乎闽广之间，前五里为梅州境，幽篁旷野，极目无人居，寇盗之所出没。然数郡士女，结白衣缘，赴忌日会，肩骈踵接，岩寺屹然，道不拾遗，无敢犯者"[②]。官府因定光古佛神通广大，请其帮助治理社会，如，南宋嘉泰年间（1201～1204），汀州郡守陈晔惊定光古佛能应百姓雨阳，灵验异常，于是请佛"与守

[①] 《江泽民文选》第3卷《论宗教问题》。
[②] （元）刘将孙：《养吾斋集》卷28《定光圆应普慈通圣大师事状》，影印文渊阁《四库全书》集部一三八，别集类。

分治汀民"①，人们生活得以安定。

随着社会的发展和人们思想的进步，定光古佛信仰已经发生了巨大的变化。旧时除蛟伏虎、疏通航道、活泉止水、祈雨求阳、筑陂开圳等善施义举已没有了现实意义，成为一个个美丽的传说，但在大力提倡无神论的今天，定光古佛信仰在民间仍然具有广泛的群众性，显示出强大的生命力。如据刘大可先生在2008年3月10日就武平梁野山白云寺香客求签活动调查得知："在短短的二个小时左右，我们遇到的求签者前后达五批二三十人……可见，一天之中前来求签人数之多。"② 坐落于龙岩市新罗区江山乡村美村九侯山的灵远宫，里面供奉的石佛公（也是定光古佛，以神龛两边的对联"定力无比感招有情，光照社稷庇护百姓"为据）香火更旺，每天都有成百上千的信众前去敬拜。据灵远宫管委会负责人张远海介绍说，石佛公很灵，平时少则几百多则数千人前来烧香，他们都带着丰厚的供品或来许愿或来还愿，在正月初六前后一个月最热闹，每天都有上万人前来拜佛，慈膳堂仅中午一餐要煮2000斤大米，有时忙不过来只好煮面条，小车从停车场一直排到两三公里远的半山腰。现代人生活压力大，烧上一炷香许上一个愿，与其说是得到神佛法力无边的庇佑，不如说是得到精神的慰藉、灵魂的安顿，这也是民间神灵信仰历经千年不衰甚至今后将与时俱进不断发展壮大的奥秘所在。

被奉为客家保护神的定光古佛的信仰无疑是客家文化的重要组成部分。它的产生和存在有其深刻的客家历史根源、客家社会根源、客家人的心理根源。随着明清以来大陆客家向台湾乃至海外播迁，定光古佛也传至台湾和海外成为当地客家人的保护神。2002年1月，定光祖庙武平岩前均庆寺发掘出一块雍正十一年的石碑，两面分别镌刻"募叩台湾乐助碑记"和"台湾府善信乐助建造佛楼重装佛菩萨碑"，正文分别刻有各姓氏捐款人名及金额，其中台湾善男信女700余名。这一发掘，不仅证实了台湾定光古佛的根在均庆寺，也足见台湾信众对定光古佛的虔诚。当前客家文化在加强两岸文化交流，促进祖国和平统一中发挥了巨大作用，定光古佛信

---

① （宋）胡太初修、赵与沐纂《临汀志·寺观》"郡城内定光院"条，福建人民出版社，1990，第70页。

② 刘大可：《圣人、圣物与圣地：闽西武平县定光古佛神迹崇拜研究》，闽西客家联谊会、龙岩市政协文史和学习委员会编《定光古佛与客家民间信仰》，2008，第99页。

仰作为客家文化的一部分也应当扮演重要角色。2010年12月16~24日，由武平县人民政府和台湾中华海峡两岸客家文经交流协会、彰化定光佛庙、苗栗义民庙、台北淡水鄞山寺联合举办了"客家人的保护神——定光古佛金身巡游台湾"的活动，中国国民党荣誉主席吴伯雄、台湾中华海峡两岸文经交流协会理事长饶颖奇分别在台北会见了巡游团一行，高度赞扬武平巡游团对促进两岸民间文化交流作出的积极贡献。这次定光古佛金身首度赴台巡游活动，在海峡两岸引起了强烈反响，取得了闽台文化交流的重大突破。显然，从搭建两岸交流平台，促进祖国统一来看，定光古佛信仰具有重大价值，其发展前景是十分广阔的。

烧香拜佛的民间信仰活动不免有"迷信"之嫌，但从人文层面看，客家定光古佛信仰衍生出了许多民俗活动和形成了一定的社会观念，成为客家文化的一大景观，与客家社会有着千丝万缕的联系，并将长期存在。新时期，我们应该积极面对民间定光古佛信仰，正确引导，发挥其祖庙的影响力，巧妙利用。为此，笔者提出以下几点浅见。

第一，提高思想认识，丰富客家文化，促进两岸客家文化的交流。定光既是人格神，也是禅宗高僧，不同于纯粹的巫教迷信，更不是邪教，"定光古佛，汀州土神最灵者，非淫祠也"[①]。因此，定光古佛向来受到客家人的敬重，其无边佛法能感召人们积极向善、乐善好施、团结互助、保家爱国。定光古佛信仰既是宗教信仰，也是民间俗神信仰；既可促进两岸宗教人士的交流，也可丰富客家文化，促进两岸客家文化的交流。

第二，多做宣传研究工作，不仅要深入开展定光历史文化的研究，还要做定光古佛信仰的现状研究。与客家的土楼文化、莆田的妈祖文化相比，武平定光古佛文化宣传显然十分不够，应该加大宣传力度。在定光文化研究上也还没有一本全面系统的论著问世，应加快研究步伐。定光古佛曾现"七闽香火，家以为祖"的盛况，而其驻锡圣地均庆寺、弘法圣地白云寺的香火如今远不如新罗区江山乡的石佛公，这是为什么？除了明显的交通差异外还有深层次的原因，需要我们去调查研究。

第三，提升文化内涵，开发圣地旅游，扩大祖庙的影响力。进一步挖掘定光古佛体现的儒道文化，提升文化内涵，整理历史上流传下来的名人

---

① （清）杨澜：《临汀汇考·山鬼淫祠》。

诗文和引人入胜的民间传说故事，建设定光古佛文化展览馆。大力开发圣地旅游，举办定光古佛文化旅游节，让广大信众和游客了解历史上有惠洪、苏东坡、黄庭坚、宋思远、郑弼、郭详正、方开之、成敦睦、巢之梁、顾元镜、唐世涵、丘逢甲等一大批文人墨客、朝廷命官留下诗文赞美定光古佛，扩大祖庙的影响力。

第四，当地的宗教协会或宗教事务管理部门，指导组织祖庙开展纯粹的佛教弘法活动，积极培养宗教人才，加强宗教文化交流，并使之常态化。

第五，与时俱进，利用民俗信仰的强大吸引力，宣传孝道、守法、安全、文明等良知，营造和谐社会。

定光古佛信仰缘起及其在台湾的传播

李贵海*

【摘　要】　定光古佛有佛界神和民间信仰神之分，缘起闽西武平的定光古佛是民间信仰神，是伴随客家民系在闽西汀州流域形成过程中的产物。客家先民在开发闽西创建新家园的险恶环境中需要保护神，定光古佛作为客家先民开发闽西的精神支柱，有广泛的群众基础，其影响超越闽西，传播到了八闽大地和邻近的粤东、赣南。定光古佛的传播，主要是通过闽西客家人的迁移来实现的，早在清初就传到了台湾，定光古佛已成为闽西与台湾民间交流的重要载体。弘扬定光古佛造福民众、融合族群、促进社会和谐的精神，对于推动定光古佛的交流互访、打造"海峡客家"品牌、建设八闽文化大省等方面具有十分重要的意义。

【关键词】　定光古佛　闽西　台湾　传播

定光佛是西方神界中的 Dipamkara，梵名提洹羯佛，译名锭光佛或燃灯佛，有足曰锭，无足曰灯。① 据《瑞应经》卷载：佛界中，定光佛因其点化释迦菩萨而成佛果。当九十一劫时，将转世普度众生。定光在佛祖释迦牟尼之前，并点化佛祖成佛，故称"祖师"，即定光祖师。闽西民间信仰中的定光古佛，则是有功德于民的比丘——郑自严。自严和尚在生前及圆寂后，成为有求必应的地方保护神，人们认为他是定光佛转世。两者反映在塑像上有明显的不同，民间信仰中的定光古佛头带帽子，佛界中的定光古佛是圆脸光头的形象。两者之间，既有联系，也有根本区别。宗教是人类社会发展一定阶段的历史现象。民间信仰神也是一定阶段的历史现象。

---

*　李贵海，闽西客家联谊会秘书长。
①　丁福保：《佛学大辞典》"定光"条。

任何神祇的缘起缘灭，都有其历史条件和社会背景。本文要探讨的就是定光古佛信仰的缘起及其在台湾的传播。

一　定光古佛信仰的缘起

所谓缘起，就是指一切事物或一切现象的发生、发展和消亡，都是由一定的关系和条件决定的。① 关于定光古佛信仰的缘起，我以为应该放在闽西的汉化与客家民系形成过程的大环境下来考虑。

（一）定光古佛信仰是闽西汉化过程的产物

据《临汀志》载，定光古佛俗名郑自严，祖仕唐，为四门斩斫使，父任同安令。生而异禀，幼负奇识。他11岁出家。17岁时游豫章、过庐陵，契悟于西峰圆净大师。乾德二年（964）到武平，驻锡南安岩。祥符四年（1011），汀州郡守赵遂良延入郡斋。祥符八年（1015）正月卧逝，春秋八十有二，僧腊六十有五。郑自严生活年代为934～1015年，964年以后主要生活在闽西。郑自严是泉州同安人，出家后主要在闽西、闽北、赣中、赣南、粤东、粤北一带活动，是一个神通广大的和尚。因为他为百姓做了许多好事，人们都亲切地尊他为"和尚翁"，视他为"现世佛"。他圆寂后，人们收舍利遗骸塑为真相，尊他为"圣翁"。②

从郑自严生平及死后定光古佛信仰的兴起和传播的时间点看，定光古佛信仰始于周边汉人大量迁移闽西，随着移民与原住民的融合而传播开来。从唐末到南宋，闽西正处于移民与原住民冲突和融合时期，人们需要保护神，而自严和尚适应时代的要求，从闽西境外（江西）传来佛教，化解百姓遇到的种种难题，在外来移民和原住民中都享有极高的声望。闽西设治，始于唐中期。闽西的汉化，主要体现在周边汉人的大量迁入。唐开元二十四年（736）始开福抚二州山洞置汀州，取长汀溪名之。③ 当时因人

---

① 赵朴初：《在中国佛教协会第五届全国代表会议的报告》。
② （宋）胡太初修、赵与沐纂《临汀志》"仙佛"，福建人民出版社，1990，第164～167页。
③ （宋）胡太初修、赵与沐纂《临汀志》"建置沿革"，福建人民出版社，1990，第5页。

口太少，朝廷只好"徙内地民居之，而本土之苗仍杂处其间"①。闽西外来移民的大量涌入，是在唐末以后。天宝元年（742），汀州府仅有4680户13702口。② 此后，黄河、长江流域相继出现安史之乱、藩镇割据、黄巢起义、王审知入闽、五代混乱，导致大量中原汉民南迁。而对闽西版图改变影响最大的要数黄巢起义和王审知入闽，大量移民迁到了闽西。到北宋太平兴国年间（976～984），汀州府的人口增长到23647户③，是设治之初的5倍。因为大量人口的迁入，促进了闽西的开发。闽西于淳化五年（994）增设武平、上杭两个县。北宋年间，周边汉民继续迁入闽西，到元丰年间（1078～1085），汀州人口增长到81456户④，不到100年，人口增长2倍。闽西又先后增设清流县和连城县。⑤ 到南宋庆元年间（1195～1200），汀州府下辖两个望县（长汀、宁化）、三个中县（清流、上杭、武平）、一个下县（连城），⑥ 人口增至218570户453231口。⑦ 到南宋开庆元年（1259），汀州人口又增加到223433户534890口。⑧ 古代统计人口，计男不计女。因此，闽西汀州到南宋中后期实际人口已超过100万。移民的增长，是闽西人口迅速增长的主要原因。人口的增加，促进闽西的开发，而闽西的开发促进更多周边汉民的迁入。周边汉民的迁入又带来先进的文化，加速闽西的汉化过程。周边汉民持续数百年的迁入，确保了汉民在数量上的优势。这样，就使汉民在闽西新融合的族群中具有血缘上、文化上和政治上的优势，因此，在新的族群中，中原文化占主导地位。这个新融合的族群就是客家。闽西的汉化过程，就是客家化过程。闽西的汉化随着客家民系的形成而基本完成。客家人认同中原，认为自己来自中原汉族，是中原文明的传人。闽西因其在客家民系形成过程中发挥的重要作用，而被后世客家子孙认同为客家祖地。闽西的汉化，也包括民间信仰从巫术到佛、道、巫三种文化的结合过程。郑自严是从周边地区进入闽西的汉民，他从外面带来

---

① （清）杨澜：《临汀汇考》卷2。
② 《新唐书·地理志》。
③ 《太平寰宇记》。
④ 《元丰九域志》。
⑤ （宋）胡太初修、赵与沐纂《临汀志》"建置沿革"，福建人民出版社，1990，第5页。
⑥ （宋）胡太初修、赵与沐纂《临汀志》"建置沿革"，福建人民出版社，1990，第5页。
⑦ （宋）胡太初修、赵与沐纂《临汀志》"户口"，福建人民出版社，1990。
⑧ （宋）胡太初修、赵与沐纂《临汀志》"户口"，福建人民出版社，1990。

佛教文化，是闽西客家先民的杰出代表。从北宋初到南宋中后期，是定光古佛信仰在闽西兴起、传播、发扬光大时期。闽西的客家社会直到南宋才趋于成熟。在闽西族群融合过程中，定光古佛信仰的发轫、缘起、传播，对促进闽西社会的和谐，族群之间的融合起到积极的作用。定光古佛是闽西汉化（或者说客家化）过程的产物。

（二）人们在开发建设闽西的过程中需要保护神

自严和尚进入闽西后，以神道的力量，结合本地巫术，传播佛教文化，竭力弥合闽西不同族群之间的矛盾。他到武平岩前后，先是与当地的地主何大郎之女何仙姑争夺南安岩洞。何仙姑看到大蟒、猛虎盘伏在自严周围，十分驯服，就将所见告诉父亲。何大郎又施岩为佛殿，并捐地给寺院供养。① 这些都反映了先来者（原住民）与后来者、外来宗教与原有宗教之间的矛盾与融合的关系。自严传道的方式，既传承中原宗教文化，又继承了闽西本土特色文化，他在闽西人民的心目中是亦僧亦道的神秘人物。他传道的方式，大多以巫术方法出现，有很大的神秘性，是外来文化与本地文化的结合。比如，在江西太和县渡怀仁江时，江水暴涨，他写偈投潭中，水退沙壅；民有祈祷，辄书偈付与，末皆书"赠以之中"四字，无愿不从；武平岩前夜常有虎出没，他削木书偈，虎毙于路；② 等等。因他显示了超自然的神力，所以人们佩服他。随着声名远播，自严引起了朝廷官员的重视。汀州郡守赵遂良延入郡斋，结庵州后，以便往来话次。自严和尚稍后的北宋大文学家苏东坡也撰文赞扬他。经过历任皇帝的逐级赐封，至南宋嘉熙四年（1240），自严和尚的封号长达八字，即"定光圆应普慈通圣"大师。③ 自严在世时就有传言，相传江西南康盘古山曾有波利禅师从西域来，留下谶语"吾灭后五百年，南方有白衣菩萨来到此山"④。自严曾被汀州郡卒焚衲帽、泼猪血而无恙，白衣而不褐，人称"白衣和尚"，圆寂后最终屡加赐封为"定光圆应"，应了西域僧人波利禅师的谶语。人们都坚信郑自严就是"定光佛"转世。经过历任汀州郡守、名公巨

---

① 参见武平《何氏族谱》。
② （宋）胡太初修、赵与沐纂《临汀志》"仙佛"，福建人民出版社，1990，第164～167页。
③ （宋）胡太初修、赵与沐纂《临汀志》"仙佛"，福建人民出版社，1990，第164～167页。
④ （宋）胡太初修、赵与沐纂《临汀志》"仙佛"，福建人民出版社，1990，第164～167页。

卿的大力渲染，定光古佛信仰很快向各地传播开来，影响很大。清杨澜在《临汀汇考》卷2中也载："同时，定光佛亦来武平，为白衣岩主，汀郡沙门，一是称盛世。……伏虎、定光，生为汀人，没为汀神，救旱御兵，至今崇祀。"① 定光古佛信仰成为民间、官方都需要借助的神灵。在险恶的自然条件下，不仅民间需要保护神，官府也需要借神秘的保护神来推广统治。因此，在民间和官府的共同推动下，定光古佛信仰越来越广，定光古佛的神通也越来越大。

(三) 定光古佛信仰有广泛的群众基础

郑自严从一个有血有肉的和尚，转变为亦佛亦道、亦俗亦神，并进而上升到"佛"，有其广泛的群众基础。客家先民到达闽西后，闽西的自然条件并不乐观。"当造治之初，凡砍大树千余，树皆山都所居。天远地荒，又是妖怪，獠狑如是，几疑非人所居。"② 又据《太平寰宇记》载："山东采访使奏于处州南山洞中置汀州，州境五百里，山深林木秀茂，以领长汀、黄连、杂罗三县。地多瘴疠，山都木客丛萃其中。"③ 置汀州前，闽西外来移民极少，本土之苗也很少，外来移民与本土之苗为了生存尚能够和谐相处。进入两宋后，闽西仍然多瘴气、有妖怪且天远地荒。而大量移民的加入，必然打破了闽西原有的生态，激发了先来者与后来者之间的矛盾。唐昭宗乾宁元年（894），"黄连洞蛮二万围汀州"④。天禧年间（1017~1021），武平也发生"洞僚久为民害"⑤。先来者的反抗，加上自然灾害的不可抗力，人们对社会灾难和自然灾害的不可预测，使得这些现象非常的神秘。每一种灾害都是致命的，时刻都有可能危及生命和财产的安全，而人们又无可奈何。因为生存环境险恶，人们希望借超自然神力的帮助来克服困难。因此，巫神也好，佛教神也好，道教神也好，只要人们觉得能够给他们带来幸福平安，都加以崇拜。闽西有许多民间信仰神，有外来的，也有本地的。自严和尚适时出现，给人们带来精神上的慰藉。来

---

① （清）杨澜：《临汀汇考》卷2。
② （清）杨澜：《临汀汇考》卷1，《建置》卷4《山鬼淫祠考》。
③ 《太平寰宇记》引《牛肃纪闻》。
④ 《资治通鉴》卷255。
⑤ 康熙《武平县志》卷7《官师表·陈阐》。

闽西之前，他就是一个得道高僧，在社会上颇有影响。到闽西后，他被当成"现世佛"。《临汀志》载，宋真宗尝斋于僧，自严和尚一夜之间从汀州赶到京城，满座皆惊，真宗皇帝称他为"现世佛"。① 自严和尚的神力主要体现在治河护航、活泉止水、除蛟伏虎、祈雨解旱、筑陂拦水、知晓前生后世等。而这些正是客家先民开发闽西建设新家园所期盼的超自然神力。自严和尚圆寂后，人们又赋予他赐嗣送子、解除旱灾、避免战火等功能，神力被进一步扩大。《临汀志》载：绍定庚寅（1230），磜寇挺起，干犯州城，势甚炎炎，师屡现显。贼驻金泉寺，值大雨水不得渡，晨炊粒米迄不熟，贼众饥困。及战，师于云表见名旗，皆有草木风鹤之疑，遂惊愕奔溃，祈哀乞命。汀人更生，皆师力也。② 汀州城民把这次战胜匪寇的原因归结为得到定光佛的保护，是他多次显身，使匪寇惊愕奔溃。自严和尚从人变成神，再变成佛，影响越来越大，信众越来越多，并在闽西众多保护神中脱颖而出，超越伏虎禅师、仙师公、民主公王、蛇郎君等神祇，成为影响最大的地方保护神，"七闽香火，家以为祖"。定光古佛信仰并不限于福建，在相邻的江西、广东等地也有一定的群众基础，有所谓"自江以西，由广而南，或刻石为相，或画像以祠，家有其祀，村有其庵"③。江泽民同志在论宗教问题时指出："宗教的存在，是以大量群众信奉为前提的。……由于宗教的这种群众性，宗教往往构成一种非常强大的社会力量，处理得好，可以对社会发展和稳定产生积极的作用。"④ 定光古佛信仰有庞大的群众基础，并对社会发展和稳定产生积极作用。"若其化后，香火之盛，栋宇之崇，其威光显赫，不可殚载。（南安）岩介乎闽广之间，前五里为梅州境，幽篁旷野，极目无居人，寇盗之所出没。然数郡士女，结白衣缘，赴忌日会，肩骈踵接，岩寺屹然，道不拾遗，无敢犯者。"⑤ 自严和尚圆寂后，信仰他的群众很多，香火旺盛。尽管不远处有寇盗出没，

---

① （宋）胡太初修、赵与沐纂《临汀志》"仙佛"，福建人民出版社，1990，第164～167页。
② （宋）胡太初修、赵与沐纂《临汀志》"仙佛"，福建人民出版社，1990，第164～167页。
③ （元）刘将孙：《养吾斋集》卷28《定光圆应普慈通圣大师事状》，影印文渊阁《四库全书》集部一三八，别集类。
④ 《江泽民文选》第3卷《论宗教问题》。
⑤ （元）刘将孙：《养吾斋集》卷28《定光圆应普慈通圣大师事状》，影印文渊阁《四库全书》集部一三八，别集类。

然而，只要信仰定光古佛，结白衣缘，就平安无事，岩前一带的社会治安非常良好。

二 定光古佛信仰随闽西人民传播到了台湾

（一）定光古佛作为闽西移民的保护神传到台湾

千百年，闽西人民始终把定光古佛当作保护神，当作战胜各种困难的精神动力。他们在向各处迁移的过程中，也带去了定光古佛信仰。闽西客家人自南宋开始，就大量向粤东迁移。到明朝中期，已有人远涉东南亚。明成化年间（1465～1487），汀州人谢文彬因贩盐下海，为大风漂入暹罗。① 暹罗就是今天的泰国。闽西客家人赴台湾的时限也可追溯到明朝中期，而大量赴台是在清初到清末甲午战争（1894）的200多年间。

闽西人初迁台湾，台湾同样是个充满瘴疠的恐怖地方。康熙三十九年（1700），郁永河在《裨海纪游》中就说："朱友龙谋不轨，总戎王公命革弁率百人戍下淡水，才两月，无一人还者；下淡水且然，况鸡笼、淡水远恶尤甚者乎？""君不闻鸡笼、淡水水土之恶乎？人至即病，病辄死。凡隶役闻鸡笼、淡水之遣，皆欷歔悲叹，如使绝域。水师例春秋更戍，以得生还为幸。"② 台湾是块尚待开发的处女地，同时也是令人望而生畏的蛮荒之地。在清朝统治台湾的210年间，共发生过68次百姓造反和77次族群械斗。"在这种环境下，官府似有若无，只得祈祷于神明，才是唯一可求得心安的方法。于是各地的居民纷纷将原籍奉祀的神明，带到台湾供奉。"③ 闽西客家人多取道淡水登岸，然后向四周发展。据文献记载，当时居住在淡水一带的客家人，家家户户都供奉随身带的定光古佛。④ 乾隆十

---

① 《明史·暹罗传》载：谢文彬以贩盐下海，漂至其国，位到坤岳，犹天朝学士也。《殊域周知录》载：成化十三年（1477），王遣使群谢提素英必、美亚二人来贡方物，美亚本福建汀州士人谢文彬也。昔年因贩盐下海，为大风漂入暹罗。
② 郁永河：《裨海纪游》。
③ 宋光宇：《台湾史》，人民出版社，2007，第401页。
④ 林国平主编、陈名实副主编《文化台湾》，九州出版社，2007，第415～417页。

六年（1751），武平南安均庆寺重修，就有台湾信徒募捐。"外募十方，远及台湾。"① 南安均庆寺出土的文物，用墨绿色大理石刻有"台湾府信善乐助建造佛楼重装佛菩萨碑"，正反面共刻有700余名台湾信男善女为助建仙佛楼捐献银两的姓名和数量，时间为"大清雍正十一年岁次癸丑孟春"②，证明了定光古佛在雍正十一年（1733）前就已传播到了台湾，是两地共同神缘的历史见证。从台湾供奉有定光古佛的寺庙来看，较具规模的主要有彰化的定光古佛庙和台北淡水镇的鄞山寺。

早期台湾的寺庙，很多都是本籍移民的联络中心，也是精神堡垒，更是械斗时的军事指挥中心。③ 台北的鄞山寺、彰化的定光庵也都兼具这些社会功能。鄞山寺外观像庙，实际上主要功能是地方会馆。汀州人到台湾的时间较晚，先集合在淡水一带，后演变成一个聚落，并出资盖地方会馆。这样，后来的汀州人可以临时居住在这里，过两三个月后，他们可以到外面找工作，待有了事业，才陆续迁出。④ 可见，定光古佛是被闽西的移民从原乡传播到台湾而成为闽西移民在台湾的保护神。

（二）永定移民是传播定光古佛的主体

武平县岩前镇狮岩是定光古佛卓锡地，均庆寺和原汀州府寺院是定光古佛布道传佛的中心。原汀州府寺院已消失，武平岩前的狮岩和均庆寺成了定光古佛信仰的中心，向闽粤赣客家地区传播、辐射。据台湾现存两座影响较大的彰化定光庵和台北鄞山寺资料记载，定光古佛信仰主要是由永定移民传播到台湾。

永定地处汀州的南边，毗邻闽南和粤东，有近海的优势，成为汀州府移民台湾最多的县份。据资料记载，台湾现存最早的定光古佛庙，是建于乾隆二十七年（1762）彰化县北口的定光古佛庙。该庙由永定县籍的士民及北路总兵张世英等筹建，初名"定光庵"，又称"汀州会馆"。以后经历嘉庆、道光、咸丰年间多次修建，建筑规模为"两进两廊左右厢房"的格

---

① 民国《武平县志》卷10，《艺文志·重建三宝殿碑记》。引自王增能《谈定光古佛——兼谈何仙姑》，《武平文史资料》第8辑。
② 参见钟茂富《两岸客家牵手佛缘》，《环球客家》2007年第3期。
③ 宋光宇：《台湾史》，人民出版社，2007，第401页。
④ 江彦震：《定光古佛在台湾》，《萍水相逢尽是他乡之客》，志文印刷事业有限公司，2006。

局，并正名为"定光佛庙"。庙的主神位为定光古佛，从祀佛童，陪祀有太上老君、城隍爷、福德爷、妈祖等。设有"汀州八邑倡议捐士绅缘首董事禄位"之长生牌位。该庙在 1985 年 11 月被台湾当局列为第三级古迹。① 按该庙规定，信徒是世袭的，也就是创庙时的士绅后代始能继承为该庙信徒，委员会由信徒产生，庙宇的运作由委员会操作，外人无法参与。热心的外人也只能称之为香客，没有任何庙宇运作参与权。目前登记在册的信徒有 103 人，比创庙时的 135 人还少，几乎都是永定人。② 据该庙负责人现为海峡两岸合作发展基金会和彰化县八卦山大佛寺董事长的张世良先生介绍，彰化定光古佛庙是从永定县金砂乡的金谷寺分香到台湾的。金谷寺也是金砂暴动的旧址，寺内供奉的定光佛像据说在"文革""破四旧"时被破坏。

台湾最大的定光古佛庙是台北县淡水的鄞山寺。鄞山寺建于道光三年（1823），由汀州人罗可斌、罗可荣发起建庙，张鸣岗等踊跃捐输，得 1 万元，并从大陆运来建筑材料建起寺庙，从大陆原乡迎来定光古佛，建成淡水鄞山寺。鄞山寺本来是作为会馆之用，但其入门大殿却供奉一尊"定光古佛"。③ 据《淡水厅志》古迹考附寺观条："（鄞山寺）在沪尾山顶，道光二年（1822 年）汀州人张鸣岗等捐建，可斌施田，咸丰八年（1858 年）重修。"张鸣岗兴建庙宇时担任总理一职，而捐献庙地的罗可斌是沪尾地区的地主。罗可斌兄弟死后葬于寺前左侧不远处，至今保留完整。墓碑雕饰精美，上有碑文"汀州永定金砂可斌、荣罗公墓，道光壬辰年桐月吉日重修，汀州众姓仝立"。捐建者除张、罗二人外，胡、苏、练、江、游、徐六姓也是主要支持者，立有长生禄位。④ 上述六姓中除练姓以武平为主外，其余五姓主要分布在永定。应该说，定光古佛在台湾的传播，应以永定人为主。

---

① 江彦震：《定光古佛在台湾》，《萍水相逢尽是他乡之客》，志文印刷事业有限公司，2006。
② 林瑶棋：《汀州客团结的象征——以彰化定光佛庙为例》，闽西客家联谊会、龙岩市政协文史和学习委员会编《定光古佛与客家民间信仰》，2008。
③ 林国平主编、陈名实副主编《文化台湾》载：鄞山寺由罗可斌、罗可荣发起建，未提到张鸣岗。江彦震《定光古佛在台湾》载：鄞山寺由张鸣岗发起捐建，罗可斌、罗可荣施舍田地、产业建寺。
④ 台北县客爱公共事务协会编《台北县的客家人》，2007，第 31～32 页。

（三）定光古佛成为闽西与台湾民间交流的重要载体

定光古佛传播到台湾近 300 年，两岸定光古佛信徒在清政府管辖台湾期间一直都有交流互动，后来因为日本占领台湾和国民党据台反共，两岸割裂近百年，直到 1987 年台湾当局解除台湾同胞赴大陆探亲禁令后，两岸定光古佛信徒才得以重新实现交流互访。

1989 年，台湾淡水镇鄞山寺住持胡俊彦带领信士首次跨越海峡，踏上寻根之路。此后，他先后到过闽南的平和、同安，杭州法相寺。在法相寺查阅有关资料，把源头追溯到武平县岩前镇狮岩后，于 1991 年再次带领信士 35 人到武平岩前均庆寺朝拜，并定下一条规矩，要求信徒每隔 3 年到武平定光古佛像前包装香灰回台。1992 年农历七月初一，胡俊彦率领 16 名信徒再次前往武平狮岩朝拜，受到当地乡亲 500 多人的夹道欢迎。①

2000 年，台南县大竹镇专门派人到武平均庆寺举行分香仪式，移殖香火到台湾。2007 年 6 月，台湾海峡两岸合作发展基金会董事长张世良，率领来自彰化的 20 多名定光古佛信徒到武平祖庙均庆寺进香。② 永定县还根据张世良先生的建议，在金砂乡金谷寺重塑定光佛像，以恢复该寺原貌。

2008 年 7 月，闽西客家联谊会、龙岩市政协文史和学习委在龙岩共同举办了"海峡两岸定光古佛与客家民间信仰学术研讨会"。来自海峡两岸的民俗学专家、学者，以及特邀人员，共 70 多人参加。各专家学者就定光古佛信仰缘起、传播、神迹崇拜、文献研究、与客家民间信仰的关系，以及传播台湾的情况等方面，进行了探讨。台湾财团法人海峡两岸合作发展基金会董事长、彰化县八卦山大佛寺管委会主任委员张世良等台湾信徒应邀参加。

2010 年 5 月，武平县与（台湾）海峡两岸合作发展基金会在台北县客家文化园签订了海峡两岸定光古佛文化研究合作协议。

2010 年 12 月 18 日，武平县岩前镇定光古佛金身抵台湾彰化定光佛庙，大批信众沿途恭候，场面壮观。定光古佛金身先后在彰化、苗栗、台

---

① 何安庆：《闽台定光佛 根源在武平》，闽西客家联谊会、龙岩市政协文史和学习委员会编《定光古佛与客家民间信仰》，2008。
② 参见钟茂富《两岸客家牵手佛缘》，《环球客家》2007 年第 3 期。

北巡游。

定光古佛已成为闽西与台湾民间交流的重要载体。

三 结语

民间信仰与宗教的差别,就在于没有严格的教规、教义的束缚,信仰的空间更加宽松,实用功能更加浓厚,人民可以根据自身的条件,自身的需求来选择,甚至在不了解所信仰神灵的社会功能的情况下,人民可以把自己的愿望附加给神灵,赋予神灵各种功能。比如妈祖、保生大帝等民间神的缘起,都是社会发展到一定阶段和民间需要的产物。客家先民南下闽粤赣边后,在新的恶劣的生存环境中需要借助超自然的神力,需要寻求庇护神,定光古佛的民间信仰因此缘起,并被闽西人当作保护神。定光古佛的信众主要在闽粤赣边,闽西移民及后裔成了定光古佛在台湾的主要信徒和传播者,但由于闽西移民人数较少,在台北和彰化一带,随着闽西移民的闽南化和与闽南族群的互动,定光古佛成为跨族群的神灵。因此,在当前两岸和平发展的大环境下,弘扬定光古佛造福民众、融合族群、促进社会和谐的精神,对于推动定光古佛的交流互访、打造"海峡客家"品牌、建设八闽文化大省等方面具有十分重要的意义。

再论海峡西岸的"双神"景观

——从定光古佛与妈祖海神的传播说起

钟德彪[*]

【摘　要】　本文从介述武平县定光古佛在客家民间的巨大影响入手，并用比对的办法，论述了历史上定光古佛与妈祖海神社会传播的差异及其原因，指出在新时期弘扬定光古佛的根本方法，从而彰显定光古佛在龙台文化交流中的重要作用。

【关键词】　海峡西岸　双神

一　定光古佛活动的简要回顾和传播问题的提出

（一）定光古佛再次走进人们的视野

2007年3月，在龙岩市政协三届一次会议上，笔者向大会递交了一份《关于组织世界客属乡亲祭祀定光古佛大典的建议》，相关部门给予高度重视。事后，笔者直接向闽西客家联谊会会长曾耀东先生报告，对定光古佛的有关情况发表看法，得到曾会长的大力支持。

2008年春，闽西客家联谊会提出举办"定光古佛与客家民间信仰"学术研讨会，向海内外广泛征集论文。在筹划过程中，这一动议得到了市政协文史学习委的大力支持，文史学习委也成为主办单位之一。征集论文的邀请函一出，许多专家学者，特别是台湾的专家学者向研讨会提交论文。当年7月，研讨会在龙岩正式举行，来自海内外的客家学专家学者60多人

---

[*]　钟德彪，龙岩市闽西日报社主任编辑，龙岩市民间文艺家协会主席。

共襄盛举，对定光古佛的身世、弘法、影响、演变、迁台及对客家民系形成过程中所起到的信仰引导作用给予高度评价。会上，笔者提交了《海峡西岸的"双神"景观——从定光古佛与妈祖海神的比较说起》一文，对定光古佛与妈祖海神的共同特性和不同特点进行了探讨，认识到定光古佛在闽台客家文化交流中的重大作用，并列举了做大做强定光古佛品牌的许多措施，做大做强定光古佛品牌，"与妈祖海神一样，形成辉映在海峡西岸一山一水，一公一母的双神景观，保佑我们这片神奇而充满活力的土地"。

（二）定光古佛研究和活动的简要回顾

一方文化事业的兴盛，必然有一大批有志于文化事业研究、发展的专家学者共同推动。定光古佛的弘扬过程也是如此。改革开放以来，许多专家学者对宣传、推介定光古佛起到了巨大的引领作用。已故武平县著名客家学者王增能先生，1987年就发表了《谈定光古佛——兼谈何仙姑》论文[1]，在当时客家学界激起强烈反响；谢重光博士[2]、刘大可博士[3]、汪毅夫研究员[4]、杨彦杰研究员[5]、王东博士[6]、林善珂先生[7]、王永昌先生[8]、张佑周教授[9]、吴福文先生[10]等一大批学者为定光古佛的发掘、整理、宣传作出了巨大的贡献。笔者长期以来学习他们的著作，并且受益匪浅，在此谨向他们表示崇高敬意。

近年来，龙岩市、武平县均对定光古佛的宣传弘扬做了大量顺应民心的实事、好事，为闽台客家文化交流作出了贡献。如2010年9月11日，武平县在岩前镇举办台湾同胞为定光古佛进香活动，有来自台湾的信众153人参与，在社会上取得了良好的效果；2010年12月18~24日，武平

---

[1] 该文刊于《武平文史资料》第8辑，1987。
[2] 谢重光，武平县人，现为福建师范大学历史系博士生导师。
[3] 刘大可，武平县人，现为福建省委党校副校长。
[4] 汪毅夫，原籍台湾，曾任福建社会科学院研究员，现为全国人大常委。
[5] 杨彦杰，莆田市人，曾任福建社会科学院研究员，现为闽台缘博物馆馆长。
[6] 王东，安徽省人，现任华东师范大学历史系博士生导师。
[7] 林善珂，武平县人，现为武平县政协副主席。
[8] 王永昌，永定县人，曾任武平县政府副县长，现为龙岩市文联主席。
[9] 张佑周，永定县人，现为龙岩学院中文系教授。
[10] 吴福文，永定县人，现为龙岩市委宣传部副调研员。

县组织定光古佛金身到台湾举行巡游活动，满足了台湾信众的上香愿望，受到海峡两岸信众的高度评价；此外，武平县还着手对定光古佛圆寂的狮岩均庆寺周边环境进行改造，将其列入文化设施建设规划，拍摄数字电影《定光缘》。这些举措，无疑将对弘扬佛光起到积极的作用。

此外，清流县也着力打造定光古佛品牌，在灵台山上规划建设定光古佛纪念园，竖立高达40米的定光古佛铜像，受到世人瞩目。

（三）定光古佛传播问题的提出

纵观这几年各地对客家人的保护神定光古佛的研究、宣传、弘扬、推动，取得了许多喜人的成就。笔者重新检讨2008年提交的《海峡西岸的"双神"景观》一文，结合个人近年来对定光古佛的实地考证，觉得一些表述需要订正，一些新的想法需要补充，一些认识需要提高。如原文只注重定光古佛的历史流变的介述，缺少定光古佛在民间受到推崇的实证；只注重定光古佛与妈祖海神框架内的共同特性比较，如时代背景相同、籍贯相近、人格神、受到朝廷敕封、信众广泛等，而对于定光古佛的个性特征阐述不够，特别是没有很好地回答为什么元朝以后定光古佛再没有受到朝廷敕封的待遇，而妈祖却历宋、元、明、清历朝历代受到朝廷敕封；在传播定光古佛这一文化品牌的方法上，原文只注重宏观的概念描述，论述时流于简单，而没有注意到可能有更具体的操作方法，进而进入"速成"的轨道，扩大定光古佛在海峡两岸的影响。

本文旨在从定光古佛与妈祖海神传播途径的异同入手，侧重论述历史上定光古佛在客家民间社会的巨大影响，分析定光古佛历史上传播缺失的原因，指出全面提升、扩大定光古佛在海峡两岸影响的途径、方法。

二 定光古佛在客家民间社会的巨大影响

（一）定光古佛是客家人的保护神

形成于北宋初期的定光古佛，至今已有1000余年历史。定光古佛成为客家人的保护神，这是因为定光古佛弘扬佛法的时间正是客家民系在闽粤赣边逐渐形成民系标志特征的时候，在初来乍到的北方汉人与当地土著融合的过程中，定光古佛传说中的所作所为以及所崇尚的以"仁爱"为核心的理念在客家人中起着信仰引导作用。正如汪毅夫研究员考证，定光古佛的佛法主要涉及六个方面：祷雨救旱、驯服野兽、活泉止水、治河护航、赐嗣送子、避免战祸。这些功能似乎也顺应时代的变化而变化，有时甚至转移到保佑孩子考试高中、出外求财得手、出门打工顺利、出门开车平安等功能，一条条无比实用的佛法似乎都触手可及，最主要的就是祈求定光古佛能保佑五谷丰登、风调雨顺、家人平安、福寿康泰。习惯以实用标准取舍的客家民间或各种群体又重新成为传播定光古佛的使者。

以汀属八县为例，现在究竟存有多少定光古佛寺庙或金身？其实难有准确的统计。刘大可博士在其专著《传统的客家社会与文化》[①] 一书中，指出"从寺庙古迹看，闽西客家地区专门祭祀定光古佛或与定光古佛有关的庙宇、古迹十分众多，以方志为载体，辅以田野调查和其他文献材料，祭祀定光古佛有出处的庙宇就有50多处，而且这些庙宇主要集中在长汀、上杭、武平、永定4个客家县"。即便这样描述，我们还是无法对散布在闽西大地的定光古佛寺庙数量作出准确的判定。有些信众，每逢农历初一、十五都去寺庙进香、祈愿，但香进了，供品上了，最后竟不知道进香的主体是哪一方神明。从实证来看，可以肯定地回答，进香的主体基本上都是定光古佛。

真可谓，定光古佛在闽西客家地区无处不在。

（二）梅花山上的定光古佛崇拜

2010年4月25日，笔者受市林业局朋友相邀，登上地处梅花山腹地的闽西第三高峰——海拔1777米的油婆记。山脚下是上杭县步云乡桂和村，村场开阔，沃里平畴，溪水潺潺，几十棵高大的柳杉矗立在路口，浓荫蔽日，几十户人家就在小溪两岸燃起炊烟。在村口一侧的小溪上，有一座搭盖的风雨桥，名曰：永兴桥。永兴桥上，供奉一金身菩萨，从香灰的厚度看得出金身菩萨香火极旺。据当地人官元增介绍，这就是定光古佛。官元增说，定光古佛是当地百姓的保护神，关键时刻就能显灵。他还饶有兴趣地讲述了一个故事：前几年，某日晚，一农妇突然肚子痛，痛得实在

[①] 刘大可：《传统的客家社会与文化》，福建教育出版社，2005。

没办法，就说要到桥上定光古佛面前去烧香，请求古佛老爷指点迷津。因为这一农妇平时有到桥上烧香的习惯，因此连夜打着手电筒去桥上烧香。走近一看，不得了，定光古佛的金身不在了！农妇连忙回家告诉家里人，大家一凑合，认为金身一定是被小偷趁夜色劫走，就立马向当地派出所报案。派出所人员一听，认为事关重大，连夜在有关路口设伏，结果刚刚被小偷劫走的定光古佛金身被追了回来，被重新安放在桥上，重新受到信众的膜拜。这一故事传为美谈，说明定光古佛在关键时刻一定会显灵，让信众有心灵感应，不然的话，后果不堪设想。

（三）武平县下坝乡归庆庵内的定光古佛崇拜

2011年1月6日，笔者回到武平县下坝乡大田村采访，与大田村相邻约5里路的露冕村下露冕自然村村口，有一外表朴实，里面供奉定光古佛的寺庙，名曰：归庆庵①。据民间传说，归庆庵始建于明朝万历年间，至今有500多年。当年客家人初来乍到，生活比较贫穷，但又少不得心中的信仰，便"结草为庵"，专门供奉保护神——定光古佛。

为什么叫归庆庵呢？这里也有一个故事：据归庆庵负责人刘辉介绍，当年当地百姓每逢打醮，都要到岩前均庆寺去抬定光古佛神像。不料某一年，人们抬着岩前的古佛神像前来打醮，经过此地时突然轿杠折断——原来定光古佛看中此地不愿回去了，故人们将其称作归庆庵。

历史上，下坝大部属汀州府武所贤成隘管辖。据了解，下露冕这一地域曾为程姓人居处，他们让出居住地建庵堂，自己则迁移到邻近的程坑塘自然村去了。客家人对定光古佛的虔诚由此也可见一斑。归庆庵建成后，一直成为人文汇聚之地。据说，当年归庆庵正门曾贴这样一副对联：贤成是隘主小车灌大田上下三石园潭福圣地，露面佛道场六圳十七村下坝三塘和谐度安康。"三石"，指石营、石卦坑、石头塘3个村落；三塘，指龙牙塘、黄竹塘、磜头塘3个村落。此联既表达了全隘人希望得到定光古佛保护的心愿，又把贤成隘管辖的十七个村名尽数纳入，成为妙对奇联。

清康熙年间为归庆庵发展鼎盛时期。当时，庵里佛道共存，除正中供

---

① 参见钟德彪、钟茂富《归庆庵里定光佛 风雨沧桑五百年》，2011年1月22日《闽西日报》第3版。

奉定光古佛外，两旁尚有十八罗汉、二十四金刚，以及对客家人来说十分实用的"催生婆"。其实，民间通常认为，定光古佛表皮为佛，骨子为道，所以定光古佛下凡时，法师们常口含香烛，脚踏八卦，而且和观音等菩萨相比，显得比较威猛。每年农历正月二十、五月二十、十月二十，庵里都要举行得到皇帝赐名的"龙华会"。而且据说，历史以来会期必定天晴。归庆庵最多时有100多个和尚，吹打的乐器都是金鼓金喇叭。现庵里仅剩一名盲人女居士，她祖上三代合起来伺候菩萨已经80多年，舍不得离开。2011年，笔者再一次前往归庆庵，与这位盲人女居士交谈，但见她身体硬朗，声若洪钟，思维清晰，一点也不见糊涂、老态。

客家地区的定光古佛和天上圣母都有出庵打醮的习俗。又据龙岩市电子公司退休干部、老家在武平下坝大成村的刘维春对笔者口述：他小时候两次亲眼看过定光古佛打醮的情景，仪式十分隆重。打醮之时，先用檀香水给定光古佛神像沐浴，而后让其身穿白色内衣裤，套棉衣棉裤，再面衫面裤，外加四五件长袍，穿戴整齐后才由8位信徒抬着，观音菩萨在前引路，法师大声诵读《定光经》：定中能静安宁虑，光照乾坤万化机，古道至今传信命，佛恩浩荡大慈悲……按照民间约定俗成的规矩，周边的几个村，即露面村、福兴村、大田村、大成村、石营村轮流打醮，并把佛像依次从上一个村抬到下一个村，轮到的村落前一日晚上就必须派信徒去上一个打醮完的村接回定光古佛。去接的信徒还要吃斋。人们把神像抬至田间，先把金身用围栏围起来，请神明保佑，再表演"上刀山、下火海"等，场面浩大，参与者众。

（四）武平县永平乡中湍村的定光古佛崇拜

笔者于2010年11月20日（农历十月二十）前往武平县永平乡中湍村观摩"上刀山下火海"、"捞油锅"、"踩锥床"、"手掌放鞭炮"等民俗表演，看到田间搭起的简易"蒙古包"里供奉的也是定光古佛。据介绍，当日凌晨4时许，当地人就把镇守村口的安放在忠新馆神龛里的定光古佛金身抬出来，信众顶礼膜拜，以"跌靠子"的结果验正是否得到神明允许做佛事，再在田间挖穴以竖起"上刀山"的木杆，在木杆的每一个订入刀尖的刀口均画了符，据说，定光古佛会保佑上刀山的勇者平安攀爬。而这些"上刀山者"必须在表演之前3天就开始吃斋、戒房事，并住在村口的忠新馆里，祈求神明保佑。

"定有光辉争日月，古来佛法定乾坤。"像这样的民俗活动，闽西大地上还有很多。特别是近年来，随着人们生活水平的提高，各种沉寂多年的民俗文化事项也浮现出来，如上杭步云乡蛟潭村的"上刀山下火海"民俗表演，长汀汀州镇的"颠菩萨"习俗等，笔者虽没有实地考证，但估计也与祭祀定光古佛有关。由此看来，闽西的定光古佛信仰大有"养在深闺人未识"的味道。

三 定光古佛与妈祖海神传播途径的异同及其原因分析

笔者在《海峡西岸的"双神"景观》一文中曾经分析了定光古佛与妈祖海神传播途径的异同，指出定光古佛主要在客家地区镇守水口或村口，立寺庙以满足人们的信仰需求，成为山民的保护神；而妈祖海神主要随着对外经贸交流的扩大渐次传播到海外或以河流为主要交通方式的山区，以至于山区也有星罗棋布的妈祖庙、天后宫。

人们会问，为什么几乎同一时代产生的海神和山神，在漫长的历史长河中，其历史地位会形成一高一矮、一褒一抑的极不协调的文化景观？这里有什么深不可测的原因呢？一方水土养一方人。笔者以为，这要从宏观和微观的历史背景，辐射地域的差异，当地经济活动的规律，人们的信仰受不同时代所推崇的社会价值观的限制等几个层面来分而论述之。

（1）从中国历史的大背景看，宋朝是中国经济社会发展的一个高峰，也是客家民系在闽粤赣边聚居并不断形成民系特征的时期，到南宋时海洋经济特征开始呈现雏形，到明清之际海洋经济达到一个新的高度。

武平县于北宋淳化五年（994）建县，而定光古佛却在建县之前就在武平岩前均庆寺开设道场，传扬佛法，受到当地百姓的赞誉。在科学技术水平十分低下的环境中，初来乍到的客家人从心理上认同定光古佛仁爱为怀、惩恶扬善的语言行为范式，因此定光古佛得到广泛传播，并被视为客家人的保护神。随着南宋政权定都杭州，海洋经济特征开始出现，对外交流不断扩大，各种新生事物层出不穷，特别是慈航济世、保佑平安的妈祖海神的影响力渐渐深入到闽西山区，让永不守旧的客家人似乎找到了新的精神寄托，认为这方神明更直接地保佑民间风调雨顺、家庭平安，渐渐被客家民间所接受。明永乐年间，郑和率领庞大的船队七下西洋，带去中国出产的物产，换回外国的大宗商品，缔结友好邻邦，更使妈祖海神的魅力在浪高风急的航海中得以展现。清朝前期，郑成功收复台湾，为了控制沿海居民前往台湾，康熙年间出台"迁界"令，要求沿海居民往内地回迁50公里，"严禁闽粤人私自渡台"①，这非但没有阻止居民迁移台湾的脚步，相反更激起了人们对台湾的向往。康熙三十五年（1696）施琅去世，海禁逐渐松弛，清廷不得不下令"复界"，从此，大陆与台湾的联系更加密切，"乾隆时期，是大陆移民来台最盛的时期，也是客家人入台垦殖规模最大、移民人数最为集中的时期"②。在航行过程中妈祖的功力被复制到至高无上的地步。有史为证，从妈祖诞生的宋朝起，经元、明、清历代帝王的数十次褒封，如南宋王朝褒封妈祖尊号就达9次之多，封号有36个，妈祖从"夫人"、"天妃"、"天后"，直到"天上圣母"，字数达到64个，并列入国家祀典。而定光古佛的敕封基本上是在宋朝完成的，据史料记载，宋熙宁八年（1075），郡守许公尝表祷雨感应，诏敕号"定应"；宋崇宁三年（1104），郡守陈公粹复表真相荐生白毫，加号"定光圆应"；宋绍兴三年（1133），虔寇猖獗，虔化宰刘仅乞灵于师，师于县塔上放五色毫光，示现真相，贼遂溃，江西漕司以闻，绍兴二年嘉"普通"二字；宋乾道三年（1167），又嘉"慈济"，累封至八字大师；宋嘉熙四年（1240），州人列状于郡，乞申奏敕州后庵额，有旨敕额曰"定光院"，续又乞八字封号，内易一"圣"字，仍改敕"通圣"，遂称"定光圆应普慈通圣"大师。从中可以看出，妈祖在明、清以后不断得到朝廷敕封，而定光古佛在宋朝得到敕封后就没有再得到朝廷的敕封。

（2）从闽粤赣客家大本营看，以陆路为主体框架的自给自足的自然经济模式在南宋时开始被打破，历元、明、清三季，汀江河运十分发达，闽西的手工业得到发展，对外经济贸易业已形成。

千百年来，闽粤赣客家大本营地区的交通主要是山路，村寨之间、县域之间均靠一条条山路构连而成，货物、信息、人员往来，无不在路上。山高路险、水冷草莽、森林密布，面对恶劣的自然环境和人居环境，特别

---

① 参见钟德彪《闽西近代客家研究》，北京燕山出版社，2000，第54页。
② 参见王东《客家学导论》，上海人民出版社，1996，第196页。

是土著的强悍，客家人要扎下根来，不但要发展生产，解决温饱问题，还要与当地土著不断融合，求得社会环境的稳定和谐。这就从两个层面决定了人们对定光古佛的崇拜：一方面是生产发展过程中遇到了人力无法解释的自然现象时，他们的意念寄托在神灵的佑护，争取人佛通话，祈求佛主指明生活的未来；另一方面是人的精神世界，爱抱不平，惩恶扬善，悲悯众生的定光古佛，成为人们寻求判断是非标准的尺度，因此，定光古佛受到青睐。到了南宋，朝廷迁都杭州，在皇权方面加紧对南方沿海各省控制的同时，却又直接带动了这些地区的人口聚集和生产发展。以汀州府为例，汀州刺史宋慈疏浚汀江航道，接通韩江出海，汀州出产的大米、大豆、土纸等物品大量外运到沿海，运回人们需要的食盐，从此汀州府改食福盐为潮盐，即食盐不必通过陆路从福州等地运回，而是直接从潮州地区运回海盐。这种境况从南宋开始一直延续到元明清直至近代，通过水运卖出山货，换回更多的生活必需品，如布匹、丝绸、洋油、铁钉等等。在这样一种由陆路改海路为主要交通方式的转变中，人们出门在外，自然把更深情的目光转移到保护海运、河运、溪运平安归来为宗旨的妈祖娘娘身上，并不断传播其无边法力，日复一日，反而把身边的定光古佛最原始的保护功能放在了一边。

（3）妈祖和定光古佛都是推崇以"仁爱"为核心的人格神，注重实用主义的客家民间信仰呈现多神崇拜的格局，"诸神合署办公"的现象一旦存在，客家人的心理定势便强化了对妈祖"慈悲"一面的敬仰，而忽略了对定光古佛不拘一格"坚挺"一面的崇敬。

人们认为人格神的事迹指真人真事，而不是虚有托附。既是真实的，便通过口耳相传弘扬神的魔力。客家民系在闽粤赣边形成后，一方面怀揣中原文化"仁爱"的核心理念的不灭圣火，另一方面又面临艰难复杂的自然环境，因此把更多的精神世界寄托在神明引导的慈悲的理念上面。树木山石、雷公电母、太阳月亮都可能成为他们膜拜的偶像，祈求这些自然景物能够给人间带来平安；佛教、道教、儒教，尽管他们的功能天差地别，但可以放在一起合署办公，一起膜拜；刘邦、韩信、项羽、刘备、关公、张飞、王审知等有功名的历史人物或忠义之士，这些人物有时还可能是对手，但客家人仍然把他们放在一起接受香火的祭拜；正是这种以实用主义为出发点和落脚点的心理定势使客家地区形成了多神崇拜的景观。定光古佛和妈祖信仰一样,有时民间也把他们放在一起祭拜,有时则单独建专供定光古佛的庙宇,有时又单独建专供妈祖的妈祖庙、天后宫。妈祖以慈航济世为怀,并不断受到朝廷的褒封,影响不断扩大,渐渐地,人们不自觉地加入到传播妈祖神力无边的功用的洪流中,却把与客家民系一同成长的定光古佛"晾"在一边,还因为定光古佛弘法的过程有戏谑诙谐、插科打诨的成分,在心理上自觉或不自觉地产生抵制的情绪,以至于定光古佛在邪恶势力面前敢于"坚挺"的功能逐渐褪去亮丽的色彩,更多地被妈祖"慈悲"的实际效用所充满。

(4)客观上随着陆路交通的发达和水路的阻隔,精神层面上随着多元文化格局的形成和以实用实惠为核心价值观的取向,使定光古佛重拾广泛信众且与妈祖海神在海峡西岸争辉成为可能或必然。

改革开放以来,闽粤赣客家大本营地区的经济、社会得到了空前的发展,特别是基础设施的改善,大大加强了客家社会之间的人员往来和信息沟通,国道、高速公路、铁路、高速铁路使客家地区八面来风,村村通公路终结了千百年来客家村落之间依靠肩挑手提的苦难历程;同时,客家地区纵横密布的网状河道被开发成一级一级的水电站,充沛的水能被有效利用,可是历史上客家人赖以生存发展的航运河道戛然而止。从实用功能看,妈祖信仰的心理定势开始有所动摇,相反,定光古佛信仰的心理定势开始被激发出来。我们所处的时代是一个多元文化并存的时代,人们的信仰更加自由、开放,这又从客观上提供了定光古佛信仰更大的空间。如前所述,定光古佛有六个方面的功用,以至于推崇实用主义的客家人每逢行事时也愿意把心理定势寄托在可以直接佑护人们平安、吉祥的心灵感应上。路上人多,车辆安全最重要,人们祈求定光古佛保佑一路顺风,别惹事;全球气候变暖,农田干旱事常有,人们祈求定光古佛神力无边,及时降雨,保佑五谷丰登,多打粮;现在处于社会转型时期,各种社会矛盾非常尖锐,入学贵、看病贵、买房贵,平常人家折腾不起,人们祈求定光古佛保佑一家老小平平安安;我们所处的时代将在相当长的一段时间内步入"银发"社会,计划生育政策的推行意味着独生子女将承担更多赡养老人的责任,因此人们祈求定光古佛保佑家人健康长寿;现在就业压力大,特别是孩子不能输在起跑线上,因此人们祈求定光古佛保佑孩童学习进步,考入重点学校,希望有个好的前程;现在由于不同程度的生态破坏,各种食品使用添加剂的事司空见惯,人的生育能力也有潜在的威胁,因此人们祈求能生育,最好能生一个男丁;如此等等。定光古佛在实用主义的理念包围中,成为无所不能、无所不通的至高神明。

定光古佛的根在武平,清康熙年间迁入台湾,信士日众。特别是台湾经济社会近代以来的几次更迭,多元文化并存,信仰更加自由,定光古佛信仰在客家社区有了更多的拓展空间。

四 不断扩大定光古佛在海峡两岸的影响

随着海峡两岸和平发展这一崇高理念的不断深入人心,定光古佛的传播也更加广泛,在全面提升龙台经贸文化合作交流方面有着重要的战略意义。对于闽西,尤其是武平县应当承担更多弘扬、推广的社会责任,具体的传播层面如——

(一) 举行定光古佛学术研讨会

发挥专家学者作用,开展广泛的田野调查,取得扎实的资料,调动民间热心人士积极性,全面摸清客家社区定光古佛寺庙宫观的数量;特别是要摸清在武平范围内的定光古佛寺庙宫观数量,开展全社会调查,做到心中有数。在这个基础上,廓清历史疑点,提升定光古佛在民间信仰中的作用。

(二) 由武平发起成立海峡两岸定光古佛联谊会

聘请海峡两岸德高望重的人士担任顾问,海内外所有定光古佛寺庙宫观均作为理事单位,秘书处或总部设在武平岩前均庆寺。联谊会属于民间组织,制订自律章程,每年举行一次理事会,每年组织一次以上海峡两岸信士祭祀定光古佛活动,并实现祭祀定光古佛活动常态化。各级统战部门应加强对联谊会活动的指导,及时跟踪,正确引导,明确任务。

(三) 争取举办定光古佛艺术节

由海峡两岸定光古佛联谊会发起,各级民间艺术家协会加盟,争取每三年在武平举办一次定光古佛艺术节,不但开展祭祀活动,所有与定光古佛有关的民俗活动也进行表演。鼓励民间开展定光古佛打醮活动，在条件允许的情况下，组织两岸信众前往观摩。这些民俗活动，既表达对定光古佛的膜拜之情，也成为传承民间艺术的最佳途径，客观上起到保护、弘扬民间艺术这一非物质文化遗产的效果。

（四）申报定光古佛祭祀活动为国家级非物质文化遗产

严格按照国家规定的申报程序，先由县里申报定光古佛祭祀活动为省级非物质文化遗产，再由省"申遗办"向国家"申遗办"申报国家级非物质文化遗产。组织专门班子，确定申报目标，列出申报时序，注重文本资料的搜集整理。在此基础上，扩大影响，十年磨一剑，向联合国教科文组织提出申报定光古佛信仰列入世界文化遗产请求，争取一次申报成功。

（五）对客家社区的定光古佛寺庙宫观进行维修

由于许多定光古佛寺庙均已年久失修，屋顶漏雨、墙壁破败、梁窗腐朽、道路泥泞等普遍存在。在调查摸清底数的同时，政府有关部门要积极支持通往定光古佛寺庙宫观道路等基础设施建设。各寺庙宫观也要自发成立修缮理事会，发动民间热心人士和信士捐款，使这些破败的寺庙宫观焕然一新。这方面，武平县应主动采取行动，争取突破。

（六）加大对"定光"品牌的推介力度

既然定光古佛是武平的文化品牌，又是客家文化的品牌，就有必要首先在武平加大"定光"品牌的推介力度。只有武平推介的个性品牌更响亮，更深入人心，客家文化的大品牌才能传之久远，才能更加丰博。对此，武平县要加强规划，开发一系列切合时代主题且群众喜闻乐见的"定光"品牌。就"定光"这两个字格来看，不但简洁、温馨、响亮，时空跨度大，而且蕴含着不灭的信念、崇高的目标、矢志的追求、美好的希望，相信民间会乐意接受这一吉祥字眼。把武平县城到岩前镇的国道改称"定光道"，把武平县城到岩前的高速公路改称"定光路"，把武平县城的东大街改称"定光街"，把武平县城的商品街改称"定光巷"，平川大桥改称"定光大桥"，把武平县开发的梁峰酒改称"定光酒"，把武平县出产的绿茶、灵芝、金线莲等土特产改称"定光茶"、"定光灵芝"、"定光金线莲",也可以把整个产品系列申请注册商标,统一打包为"定光牌武平系列产品",有关学校改称"定光中学"、"定光小学"、"定光幼儿园",有些小区改称"定光小区",有些楼盘改称"定光楼盘",有些休闲绿地改称"定光绿地",等等。总之,"定光"在武平无时不在,无处不在,一夜之间,铺天盖地,奔向人们的视线。

永定客家移民与台湾定光佛信仰

苏志强*

【摘 要】 闽西是定光佛的发源地,永定客家人的定光佛信仰非常普遍。明末清初以后,永定客家人大量迁徙台湾,同时把定光佛信仰带到台湾。台湾仅有的两座定光佛庙都是永定人创建的,这对定光佛信仰在台湾的传播发挥了重要作用。

【关键词】 永定移民 台湾定光佛

定光佛是闽西及其周边地区历史悠久的民间信仰。《临汀志·仙佛》中对定光佛有极为详细的记载。定光佛俗姓郑,法名自严,泉州同安县人。祖仕唐,为四门斩斫使。父任同安县令。自严生于后唐闽王鳞龙启二年(934)。生而异禀,幼负奇识。自严年十一,恳求出家,依本郡建兴寺契缘法师席下。年十七,得业游豫章(今江西南昌)、过庐陵,契悟于西峰圆净大师,由此夙慧顿发,遂证神足,盘旋五载。宋太祖乾德二年(964),自严法师来到武平南岩驻锡,修炼传道。景德初(1004),自严法师应邀到江西南康盘古山寺院住持,三年后返回武平南岩。宋真宗大中祥符四年(1011),郡守赵遂良闻师名,延入郡斋,结庵州后,以便往来话次。八年正月六日申时,自严法师终于旧岩,春秋八十有二,僧腊六十有五。

自严法师在世时,有神异法力,为百姓做了许多好事,百姓亲近他;逝后,塑成真像,奉为神明,祷应如响。因而,自严法师受到朝廷的不断诏赐加号:宋熙宁八年(1075),诏赐号"定应";崇宁三年(1104),加号"定光圆应";绍兴三年(1133),嘉"普通"二字;乾道三年(1167)

---

* 苏志强,《永定乡讯》主编。

又嘉"慈济"，累封至八字大师。嘉熙四年（1240），有旨赐州后庵额"定光院"，改赐"通圣"为"定光圆应普慈通圣"大师。

自严法师不但得到朝廷的加封，还得到文人学士的赞扬。定光佛的影响越来越大，成为当地及周边民众的保护神。

一　永定的定光佛信仰

永定县是汀州所辖的八县之一，从上杭县析出，建于明成化十四年（1478），是一个客家县份。永定客家人对定光佛的信仰十分普遍，供奉定光佛的寺庙不少，如坎市上老庵、抚溪圆山石佛祖庵、骝龙坑卓坑庵、大路下石佛庵、仙师永丰庵等。历史上，供奉定光佛比较著名的寺庙有金砂的金谷寺和抚市的万寿寺。

金砂金谷寺建于宋朝景定年间（1260~1264）。金谷寺坐西北向东南，主体面宽五间，前后殿均为三间，两殿的左右各有一间厢房。前殿为接待香客之所。后殿中间主祀定光古佛，左间为文殊菩萨，右间为普贤菩萨。后殿前走廊两端有门通横屋。前后殿之间的天井两边为侧厅，左厅供奉观音菩萨，右厅供奉地藏王菩萨。寺庙前面有禾坪，禾坪外沿以围墙围出一个院落，围墙的东头建一寺门。主体两边横屋为厢房，左横屋前门开在寺门外，右横屋前门向着禾坪。围墙前面是一个半月形的放生池，可惜前两年被填平用来植树了。金谷寺内有一块清雍正三年立的"长明灯会"碑，刻着："自明成化庚子开永邑，即有八寺十三庵之设，金砂金谷寺居其一也。"清嘉庆以后，每年农历十月初一举行"金灯胜会"，其"抱佛子"活动让已婚妇女趋之若鹜。附近的村庄举行赛会，常到金谷寺恭迎定光佛金身出巡。金谷寺是永定著名的佛寺之一。昔日，四方信众前来拜敬古佛、祈求平安者络绎不绝。每年正月初六，都要举行定光佛诞辰及升化祭祀活动，十分隆重，金砂各村的百姓，家家户户都备香烛果蔬等到金谷寺祭拜，以求神明赐福。

抚市万寿寺，建于明弘治十六年（1503）。建寺之所因地属公埔，乡人利其吉，欲谋为己有。抚溪（即今抚市）乡庠生巫四九郎恐起争端，倡议建寺，为合乡祝釐之所，人心帖然。以后黄任亨、黄献龙等捐田亩充作寺产。在抚溪万寿寺内，神农、定光、伏虎三尊古佛共奉于一神龛内。这非常明显地体现出农业社会民间信仰的特征：民众最希望风调雨顺、庄稼丰收、岁时平安，神农是五谷神，自然受到膜拜；而定光佛能"驱使草木，教诲蛇虎，愁霖出日，枯旱下雨"，也是生产力低下时人们所企盼的——依靠神的力量禳灾降福。因此，抚溪的民众对神农、定光、伏虎三尊古佛敬拜十分虔诚。自明嘉靖以后，每年农历四月初十，抚溪全乡八大坊——怀光、南阳、仁里、中寨、里龙、池坑、寨前、水尾的民众，都要恭迎这三尊古佛到各坊，接受礼拜。一路上，迎神的队伍浩浩荡荡，高灯、彩旗、喇叭、锣鼓等仪仗队伍由高僧引导，甚为庄严。每坊都事先搭好供佛的供台，摆上供品，恭迎古佛。这是抚溪乡远近闻名的"四月扛菩萨"。这习俗一直延续到抗战之前。

二　永定客家人大量迁移台湾

据1943年出版的《永定县志·氏族志》记载，永定有74个姓氏。1992年7月，台北永定同乡会整理的《永定县在台同乡通讯录》上的姓氏，有49姓，占民国时期永定姓氏的2/3，这些姓氏分布在台湾基隆、桃园、苗栗、台中、南投、宜兰、新竹、高雄、屏东、花莲、台南、嘉义等地，足见永定客家人迁台之普遍。

从现有的族谱资料查考，永定客家人迁徙台湾的时间，大致可分为三个时期。

1. 明末清初郑成功收复台湾时期。族谱中清楚地记载着世系名字的迁台者，最早可以追溯到明末清初。高头乡高东村江荣光先生保存着一本大约修于清朝乾隆年间的《高东江氏族谱》。这本族谱有"18世秋贵、阿龙往东都①"、"19世魁妹二子去东都"的记载。把去台湾记作"往东都"，这说明台湾郑氏政权时期，就有人往来于台湾，才有"东都"之说。民国版《永定县志》记载，清顺治六年（1649），金丰里古竹人苏荣，自称"招讨大将军"，号召乡兵反清复明，与海上郑成功相声援。《大埔新志》载："江龙于明永历三年（即顺治六年），据埔城率师攻永定，未下。八

---

① 东都，指台湾。1661年6月，郑成功在台湾建立政权，以赤嵌为"东都明京"。——引者注

年,郑成功遣陈六御、江龙等援揭阳,战殁于乌石楼。时江龙为郑成功之镇将……"这些资料说明,当时在永定、大埔一带存在反清复明的力量,且与郑成功有联系,因此,有不少人随郑成功的部队入台。郑成功还积极鼓励沿海人民移居台湾,针对清朝"五省迁界"暴政,他"驰令各处,收沿海残民"①,因而"闽浙居民附舟师来归,烟火相接"②。清朝政府的迁界政策,反而使沿海居民纷纷冒险渡台。永定与漳州南靖接壤,高头、古竹、湖坑与南靖的书洋、梅林仅一山之隔,且素有往来,这期间受郑成功的影响,高头、古竹、湖坑等地的客家人经南靖的书洋、船场、南坑,过山城、漳州,至龙海、厦门乘船出海渡台者甚众。流传在金丰一带的一首民歌《十寻亲夫去台湾》③可以为证。

2. 清朝政府开放海禁以后至清末。雍正三年(1725),福建秋季遭遇大灾,四年春,青黄不接时,建宁、汀州、上杭等地都出现抢米、冲击衙门、罢市等严重事件。闽浙总督高其倬上奏,认为福建地窄人稠,百姓无田可耕,以致很多人成为盗贼,要想弥盗,最好为他们筹划谋生之路。开海禁,允许人们出海贸易,不失为缓解社会矛盾的一个方法。同年,福建巡抚毛文铨也上奏,建议开放海禁。在沿海官员的一再请求和沿海各地民变动乱的形势下,雍正帝经过反复权衡,于雍正六年十月,正式同意开放海禁。福建第一个取消了禁令,允许人们出海贸易。雍正末年台湾知府《条陈台湾事宜状》载:"漳泉内地无籍之民,无可耕之田,无可佣之工,无可觅之食;一到台地,上可致富,下可温饱,一切农工商贾,以至百艺之末,计工授值,比之内地,率皆倍蓰。"④因此,漳泉沿海渡台的人最多。这时,永定东南部接近漳州的金丰一带便有许多人迁徙台湾。如下洋中川的胡焯猷于雍正十一年迁台湾淡水新庄山脚定居,后来,他还回乡招募人员前往开垦。高头江姓,古竹苏姓、吕姓、魏姓,湖坑李姓、余姓、大溪游姓、巫姓,奥杳李姓、吴姓、黄姓,下洋胡姓、吴姓、曾姓、廖姓、岐岭陈姓等陆续有人迁往台湾谋生。如高头江姓17~22世(大约在明末至清乾隆初年)去台湾谋生的人,在族谱上有记载的就有460多人。一

---

① (清)江日升:《台湾外纪》卷2。
② 查佐继:《东山国语·台湾厉语》。
③ 《十寻亲夫去台湾》,《永定文史资料》第27辑。
④ 《台湾省通志稿》。

家兄弟三四人、五六人全部去台的很多，还有父子同去的，祖孙同去的；父亲去世，母亲携子去台的；年轻人去台娶妻的。有的房族大部分人迁台，如高东继富的后代，文渊派下孟策的后代，高南思峰派下心纯的后代，便大部分迁居台湾了。早期去台湾的人，还有很多在族谱中没有记录。尤其是一个房族大部分人去台湾了，本地族谱中的记录就更不齐全。可以断定，22世以前去台湾的实际人数远不止460人，《高东江氏族谱》记载："伯祖太东峰公裔孙、裔侄孙居台不下千家"，足资证明。

3. 1945年台湾光复以后。1945年8月，日本投降，台湾光复。旅居福州、厦门、汕头等地的永定人有的随国民政府赴台接收，有的投亲靠友赴台谋生。1949年，国民党退到台湾，永定也有不少人跟随去台湾；胡琏兵团经过永定，有一批人随胡琏兵团入台。20世纪60~70年代，受东南亚一些国家排华政策的影响，有许多永定籍华侨回到台湾定居。

永定客家人迁台的时间比较早，而且在闽西各县中迁台的人数最多。在《寻根揽胜闽西缘》一书中，对闽西各县早期（雍正、乾隆年间）迁台姓氏和人数作过统计，共列出42个姓氏，其中永定县有25姓176人，分别占59.5%和56.2%。迁台的姓氏和人数如下表①：

市县	龙岩	漳平	永定	上杭	武平	连城	长汀	汀州	合计
姓氏	9	4	25	13	10	2	4	11	78
人数	18	16	176	52	24	4	4	19	313

自郑成功收复台湾后，永定不断有人前往台湾，许多姓氏在台湾发展成为望族。尤其是明末清初早期渡台的永定客家人，对于台湾的开垦付出了艰辛的汗水。永定客家人是台湾早期的开发者之一。

三 定光佛信仰在台湾

民间信仰是根深蒂固的。社会、人生有许多不可预测的祸福，加深了人们对神灵的敬畏和信赖。人们希望得到神灵的庇佑，特别是在远离故土、远离亲人的时候，有神灵相伴，便会增加勇气和信心。因而，永定人

---

① 摘自《寻根揽胜闽西缘》。

去台湾，把原乡的信仰也带到了台湾。如清乾隆二十五年（1760），高头南山的江由兴举家渡台，到三芝乡新庄村圆窗定居。他去台时，分灵高头民主公王随行护佑，一路平安。次年，他便在新庄村大屯山北麓仿高头民主公王庙建了一座庙，奉祀分灵去台的民主公王，坐镇水口。又如清嘉庆九年（1804），下洋太平村的曾愧三赴台时，将下洋乐真寺的荫林二祖师雕像带往台湾，初则安奉在鹿谷山凤凰寺，后因迁居南投县中寮乡中寮村，又将荫林二祖师雕像安奉于中寮村长安寺。

然而，对客家人最有影响力的是定光古佛。2002年1月7日，武平岩前均庆寺旁出土了一块石碑，石碑两面分别刻"募叩台湾乐助碑记"和"台湾府善信乐助建造佛楼重装佛菩萨碑"，共刻有700余名台湾信众的姓名和捐献银两。碑的落款为："大清雍正十一年岁次癸丑孟春月三房主持僧盛山、得济、远铎各捐金拾两往台释子宏滋得升吉旦立。"这说明早在雍正年间定光佛的信仰就已传到台湾，而且影响颇广，众多的捐银者便是证明。随后，台湾便建庙奉祀定光佛了。台湾的定光佛寺庙只有两座——彰化定光佛庙和淡水鄞山寺。特别要说明的是，这两座定光佛庙都是永定客家人创建的。

彰化定光佛庙

彰化定光佛庙是台湾的第一座定光佛庙，原名"定光庵"，由永定县士民及北路总兵张世英等倡建。道光版《彰化县志》记载："定光佛庙在县治西北，乾隆二十六年（1761年）永定县士民鸠金公建。"张世英是永定人，或许他十分熟悉供奉定光佛的金砂金谷寺，于是依照金谷寺的式样建起了彰化定光庵。

台湾林瑶琪先生《汀州客团结的象征》一文介绍，彰化定光佛庙目前登记有案的信徒103人，他们的祖籍几乎都在永定。一般的庙宇盖在山区或郊区，而定光庵盖在县城彰化，因为当年创庵的动机是建一个会馆，所以建在市中心。实际上定光庵最初起着会馆的作用，又名"汀州会馆"。当年，刚到台湾的汀州人，大部分是永定人，都暂时住在这个会馆，直到能够自力谋生，才离开会馆。住在会馆时，食宿完全由会馆免费提供。

汀州客家人在唐山过台湾的移民潮中，人数较少。正是由于人数少，他们要在台湾立足困难更多，初来乍到一个全新的环境，要生存发展，不仅要艰苦创业，还会与周边的族群发生摩擦和斗争。会馆发挥了照顾乡亲、互相济助、凝聚感情等作用。会馆同时又是定光庵，有定光佛保佑，来到这里的每一个人，精神上得到慰藉，有一个信仰支撑。这样，会馆对汀州客家人发挥了双重作用，既有物质上的互相帮助，又在精神上得到鼓励——定光佛会保佑他们在台湾能平安顺利，增加了他们开拓新的生活空间的勇气和信心。

另外，定光庵兼作汀州会馆，也有增强与展示族群力量的考量。刚到台湾的乡亲，自然要到汀州会馆落脚，连汀州籍的朝廷官员也不例外。巫宜福、巫宜禊兄弟都是进士，曾于道光五年（1825）及道光十五年两次赴台，礼谒定光古佛，在彰化定光庵及淡水鄞山寺均留有墨宝。一是道光五年谒彰化定光庵题写的对联："活百万生灵，迹托鄞江留一梦；观三千世界，汗挥线地有全人。"二是为彰化定光庵题写匾额"智通无碍"。当然，这些对联、匾额是会馆的荣耀，也未尝不是吓阻"小鬼"的"符咒"。

定光庵曾于道光十年由贡生吕彰定倡议重修。道光二十八年彰化发生大地震，原建筑受到损坏，后由信徒张连喜等人重新修建，改名为"定光佛庙"。至日据时期，因市区改造，拓宽今光复路，三川殿遭拆除，目前仅存正殿建筑。正殿定光古佛像为软身造型，即神像的手脚可灵活伸展，定光佛身穿袈裟，表情威严。现在，会馆的功能已不复存在，而佛庙香火十分旺盛。定光佛庙内保存相当丰硕的古匾。1985年被定为台湾地区三级古迹。

2010年3月22日，由台湾财团法人"海峡两岸合作发展基金会"理事长张世良先生率领的彰化定光佛宗教文化参访团一行23人来到永定县参观访问，并前往金砂乡金谷寺进香敬拜定光古佛。同时，金谷寺与彰化定光佛庙签订了缔结友好关系协议书。

淡水鄞山寺

淡水鄞山寺是台湾保存最为完好的定光古佛庙。《淡水厅志》古迹考附寺观条记载："鄞山寺在沪尾山顶，道光二年汀州人张鸣岗等捐建，罗可斌施田，咸丰八年重修。"从鄞山寺保存的楹联、匾额和题签来看，当年创建鄞山寺主要是永定人。兹录数则楹联、匾额和题签于后。

三川中门对联"定之方中古貌古心留胜迹；光被四表佛缘佛法布鸿

庥"，落款是"道光三年吉旦，龙冈①沐恩弟子江东清敬书"。

三川封柱对联"座镇屯山思法济；门迎海岛挹恩波"，落款为"道光三年秋月吉旦，永邑弟子孔鳞甲、孔求恭、张王铣、孔红日仝敬奉"。

三川后点金柱题写"道光三年秋月吉旦，永邑弟子胡鼎昌、耀宗敬奉"；"道光三年秋月吉旦，永邑弟子胡元良敬奉"；"道光三年吉旦，永邑弟子江庆兆、朝辉、才芳、崇兴、文章、李崇文、荣显、荣波、威扬、标扬仝敬奉"。

右门对联"屯山虎踞无双地；沧海龙蟠不二门"，落款是"道光四年夏月榖旦，永邑苏才孙、天孙仝敬奉；永邑苏亮亭敬奉"。

左门对联"官渡潮来皆法水；炮台日射尽恩光"，落款是"道光四年荔月吉旦，永邑苏姓弟子仝敬奉"。

正殿内对联"捍患御灾功昭宋代；庇民护国法显皇朝"，落款是"道光肆年仲春吉旦，总理张鸣岗敬奉"。

正殿神龛上方匾额"是登彼岸"，落款为"道光肆年甲申岁仲秋榖旦，赐进士出身翰林院编修国史馆协修永定巫宜福偕弟赐进士出身礼部主事前翰林院庶吉士巫宜禊盥手敬书"。

另有两副对联："功昭宋代巍巍庙貌尊千古；泽及盛朝灿灿金身显八荒"，落款是"道光三年癸未岁吉旦，永邑弟子江恩长敬奉"；"宋代丰功传北阙；清时胜迹建东宁"，落款是"道光三年癸未岁吉旦，永邑弟子江承喜、高长、承长、暨文敬奉"。

上文两副对联、题签的落款上都标明"永邑"，可见，鄞山寺的创建者主要是永定人。而鄞山寺建造的负责人是"总理张鸣岗"。

鄞山寺建筑格局，中轴主体包括三川殿、二廊及正殿，为"两殿两廊两护室"式建筑，前殿和正殿之间天井左右各有走廊连接。左右护龙面宽各两间。正殿正中供奉定光古佛，左右两边分别祀奉观音和土地神。正殿前廊左右还有过廊与护室相通。庙前有大禾坪，禾坪前有一个半月池。这种建筑格局与永定金砂金谷寺极为相似。

1985年，鄞山寺被列为台湾地区二级古迹。

兴建鄞山寺，有两个永定人起了关键作用。一个是总理张鸣岗，另一

---

① 龙冈为永定县城别称。——引者注

个是罗可斌。张鸣岗不仅主持创建鄞山寺,道光二十三年重修,也是他主持。鄞山寺内有一张供桌,上书"道光二十三年重修葭月吉旦,永邑弟子大学生张英才仝男鸣岗敬奉"。道光七年至九年间,张鸣岗为淡水厅筑城题捐城工银一百两,还受到了清政府的表彰。可见,张鸣岗在当时是有一定的财力和社会地位,在淡水地区颇有影响力的人物。

罗可斌是永定金砂人。他为建造鄞山寺捐献埔地,因此很受崇敬。罗可斌及其弟弟罗可荣的坟墓就坐落在鄞山寺的左侧,后来因兴建商业大楼,才把它迁到鄞山寺右边,另建了一座罗公亭,亭内立墓碑,墓碑上刻"甲山,汀州永定金砂可斌、可荣罗公墓,道光壬辰桐月吉旦重修,汀郡众姓仝立"。张姓是金砂的大姓,张鸣岗与罗可斌两人是同乡也有可能,旅居他乡,同乡共同谋事,这是常情。

《台湾客家保护神是同安人》一文载:"笔者参访的台北县淡水镇鄞山寺……其寺名源自汀州永定县鄞山寺,并从该寺奉迎定光佛像崇祀,所以神像相貌、祭祀风俗与故乡相同。"① 还有学者认为鄞山寺是"从大陆运来建筑材料建起寺庙,并从永定鄞山寺迎来本尊,是为淡水鄞山寺"②。不过,"永定鄞山寺"在何处,目前尚未发现,有待进一步查考。

除了张鸣岗和罗可斌之外,当时参加捐资建庙的还有许多永定移民。在有名字可查的 32 个捐献者中,至少有 28 个是永定客家人,其中江姓 11 人,李姓 5 人,苏、胡、孔三姓各 3 人,张姓 2 人,罗姓 1 人。他们都明记祖籍"永邑"③。

清朝道光年间,汀州客家移民渐多,在沪尾港登岸后,他们会先在鄞山寺落脚。为了接待同乡后进,鄞山寺左右建厢房,供刚抵台的原乡游子暂时歇息,也有照顾乡亲之意,更有旅馆的实质功能。鄞山寺成为汀州会馆,是一种同乡会团体。汀州移民在淡水落脚开垦,然后逐渐向大台北地区分布。鄞江寺成为汀州移民的一个落脚点和祀奉神明的场所,是汀州移民的中转站。

---

① 彭一万:《台湾客家保护神是同安人》,厦门网 www.xmnn.cn,2010 年 7 月 11 日。
② 黄马金:《闽西客家定光古佛的普遍信仰及传播台湾的探究》,《定光古佛与客家民间信仰》,2008。
③ 参见杨彦杰《淡水鄞山寺与台湾的汀州客家移民》,《福建省社会主义学院学报》2001 年第 3 期。

四　结束语

　　人群流动迁徙，民间信仰也会同时跟随迁徙的脚步来到新的地方。永定客家人渡台后，发扬客家人吃苦耐劳、团结进取的传统，开拓创业，注重教化，把原乡的客家文化习俗也带到台湾。特别是定光佛信仰在台湾传播，永定客家人作出了重大贡献，台湾仅有的两座定光佛庙都是永定客家人创建的。这两座定光佛庙同时具有会馆功能，都曾以"汀州会馆"命名，这为当年汀州客家人在台湾落地生根，起了极其重要的作用。正是这种佛寺与会馆的结合形式，在物质和精神方面为刚到台湾的汀州客家人以资助和鼓励，起到凝聚人心、团结族群的作用，也使定光佛信仰在台湾得以弘扬。

定光古佛生平考

钟茂富[*]

【摘　要】　综合定光古佛生平在志书上的记载，并结合田野调查，对定光古佛年谱及主要神异事迹进行勾勒，为整理、研究定光古佛信仰，架起闽台文化交流的桥梁，做好海西"佛缘"文章作一些参考。

【关键词】　定光古佛　生平事迹

一　问题的提出：后学对定光古佛生平多语焉不详

定光古佛是历史上唯一被朝廷正式敕封为"定光佛转世"的高僧。

其生活年代，正是中原大地遭遇五代十国乱世涤荡之后，大量士族为避战火不断南迁，逐渐汇集闽粤赣交界的闽西、赣南、粤东北地区，而后逐步形成客家民系的北宋初期。

对于刚刚落户的新移民来说，初来乍到这四野苍茫的瘴疠之地，其开基落户、引水辟田、除桩导航，以及战胜以虎蛇为代表的恶劣自然环境，为第一要务。而定光古佛作为一个执著的弘法者，于而立之年来到这块蒙昧的土地上发下"普度众生"的誓愿，直至年逾八十仍为脚下这片土地的安宁而风尘仆仆。他身穿白衣、神情忧郁、云游四方、惩恶劝善、除蛟伏虎、造福百姓，而后又由于宋代崇佛的时代背景推动，客家地区逐渐形成了影响深远的定光佛信仰。

然而由于时光流转，记载讹误，后世对其生平多语焉不详，以讹传讹；至于民间则"有神则拜"，多口口相传其惩恶扬善等故事，至于定光

---

[*]　钟茂富，现任中共武平县委报道组组长，福建省作家协会会员。

古佛生平，几为世人所忽略。

谨此笔者认为，作为一个研究定光古佛的学者，厘清其身世，还原一个真实的定光古佛，为探究之第一要义，这为整理、研究定光古佛信仰，架起闽台文化的交流桥梁，做好海西"佛缘"文章具有基础性意义。今笔者不胜忐忑，多方考据，综合定光古佛生平零星记载，并结合田野调查尝试成文，意在抛砖引玉，请教大家。

二 文献可以确认的定光古佛生平的几个节点

（一）早期文献皆载：定光古佛卒于大中祥符八年，享年八十二

1. 学界一般认为，现存最早有关记载闽西定光古佛生平的文献，是南宋文人周必大（1126～1204）的《新创定光庵记》：定光，泉州人，姓郑名自严。乾德二年，驻锡武平南安岩。淳化二年，别立草庵居之。景德初，迁南康郡盘古山。祥符四年，汀守赵遂良即州宅创后庵延师。至八年终于旧岩。[①]

周必大对定光古佛生平的描述虽然简略，但寥寥数笔，却清晰地勾画出定光古佛生平的基本轮廓，没有任何神话色彩，成为后世志书撰写定光古佛传记的蓝本。由于古代同安县属泉州府管辖，故文中说定光古佛为"泉州人"。

2. 成书于南宋开庆元年（1259），为福建仅存三部宋修方志之一的胡太初修、赵与沐纂的《临汀志》载："敕赐定光圆应普慈通圣大师，郑姓，法名自严，泉州同安县人。祖仕唐，为四门斩斫使。父任同安令。年十一，恳求出家，依本郡建兴寺契缘法师席下。年十七，得业游豫章、过庐陵，契悟于西峰圆净大师，由此凤慧顿发，遂证神足，盘旋五载。乾德二年届丁，之武平，睹南岩石壁峭峻，岩冗嵌岿，怃然叹曰：'昔我如来犹芦穿于膝，鹊巢于顶而后成道，今我亦愿委身此地，以度群品；若不然者，当使殒碎如微尘。'发誓已，摄衣趺坐。淳化间，去岩十里立草庵牧牛。复感一青猴，为牧三年，后忽抱木毙，乃为建庙。民有询过去未来因

---

① （宋）胡太初修、赵与沐纂《临汀志》，福建人民出版社，1990。

者，师皆忠告，莫不悚然。同道者惧其大甚，师曰：'只消吾不语耳。'遂不语。一年，岩院输布，师以手札内布中，监临郡倅张公晔见词，闻于郡守欧阳公程，追摄问状，师不语。守、倅愈怒，命焚其衲帽，火烬而帽如故；疑为左道，以彘血蒜辛厌胜，再命焚，而衲缕愈洁。乃遣谢使归。自是白衣而不褐。初，南康盘古山波利禅师从西域飞锡至此，山有泉从石凹出，禅师记云：'吾灭后五百年，南方有白衣菩萨来住此山。'其井涌泉，后因秽触泉竭，舆议请师主法度以符古谶，师许之，乃泛舟而往。终三年，复返南岩。祥符初，有僧自南海郡来，告曰：'今欲造砖塔，将求巨舰载砖瓦，惠州河源县沙洲有船插沙岸，无能取者，愿师方便'。师曰：'此船已属阴府'。们夏致恳，师乃书偈与僧，僧持往船所，船应手拔。四年，郡守赵公遂良闻师名，延入郡斋，结庵州后，以便往来话次。于是遂良表闻于朝，赐'南安均庆院'额。遂良授代以晴请，运使王贽过岩以雪请，皆如答应。真宗朝，尝斋于僧，对御一榻无敢坐者。上命进坐，僧答曰：'佛祖未至。'少顷师至，白衣衲帽，儒履擎拳，即对御就坐。上问：'师从何来？甚时届道？'答曰：'今早自汀州来。'问：'守为谁？'曰：'屯田胡咸秩。'斋罢，上故令持伊蒲供赐咸秩，至郡尚燠。咸秩惊悚，表谢。上乃谓师为见世佛，御赐周通钱一贯文，至今常如新铸。胡解印入觐，历言诸朝列丞相王公钦若、参政赵公安仁、密学刘公师道皆寄诗美赠。八年正月六日申时，俄集众云：'吾此日生，今日正是时，汝等当知妙性廓然，本无生灭示有去来，更言何事？'言讫，右胁卧逝，春秋八十有二，僧腊六十有五。众收舍利遗骸骼塑为真像。遗偈凡百一十七首，其二十二首乃亲书墨迹临刊，文义雅奥，不可思议而得也。"①

3. 元代刘将孙在《养吾斋集》卷28《定光圆应普慈通圣大师事状》中承袭了《临汀志》的郑自严卒于北宋大中祥符八年，享年八十二岁的说法。

（二）清代开始语焉不详：分五代北宋说、元代说和"917年说"三种

1. 五代北宋说。清代杨澜《临汀汇考》卷2对郑自严的出生年说得比

---

① （宋）胡太初修、赵与沐纂《临汀志》，福建人民出版社，1990。

较含糊，但认为其为五代北宋时人是很明确的："南唐保大年间，宁化天华山伏虎禅师诞生其地，为居民叶千益之子。生时天为雨花。同时，定光佛亦来武平，为白衣岩主，汀郡沙门，一时称盛。……伏虎、定光，生为汀人，没为汀神，救旱御兵，至今崇祀。"

而康熙《武平县志》、光绪《长汀县志》、民国《福建省志》则记载定光佛卒于宋淳化八年，不过仍可归结为五代北宋说。康熙《武平县志》卷9《人物·方外志》和光绪《长汀县志》卷24《人物仙释》有完全相同的记载："年十一恳求出家，得佛法。十七游豫章，契悟于西峰圆净师。淳化八年，师寿八十有二，正月六日申时集众而逝，遗骸塑为真像。"[①]

民国《福建通志》卷263《宋方外》："自严本姓郑，泉州同安人，沙门家所称定光佛是也。年十一出家得佛法，振锡于长汀狮子岩。……乾德二年，隐于武平县南岩。……淳化八年，坐逝，年八十有二，赐号定应。"

《福建高僧传·宋一》也记载："郑自严于淳化乙卯正月初六，集众曰：'吾此日生，今正是时。'遂右胁卧而化，谥曰定光圆应禅师。"

查历史年表，宋代淳化年号只有五年，并不存在上述各志书提到的"淳化八年"之说，也无《福建高僧传》所说的"淳化乙卯"年。而真宗年号只有大中祥符为九年，其余皆为六年以下，因此众多学者认为，"淳化八年"和"淳化乙卯"年很可能是"大中祥符八年（乙卯）"之误。

另，清宣统《定光大师来岩事迹》碑文载："按大师姓郑名自严，闽之泉州同安人也。《胡壖杂记》云：'师名行修，耳长数寸。后梁开平时，吴越王据两浙，师携瓢适至，永明禅师告之曰：'此长耳和尚，定光古佛应身也。'行修盖师别一道号，非异人也。其封号已见于五代之初，其生当必于五代以上矣。……宗（按，"宋"之误）淳化间，坐化于杭州法相寺。杭人金其肉身，岩人塑其像以祀。"

2. 元代说。丘逢甲先生在台抗日失败后，于1895年回祖籍地广东蕉岭县文福。文福与武平南安岩（狮岩）接壤。丘逢甲上杭同宗丘复总纂的民国《武平县志·古迹》载：丘逢甲据僧惠洪（1071～1128）《元至治自严尊者碑》（载《禅林僧宝纪》卷8）中的"略曰：自严尊者，元仁宗时曾应诏入都，灵异卓著。南归杭州，遇山出蛟，以帝赐金钟覆之。入闽，

[①] 康熙《武平县志》卷9《人物·方外志》。

喜此岩有'一峰狮子吼，万象尽归依'语，启道场，敕赐藏经。尊者接诏归，有句云：'九重天上恩纶赐，顺得昙花满路香'。旋示寂于杭。闽人塑遗像于寺及岩中"等记载，得出结论："今所传宋封定光圆应大德普度古佛者，当元仁宗而讹。"

丘逢甲见到此碑记载后，不加考证，忽略了僧惠洪为北宋熙宁至南宋高宗建炎人氏（惠洪生于定光圆寂后57年），依常理他只记载其平生了解之事，而不可能随意预测身后300年元仁宗赐封定光之事，便错误地认定定光佛是元代人，不但定光的封号不尽准确（应为"定光圆应普慈通圣"大师），还无端把定光古佛的生卒年代由宋仁宗（1023）时期推至元仁宗（1312）时期，往后推了近300年。

3. "917年说"。武平地方史学者王增能先生，据武平《何氏族谱 序》中的"北宋乾德二年（964年），郑自严卓锡于南安岩，时年四十八岁"记载，推算认为"公元917年为定光古佛诞生年，确属明白无误"。

这个结论显然经不起推敲。且不说族谱记载的失实率之高，只按这种生年计，定光八十二岁当圆寂于989年，即太宗端拱二年，则惠洪及《临汀志》所载的定光与郡守欧阳程的冲突、前往南康盘古山开辟丛林诸事，皆成了子虚乌有。族谱较之《临汀志》等记载，可信度孰高，自是不言而喻。

（三）可以确认的几个时间节点

定光的生卒年份本不是一个问题，但由于某些时候研究者掌握文献不足，或者取材不当，造成一些歧说。造成歧说的原因，一方面是由于在历史上宣称定光古佛转世的人不止一个，后世的碑文作者误把杭州的长耳和尚与郑自严视为一人，结果混为一谈。另一方面，由于年久代迁，一些文人学者在修志编书时，考证不精，以讹传讹。

笔者以为，周必大和《临汀志》的作者离郑自严圆寂的时间较为接近，他们的学术态度也较为严谨，所以有关郑自严生平记载也较为可信，根据其卒年来推算出生年比较符合历史事实，凡是与《临汀志》不同的说法均不太可信。

为此，笔者认为，定光古佛的生卒年为后唐应顺年间（934）至北宋大中祥符八年（1015），享年82岁。因而笔者综合周必大的《新创定光庵记》、《临汀志》及《武平县志》等记载，推断其可以确定的时间节点，主要有：

公元934年，生于五代闽国泉州同安县。

11岁，恳求出家，依本郡建兴寺契缘法师席下。

17岁，得业游豫章、过庐陵，契悟于西峰圆净大师，由此凤慧顿发，遂证神足。

北宋乾德二年（964），31岁，来到武平南安岩，决心在此开石窟弘法。

景德初年（1004），71岁，受江西南康郡百姓之邀，前往盘古山修复古寺。

大中祥符四年（1011），78岁，汀州郡守赵遂良慕名延请郑自严到汀州府城，建寺庙于州府后供其居住，以便往来请教。

大中祥符八年（1015），正月初六圆寂，享年八十二岁。

三 定光古佛年谱及主要事迹勾画

定光古佛生平的主要时间节点清楚了，但是它对于勾画定光古佛生平，如其30岁之前的参学之路如何，30岁来到武平之后至70岁的40年间做了哪些弘法利生之事等等，仍然留下大量空白。对此，笔者依据相关文献资料提供的蛛丝马迹，参考武平县岩前镇地方史学者温清亲先生的田野调查，初步勾勒出定光古佛年谱及其主要事迹。它对于致力于研究定光古佛的研究者，具有一定的参考价值。

（一）参学闽浙赣

1. 降生同安。定光古佛俗姓郑，法名自严，公元934年生，同安县人。祖父郑民慈仕于唐，为四门斩斫使，父郑慧聪任同安令。

2. 参学闽地。后晋开运元年（944），11岁时出家，依本郡南安县建兴寺契缘法师席下。3年后契缘法师送自严到泉州雪峰寺受比丘戒，后安排他到泉州开元寺、漳州南山寺等地参学。后汉年间（950），17岁的自严离开同安，前往莆田广化寺、福州涌泉寺、闽侯雪峰寺等地挂单求学。

3. 参学江浙。同年（951）自严越过太姥山进入吴越境内，在浙江天台山国清寺、四明山雪窦寺驻足，并于951年北上杭州法相寺停驻近2年，而后继续北行，到南京清凉寺智明禅师门下修习3年。

4. 参学赣地。后周显德年间（956），23岁的自严前往豫章（今南昌），957年四月来到庐陵（今吉安）宝龙禅寺，依云豁法师（圆净大师）5年，证悟成道，成云门宗第四代传人，并于泰和县怀仁江手写佛偈除去蛟患，师嘱其慎用神通。之后，29岁的自严告别圆净法师，前往广东境内参拜大觉禅寺和南华寺。

（二）驻锡南安岩

1. 立誓弘法。北宋乾德二年（964），31岁的自严禅师来到武平南安岩，在当时人烟稀少、虎豹出没的北面小村搭草庵而居，并发普度众生誓愿："愿委身此地，以度群品；若不然者，当使殒碎如微尘"，决心在此开石窟弘法。

当时百姓对外来法师半信半疑，自严禅师略施法术，书偈伏虎，百姓以为神人，两年后在当地贤达何大郎等人帮助下，于蛟湖之滨修建南安岩寺作为道场。民有祈祷，辄书偈付与，末皆书"赠以之中"四字，无愿不从。

2. 教化受阻。最初，南安岩寺以接纳出家僧人为主，后来陆续接受一些居士皈依佛法。其间，因焚化邻寺僧人遗体，官吏为之大怒。

3. 另立草庵。淳化间，大约60岁的自严禅师，离开南安岩到10里外莲花峰下的荒野另立"草庵"牧牛，与一青猴相伴3年，后猴忽抱木毙，师为之建庵。民有询过去未来因者，师皆忠告，莫不悚然。

4. 苦脸沉默。自严禅师返回南安岩寺后，又因同道者惧其厉害，散布一些诽谤佛法的言论，自严禅师对此进行长时间的思考，整整沉默6年。

（三）利生闽粤赣

1. 白衣显灵。咸平五年（1002），接近70岁的自严禅师，因输纳布匹事件，与郡守欧阳程发生冲突，大师衲帽被强行脱下焚烧，不料越烧越白，官府态度改变，乃遣谢使归，从此禅师身穿白衣。

无端受辱的自严禅师走出汀州府衙，徘徊再三，而后毅然再回到武平狮岩，并从中悟出展示神通能带来公众效应，在沿途广东平远县黄杨峡向龙王投木"借水",其事很快在闽粤赣三省传开。

2. 弘法利生。景德元年(1004)春,71岁的自严大师受江西南康郡百姓之邀,乘船前往盘古山应500年前波利禅师之谶,途中运用神功除去江中槎桩,在盘古山凿泉、创丛林,经3年,修复古寺,深得百姓敬重,而后复返南安岩。

祥符初年,75岁时,因南海郡(今广州)僧人来南安岩请助,自严大师写偈助其拨动惠州河源县沉船运砖造塔于南海郡。

祥符四年(1011),自严78岁,郡守赵遂良在州后建庵,延请他往来谈话;在汀州投偈凿"金乳泉",在龙潭投偈除害;赵遂良上表,朝廷赐"南安均庆院"额匾,从此南安岩寺有了正式名字;次年赵遂良请下雪,果然下雪。

1013年秋,宋真宗朝,尝斋于僧,对御一榻无敢坐者。上命进坐,僧答曰:"佛祖未至。"少顷师至,白衣衲帽,儒履擎拳,即对御就坐。上问:"师从何来,甚时届道?"答曰:"今早自汀州来。"问:"守为谁?"曰:"屯田胡咸秩。"斋罢,上故令持伊蒲供赐咸秩,至郡尚燠。咸秩惊竦,表谢。上乃谓师为见世佛,御赐周通钱一贯文,至今常如新铸。咸秩闵雨,差吏入岩祈祷,师以偈付来吏,甫至郡而雨作,岁乃大熟。胡解印入觐,历言诸朝列丞相王公钦若、参政赵公安仁、密学刘公师道皆寄诗美赠。

3. 圆寂狮岩。大中祥符八年(1015)正月六日申时,82岁的高僧圆寂于武平南安岩,百姓收其遗骨及舍利,"塑为真像",顶礼膜拜。

4. 朝廷加封。大师辞世后,前后历经百年,朝廷四次为其加封,最终正式敕封他为佛祖释迦牟尼之师"定光佛"的转世应身。明清之际,定光古佛信仰随客家移民传到台湾。

定光佛信仰在闽南文化区域的交融

郭启熹*

【摘 要】 定光佛的信仰与闽南文化原有天然的联系。文天祥屯兵龙岩江山乡村美村、孟村以及元代以降客家人移民到龙岩江山乡村美村后，带来了定光佛信仰。本文从田野调查的个例中阐述了定光佛信仰与闽南文化交融的社会原因、历史条件、信众特点，以及历史记忆模糊的现状。

【关键词】 定光佛　闽南文化区域　重设定光佛像

信仰属于一种观念形态，它是伴随着人们的生活环境的变迁而演变发展的。客家人随着不断迁徙要与主族争夺土地、宅居、水利等生存空间，生活流离颠沛，要不断艰苦地开拓山区，生存环境特别恶劣，经受的磨炼也尤其多。因而更需要从非凡的超自然神祇中汲取精神支持，这就是定光古佛能在客家地区被广泛信仰的社会基础。

然而广府人、闽南人大都是从中原南迁后，与当地土著经过痛苦的战争相互融合而后定居下来，他们不仅与客家人一样是来自黄河、洛水一带，有着共同的文化情结，而且也有着共同的生活处境。因此彼此都很容易接受族群对方的信仰，所以客家人迁入闽南地域带来定光佛的信仰是很自然的，何况定光佛的俗身郑自严是来自闽南，父亲还做过同安县令。这正是定光佛能在闽南地区流播的历史条件。清初黎士弘著文称："定光禅院于临安、于泉南、于江右无弗有，而汀为最著。"[①] 也就是说清初以前定光信仰早就流播到浙江、苏南、闽南一带，只是历史早已失却记忆罢了。

定光佛生于后唐应顺元年（934），圆寂于北宋祥符八年（1015）正月

---

* 郭启熹，龙岩闽西职业技术学院学报编辑部编辑，教授。
① 黎士弘：《重修梁野山定光禅院题辞》，乾隆《汀州府志》卷43《艺文五》。

初六申时，享年82岁。生前就被宋真宗尊为"见世佛"，为百姓做了许多好事，人们当时就尊他为"和尚翁"、"圣翁"，后来经过苏东坡、黄庭坚等名人的推崇，以及皇帝的封敕，经过三四百年到南宋末年就已深入赣南、粤东、闽西等地民间，被广泛敬仰信奉。

文天祥是客家人，家住赣南吉安，德祐元年（1275）文天祥时任赣州知州，曾招募三万余义兵抗元，其中也有不少是剽悍善战的畲、苗、瑶少数民族，包括漳州的陈吊眼、潮州（一说汀州）畲妇许夫人、闽北的黄华等。景炎元年（1276）二月临安为元兵所占，文天祥入闽，拜右丞相、都督诸路军马，之后移师至汀、漳，10月在连城隔川驻兵月余，景炎二年1月移驻龙岩江山乡铜钵村、孟村，当时铜钵义士郭铉、郭錬兄弟也率二百余乡勇追随文天祥抗元，后以战功敕封为惠、济二侯。因此在文天祥抗元义军中有许多是闽西赣南客家人，对铜钵村、孟村一带的地理环境也特别熟悉。后来文天祥兵败被执，其部属也随郭铉、郭錬到铜钵村、孟村一带。至元十九年（1282）文天祥"柴市讣至公（铉）兄弟西向拜泣，继之以血而死"①。郭铉、郭錬死后其部曲便散落在这一带村落，距孟村数里地的林邦，又称蒋武，传云便是蒋姓人氏的落居而名。这些散兵削发为僧，建庵安居也是他们的最好归宿。孟村与村美村隔溪相望，山场开阔，林密隐秘，又正是建庵的理想地点。因此定光庵才会创建于此。因这里曾被文天祥亲自命名为永安岩，故又名永安寺，当地百姓因其建在虎形石间，又名之为虎形庵。所以相传此庵建于宋末元初是有历史根据的。

元代又是闽西人口大迁徙的年代，经宋末元初战火兵燹，汀州元初共41423户，仅为宋开庆元年（1259）223433户的18.5%，漳州（含龙岩县）元初21695户，仅为宋崇宁年间（1102）100496户的21.6%，除了被杀戮，便是逃亡，隐没山林。当时铜钵的百姓也是死的死，逃的逃，如近日修郭姓族谱发现郭铉的孙子主一郎便是逃往河南，并任南阳总兵后重回到铜钵的。现存族谱查述：铜钵一带（今江山乡）共有10341人，共17个姓氏，除江、郭（其中一支）是南宋末年迁入铜钵外，其他15个姓氏及郭姓另外4支都是元代中叶以后入迁的。其中不少是从客家地域入迁的，如几个人口较多的黄姓是明永乐间（1403~1424）从上杭古田黄邦入迁，

---

① 清嘉庆十六年（1811）十月江山乡铜钵香林庙石碑《宋敕封惠济郭公二候传》。

吴姓是元至正十二年（1352）从连城蓆湖营入迁，傅姓是元至正年间（1341~1368）从上杭蛟洋迁入村美，张姓元代后期从上杭迁入新田。这几姓占据现今江山乡总人口近半数。因此定光佛的信仰有相当的信众基础。

定光庵的建筑经过也体现了主客争夺的艰难历史过程。定光庵创于元初，建在环山奇岩的林密处的一块足球场大的平地间，这平地原是文天祥对沿途招募来的民丁乡勇进行操练的演兵场。建庵后，因周围大片森林为县城富户"柯爷"所有，柯爷见永安寺就在他山林边沿，又是进山必经之道，是个风水宝地，一心要霸占寺址，便托词永安岩僧众供奉的定光佛未经官府批准，应当拆除。僧众与当地百姓闻讯共同商议，柯爷财大气粗，该如何制伏他？这时国学生（秀才）傅嘉林心生一计，认为要用"圣意神力"才压得了他。于是就派人到漳州南山寺求助，争取拿到"皇帝万万岁"的圣旨牌位供奉于永安寺间，就可保庵堂平安无虞。前往漳州的人向南山寺住持和尚说明来意，就焚香祷告："大慈大悲救苦救难释迦牟尼，我等因受飞来横祸，急需本寺所供圣旨牌救助，若佛祖同意，那么我等就掷牌：圣，入护笼；清，入口袋；错，背着走；望佛祖保佑。"总之，不论下什么都得让他们拿走。住持不知是计，又见龙岩来的山民，不远百里虔诚来此，言词恳切，更有佛意在此，便让他们背走。过数日县吏来人查看柯爷所告之事，一见寺里供奉着圣旨牌，只是一味磕头膜拜，不再敢提拆庵之事。这段虽属传说，也足见客民入居的艰难与机智聪明。

定光庵建在铜钵盆地水尾的出口处，水尾为村尾村（后雅化为村美村），与孟村隔溪相连，东北面为九侯山，西南面为东阳山，中间为大峡谷，峡谷经过千万年洪水的冲刷，到处是奇山怪石，形成"五虎下西山"的奇石景点，其中在第三只虎石间建定光庵，虎尾就在神座底下压着，约尺余，至今形迹可辨，虎身、虎首倚石建有几间厢房，宋末流落的文天祥军士在此舍身入佛后，走农禅之路，以避元蒙追究，庵堂上悬有一口铁钟，铭文镌刻："大德十年岁次丙午八月，表正里铜钵保炳安堂，龙岩溪南里苏氏父女捐，邵武许冰铸。"

大德十年距文天祥"赴柴市"才24年，取"丙午岁"、"永安岩"首二字合称为"炳安堂"也很合理。现在村美行政村住有傅、林、李、刘、江五姓。明嘉靖丙辰（1556）傅氏族谱记：傅姓始祖元香生于元至正二年

(1342)，明洪武六年（1373）傅元香将其亡父母合葬于邻近的铁石洋。可见傅元香大约是元末至正年间（1341～1348）迁入村美开基，至今传至24代，其子孙约1100人，是村美的主要姓氏；江姓是南宋末从莲城迁入的；林姓是明清以后从邻近前村迁入的；李姓从龙岩城关迁来，传至今已有18代；刘姓是元末从南昌迁到永定灌洋，传至六世迁到龙岩城关后再迁至村美。所以元代这里的居民主要为傅、江两姓。定光庵初建时可能是草堂，到元末当地百姓建土木结构的庵堂时由于初迁至此，梁柱均无杉木可用，雍正七年（1729）重建时拆下屋来均用柯木做梁柱，由此可推想傅、江未曾占有多少山场来种植杉木，只好用柯木替代。至今江山村美永安寺建于雍正七年的石碑仍嵌在墙根里。这里山多林密曾是老虎经常出没地方，虎患频仍，直到1943年老虎还窜入村美岭头刘这个小自然村的民居里，农民刘注江还被老虎爪撕裂头皮近1/3，所幸周围人大喊才把他救下来，接着老虎又咬伤60多岁的老妇郭仁玉。1949年在平畲林小自然村里，江姓人还打到一只200多斤的大虎。① 由于村美地处水尾，春夏之间村民经常被洪水所侵，宅园路桥被流水冲毁淹没也是经常发生的。总之洪灾、虎患成了村美百姓最大的两大灾害。

宋代《临汀志》中引用苏轼对定光佛的赞词说：定光佛能够"驱使草木，教诲蛇虎。愁霖出日，枯旱下雨，无男得男，无女得女，法法如是，谁夺谁与？……七闽香火，家以为祖。萨埵御天，宋有万姓，乃锡象服，名曰定应"②。也就是说七闽百姓祷雨救旱、驯蛇伏虎、救旱除洪、赐嗣送子、防匪避祸等等，均可从定光佛身上求得应验。所以虎形庵堂设有定光、伏虎二神像，后来随着百姓功利的需要，又在庵里增置了五谷仙神像。所以村美周围村落都尊永安寺的神佛为风调雨顺、无灾无祸、人丁兴旺、五谷丰登的保护神。

数百年来，每年抬迎佛像两次。正月初六村美全村吃素（如果有演戏则改在正月初八），一大早家家户户做糍粑等待祭拜，并请来道士（因无住持和尚）念经，随着巡游队伍向各自然村进发，圣旨牌走在前面，定光、伏虎二神只抬出一尊较小的定光佛在后，一路鸣放路铳，敲锣打鼓，

---

① 刘元钦、傅奎星：《深夜捕虎记》，《江山文讯》2009年第5期。
② 胡太初修、赵与沐纂《临汀志·仙佛》，福建人民出版社，1990。

旌旗飘扬，呼吆行进。每到人口比较集中的地段抬着的神佛便停下供人祭拜，并由道士念经叫"做供"，"做供"处香火冲天，炮声不断，每家每户叠的糍粑又高又大，几成一种无声的竞赛评比，停靠做供地点在几个小自然村间，几百年已成固定路线：一供赤溪楼、二供村美村东横洋、三供瞰岭、四供林坑、五供洋北六供村美墟、七供平畲、八供丁邦、九供刘厝，最后进庵。初七早上开斋杀猪，敬奉五谷仙。如果是初八出迎，全村上半夜吃素，下半夜吃荤，才可杀猪敬五谷仙。

四月二十七日俗称迎田佛，除圣旨牌、定光佛还有五谷仙，祈求早稻丰收，一路上也停下"做供"，其巡迎路线与正月初六差不多。出庵后——瞰岭——洋北——平畲——丁邦——刘厝——薯坪岜——回庵。其中以圩场间的糍粑岜最为热闹，是村美全村中心的供祭地。

抬定光佛出迎的人也有讲究，必须是上年刚结婚的新郎轮流去抬，今年79岁的傅炳芳，1949年正月初六还亲自抬过定光佛。至今仍健在的八九十岁的老人傅石荣、傅和成等人也都持同样说法。

新中国成立后就不再抬迎神佛，定光、伏虎连同圣旨牌、五谷仙在1958年就烧掉了，只留下铁钟还作为社员出工、收工时敲打使用。因为定光庵在村美聚居点南面还有三四里的距离，又在深林中，以后这里就成了一座无人过问的空堂。直至20世纪90年代初才有篇以江村晓为笔名的文章刊在《龙岩文史资料》第21期，把永安寺的定光佛错说成村美邻近北面半山腰间的灵显宫，之后龙岩二中一位美术教师也套用一副"定光"的嵌名对联重写挂上，误导了社会信众。其实我们都知道佛教的庙一般叫寺、庵、堂、院，道教的庙一般叫宫、观；佛寺的签筒有60支，灵显宫、石佛（福）公庙的签筒只有30支，而且是清代当地一位张姓落第秀才创写的；佛要吃素戒荤，但灵远宫石公却历来可用鸡、猪敬祀的；佛戒女色独身，而灵远宫的石公的对面山还有座庙叫石妈宫，妈神至今还收留在铜钵村郭奕烈家中。石公庙前身是嘉济庙，在汀杭间也有这样的信仰，后来民间以之为路神敬祀，如果要单纯凭着一副错写对联让定光佛开荤、娶妻，岂不是亵渎了神明，有悖于佛教戒律吗？这也有负村美百姓几百年来对定光佛的虔诚敬仰。《龙岩文史资料》第21期的原文作者江村晓去年刚退休，新中国成立初他刚出生，当时也未作深入采访，只据网上偶得材料撰写的。所以发现错误后立即主张将灵远宫那副对联卸下。这也在历史记忆被逐渐淡忘的年代里引起一场误会。

民间信仰往往带有明显的功利性，人们需要怎样的护佑，就会设置怎样的神明，所以现在大多数民间庵堂都是使释、儒、道的神佛共居一处的。村美水库建成后，人们不再被洪水和虎患所困扰，定光佛也随着近年才重建的永安堂而退出信仰的舞台。由于近年来计划生育后只生一胎，城乡祀拜者多在这里求嗣得男，堂上就改设石塑的送子观音，叫石观音。其左右就是文昌、关公等，连住持和尚也说不清是些什么神佛了。

因此唯有在永安寺重设定光佛像才符合历史的本来面貌，而且在湖光山色的水库景点近旁，又有厚重的文天祥屯兵的人文积淀，在这里建成一个新的定光寺并使其成为旅游景点，将是人们的共同心愿。

从左道妖僧到定光大师

——宋代宗教信仰政策与定光古佛信仰的形成

周雪香[*]

【摘　要】　据历史文献资料记载，郑自严出家得道后，虽为百姓做了许多善事，却被当时的官员和同道诬为"左道妖僧"，受到种种拘束和非礼。直至北宋祥符四年朝廷才赐正式寺额，郑自严及其祠庙才取得合法地位。本文从宋代的宗教信仰政策入手，阐述定光古佛信仰的形成和不断扩大影响的过程，是受朝廷政策导向影响的结果，是跟当地官员本身的宗教信仰倾向及当地民众信仰的态度相关联的。

【关键词】　定光古佛　宗教信仰政策

关于定光古佛信仰，学者们已进行了许多深入的探讨，其中谢重光先生《宋代莅汀官师与定光佛信仰的形成》[①]一文很有启发性，他注意到宋代莅汀官师的态度对于定光佛信仰的形成"实有至关重要的作用"。至于前后莅汀官员何以态度迥然不同，他在论述祥符年间的郡守赵遂良、胡咸秩对自严法师崇敬有加时推测，"他们可能比较信佛，也可能是行政手法比较圆滑"。事实上，地方官员对当地民众信仰的态度，除了受本身宗教信仰倾向和行政手段影响外，不能不受朝廷政策导向的影响。但是，宋代宗教信仰政策对定光古佛信仰的影响，目前尚未见专文论述，这就为本文的探讨提供了一定的空间。

---

[*]　周雪香，厦门大学历史系副教授，博士。
[①]　收入闽西客家联谊会、龙岩市政协文史和学习委员会编《定光古佛与客家民间信仰》，龙岩市侨联彩印有限公司，2008。

一　宋代宗教信仰政策

"国之大事，在祀与戎。"传统王权向来重视国家祭礼，所谓"事神保民莫先祭祀"①。常被引为祀典判定标准的是儒家经典之一的《礼记·祭法》所载的立祀条件："夫圣王之制祭祀也，法施于民则祀之，以死勤事则祀之，以劳定国则祀之，能御大灾则祀之，能捍大患则祀之。……及夫日月星辰，民所瞻仰也，山林川谷丘陵，民所取材用也，非此族也，不在祀典。"不列入祀典的，通称为"淫祠"或"淫祀"，《礼记·曲礼》对"淫祀"的定义是："非其所祭而祭之，名曰：淫祀，淫祀无福。"所谓"非其所祭而祭之"有两项标准：一是"或其神不在祀典"，二是"或越份而祭"。后者包括不依身份而祭，不依礼仪而祭。

《宋史·礼志八》陈述宋朝立祀情形与原则是："自开宝、皇祐以来，凡天下名在地志，功及生民，宫观陵庙，名山大川能兴云雨者，并加崇饰，增入祀典。"②可见，宋朝自开国以来，不断扩大祀典规模。"名山大川能兴云雨者"与上述《礼记·祭法》的"山林川谷丘陵，民所取材用也"略有不同，关键点是"能兴云雨"。皇祐年间，因水旱频仍，仁宗接受知制诰胡宿之议，下诏："凡山川能兴云雨，不载祀典者，以名闻。"③

熙宁七年（1074）十一月二十五日，神宗下诏："应天下祠庙，祈祷灵验，未有爵号者，并以名闻，当议特加礼命。内虽有爵号，而褒崇未称者，亦具以闻。"④不管神格如何，只要"祈祷灵验"，便可以从"淫祠"变成国家合法的神祇。其申请程序："诸神祠所祷，累有灵应，功德及人事迹显著，宜加官爵、封庙号额者，州具事状，申转运司。本司验实，即具保奏。道释有灵应加号者，准此。"⑤地方人士向州提出申请，州将文书上缴各路转运使，转呈给朝廷。确认神迹后，由太常寺将"祀典、神祇、

---

① （清）徐松辑《宋会要辑稿》卷1203"礼二〇之二"皇祐二年十二月十一日条，中华书局，1957，第765页。
② 《宋史》卷105《礼志八》，中华书局，1977，第2561页。
③ 《宋会要辑稿》卷1203"礼二〇之二"皇祐二年十二月十一日条，第765页。
④ 《宋会要辑稿》卷1203"礼二〇之二"熙宁七年十一月二十五日条，第765页。
⑤ 《宋会要辑稿》卷1203"礼二〇之七"徽宗建中靖国元年三月二十四日条，第768页。

爵号与封袭、继嗣之事当考定者，拟上于礼部"①，即将拟定庙额、爵号名称，交由礼部所属祠部郎中、员外郎复核称号是否妥当。朝廷之赐额加封，成为祠庙合法化及位阶提升的重要途径。

元丰三年（1080）闰六月十七日，太常博士王古提出"先祠庙后神祇"的原则，并且建议，神祇受封后，如果灵验事迹仍然不断，便以增加神爵号字数的方式表示褒崇。方案如下："诸神祠无爵号者，赐庙额。已赐额者，加封爵：初封侯，再封公，次封王。生有爵位者，从其本。妇人之神，封夫人，再封妃。其封号者，初二字，再加四字。如此，则锡命驭神，恩礼有序。凡古所言，皆当于理。欲更增神仙封号，初真人，次真君。"② 王古意图以阶段式、数字化的方法，管理天下祠庙，以达到"锡命驭神，恩礼有序"的目的。南宋高宗建炎三年（1129）正月六日，修正完善了王古的制度："神祠遇有灵应，即先赐额，次封侯，每加二字，至八字止；次封公，每加二字，至八字止；次封王，每加二字，至八字止。神仙即初封真人，每加二字，至八字止；妇人之神即初封夫人，二字至八字止。并本寺条节文，道释有灵应，合加号者，并加大师，先二字，每加二字。"③

根据《宋史》记载："凡祠庙赐额、封号，多在熙宁、元祐、崇宁、宣和之时。……其他州县岳渎、城隍、仙佛、山神、龙神水泉江河之神及诸小祠，皆由祷祈感应，而封赐之多，不能尽录云。"④

二 "王官苦拘束"的"左道""妖僧"

定光古佛的原型是五代宋初僧人，俗姓郑，法名自严，生于五代王闽龙启二年（934），卒于北宋真宗大中祥符八年（1015）。他十一岁出家为"童行"（即到寺院生活未剃度者），十七岁为大僧，前往江西庐陵西峰寺，

---

① 《宋史》卷 164《职官四·太常寺》，中华书局，1977，第 3883 页。
② 《宋会要辑稿》卷 1203 "礼二〇之六至七" 元丰三年闰六月十七日条，第 767~768 页。
③ （清）陆增祥：《八琼室金石补正》卷 117《渠渡庙赐灵济额牒》，文物出版社，1985，第 825 页。
④ 《宋史》卷 105《礼志八》，中华书局，1977，第 2562 页。

受业于圆净大师，修学五年，"密契心法"①，"行解微密"②，"遂证神足"③。宋太祖乾德二年（964），他来到武平南安岩，"大蟒前蟠，猛虎旁睨，良久，皆俯伏而去。乡人神之，争为之畚土夷堙，刊木结庵"④。"民以雨旸、男女祷者，随其欲应念而获。家画其像，饮食必祭。"⑤

虽然自严法师因法术高超而受到信众的供奉、膜拜，但是一直没有得到官方的承认，而被视之为"左道"、"妖"，先后两次引来地方官员的干涉。北宋沈辽《云巢编·南岩导师赞》、惠洪《禅林僧宝传·南安岩严尊者》、黄庭坚《南安岩主定应大师真赞》和南宋《临汀志·仙佛》等文献均有记载。

沈辽《云巢编·南岩导师赞》云：

> 师所导化，洞言凶吉，或请于师，天机勿泄，时师肯首，因是结舌，遂不复言。人无以伐，彼守屏提，谓我颠越，捕系廷下，面加讯折，神色宴然，不自辩别，褫帽投火。火方烈烈，火灭帽完。守怒愈疾，遂以为妖，涂之污血，有炽其薪，帽益光洁。彼乃悔罪，讼其凡劣。

惠洪《禅林僧宝传·南安岩严尊者》云：

> 邻寺僧死，公不知法当告官，便自焚之。吏追捕，坐庭中，问状不答，索纸作偈曰："云外野僧死，云夜野僧烧，二法无差互，菩提路不遥。"而字画险劲，如擘窠大篆，吏大怒，以为狂，且慢己，去僧伽黎，曝日中。既得释，因以布帽其首，而衣以白服。公恨所说法听者疑信半，因不语者六年。岩寺当输布，而民岁代输之，公不忍，折简置布束中祈免。吏张晔、欧阳程者，相顾怒甚，追至，问状不答，以为妖。火，所着帽明鲜，又索纸作偈曰："一切慈忍力，皆吾心所生，王官苦拘束，佛法不流行。"

---

① （宋）惠洪：《禅林僧宝传》卷8《南安岩严尊者》，《四库全书》第1052册，第677页。
② （宋）沈辽：《云巢编》卷6《南岩导师赞》，《四库全书》第1117册，第590页。
③ （宋）胡太初修、赵与沐纂：《临汀志》，《仙佛·敕赐定光圆应普慈通圣大师》，福建人民出版社，1990，第164页。
④ 《临汀志》，《仙佛·敕赐定光圆应普慈通圣大师》，第164页。
⑤ （宋）惠洪：《禅林僧宝传》卷8《南安岩严尊者》，第678页。

黄庭坚《南安岩主定应大师真赞》云：

> 定光古佛，不显其光。……亦俗亦真，一体三宝。彼逆我顺，彼顺我逆。过即追求，虚空鸟迹。驱使草木，教诲蛇虎。愁霖出日，枯旱下雨。无男得男，无女得女。法法如是，谁夺谁与？令若咸怒，免我伽梨。既而释之，遂终白衣。白帽素履，发鬓蹯蹯。①

《临汀志·仙佛》云：

> 民有祈祷，辄书偈付与，末皆书"赠以之中"四字，无愿不从。……民有询过去未来因者，师皆忠告，莫不悚然。同道者惧其大甚，师曰："只消吾不语耳。"遂不语一年。岩院输布，师以手札内布中，监临郡倅张公晔见词，闻于郡守欧阳公程，追摄问状，师不语。守、倅愈怒，命焚其衲帽，火烬而帽如故；疑为左道，以彘血蒜辛厌胜，再命焚，而衲缕愈洁，乃遣谢使归。自是白衣而不褐。

以上四种文献记载略有不同，综合起来，自严法师由于为百姓预测过去未来、预言吉凶祸福而遭到同道的忌恨与排斥。邻寺一僧死，自严法师未告官便自焚之，引来官府的拘捕，被脱去僧服，当众曝晒。释放后，"白衣而不褐"，即只穿俗衣，不穿袈裟，应是被迫而为。同时也引起信众信仰危机，"所说法听者疑信半"。为此，他好长一段时间不说话。后来自严法师又因输布问题激怒郡倅张晔、郡守欧阳程，被视为"左道"和"妖"。《礼记·王制》曰："执左道以乱政，杀。"孔颖达注云："左道，谓邪道。地道尊右，右为贵，故正道为右，不正道为左。"《宋史·刑法一》云："左道乱法，妖言惑众，先王之所不赦，至宋尤重其禁。凡传习妖教，夜聚晓散，与夫杀人祭祀之类，皆著于法，诃察甚严。"② 自严法师受到火焚衲帽、猪血蒜辛厌胜等惩罚。有学者认为，自严法师此后离开武

---

① （宋）黄庭坚：《山谷集》卷14《南安岩主定应大师真赞》，《四库全书》第1113册，第122页。《临汀志·仙佛》中署名苏轼的长诗《定光石佛赞》，即黄庭坚所作《南安岩主定应大师真赞》，只是《临汀志》引录时，出现一些讹误与衍文，如"定光石佛"即"定光古佛"之误，"南安石窟，开甘露门，异类中住，无天中尊"一段为衍文。《临汀志》中所引黄山谷（庭坚）诗，《山谷集》中的诗名为《南安岩主大严禅师真赞》。

② 《宋史》卷199《刑法一》，中华书局，1977，第4981页。

平,到江西南康盘古山,可能是被流放或编置,而非主动离去。①

根据《临汀志·郡县官题名》记载,欧阳程咸平四年(1001)任汀州郡守,景德二年(1005)陈彦博接任。自严法师自乾德二年来到武平,至咸平景德年间,已近40年。在这40年间,虽然由于他"慈悯众生,无求不应"②而拥有许多信众,但是始终没有得到官方的认可,他所居庵院没有得到朝廷赐额,他本身被地方官员视为左道妖僧而受迫害,即如其偈文所云:"王官苦拘束,佛法不流行。"

三 朝廷赐额加封——定光古佛信仰合法性的建构

真宗大中祥符元年(1008)十二月十三日诏:"应天下有名在地志,功及生民,宫观陵庙,并加崇饰。"③即凡是对生民有功的宫观陵庙,都可上报朝廷,加以"崇饰",进入祀典。

大中祥符四年,赵遂良接任汀州太守,"闻师名,延入郡斋,结庵州后,以便往来话次"。据记载,赵遂良先后请自严法师"出水"、"除蛟",结果一一奏效,他便"表闻于朝,赐'南安均庆院'额"④。自严法师所居的庵院终于得到朝廷赐予的寺额,变成合法的寺院,他本人也就不再是过去官府眼中的"左道"、"妖僧",而是官方认定的法师、大德。赵遂良离任时,请自严法师祈祷天晴;路经南安岩的转运使王贽,请自严法师祈祷下雪,都如愿以偿。"自时厥后,恭事惕沐,有或不虔,莫不相诘。"⑤大中祥符六年,胡咸秩接任汀州郡守,"闵雨,差吏入岩祈祷,师以偈付来吏,甫至郡而雨作,岁乃大熟"。胡卸任进京时,"历言诸朝列,丞相王公钦若、参政赵公安仁、密学刘公师道皆寄诗美赠"⑥。

大中祥符八年,自严法师去世,人们对他的崇信有增无减。"众收舍

---

① 王见川:《从南安岩主到定光古佛——兼谈其与何仙姑之关系》,《圆光佛学学报》2006年第10期,第219页。
② 《临汀志》,《寺观·南安岩均庆禅院》,第77页。
③ 《宋会要辑稿》卷1203"礼二〇之二",第765页。
④ 《临汀志》,《仙佛·敕赐定光圆应普慈通圣大师》,第165页。
⑤ (宋)沈辽:《云巢编》卷6《南岩导师赞》,《四库全书》第1117册,第590页。
⑥ 《临汀志》,《仙佛·敕赐定光圆应普慈通圣大师》,第165页。

利遗骸骼塑为真相。……师见在，民呼曰'和尚翁'，亲之也。师灭度，民皆曰'圣翁'，尊之也。"① 如前所述，熙宁七年（1074），神宗下诏，天下祠庙，只要"祈祷灵验"，都可奏请"特加礼命"。此后，自严法师因灵验神迹不断而屡次受到朝廷赐额加封，累封至八字大师。《临汀志·仙佛》记载如下：

> 熙宁八年（1075年），郡守许公尝表祷雨，感应，诏赐号"定应"。崇宁三年（1104年），郡守陈公粹复表真相荐生白毫，加号"定光圆应"。绍兴二年（1132年），虔寇猖獗，虔化宰刘仅乞灵于师，师于县塔上放五色毫光，示现真相，贼遂溃。江西漕司以闻，绍兴三年，嘉"普通"二字。乾道三年（1167年），又嘉"慈济"，累封至八字大师。民依赖之，甚于慈父。……绍定庚寅（1230年），磜寇挺起，干犯州城，势甚炎炎，师屡现显。贼驻金泉寺，值大雨，水不得渡；晨炊，粒米迄未熟，贼众饥困。及战，师于云表见名旗，皆有草木凤鹤之疑，遂惊愕奔溃，祈求乞命。汀民更生，皆师力也。嘉熙四年（1240年），州人士列状于郡，乞申奏赐州后庵额。有旨，赐额曰"定光院"。续又乞八字封号内易一"圣"字，仍改赐"通圣"。今为"定光圆应普慈通圣大师"。

《宋会要辑稿》亦载："神宗熙宁八年六月，诏南安岩均庆禅院开山和尚，特加封号曰：定应大师。"② 南宋建炎四年（1130）夏，李纲"由梅川以趣闽中，道南安岩均庆禅寺瞻礼定光古佛遗像"③，作了两首赞美定光古佛的诗，即《南安岩恭谒定光圆应禅师二首》④。凡此亦可证明《临汀志·仙佛》所记载自严法师受封情形有其可靠性。

朝廷对自严法师及其所居庵院的屡次赐额加封，不仅使庵院取得合法性，而且大大提升了自严法师的地位和影响。特别是崇宁三年（1104）敕赐

---

① 《临汀志》，《仙佛·敕赐定光圆应普慈通圣大师》，第166页。
② 《宋会要辑稿》卷925"道释一之二"，第7869页。
③ （宋）李纲：《梁溪集》卷133《汀州南安岩均庆禅院转轮藏记》，《四库全书》第1126册，第541页。
④ （宋）李纲：《梁溪集》卷27《南安岩恭谒定光圆应禅师二首》，《四库全书》第1125册，第745页。

"定光圆应"封号，这是对世传其为定光佛之应身的正式承认①，对定光佛信仰的形成产生重大的影响。黄庭坚（1045～1105）《南安岩主定应大师真赞》云："定光古佛，不显其光。……七闽香火，家以为祖。"说明其时定光佛信仰已大盛于福建各地。前引《临汀志·仙佛》记载，绍兴寇乱时，虔化县（宁都县）宰刘仅在危急时刻乞灵于定光佛，定光佛显灵退寇。当时的江西漕司（即转运使），误以为定光佛的祖庙在虔化县，他在向朝廷奏请为定光佛增加封号的上书中写道："虔州南安岩定光圆应大师，于虔之虔化县塔上放五色毫光，惊破剧贼李敦仁，收复二县"，于是敕赐"普通"二字。②南宋著名文学家洪迈《夷坚志补·梅州异僧》记载："宋觊益谦，当涂人。……绍兴甲子（1144年）以后，宋为秦丞相委用为金部右司郎官，提举赡军诸库……秦亡，言者论击，贬团练副使，安置梅州。……或曰：'此邦崇事定光佛，庵在城外，有签告人，极灵感。'欣然往谒。……自是日往焚香致敬。既而因母老，故恩许自便，作木像僧真，舆以归。到新安，于宅傍建庵，名曰'慈报'。"③说明在两宋之际，定光佛已成为闽粤赣边各地共同的守护神。

综上所述，宋代朝廷的宗教信仰政策对定光古佛信仰的形成产生深远的影响。自严法师在闽西传道的前 40 年间，一直没有得到官方的认可，被地方官员视为"左道""妖僧"而受到迫害，因"王官苦拘束"，使得"佛法不流行"。直到他去世前 4 年，他所居的庵院才得到朝廷赐予的寺额，成为合法的寺院。他去世后，因灵验神迹不断而屡次受到朝廷赐额加封，累封至八字大师。特别是崇宁三年敕赐"定光圆应"封号，标志着朝廷正式承认其为定光佛之应身，这对定光佛信仰的形成与传播产生重大的影响。元代汀州教授刘将孙《定光圆应普慈通圣大师事状》云："自江以西，由广而南，或刻石为相，或画像以祠，家有其祀，村有其庵。"④所云虽有些夸大，但大致反映了定光佛受到闽粤赣各地民众广泛崇信的情形。

---

① （宋）惠洪：《林间录》卷下"南安岩俨和尚，世传定光佛之应身也"，《四库全书》第 1052 册，第 858 页。
② （元）刘将孙：《养吾斋集》卷 28《定光圆应普慈通圣大师事状》，《四库全书》第 1199 册，第 268 页。
③ 收入（宋）洪迈撰，何卓点校《夷坚志》，中华书局，1981，第 1677～1678 页。
④ （元）刘将孙：《养吾斋集》卷 28《定光圆应普慈通圣大师状》，第 271 页。

圣人、圣物与圣地：闽西武平县定光古佛神迹崇拜研究

刘大可*

【摘　要】　本文通过在定光古佛信仰中心进行实地考证、田野调查，结合相关文献，在"圣人"、"圣物"、"圣地"三个方面对定光古佛的神迹崇拜进行探索，并在开发、利用定光古佛信仰，以及弘扬其价值方面提出独到的见解。

【关键词】　定光古佛　神迹

在宗教学研究中，前人对于神迹崇拜的种类、性质、意义，以及各种宗教体系中的神迹，有过不少精辟的论述。但多偏重于对"神迹"的概念分析和理论探讨，而比较缺乏对神迹崇拜的实证研究。

在定光古佛的研究中，早在20世纪90年代，王增能、劳格文、林国平、汪毅夫、谢重光、杨彦杰等先生和本人①，就定光古佛信仰的形成、传播，相关的祭祀、祭仪，以及发挥的社会功能等进行了比较系统、全面的探讨，但对其神迹崇拜的研究，却一直比较薄弱。

有鉴于此，本文试图在定光古佛信仰中心——闽西武平县田野调查的

---

* 刘大可，历史学博士、文学博士后，福建省委党校副校长，社会发展研究所所长，教授。
① 王增能：《谈定光古佛——兼谈何仙姑》，《武平文史资料》第8辑；劳格文："Dingguang Gufo: Oral and Written Sources in the Study of A Saint"（约6万字，未刊英文稿）；林国平：《定光古佛探索》，《圆光佛学学报》1999年第3期；谢重光：《闽西定光古佛信仰的形成与传播》，徐正光主编《宗教、语言与音乐》（第四届国际客家学研讨会论文集），台湾"中研院"民族学研究所，2000；杨彦杰：《淡水鄞山寺与台湾的汀州客家移民》，《福建省社会主义学院学报》2001年第3期；刘大可：《关于闽台定光古佛的几个问题》，福建省客家学会主办《客家》1994年第4期；刘大可：《台湾的闽西客家移民与定光古佛信仰》，《台湾研究》2003年第1期。

基础上，结合相关文献，从圣人、圣物、圣地三个方面对定光古佛的神迹崇拜进行新的探索。

一　圣　人

定光古佛——郑自严，属宗教体系中的创造奇迹事件的"圣人"。首先他是人，生于五代后唐应顺元年、闽国龙启二年（934），卒于宋祥符八年（1015）。比之于许多宗教创建者的超人地位，他更接近于人。但他苦修得道，"年十一，恳求出家，依本郡建兴寺契缘法师席下。年十七，得业游豫章、过庐陵，契悟于西峰圆净大师，由此凤慧顿发，遂证神足，盘旋五载"①。由于德行高超，从而超凡入圣，获得常人所没有的异能，"师见在，民呼曰'和尚翁'，亲之也；师灭度，民皆曰'圣翁'，尊之也"②，是佛教所谓禅定苦修而获得神通的高僧。

定光古佛郑自严在世时，民间就流传着许多有关他神通广大的传说，这些传说大致可以分为以下几种类型。

一是除蛟伏虎，为民除害。宋修《临汀志》载："渡太和县怀仁江，时水暴涨，彼人曰：'江有鼍为民害。'师乃写偈投潭中，水退沙壅，今号龙洲"；"乾德二年届汀。之武平，睹南岩石壁峭峻，岩冗嵌崆……数夕后，大蟒前蟠，猛虎旁睨，良久，皆俯伏而去"；"淳化间去岩十里立草庵牧牛，夜常有虎守卫，后迁牧于冷洋径。师还岩，一日倏云：'牛被虎所中'。日暮有报，果然。师往彼处，削木书偈，厥明，虎毙于路"。③民国《武平县志》云："南归道杭州，遇山出蛟，以帝赐金钟覆之。"④

定光古佛郑自严除蛟伏虎的神通还见之于民间文献，据武平《何氏族谱》记载，乾德二年（964），郑自严游历武平，选中南安岩，便到处募化建造寺院。此地原为何仙姑的修炼之地，有人劝何仙姑另找其他地方修炼，仙姑不答应，说："我生于此，长于此，静修于此，岂能舍岩而他住？"有一天，何仙姑出观洪水，郑自严乘机入岩趺坐。仙姑回岩后，发

---

① （宋）胡太初修、赵与沐纂《临汀志》，福建人民出版社，1990，第164页。
② （宋）胡太初修、赵与沐纂《临汀志》，福建人民出版社，1990，第164页。
③ （宋）胡太初修、赵与沐纂《临汀志》，福建人民出版社，1990，第164页。
④ 丘复主纂《武平县志》（下），福建省武平县志编纂委员会，1986，第462页。

现有大蟒、猛虎盘伏在郑自严周围，十分驯服，就将所见告诉父亲。何大郎钦其神异，遂施岩为佛殿，并捐献地三十三亩八分，腴田四千七百秤，塘田四十六亩为寺院供养。乡人在建造佛殿供定光佛居住外，还构楼以祀仙姑。①

二是疏通航道，寻找泉水。传景德初（1004），定光古佛应邀到江西南康盘古山弘扬佛法途中，经过某一条江河时，"江有槎桩常害人船，师手抚之曰：'去！去！莫为害。'当夕无雨，水暴涨，随流而逝"。到了盘古山后，发现井水枯干，禅院缺水，"遂以杖敲云：'快出！快出！'至中夜，闻有落泉溅崖之声，诘旦涌出满溢"。又传祥符四年（1011），郡守赵遂良结庵州后，请定光古佛住持，庵前有一枯池，定光古佛"投偈而水溢，今名'金乳'"。又传祥符初年（1008），"有僧自南海郡来告曰：'今欲造砖塔，将求巨舰载砖瓦，惠州河源县沙洲有船插沙岸，无能取者，愿师方便……师乃书偈与僧，僧持往船所，船应手拔'"。②

三是祈祷雨阳、筑陂开圳。祥符四年，汀州久雨不晴，郡守赵遂良请定光古佛搭台祈晴，获应。此后，汀州又发生旱灾，"（郡守）咸秩闵雨，差吏入岩祈祷，师以偈付来吏，甫至郡而雨作，岁乃大熟"③。

定光古佛的神通还见于筑陂开圳的传说。据武平县报告人刘集禧先生说：

> 有一次定光古佛路过一地，见有百把人在工地上吃饭，他上前过问，工人先把自己的午饭拿给他吃，然后叫他去看实在难筑的水陂。他看后使出法术，脱下草鞋，这边丢一只，那边扔一只，不多久便凸起一座牢固的石陂来。

又据武平县王增能先生调查说：

> 相传某地筑陂，因水流湍急，久而不能合龙。一天，一位老太婆给筑陂的儿女送饭，正好遇到变化成乞丐的定光古佛向她乞食。老太婆将筑陂事及家中困苦状一五一十地告诉他，对他的乞食面有难色。

---

① 政协武平县文史资料工作组编《武平文史资料》第 8 辑，第 61~62 页。
② （宋）胡太初修、赵与沐纂《临汀志》，福建人民出版社，1990，第 165 页。
③ （宋）胡太初修、赵与沐纂《临汀志》，福建人民出版社，1990，第 165 页。

定光古佛拖着沉重的步伐走开了，老太婆见他饿成这个样子，忽动恻隐之心，将所有的饭菜施舍给他。定光古佛吃完后，来到水陂，叫众人走开，即脱下草鞋，甩往垄口，弹指间水陂合龙，且十分牢固，经久不毁。①

四是为民请命，心系百姓。相传，官府向寺院征收布匹，布匹则由当地百姓代交，定光古佛于心不忍。"一年，岩院输布，师以手札内布中，监临郡倅张公昢见词，闻于郡守欧阳公程，追摄问状，师不语。守、倅愈怒，命焚其衲帽，火烬而帽如故；疑为左道，以彘血蒜辛厌胜，再命焚，而衲缕愈洁，乃遣谢使归。自是白衣而不褐。"②

据武平县报告人刘集禧先生说，相传定光古佛内心一直偏好武平人：

> 有一次他到宁化去，心里却还惦记着武平的土地瘠瘦，粮食产量少，盘算着怎么使武平的田地更肥沃，能多产粮食，养活更多的人。他趁武平有人到宁化买米，就托他带一包东西到武平，并千交代万叮咛，不到武平地界不能把东西拿出来看。那人走到宁化与长汀交界的山岭上，又累又饿，突然想起癞梨和尚（指定光古佛）托他带的那包东西，他连忙把它打开一看。一看不要紧，没想到是一包不软不硬的狗屎，气不打一处来，认为是定光古佛在捉弄他，便气愤地把它朝宁化方向一扔，落在宁化的地界上。结果，宁化一带的土地比以前更肥沃，而武平的土地依然很瘠瘦。原来，定光古佛托他带的是能使武平土地变肥沃的东西。

五是神通三界，佛法无边。《临汀志》载："真宗朝，尝斋于僧，对御一榻无敢坐者。上命进坐，僧答曰：'佛祖未至。'少顷师至，白衣衲帽，儒履擎拳，即对御就坐。上问：'师从何来？甚时届道？'答曰：'今早自汀州来。'问：'守为谁'？曰：'屯田胡咸秩。'斋罢，上故令持伊蒲供赐咸秩，至郡尚燠。咸秩惊悚，表谢。上乃谓师为见世佛，御赐周通钱一贯

---

① 参见王增能《谈定光古佛——兼谈何仙姑》，政协武平县文史资料工作组编《武平文史资料》第8辑，第53页。
② （宋）胡太初修、赵与沐纂《临汀志》，福建人民出版社，1990，第165页。

文,至今常如新铸。"①

定光古佛神通三界的传说,还见于如下三则口头传说:

其一,关于定光古佛称号的由来。据武平县桃溪镇报告人王灿田先生说:

> 宋朝有一位皇帝十分孝顺母亲,母亲死后仍十分想念。于是,他下令说有谁能使他的母亲显身与他对话,他就封其做官。有人建议说,请100个和尚来显法总会有办法。皇帝便请了100个和尚前来作法,其中就有郑自严,但他嫌郑自严个矮貌丑,想不要郑自严参加。可是郑自严不参加只有99个和尚,无法凑齐100个,只好叫他参加。在显法过程中,其他和尚显法只能使皇帝与其母对话,而不能使其母显身。最后,郑自严说:"我来试试!"于是,郑自严用灯芯搭台,坐在台上念咒,果真使皇帝母亲显身了,并与皇帝对了话。皇帝要封郑自严为官,可是他不应声,封了几次都不吭声。皇帝说:"郑自严!你怎么像古佛似的!"这时,郑自严即跪下谢恩。此后,郑自严便成了古佛。

其二,关于寄子岭的传说。据武平县岩前镇报告人曾献英先生说:

> 相传宁化余某,曾向定光古佛祈求子嗣,不久,妻子果真怀孕,生下一子。余某夫妇感恩不尽,抱着儿子一齐到南安岩均庆寺叩谢,想不到离南安岩20里处小儿子突然死去。余某夫妇仍坚信定光古佛法力无边,定能使自己的儿子死而复生,就把儿子暂且安放在荒岭,一起到南安岩均庆寺进香祈祷。拜毕,回到荒岭,死去的儿子早已复活,正坐在那里吃馒头呢,后世人称此荒岭为"寄子岭"。②

其三,关于"野嘴菩萨"的传说。据武平县报告人何安庆先生说:

> 岩前狮岩有中岩和东侧岩,相传何仙姑曾以施主之女的姿态跌坐

---

① (宋)胡太初修、赵与沐纂《临汀志》,福建人民出版社,1990,第165页。
② 参见王增能《谈定光古佛——兼谈何仙姑》,政协武平县文史资料工作组编《武平文史资料》第8辑,第53页。

中岩上座，郑自严（定光古佛）意欲得之，便心生一计。一天，他突然作起法来，使天降暴雨，山洪暴发，折了支芒梗（芦苇秆）在河中一堵，河水顿时往北流（即往何仙姑娘家方向），大声对仙姑说："仙姑你看，洪水向北倒流，将淹没你娘家和百姓的房子了！"何仙姑不知是计，忙起身去看，果然洪水往北咆哮奔流。仙姑心系乡亲，不忍百姓遭灾，便立即作起法来，把洪水引往狮岩右侧朝北再折西流去。定光古佛见仙姑离开座位，即趁机坐上。仙姑回看自己的座位被定光古佛占去，方知上当受骗。任凭怎么说理，定光古佛总是不肯让座。仙姑气得火冒三丈，用力拉定光古佛起来。这么一拉，定光头撞岩顶石壁，壁顶顿时被撞了一个半圆形窝痕，但定光古佛依然坐着不动。何仙姑无可奈何，急得跑上岩顶朝定光古佛的座位上撒了一泡尿，尿水刚好滴在定光古佛面前。从此，岩前城的河水就一直往北倒流，狮岩定光古佛主座前总是滴水不止，弄得定光古佛"嘴野野的"！定光古佛也被人们戏称为"野嘴菩萨"。①

  定光古佛的神通广大，赢得了广泛的赞誉。同时，定光古佛的为民请命、心系百姓也赢得了广大信徒的虔诚膜拜："首夏青苗发水田，定光伏虎绕横阡，醮坛米果如山积，奏鼓咚咚祝有年"②；"虽然乡村地方小，年年规矩仍照老。梁野山中大老佛，迎来敬打保安醮。香钱座米无人分，跟佛和尚自家到。午朝上供裹馒头，夜间建醮早发表"③。

  定光古佛郑自严在世时，只有"白衣岩主"、"和尚翁"等称号，去世后不久，百姓则称之为"圣翁"。直到后来被朝廷正式敕封为"定光"封号后，才逐渐被人们称为"定光古佛"。人们之所以相信定光古佛郑自严能行奇事、创奇迹，主要是基于这样一种认识——"圣人"通过苦修使精神摆脱肉体的束缚而获得了自由，因而具有精神本有的超自然力。

---

① 参见李坦生、林善珂《武平县岩前庙会醮会概况》，杨彦杰主编《汀州府的宗族庙会与经济》，国际客家学会、海外华人研究社、法国远东学院，1998，第 55 页。
② 民国《连城县志》卷17 "礼俗"，维新书局。
③ 林宝树：《一年使用杂字文》，参见刘大可《传统的客家社会与文化》，福建教育出版社，2001，第 326 页。

二　圣　物

定光古佛信仰中，圣人——郑自严尽管其生前即被神化，但毕竟是人，他的寿命总是有限的，所以有"春秋八十有二，僧腊六十有五"之说。但他又留下不少"圣物"，如非生命的遗骸、舍利等。《临汀志·寺观》记："南安岩均庆禅院，祥符八年正月六日，师卧右胁示寂岩中。每岁是日，诸路云集，几不可容……"①《临汀志·仙佛》说："八年正月六日申时，俄集众云：'吾此日生，今日正是时，汝等当知妙性廓然，本无生灭示有去来，更言何事？言讫，右胁卧逝，春秋八十有二，僧腊六十有五。众收舍利遗骸骼塑为真像……定光，泉州人，姓郑名自严。乾德二年，驻锡武平南安岩。淳化二年，别立草庵居之……至八年终于旧岩。"②康熙《武平县志》亦谓"正月六日申时集众而逝，遗骸塑为真像"③；乾隆《汀州府志》谓："淳化八年坐化，邑人塑其肉身以祀"④。

曾有文献记载说定光古佛肉身在杭州，如民国《武平县志》载："旋示寂于杭，闽人塑遗像于寺及岩中"⑤；"杭州法相寺，定光佛之金身在焉"⑥。宣统《定光大师来岩事迹》碑文转录《胡孺杂记》云：淳化间，坐化于杭州法相寺。杭人金其肉身，岩人塑其像以祀。⑦我们认为，这些文献、碑刻均较《临汀志》迟了很多，甚至比乾隆《汀州府志》还迟了不少。按《临汀志》为宋开庆元年（1259）胡太初修、赵与沐纂，其成书年代离定光佛（郑自严）生活时代相去不远，又具官修性质。根据"选择证据以古为尚。以汉唐证据难宋明，不以宋明证据难汉唐"⑧的原则，应该说《临汀志》的记载是比较可取的。至于杭州法相寺的定光古佛，可

---

① （宋）胡太初修、赵与沐纂《临汀志》，福建人民出版社，1990，第69页。
② （宋）胡太初修、赵与沐纂《临汀志》，福建人民出版社，1990，第165~166页。
③ 赵良生重纂《武平县志》，福建省武平县志编纂委员会，1986，第223页。
④ （清）曾曰瑛修、李绂纂《汀州府志》，方志出版社，2004，第682页。
⑤ 丘复主纂《武平县志》（下），福建省武平县志编纂委员会，1986，第462页。
⑥ 丘复主纂《武平县志》（下），福建省武平县志编纂委员会，1986，第514页。
⑦ 政协武平县文史资料工作组编《武平文史资料》第8辑，第65页。
⑧ 梁启超：《清代学术概论》，上海古籍出版社，1998，第47页。

能自成系列,与闽西客家地区的定光古佛没有关系。①

武平县因拥有定光古佛的"圣物"而相传受到定光古佛的特别保护,成为定光古佛信徒朝拜的中心。因此,岩前镇的均庆寺围绕定光古佛遗留在世上的圣物——遗骸、舍利、肉身菩萨,产生了大量神奇的故事,如《临汀志》载:"自淳熙元年,郡守吕公翼之迎真相入州后庵,以便祈祷,从民请也。后均庆屡请还岩,郡不能夺,百夫舁至中途,莫能举,遂留于州。"②

据刘将孙《养吾斋文集》载:

> 相传,南宋淳熙年间,汀州太守吕翼之为便于祈祷,将定光古佛遗骸从武平均庆寺迎至长汀。均庆寺僧人多次请求让定光古佛回家,太守不好拒绝,许之。然而,当轿夫抬定光古佛遗骸进入武平地界后,忽然感到轿子十分沉重,虽百人亦抬不定,寸步难移。轿夫认为,这表示定光古佛不愿回家(均庆寺),便掉头而行,回头的路上,轿子又变轻了,不一会儿即回到长汀。此后,定光古佛遗骸便不再返回武平的均庆寺。③

武平县桃溪镇王灿田先生还报告了一则类似的传说:

> 某年,桃溪村旱灾特别严重,村民十分着急。张屋人遂牵头去岩前狮岩请定光古佛来桃溪清醮一日。打醮后,果然十分灵验,上天降下了及时雨。桃溪村各姓人氏便更加敬重定光古佛,一时香火极旺。不知不觉,定光古佛来桃溪已有不少时日了,该送它回岩前了。但当菩萨被抬至桃地坳时,新轿杠断掉了,虔诚的弟子们觉得事出有因,便通过僮子拜请问佛。古佛说,桃溪的香火很旺,它愿意在桃溪落下。于是,张姓十五世祖嵩磷公前往岩前协商。征得同意后,嵩磷公

---

① 林国平:《定光古佛探索》,《圆光佛学学报》1999年第3期;谢重光:《闽西定光古佛信仰的形成与传播》,徐正光主编《宗教、语言与音乐》,"中研院"民族学研究所,2000;刘大可:《关于闽台定光古佛的几个问题》,福建省客家学会主办《客家》1994年第4期。

② (宋)胡太初修、赵与沐纂《临汀志》,福建人民出版社,1990,第166页。

③ 参见(元)刘将孙《养吾斋文集》卷28《定光元应普慈通圣大师事状》。

付了50个银元,请岩前人另施一尊佛像。从此,岩前的这尊定光古佛像便留在桃溪东林寺,接受百姓的崇拜。

同样,武平县梁野山的白云寺也因拥有定光古佛的"圣物",而成为定光古佛信徒的向往之地。据当地报告人林荣丛先生说,定光古佛郑自严圆寂火化后,白云寺住持将其舍利——宝珠分别放在大古佛和四古佛像内腹保存供养。后来佛像由于历年久远开始腐朽,有一次抬佛像路过中堡镇高坊村时,宝珠不小心掉下来了,不知去向,曾有人晚上路过看见宝珠发光,一直尾随其后,直到天亮后又不见了。又有人说,"文化大革命"时破四旧,宝珠从佛像内掉出来后,有人将其捡到藏在家中柱内,但他死后,子孙再没有找到。

又相传,定光古佛圆寂后,有人行山巧遇梁野山中有一香藤奇结五个大核包,便取其核包雕刻成五尊法师身像,将其舍利移至内腹供奉。由于古佛每年都要"穿衣"二三十次,特别是武北,每个村打醮都会穿一次衣,天长日久,古佛像变成现在这样眼、鼻比较突出,像是戴了一副墨镜。由于这五个古佛很灵验,武平、长汀、上杭、粤东、赣南等地百姓,每年都将这几个古佛迎至各地建醮祈福、消灾、解厄、祷雨、救旱道场,游巡供奉,随后香火绵延不断,在各处建造众多的定光寺院,故有"无庵不成村,庵庵有定光"之说。如武北梁山村禅隆寺、昭信村的田心寺、亭头村的太平寺、湘坑村的宝林寺、龙坑村的福田寺等,主神为定光古佛,陪神则是定光古佛的五个化身——大古佛、二古佛、三古佛、四古佛、五古佛"五兄弟"。

关于定光古佛化身——五个古佛,当地流传众多不同版本的故事传说。据永平乡孔厦村报告人吴汉华先生说,这五个古佛是梁山顶一棵树上的五个"结"雕成的五尊菩萨,所以它们的形象比较古怪,其顺序则从树根第一个结依次为大古佛、二古佛、三古佛、四古佛、五古佛。由于这五个古佛十分灵验,有一次不小心被江西人全都偷走了,梁山人前往追赶,经过明察暗访,得知这五个古佛被藏在一座庵里,但当地人十分狡猾,已经另外做了五个一模一样的古佛,以至于梁山人也无法辨别哪五个是自己的真古佛,哪五个是假古佛。他们只好焚香祷告说:"如果是梁山的真古佛,你们就往前挪动一寸",说也奇怪,梁山的五个古佛真的就往前移动了一寸，真假不辨自明。于是，梁山人就将这些古佛带回，但在回家途中又遇到抢劫，在争抢中二古佛掉入龙个潭里，再也找不到了，所以只剩下四个古佛，回来后再补雕了一个，但补雕的二古佛再也没有像以前的二古佛那么灵验，所以当地人后来就比较不信二古佛了。

同样的故事母题，还有不同的版本，据林荣丛先生说：

> 武平县北门坊人在浙江做官，有一年当地一直干旱，求遍当地所有神明都不下雨，这位官员对当地人说："我家乡梁野山的定光古佛求雨都很灵验，不妨请来试一试！"当地人果真把梁野山的定光古佛请去求雨，天上下了及时雨。第二年，当地人出于报恩，又到梁野山来请菩萨前往打醮。打醮完后，当地人认为定光古佛比有手有脚的人还灵验得多，便强烈要求五个古佛中留两个下来，提出要么头尾两个，要么中间两个。所以，当梁野山的施主前往浙江迎回定光古佛时，发现当地人雕了五尊一模一样的定光古佛，一时难以辨认哪些是梁野山的古佛，哪些是当地人新雕的。梁野山的施主急得没有办法，便在这些神像面前烧香祷告："梁野山的古佛如果想回家的话，晚上要移出来一点。"第二天一大早，果真发现有五尊古佛移出了一点，梁野山的施主就将这些古佛抬走了。当地人发现后感叹说："福建佬敢精"，但还是想留一两尊古佛下来，便派人追赶，梁野山的施主正在过渡时，发现有人追赶，便十分慌张，一不小心把二古佛掉到河里找不到了。后来虽然补雕了一个二古佛，但补雕的终究不如原先的灵验。

又相传某年正月，四邻五村同时到梁野山白云寺迎接定光古佛下山打醮，几个村庄争得不可开交，甚至大打出手，头破血流，搞得定光古佛在暗地里觉得盛情难却，又不知如何是好，万般无奈时忽生妙计，随手摘下五个檀香苞子，吹一口气变成五个化身，分别称作大古佛、二古佛、三古佛、四古佛、五古佛，分派至五个村庄去分享人间香火，一场纠纷才告平息。此后，梁野山周围的村落凡建造定光古佛寺庙，除了塑定光古佛本像外，还常常选择一棵大樟树，依次雕刻五个化身或其中几个化身，以便分身各地，满足四邻百姓的需要。①

类似这样的故事还有不同的情节，据武平县亭头村太平寺住持石保先生说：有五个人行梁山，同时看到一棵树上长着五个檀香苞子，五个人遂结拜成兄弟，将这五个檀香苞子雕成五个菩萨，以他们的姓命名为徐大伯（大古佛）、郑细哥（二古佛）、林三爷（三古佛）、高四子（四古佛）、连五满（五古佛）。这五个古佛中，每个古佛的性格脾气是不一样的，如大古佛比较忠厚，性格也较悠，反应比较慢；二古佛已脱离福建，且跌落深潭后，比较不灵验；三古佛性格较急躁，如果遇到紧急情况，诸如火烧屋、发生洪水、打仗等就必须求助于它。一位报告人给我们讲述了一则与三古佛讨价还价的故事，说以前梁山村有一人放木排，突然遇到了洪水，眼看要遭到重大损失，于是他跪在木排上向三古佛呼救，朝天许愿说："如果洪水得以消退，他回家后还五十块大洋的香钱愿"，话音未完，洪水就开始消退。他认为可能不是三古佛起的作用，于是就改口说还三十块大洋的愿，这时洪水又突然涨了起来，他不得不再次向三爷古佛许五十块大洋的愿，许愿完毕洪水便开始退了。②

关于定光古佛和五个古佛的故事，武平县城的钟德盛先生也给我们讲述了一段有趣的故事：据说郑自严初到武平岩前，与何仙姑争夺南安岩石洞。两人斗法，何仙姑不胜，狮岩洞被郑自严占去。何仙姑气不过，便诅咒郑自严将来必定绝嗣，没有后代继承衣钵。但郑自严却以法力，把树枝的瘿和藤蔓、果实等变成人形，一下便化生了五兄弟——大古佛、细古佛、三古佛、四古佛和五古佛。五兄弟中只有三古佛喜欢出远门，每逢迎神赛会必与定光古佛同往。③

此外，武平县还传说有众多定光古佛生前亲身显示神迹的圣物。如史载禅果院后有龙泉井，常有龙珠在井中发光，相传为定光佛所凿。离南安岩数十里处的绿水湖，"水色深绿，可以彩画。旧传定光佛创院岩中，彩画大绿，

---

① 定光古佛的五个化身形态不一，据说性格脾气各异，大古佛形象高大，仁慈宽厚，较灵验。三古佛性格刚烈，脾气粗暴。
② 参见刘大可《闽西武北的村落文化》，国际客家学会、海外华人资料研究中心、法国远东学院，2002，第487页。
③ 参见钟德盛《武平县城关的庙会与醮会》，杨彦杰主编《闽西的城乡庙会与村落文化》，国际客家学会、海外华人研究社、法国远东学院，1997，第50页。

皆取诸此"。南安岩前有十二峰，相传因定光佛的偈语"一峰狮子吼，十二子相随"而得名。黄公岭上有泉水名圣公泉，"旧传定光佛过此，偶渴，卓锡而出。视其所有，仅杯勺，一日，千兵过之，饮亦不竭"①。

众多与定光古佛相关的圣物中，又以梁山顶的古子石传说最为当地人所津津乐道：

> 有一年老斗坑人为了欢庆收成，正在水口五谷大神神位前煮食聚餐，定光古佛化缘路过这里，见锅里正在煮肉，便对村民说能不能他的饭也一起煮，村民说：你的是素食，我们的是荤食，怎么可以一起煮呢？定光古佛说：那有什么关系，只见他用一根芒管在锅中间一隔两半，他素食那头一会儿工夫就热水翻滚，很快就煮熟了，而荤食这边却还未开始煮。他吃完饭后，看见水口石不但硕大无朋，而且十分好看，便和村民们商量说能不能把这块石头送给他，村民们见他一个糟老和尚，便开玩笑说：你如果拿得动，就拿去好了。定光古佛便伸出手拍了拍，巨大的石头却越拍越小，最后他用伞把把它背走了。这时，村民们才觉得水口石怎么可以随便让人拿走呢？于是就赶紧追了上去，一直追到了梁山顶。眼看快要追上了，定光古佛随手抓了一把泥土撒向天空，顿时烟雾蒙蒙，挡住了村民们的视线，再也看不见定光古佛和那块水口石了。据说，梁山顶的古子石就是老斗坑的水口石，所以在老斗坑这一侧至今看不到这块巨石。

另一则传说也与水口石有关：

> 相传定光古佛某日到老斗坑一带化缘，正好到了一位富翁家里，主人不理睬他。定光古佛原已化缘到一些米，便想借锅一煮，主人不想给他煮，便借口没柴了。定光古佛说：我用我的脚做柴好不好？竟将双脚放到灶膛里，噼噼啪啪烧了起来。一会儿饭熟了，定光古佛吃完后旋即离去。主人大吃一惊，一看家中的饭桌、板凳，都被烧光，而定光古佛的双脚仍是好好的，连一个伤疤也没有。主人持打狗棍追了出来，而定光行走如飞。到了水口，定光古佛看到有个镇水口的大

---

① （宋）胡太初修、赵与沐纂《临汀志》，福建人民出版社，1990，第51至52页。

石,便用绳子绑住,用伞把把它背走了。待屋主人追来,定光已将大石背上梁山顶,生气地往地上一放,悬空而立,危危欲坠。从此,老斗坑人时时担心巨石会从山上滚将下来而惶惶不安。①

同样的故事母题,还有不同的传说细节,据林荣丛先生说:

> 据说老斗坑人十分腐败,腐败到连小孩子坐栏的坐垫都是用黄米饭做的。定光古佛某日到老斗坑化缘,想化一些米,老斗坑人不肯,定光古佛说我很饿了,那小孩的坐垫挖一点给我吃可以吗?老斗坑人还是不肯。定光古佛原已化缘到一些米,说想借锅煮饭,老斗坑人不想给他煮,便借口没柴了。定光古佛说:我用我的脚做柴好不好?就将双脚放到灶膛里,噼噼啪啪烧了起来。一会儿饭熟了,定光古佛吃完后旋即离去。老斗坑人大吃一惊,一看家中的饭桌、板凳,都被烧光,而定光古佛的双脚仍是好好的,连一个伤疤也没有。老斗坑人持打狗棍追了出来,而定光古佛行走如飞。到了水口,定光古佛看到有个镇水口的大石,便站在一旁。老斗坑人赶到后想上前抓住定光古佛,定光古佛说你如果追上来,我就把石头扔过来。老斗坑人不相信定光古佛有那么大的力气,还是上前追赶。定光古佛便用手在石头上拍了拍,大石头越变越小,然后用绳子把石头捆住,用伞把把它背走了。老斗坑人继续追赶。待追到云磜时,老斗坑人还叫云磜人一起帮忙追赶。直追到了梁山顶。眼看快要追上了,定光古佛随手抓了一把泥土撒向天空,顿时烟雾蒙蒙,挡住了他们的视线。从此,梁野山顶上的古子石云磜人可看到一点,老斗坑人看都不让看,这块石上还刻有"此石出在老斗坑,佛法无边背上岭"一行字,而老斗坑人因为看不见古子石而时刻担心大石头会从山上滚下来。

凡此种种,都说明一个道理,即一个地方,如果拥有"圣人"的遗骨或与"圣人"有关的遗物,那么这个地方就会受到神明的特别保护,而成为信徒朝拜的中心。因此,各地寺庙会为争夺这些"圣物"而钩心斗角,甚至互相窃取。以这些圣物为中心,也就逐渐产生许多神奇的神迹故事。

---

① 同样的故事情节也见于武平县政协编《武平文史资料》第8辑,第53~54页。

围绕定光古佛"圣物"的故事与传说正是如此。不过,与其说这些"圣物"是定光古佛神迹发生的主体,不如说是定光古佛狂热而又好奇的善男信女虔诚崇拜的对象。

三 圣地

宗教圣地的产生与宗教崇拜有着密切的关系。各种人为宗教圣地的设置大都和宗教创始人或著名宗教徒有关,如印度佛教初期形成的圣地,主要是释迦牟尼出生、修行、成道、说法、涅槃的地方。在武平县定光古佛的神迹崇拜中,岩前狮岩的均庆寺、梁野山的白云寺就是其著名的圣地。岩前狮岩被说成是定光古佛的驻锡地与卒地,《临汀志》载:"南安岩,在武平县八十里。形如狮子,旧为龙鼋窟宅,俗呼为'龙穿洞'。后定光佛卓锡于此。书偈云:'八龙归顺起峰堆,虎啸岩前左右回,好与子孙兴徒众,他时须降御书来。'中有二洞:南岩为正,窈窕虚旷,石室天然,又有石门、石窗、石床、石鼓、石虎、龙、龟、猫之属,即佛之正寝;东岩差隘,而石龛尤缜密,即佛宴坐之地。"①《临汀考言》亦载:"南安岩在邑治南八十五里,形如狮子,旧为蛟龙窟宅,俗呼龙穿洞,定光大师卓锡于此,中有二岩,南岩窈窕幽广,石室天成,东岩差隘而石龛尤缜密。南岩石洞何年有,嵚崟疑是神工纽,碧峰独立势常尊,明月相过虚自受,开遍琪花别一天,飞来云气通千牖,渔翁仔细探桃源,亘古名山雷电守。"②两书虽有前后因循的痕迹,但都道出了岩前狮岩的宗教渊源和鬼斧神工的自然景观。这种宗教渊源与奇特的自然景观,很容易让人对岩前狮岩产生种种神秘感和神圣感,从而被信徒顶礼膜拜。狮岩旁边的均庆寺早在宋代就有所谓:"若其化后,香火之盛,栋宇之崇,其威光显赫,不可殚载……然数郡士女,结白衣缘,赴忌日会,肩骈踵接,岩寺屹然,道不拾遗,无敢犯者。"③悠久的宗教渊源配以神奇的天然石窟,岩前狮岩均庆寺

---

① (宋)胡太初修、赵与沐纂《临汀志》,福建人民出版社,1990,第 51 页。
② (清)王廷抡:《临汀考言十八卷》清康熙刻本,《四库未收书辑刊》捌辑 21~182,北京出版社,2000。
③ (元)刘将孙:《养吾斋集》卷 28《定光圆应普慈通圣大师事状》,影印文渊阁《四库全书》集部一三八,别集类。

自然很容易成为定光古佛信徒心中的圣地。

由于战乱，岩前狮岩的均庆寺在南宋末年也"寺焚碑毁"。但在元代初年即被重修，重修时无论是达官贵人，还是平民百姓，均慷慨解囊，捐资修建，到大德七年（1303）已成为一座规模宏大的寺院，刘将孙《养吾斋集》载："予客授临汀，大德癸卯，有旨诵经，环一郡六邑，惟南岩均庆禅寺定光古佛道场有新藏。于是陪府公莅焉。贝叶新翻，列函严整，宝轮炫耀，栋宇高深，龙蛇通灵，护持显赫。"后来，又得到汀州、梅州、循州、惠州、连州等地善男信女的巨额捐资，修建了大雄宝殿、雨华堂、山门、五百罗汉堂、云会堂、斋堂、塔等建筑，并购买若干田产，从而成为汀州最大的寺院。①

作为定光古佛信仰的祖庙，均庆寺曾在明万历年间和清乾隆十六年先后两次重修，乾隆十六年重修所需银两，除了在武平境内募缘外，还"外募十方，远及台湾"，共花费了一千多两银子，使之更加富丽堂皇。② 此外，该寺还曾为建造佛楼向台湾等地信众募捐，2002年1月7日，武平县岩前镇建筑队在南岩定光古佛寺——均庆寺旁，开挖水沟时挖掘出一块石碑，为我们提供了这方面的有力证据。

这块石碑长1.2米，宽0.55米，厚约0.1米。石碑两面分别镌刻"募叩台湾乐助碑记"和"台湾府善信乐助建造佛楼重装佛菩萨碑"。石碑记载了总计约700余名台湾信男善女为助建佛楼捐献银两。由此可见，岩前狮岩的均庆寺影响远及台湾，并被台湾信众奉为定光古佛的祖庙。

梁野山白云寺被认为是定光古佛到武平弘扬佛法的另一个圣地。《临汀志》载："梁野山在县东三十五里。俗传高五千余仞，分十二面，绝顶有白莲池。昔乡民采茗，误至一岩，见垂龙须草幕其门。披蒙茸而入，中有佛像、经帙、钟磬、幢盖，俨然如新。欲再往，迷失故路。按《梁野山》记；'古迹，有素书三百卷。瀑布奔入千秋溪，旁垂石如覆釜。'"③《临汀考言》亦载："梁野山在邑治东三十五里，险峻叠出，绝顶有白莲池，昔乡民采茗误至一岩，见门垂龙须草，蒙披而入，内有佛

---

① （元）刘将孙：《养吾斋集》卷17《汀州路南安岩均庆禅寺修造记》，影印文渊阁《四库全书》集部一三八，别集类。

② （清）刘登：《重建三宝殿碑记》，武平县政协编《武平文史资料》第8辑，第64页。

③ （宋）胡太初修、赵与沐纂《临汀志》，福建人民出版社，1990，第51页。

像、经帙、钟磬、幢盖如新,再往迷路。"有诗云:"仙山自昔开生面,梁野于今遗古殿,岩邃钟声出谷闻,峰高树影从天见,莲池浴日吐朝霞,石壁披云横素练,洞里残棋尚未收,沧桑几度韶光变。"① 我们在田野调查时,亦听到当地报告人说,梁野山顶云仙岩至今尚存宽阔的佛堂及多处坐禅的小洞,洞壁还留着安放照明油灯的遗址,这些地方都是定光古佛的修炼之处。

天下名山僧建多。田野调查的资料也进一步实证了梁野山白云寺很早就成为定光古佛信仰的重要寺庙的说法。据林荣丛先生报告说,这座寺庙的庙址在风水上属于"兔子回龙"的龙脉:

> 相传定光古佛在梁野山弘扬佛法时,住在梁野山顶的庵岩,有一天中午睡午觉前,他特地交代徒弟要看住,说如果有什么东西(指动物)路过要叫醒他。他睡后不久,徒弟见到有一只狮子张开血盆大口走来,他吓得半死,不敢去叫醒定光古佛。过了一会儿,他又见到一只老虎呼啸而过,更是吓得不敢言。最后,他看见一只兔子蹦蹦跳跳跑过来,便连忙叫醒定光古佛,说是有一只兔子路过,定光古佛大喝一声,这只兔子便回过头停在那儿,这就是被称为"兔子回龙"的白云寺庙址。这里的地形,正面是古子石,展眼望去则是一浪高于一浪的山脉。

峰高险峻的梁野山,神奇的传说,宗教圣地的主题得到尽情的体现。因此,尽管山高路远,寺庙几经兴毁,但白云寺一直香火旺盛,吸引了无数的善男信女前来朝拜,使他们得到了精神寄托和心灵的慰藉,成为赣闽粤边客家人一道无言的风景和虔诚膜拜的圣地。

围绕两大定光古佛的圣地,武平县村落有许多分香的寺庙。如武北桃溪的东林寺和岩前周围的寺庙多由狮岩均庆寺分香而来,而武北村落的四大名寺——亭头太平寺、湘坑宝林寺、龙坑福田寺则多从梁野山白云寺分香而来。定光古佛信仰的这两大圣地,由于具有象征性的宗教意义和宗教价值,从而成为信徒朝圣和崇拜的中心。朝拜圣地,常被宗教组织定为信

---

① (清)王廷抡:《临汀考言十八卷》,《四库未收书辑刊》捌辑 21~182,北京出版社,2000。

徒的善功，许多善男信女把这作为一生最大的心愿。在定光古佛信仰中也是如此。

武平县朝拜定光古佛圣地的形式有如下几种。

1. 朝山醮。所谓朝山，是某地信徒到定光古佛香火所源自的庙宇或居民认定的祖庙——梁野山白云寺、岩前均庆寺，去行谒拜之礼。这两大祖庙意味着历史悠久、神明更灵验、香火更旺盛。朝山醮的日期各村落没有统一的时间，但具体某一个村落都有自己的规定。朝山进香的基本仪式与平时打醮大体相同，不同的是一方面朝山醮迎接的菩萨是以事先准备好的香旗为代表，以香旗是否在归途的风中或水流交汇处打结来判定神明是否到位，或将祖庙的香灰包一些回去打醮，从而增加神性①。如武北桃溪村每年朝拜梁野山定光古佛日期为农历八月二十四日，每年的八月二十三日，桃溪村就会组织人员前往梁山顶，扛着定光古佛回桃溪，一路上彩旗招展、锣鼓喧天，大乐、小乐、纸炮齐鸣。磜迳高氏每年祭祀定光古佛的活动有两次：第一次是正月二十的古佛醮，这次打醮的主神是湘坑保林寺的大古佛；第二次是十一月二十的古佛醮，这次打醮祭祀的主神是梁野山的古佛，因此，这次打醮实际上就是朝山醮。但由于经费、路途遥远等方面的原因，他们并不会每年都去朝梁野山，而是每隔两三年去一次，而没去朝山的年份打醮时就扛着梁野山的大古佛牌位到水流交汇的河坝上或较近的高山寨子芣擎着香旗，望空而拜，朝天迎接。梁野山的定光古佛是否降临、香火是否接续的标志是看香旗的带子是否打结。据说，漳州市平和县龙归堂的古佛庵是狮岩定光古佛的分身，每两年龙归堂的主持来狮岩一趟，收取香灰回寺。每次香灰携至龙归堂时，信男善女数千人夹道迎接，敲锣打鼓，燃放鞭炮，甚是隆重热烈。

2. 打大醮。又叫放焰口，一般每隔 12 年一次，与普通打醮不同的是，普通打醮时往往抬就近寺庙的菩萨。如前述亭头太平寺、湘坑宝林寺、龙坑福田寺的定光古佛，而打大醮则必须到梁野山或岩前狮岩去迎接定光古佛。

3. 朝菩萨求签。民谚云："跨进庙门两件事，烧香抽签问心事。"朝拜

---

① 之所以要包香灰，据说是一些寺庙的香火来自祖庙，间隔时间长了会慢慢失灵，故每隔两三年要到祖庙谒祖进香。

圣地,还往往体现在到圣地求得比其他寺庙更灵验的"签"。我们每次到梁野山白云寺、岩前狮岩均庆寺,都会见到一批又一批的求签者。求签是他们来圣地朝拜定光古佛的重要活动之一,当他们抽到好的签文时或暗自高兴,或心花怒放。相反,当他们抽到不好的签文时,则立即请求化解,或当场许愿,甚至当场还愿。为了更好地说明问题,我们不妨先将梁野山白云寺的签文摘录如下:

上上签:求出此签为第一,佛降民间万事吉。即上灯油二斤半,再奉檀香四两七。

第一签:律转阳和宇宙新,普天之下庆三春。园林富贵花如锦,万户千门喜色临。

第二签:新月如弓未上弦,一朝弦上照三千。文星虽乡蛾眉显,精渐氲氤始蓄田。

第三签:正道衰时邪道番,人情微薄曲如弯。百般计算生机巧,何日悠悠得自安。

第四签:丹凤衔书入九重,风云际会显英雄。玎珰玉佩真奇异,五色云中架彩龙。

第五签:铁砚难磨正奈何,掩留岁月叹蹉跎。算来费尽心和力,历遍崎岖险路多。

第六签:将军垓下失英雄,南北东西路未通。途塞途穷兵散去,可怜独步过江东。

第七签:宝匣才开一镜湾,清光皎洁映朱颜。细看无限精神驻,明月团圆照世间。

第八签:春来风雪雨丝丝,林苑萧条尚未滋。一朝若得风雨暖,红红绿绿照千枝。

第九签:日已衔山万物苍,云山迢露路茫茫。昏鸦声噪愁人意,岩谷山头有虎狼。

第十签:日出东海景色新,衣冠齐整拜朝廷。虽然恩降如霖雨,灾祸消除福禄昭。

第十一签:月出苍海上元青,万里浓云点点红。若得中宵风力扫,必然涌出一轮明。

第十二签：渺渺长江一叶舟，湖中浪滚正茫然。纵然摇橹尽心力，好事终始不得明。

第十三签：夫妻配合两相宜，花烛双辉正及时。一夜姻缘天注定，绵延百世不须疑。

第十四签：凿炼崑山大石岗，费心费力费肝肠。一朝取得无瑕玉，价值千金斗斛量。

第十五签：一叶扁舟泛水边，还遭风卷浪声喧。若得中间波涛静，一炉清香拜上天。

第十六签：喜遇春时景色佳，求名求利正堪夸。禾田处处逢甘雨，枯木枝枝吐锦华。

第十七签：胸中经史焕文章，名成利就莫能量。始信黄花开晚景，太公八十遇文王。

第十八签：客地周流路渺茫，时思桑梓正难茫。鱼沉雁落无消息，泪洒西风结感伤。

第十九签：荷戈壮士气如虹，一片丹心百战功。四海名扬勋业盛，须臾随手觅三公。

第二十签：静读诗中作布衣，灯窗迟滞少年时。一朝若得风云会，万里鹏程自可期。

第二十一签：可笑螳螂用计谋，纵横绿杵捕蚕蜩。虽然觅得高枝下，黄雀潜窥在后头。

第二十二签：英雄俊秀少年郎，满腹文章锦绣裳。步入蟾宫高折桂，飘飘罗袖带天香。

第二十三签：炼得金炉九转丹，年深月久费盘桓。一朝力到功成处，可驾祥云往复还。

第二十四签：失群孤雁远飞亡，流泪声哀哭断肠。遥望故乡终不见，可怜只影落他方。

第二十五签：参天松柏树苍苍，一径堪夸作栋梁。气质昂然颜不改，冬来那怕雪和霜。

第二十六签：铁杵细磨欲作针，劳心劳力又劳神。若能磨得成针样，只恐蹉跎岁月深。

第二十七签：忽然蛇动入门庭，田宅货财一半倾。若得神明降福助，免教人口祸相侵。

第二十八签：骑马矫矫入帝畿，载驰不怕路崎岖。嘶声远送如龙走，直到凤凰池上飞。

第二十九签：诚心来到拜佛恩，要赏灯油定一斤。再奉寿香五百品，一年合家保平安。

2008 年 3 月 10 日，我们就梁野山白云寺的求签活动进行了一次实地调查。调查期间，先后遇到三位来自上杭官庄的妇女前来求签。求签时，求签者先将求什么、姓名、年龄、家庭人口告诉解签者和古佛。第一位妇女求家运，求得第十三签。解签者蓝如梅先生要其按家庭人口 4 人许 16 块香钱。第二位求得第二十三签。蓝如梅先生认为该签没什么问题，事主无灾无难，便没有要求其许香钱。第三位求外出打工丈夫的财运，蓝如梅认为该妇女的丈夫十月以前可以外出做工，十一、十二月则要回家，否则一年的收入就会血本无归，被他人弄走。在短短的两个小时左右，我们遇到的求签者前后达五批二三十人。我们到达梁野山白云寺的时间过了中午 12 点，也就是说已经过了来该寺求签的高峰期。可见，一天之中前来求签的人数之多。

4. 庙会。每座寺庙都有庙会，一般限于较小的范围。但作为定光古佛圣地的梁野山白云寺和岩前狮岩均庆寺的庙会，影响就不同了，许多人是怀着朝圣的心情参加的。如岩前均庆寺的正月初六庙会，当地人说是定光古佛生日，其实为定光古佛的坐化日。从正月初五开始一直热闹到正月十五元宵节。在此期间，邻近的上坊村，蕉岭县的广福村，十方的黎畲、鲜水、高梧等村，都有善男信女三五成群前来行香，前后有上千人参加。十方黎畲的善男信女习惯在每年正月初九到均庆寺行香、许愿、祈求保佑，至九月初六日到寺还愿。此外，象洞的龙灯、岩前上墩、伏虎的船灯，岩前东峰、蕉岭广福的狮灯都纷纷前往表演。

不仅如此，朝拜定光古佛的活动还远播至台湾和东南亚一带。1991 年，台北淡水镇鄞山寺为定光古佛"寻根问祖"，派出胡俊彦、徐守权两位先生为代表，还三次到岩前狮岩均庆寺朝拜。第一次，在狮岩看到定光古佛来南安岩的古碑，用红漆填好字迹，拓好拓本带回台湾。第二次，胡、徐两位先生携台胞善男信女 20 余人到狮岩朝拜定光古佛。第三次，他们在厦门雕塑定光古佛佛像一座，用两部汽车运送到狮岩。同时，将定光古佛像立于狮口，定下一条规矩，要求信徒每隔3年，在定光古佛像前包装香灰回台。2000年，台南大竹镇派人到均庆寺举行分香仪式，移植香火到台湾。2007年6月23日，台湾海峡两岸合作发展基金会董事长张世良，偕同台湾宗教文化参访团一行20人，来到岩前狮岩均庆寺，和来自广东以及本地的400多名信徒一起参加定光古佛庙会，向定光古佛供奉进香。这次参访团成员主要来自台湾彰化市，他们手摸着祖上安放的定光古佛像，虔诚地把炉中香灰装入瓶罐，他们要把香灰带回台湾，以示供奉的定光佛得到承认，庇佑平安。

1996年10月，原籍广东梅州市的泰国华侨谢先生，携全家从梅州包车两部到狮岩向定光古佛还愿（过去曾许愿，若发了财，定当谢恩）。他们从梅州带来精致的花灯和上好的香烛供品以及13幅菩萨像，请来尼姑4人，念了两场经，全家顶礼膜拜，跟着尼姑走圆场。[①]

武平县定光古佛信仰的两大圣地，与定光古佛郑自严的修行、成道、涅槃有关，同时也依靠众多的传说、灵迹衬托，还与著名景观相互辉映，反映了宗教信仰圣地形成与发展的一般规律。

通过前面关于定光古佛圣人、圣物与圣地的论述，我们还可以得到如下几个方面的认识。

1. 定光古佛信仰是闽西客家文化的重要组成部分。定光古佛郑自严生前是人，但他苦修得道，德行高超，从而超凡入圣，获得常人所没有的异能。围绕圣人的活动、圣物的遗留、圣地的构建，形成了数以百计的故事传说、五花八门的祭祀组织、名目繁多的祭祀活动与仪式等，构成了丰富多彩的定光古佛神迹文化。这些神迹文化后来还逐渐演变成广大民众日常生活的行事和文化活动，从而成为重要的民间传统和俗文化，其影响不仅在武平县，而且遍及赣闽粤客家地区，甚至远播台湾和东南亚一带。

2. 费尔巴哈说："没有神迹，神就不成其为神。"圣人、圣物、圣地使武平县成为定光古佛的信仰中心，衍生出种种故事传说和种种信仰习俗。反过来，这些故事传说的产生、复制、放大与信仰习俗的传播，又进一步巩固

[①] 李坦生、林善珂：《武平县岩前庙会醮会概况》，杨彦杰主编《汀州府的宗族庙会与经济》，国际客家学会、海外华人研究社、法国远东学院，1998，第57~58页。

其信仰中心的地位。由此，我们认为，如果没有对定光古佛神迹的信仰，定光古佛信仰也会因此而失去引人入胜的魅力，失却广大信众的信仰。

3. 在定光古佛信仰体系中，分别存在着两个不同层级的不同系统。第一个层级的不同系统是闽西客家地区的定光古佛信仰不同于佛教上的定光佛。第二个层级的不同系统是闽西客家地区的定光古佛信仰分属两个不同的信仰中心。不同层级、不同系统的定光古佛信仰在不同寺庙、不同地区又相互交织在一起。例如，将杭州的法相寺、洛阳的白马寺与岩前的均庆寺胡乱地联系在一起，以致出现人们经常引用的"金身留浙水，宝珞镇蛟湖"等对联。又如，武平的定光古佛有两个信仰中心，一是以梁野山白云寺为代表的定光古佛信仰，同时配有定光古佛五个奇特的化身，其影响主要在梁野山周围的十三村、武北六十四村、上杭、赣南等地；一是以岩前镇均庆寺为代表的定光古佛信仰，没有五个化身，其影响主要在武南、永定、连城、广东的梅州和台湾等地。

4. 武平县的定光古佛信仰在本质上是一种民间信仰，无论其"圣人"、"圣物"、"圣地"，还是其信仰活动、祭祀仪式，体现的都是一种区域族群的保护神角色。但它又与佛教密切地联系在一起，披上了佛教的外衣，庙宇称佛寺，名叫定光佛，并与大名鼎鼎的何仙姑进行斗法，反映了民间信仰随意随俗的特点。

5. 武平县的定光古佛信仰实证了种种普遍的宗教现象。在中国古代，"夫圣王之制祀也，法制于民则祀之，非是族也，不在祀典"①。列入祀典的宗教崇拜对象不仅是血缘上的祖先，而且是"法制于民"者，"以死勤事"者，"以功定国"者和"能御大灾"者，即"有历烈于民"的"圣王"。所谓"圣"者，即今日的英雄。这种英雄崇拜在我国少数民族中也普遍存在，如研究羌族原始宗教的学者钱安靖先生说："凡有功于民者和民族英雄，皆被奉祀为神。各种工匠技艺精湛，有益生产，便利生活。功德在民，受到羌人崇拜。故羌人家中供有建筑神、石匠神、木匠神、铁匠神等等。民族英雄除暴安民、反抗官府、解除民困，受到羌人爱戴和尊敬，并形成神话传说……"② 显然，定光古佛经由"圣人"而成神明，符

---

① 《国语·鲁语上》
② 吕大吉、何耀华总主编《中国原始宗教资料丛编》，上海人民出版社，1993，第450页。

合英雄崇拜的一般规律。

不仅如此，在武平县定光古佛信仰中，还体现了英雄崇拜与自然崇拜相结合的一般规律。如前所述，定光古佛的两个信仰中心，无论是白云寺还是均庆寺，均与武平八景之一——梁野仙山和南安石洞联系在一起，并且均有巨石、奇岩，分别有"峰高树影从天见"、"石壁披云横素练"、"一峰狮子吼，十二子相随"之说，具有以大自然现象为依托的自然崇拜色彩。在中国古代，山石等自然崇拜是十分普遍的宗教文化现象，天子祀五岳，百姓祭本地名山。巨石突兀，人们往往视之为神，将其神化与神话；石崖、石壁，陡峭巨大，亦使人感到神奇畏惧而崇拜。因而，天台山、峨眉山、九华山等既是佛教名山，也是道教的洞天福地；云冈石窟、敦煌莫高窟也成为宗教圣地。在定光古佛信仰中，英雄崇拜与自然崇拜也是如此有机地结合在一起，共同完成了对定光古佛信仰中心的构建，由此武平县梁野山的白云寺和岩前镇的均庆寺也就成为定光古佛信仰中名副其实的圣地。

宗教圣地在当代社会中的一个显著的特点是，一方面继续保持了以往的宗教活动功能，表现了自古以来的各种文化内容，是传统文化的一个重要组成部分；另一方面则表现在宗教圣地逐渐成为文化建设、发展旅游、搞活经济的重要支柱和第三产业的主要内容之一。融自然景观和人文景观为一体的宗教圣地是当今社会的一大旅游热点。许多地方都充分认识到这种无烟产业带来的巨大经济效益，因此投入了大量的人力、物力，精心修缮和恢复各种"圣地"，同时带动了一大批相关产业，如旅馆业、饮食业、文化产业等。这是我们今天讨论闽西客家文化，以及规划闽西客家文化旅游时应当特别加以重视的。

定光古佛"化身"刍议

钟红英*

【摘　要】　对流行于客家聚居地被客家人们尊为保护神的由郑自严化身而来的定光古佛目前已有较多的研究，但对于几乎在同时代出现的同样有"定光古佛"之称的如"长耳定光"、"奚氏定光"、"猪头定光"的研究却鲜有涉及。本文在前人研究的基础上，就由"自严和尚"、"长耳和尚"、"宗杲和尚"及"猪头和尚"等定光古佛"化身"现象作简要比较论述。

【关键词】　郑氏定光　长耳定光　奚氏定光　猪头定光

受自然环境和社会历史文化的影响，由"人"而"神"的民间造神运动从人类产生开始起就从未停止过。据统计，在福建的民间造神数量大体为唐以前26个、唐代66个（其中后唐33个）、五代47个、宋代71个、元代7个、明代3个，另年代不明43个。① 可见唐朝至宋朝是福建民间造神运动的高峰期，约占总数的70%，定光古佛即是这一时期的产物。从相关资料来看，定光古佛在历史上曾经具有多种形态，作为闽西客家人最崇拜的神祇之一的由"自严和尚"化身而来的定光古佛（简称"郑氏定光"，下同），其神话传说、生卒考、神性，及其形成、流播、闽台缘等，王增能、劳格文、林国平、汪毅夫、谢重光、刘大可、杨彦杰②等众多学

---

*　钟红英，现供职于福建省文联，文学创作二级（副高）。中国少数民族作家协会会员、福建省作协会员、福建省美术家协会艺术评论委员会委员、福建省当代文学研究会常务理事、福建省传记文学学会理事。

① 参见刘大可《传统与变迁：福建民众的信仰世界》，社会科学文献出版社，2010，第32页。

② 王增能：《谈定光古佛——兼谈何仙姑》，《武平文史资料》第8辑；〔转下页注〕

者从不同侧面作过系统论述，相关部门还召开专门的学术研讨，出版论文集，研究成果相当丰硕。但对几乎在同一时代同样有"定光古佛"之称的其他神祇如"长耳和尚"（简称"长耳定光"，下同）、"宗杲和尚"（简称"奚氏定光"，下同）、"猪头和尚"（简称"猪头定光"，下同）却鲜有涉及。本文试图在前人研究的基础上，就闽西"自严和尚"与"长耳和尚"、"宗杲和尚"及"猪头和尚"等定光古佛"化身"现象作一简要论述，以求教于方家。①

一 定光古佛化身概况

1. 在闽西客家地区广为流传的由泉州人郑自严化身而来的"郑氏定光"

"郑氏定光"在康熙和民国《武平县志》、乾隆《汀州府志》、宋《临汀志》及《舆地纪胜》等古籍文献中都有或详或简的记载。值得说明的是，这些古籍版本所记述的相关内容并非完全一致，如关于郑自严生年就有五代以前说、元代说、公元917年说；而其卒地，亦有武平说、长汀说和杭州说之别。这些说法各有所据，一度使学界对武平均庆寺定光古佛"祖地"产生怀疑和争执，对此学者谢重光、刘大可诸教授都有相当详细的考证。② 今学界

（接上页注②）劳格文："Dingguang Gufo: Oral and Written Sources in the Study of A Saint"（约6万字，未刊英文稿）；林国平：《定光古佛探索》，《圆光佛学学报》1999年第3期；谢重光：《闽西定光古佛信仰的形成与传播》，徐正光主编《宗教、语言与音乐》（第四届国际客家学研讨会论文集），"中研院"民族学研究所，2000；杨彦杰：《淡水鄞山寺与台湾的汀州客家移民》，《福建省社会主义学院学报》2001年第3期。刘大可：《关于闽台定光古佛的几个问题，福建省客家学会主办《客家》1994年第4期；刘大可：《闽西客家地区的定光古佛信仰》、《台湾的闽西客家移民与定光古佛信仰》，《传统的客家社会与文化》，福建教育出版社，2001；刘大可：《圣人、圣物与圣地：闽西武平县定光古佛神迹崇拜研究》，《闽台地域人群与民间信仰研究》，海风出版社，2008。

① 关于定光古佛，除"自严和尚"、"长耳和尚"、"宗杲和尚"、"猪头和尚"化身外，尚有宋太祖、宋太宗、南宋高祖、戴甲（元末）等化身定光古佛之说，此几例乃为政治宣传目的所需而创造之"神"，与民俗信仰之"约定俗成"有较大差距，因此本文不引以为例，详细可参考杨梅《中国古代的定光佛信仰——兼论唐宋以来的民间"造佛运动"》，http://www.fjdh.com/wumin/HTML/69171.html。

② 谢重光：《闽西定光佛信仰研究》（香港民间佛教会议论文），"艳阳天的博客"（http://cgxie99.blog.163.com/）；刘大可：《闽西客家地区的定光古佛信仰》，福建教育出版社，2001。

普遍认同宋开庆元年（1259）由胡太初修、赵与沐所纂的《临汀志》中的内容："敕赐定光圆应普慈通圣大师……年十一，恳求出家……年十七，得业游豫章、过庐陵……盘旋五载……乾庵牧牛……祥符初。有僧自南海郡来告……四年，郡守赵公遂良闻师名……真宗朝……八年正月六日申时，俄集众云：'吾此日生，今日正是时，汝等当知妙性廓然，本无生灭示有去来，更言何事？'言讫，右胁卧逝，春秋八十有二，僧腊六十有五。……定光，泉州人，姓郑名自严。乾德二年，驻锡武平南安岩。淳化二年，别立草庵居之。景德初，迁南康郡盘古山。祥符四年，汀守赵遂良即州宅创后庵延师。至八年终于旧岩。"依此可断，"郑氏定光"生于公元934年，卒于1015年，卒地为武平南安岩均庆寺，于五代末宋初成佛。

郑自严由人而神的过程并非一帆风顺，而是颇为曲折，元代刘将孙详细记述了这个过程："（定居南岩后，民众）趋祷奔赴，师随其因缘，吉凶善否，已往未来，无不忠告，隐微毕露，警耸感动，云合辐辏，或惧其太甚，师曰：'只消吾不语。'于是闭口不复言，如是者一年。民有代岩院输布者，监官张倅晔阅布，布中有师手札，以白之郡守欧阳程，谓幻惑。逮师问状，师至不言如故。守倅益怒，使褫其衣，焚其帽，火烬而帽不焦。偬、愈以为左道。血浇蒜薰，益之以火，而衲缕逾洁，乃谢，遣使去。师于是白衣而不褐。如是者又三年，乃复言。然犹白帽道衣，屈指擎拳，终其身。"① 可见起初官方是把自严和尚当作"邪门左道"来看待的。直到祥符四年和六年汀州郡守赵遂良、胡咸秩领教了他的神通后表奏朝廷，由此才有了从熙宁八年（1075）因祷雨感应首次赐号"定应"，到崇宁三年（1104）因木雕真身额、面、后枕"生白毫"异相，加号"定光圆应"，至绍兴三年（1133）助军破贼再赐"普通"，直到嘉熙四年（1240）累封至"定光圆应普慈通圣"大师的八字封号，历时100多年。②

大量民间传说记述了定光古佛除蛟伏虎、为民除害，疏通航道、寻找泉水，祈雨求晴、筑陂开圳，为民请命、心系百姓，福通三界、佛法无边

---

① 杨梅：《中国古代的定光古佛信仰——兼论唐宋以来的民间"造佛运动"》，http://www.fjdh.com/wumin/HTML/69171.html。
② 林国平：《定光古佛探索》，《圆光佛学学报》1999年第3期。

的故事。① 值得一提的是，除以上五类较为流行的传说外，定光古佛还司治病之职和有送子之效，如元刘将孙《定光圆应普慈通圣大师事状》记曰："庐陵西峰凡病而祷者，捧纸香上，良久可得药。药五色，红黄者即愈，褐者缓，黑者不可为。或轻如炉灰，或实如粟粒。此又耳目之近、东西州之远所可证者。故阖郡自示寂以来通称之曰圣翁，敬之也。"而据传是苏东坡写定光古佛的赞词则称其"驱使草木，教诲蛇虎。愁霖出日，枯旱下雨。无男得男，无女得女"，今武平长期流传的"寄子岭"的故事也反映了定光古佛司生育的功能：相传宁化余某曾向定光古佛祈求子嗣，不久，妻子果真怀孕，生下一子。余某夫妇感恩不尽，抱着儿子一齐到南安岩均庆寺叩谢，想不到离南安岩20里处小儿子突然死去。余某夫妇仍坚信定光古佛法力无边，定能使自己的儿子死而复生，就把儿子暂安放在荒岭，一起到南安岩均庆寺进香祈祷。拜毕，回到荒岭，死去的儿子早已复活，正坐在那里吃馒头呢。后世人称此荒岭为"寄子岭"。② 长汀县"抢佛子"③ 习俗便于此信仰衍生而来。

由于定光古佛神通广大、法力无边的故事经人们口耳相传和不断再加工创造，其信仰渐由闽西客家聚居地向周边及省内外扩散，汀州各县如武平、长汀、连城、上杭、清流、宁化，闽中闽北的沙县、建阳、南平、泰宁、瓯宁、崇安、建安、建瓯、顺昌，闽南的龙岩县（今龙岩新罗区）、泉州晋江县，赣南虔化县，粤东梅州、惠州、循州，及四川广安县等都有专门祭祀定光古佛或与定光古佛有关的庙宇，④ 佛事信仰不可谓不盛。

2. 流行于浙江由晋江人陈氏化身而来的"长耳定光"

关于陈氏"长耳和尚"，据《宋高僧传》记载称："释行修。俗姓陈。

---

① 刘大可：《圣人、圣物与圣地：闽西武平县定光古佛神迹崇拜研究》，《闽台地域人群与民间信仰研究》，海风出版社，2008，第302~304页。

② 王增能：《谈定光古佛——兼谈何仙姑》，政协武平县文史资料工作组编《武平文史资料》第8辑，第53页。

③ 光绪《长汀县志》载：汀俗佞佛，民间借祈报之礼以间行怪事，如郡城正月初七，鄞河坊迎神于南廨寺前，将长竹二竿结伏虎佛号牌于上，嗣艰者分党纠集，候迎神毕，牌坠下，听各攘臂分抢，抢获者众，用鼓乐果导引归家，以庆举子之兆，间有获应者。不记肇自何年，俱昔日好事之徒为之。

④ 详见谢重光《闽西定光佛信仰研究》（香港民间佛教会议论文），"艳阳天的博客"（http://cgxie99.blog.163.com/）；刘大可：《闽西客家地区的定光古佛信仰》，福建教育出版社，2001。

泉州人也。少投北岩院出家。小心受课，诵忘克勤。十三削发。往长乐府戒坛受上品律仪。随众请问。未知诠旨。辞存师言入浙去。存曰：与汝理定容仪。令彼二人睹相发心。遂指其耳曰：轮廓幸长，垂珰犹短，吾为汝伸之。双手平曳，登即及肩。如是者三，自此长垂，见者举目。后唐天成二年丁亥岁入浙中。倾城瞻望，檀施纷纷。遂构室于西关高峰，为其宴息，后郁成大院。脩别无举唱，默默而坐。人问唯笑而止。士女牵其耳交结于颐下，杭人号长耳和尚。以乾祐三年庚戌岁十一月示疾。动用如平时。以三月中夜坐终。檀越弟子以漆布，今亦存焉。后寄梦睦州刺史陈荣曰：吾坐下未完。检之元不漆布，重加工焉。"《闽书》也载："杭州西湖南山法相院僧行修，陈氏子。生而异香满室，长耳垂肩。迨七岁尤不言，或曰：'哑耶？'忽应声曰：'不遇作家，徒撞破涅楼耳。'长游方外，至金陵瓦棺寺祝发受具。参雪峰义存。后梁开平间，至四明山中，独栖松下说法，天花纷雨。又趺坐龙尾岩，结茅为盖，百鸟口衔花飞绕，经岁为常。后唐同光二年，至杭之法相，依石为室，禅定其中。乏水给饮，卓锡岩际，清泉进出。钱越王以诞辰饭僧，永明禅师告王曰：'长耳和尚，定光佛应身也。'王趣驾参礼。师默然，但云：'永明饶舌'，少顷，跏趺而化。久之，益肤革津泽，爪发复长，月必三净。寺僧恐其久而毁也，乃以发涂骸体。宋咸宁三年，赐号宗慧大师。"此外《十国春秋·列传》、《涌幢小品》、民国《武平县志》等也有相类似之文献记载，由此大体可知："长耳和尚"俗姓陈，泉州（今晋江）人，幼年投北岩院出家，十三岁削发进长乐府（今闽侯）学习，于后唐天成二年（927）辞师入浙，入浙之前其师存和尚将他的耳朵拉长至肩。他相貌奇特，居杭州法相寺，杭人称之为"长耳和尚"。其生年不详，后汉乾祐三年坐化后其弟子塑其真身，获敕赐号"宗慧大师"。

"长耳和尚"出生时"异香满室"，从小不会说话，至7岁时突然开口，说出"不遇作家，徒撞破涅楼耳"以志出家修行意愿，在浙江说法之时，现"天花纷雨"、"百鸟口衔花飞绕"的奇异现象，至杭州法相寺后"依石为室，禅定其中"、"卓锡岩际，清泉进出"，显示其有不同一般的神力。其佛法神性之事，明确记载的有：明代张京元《法相寺小记》有"法相寺不甚丽，而香火骈集。定光禅师长耳遗蜕，妇人谒之，以为宜男，争摩顶腹，漆光可鉴……"之说，又有载"法相寺俗称长耳相……谓是定光佛后身。妇女祈求子嗣者，悬幡设供无虚日，以此法相名著一时"，可见"长耳定光"有司生育功能；又传，"……长耳和尚，相貌奇伟，长耳垂肩……十八岁，参谒雪峰义存，得其心印，此后常现驯服猛兽等灵异"，又可见"长耳定光"还具如"郑氏定光"为民除害之职。

与客家地区自严和尚坐化后被尊为"定光古佛"不同的是，浙江陈氏"长耳和尚"行修生时，人们已经认为他就是定光古佛化身，"人早知其为应化身"；《十国春秋》卷89《列传》也称他初至天台山，被余僧视为"定光佛应身"。时吴越王钱俶生日饭僧于永明寺，因其遍体疥癞，径上坐，王见大不敬，"遣之去"，后永明延寿禅师告诉他长耳是定光佛化身，忙行大礼，直呼"定光佛"。

3. 在浙江、安徽流传的由奚姓宁国人（今安徽宁国市）化身而来的"奚氏定光"

奚氏定光古佛为临济宗杨岐派第五世高僧宗杲化身。据载：宗杲生于宋元祐四年（1089），卒于南宋隆兴元年（1163），俗名奚昙晦，字妙喜，宣州宁国人。《大慧年谱》记其母梦"神人卫一僧，黑颊而隆鼻，造于卧室"，乃怀胎；及其出生则现"白光透室"的圣贤景象。

昙晦12岁出家，17岁落发，至景德寺（浙江灵隐寺）受戒，初参曹洞宗诸名僧。宣和六年（1124）于杭州参拜圆悟法师，顿然悟道。靖康元年（1126）朝廷赐紫衣及"佛日"之号。绍兴七年（1137）任径山寺（浙江余姚县境内）住持，学徒达700人。绍兴十一年因对秦桧表示不满而被夺衣牒充军到衡州（今湖南衡阳市），后迁梅州（今广东梅州市）。传说宗杲抵衡州前夕，太守及市民都梦见定光佛进城，"从之者万余人，当时訇然以为定光佛降世矣"。绍兴二十六年遇赦，恢复僧服，住杭州灵隐寺。教宗赐其为"大慧禅师"，并御"妙喜庵"三字赐之。宗杲示寂后，九华山僧徒尊其为"定光佛"，铸铁佛坐像供奉。"奚氏定光"的传说故事主要有以下几则。

（1）舅舅建新房的故事。昙晦小时父母双亡，寄居于舅舅家。一年舅舅家建新房，上午到了上梁吉时，屋梁怎么也上不去，不是长了就是短了。原来舅妈平时对昙晦刻薄，为了气气舅妈，此时正在对面山上放牛的昙晦也用茅草秆搭房架，故意一会儿将屋梁做长些，一会儿将梁截短些，致使舅舅的屋梁上不了。回到家后，见屋梁果然没安上，昙晦就对舅妈许诺:"只要你杀只公鸡给我吃,我保证把梁安上去。"舅妈依言,只好杀了一只鸡,却只烧了一半下去。昙晦吃了后说,只烧了半只鸡嘛,舅妈说全烧了。昙晦说,不信我吐出给你看,当即便吐出一只鸡脚来,这只鸡脚便在地上跳起来,把舅妈吓得不轻,赶紧再烧了另一半给昙晦吃。昙晦吃完后便叫来木匠师傅,对他们说,我在对面山上叫你们上,你们就上。他在对面山上截了一根茅草,比划好长短,安在两边排架上,然后叫木匠师傅开始上梁,梁果然安上了。

(2)柳叶变鲫鱼的故事。有一天,舅妈叫昙晦到桥头油坊去打油。昙晦经过田畈时,见七八个人在栽秧,其中一人喊他在田头坐一会儿,他走到田头说:"你们快栽秧,要不然我油打回来,还栽不好。"栽秧的一人说:"这块田只有五分,七八个人,个把时辰就栽好了。"昙晦说:"我回来之前肯定栽不好,不信打个赌。"昙晦趁人不注意时,将柳枝上的柳叶掳下来,撒到水田里。瞬时柳叶都变成了鲫鱼。

一个时辰后,昙晦打油回来了,见七八个人还在水田里捉鱼,秧苗一棵也没栽,说到:"怎么样,我说栽不好吧。"其中一人说:"田里许多拃把长的鲫鱼,就是捉不到。"昙晦说,我来捉。他用手在田角的水中轻轻拍一拍,鲫鱼齐向他的手掌下游去,他用手掌一抓,田里的鲫鱼没了,手掌中却是一把柳叶。接着,他和大家一道把秧苗栽好。从此后,大家知道昙晦有法力。

(3)定住太阳的故事。相传宗杲和尚在家乡宁国欲建龙骨寺,先用神通找来一块龙骨当庙大殿顶梁,又以神通从各地搬来大大小小的石头,放于关口(磨盘山),却缺皇帝官府的批准、上等木材和大量银子。为此他直接上京找皇帝,但苦于无人作引,于是想来一计,躺在京城城墙上睡觉。奇怪的是他睡觉不是闭着眼睡,而是睁开眼瞄着太阳睡。这下更怪的事情出现了,太阳按日常早该下山了,可它这会儿却还高高挂在天上,把皇帝和大臣都惊动了,待派人一查,原来正是宗杲法力使然。于是皇帝感于神力,答应了宗杲的全部要求。

又传说,宗杲的一位佛法高深的师父圆寂后,宗杲到京城向皇帝为其讨封号,可是皇帝的侍卫不让他进去,无奈之下他只好盘坐在宫廷外,右手指向太阳,口中念念不停,这时奇迹发生了,天上的太阳停止不转了。一连几个小时过去,皇帝在金銮殿上坐不住了,问:"怎么还未到午时?"

司辰官到宫外一看，见一和尚在打坐，便明白了，急忙向皇帝禀报："宫外有和尚在作法，将太阳定住了！"皇帝听说连忙宣和尚进殿，待听明来意，心想，此人有如此大法力，想必他师父法力更高，便给他的师父封了号。此事传开，人们便将宗杲称为"定光佛"了。

（4）洗陶瓷油罐的故事。崇宁四年（1105），昙晦到山东慧宁寺依慧齐法师出家，一次，慧齐法师叫昙晦将寺中一只多年装油的陶瓷油罐清洗干净。由于罐口小，里面沉淀的油脚料非常难洗，他向罐里吹了口气后，竟然将油罐翻过来，在沙滩上来回滚动摩擦，很快就洗干净了，然后再翻回来，把慧齐法师看得直点头。又一次，慧齐法师外出化缘前，嘱咐昙晦将寺庙殿堂打扫干净。寺庙中菩萨很多，不好打扫，宗杲说道："大菩萨、小菩萨，出去晒太阳。"果然，大、小菩萨都到门口晒场上去了，昙晦先将外面各位菩萨擦干净，再把殿堂打扫好。然后，到禅房读经书，忘记搬菩萨回殿堂。傍晚时，他突然发现师父在田畈的路上，正往回走，急忙喊道："大、小菩萨，各登各位。"慧齐法师看到，菩萨自己往寺庙里跑，肯定是小和尚作的法，从此对自己这位徒弟更是器重。

关于宋杲和尚，他的家乡宁国市今有民间传说其亦为"长耳和尚"，所在寺庙为一座建在"关山"上的龙骨寺，直到"文革"这座寺庙乃堪用"雄伟"来形容，一直到"文革"中后期才被公社派人拆掉，今只剩近年才重修于好的新庙，但规模甚小。此因笔者眼力所及未见更细文献记载，且存疑。

4. 传于浙江、江西的由"猪头和尚"化身而来的"猪头定光"

据清代雍正年间《金华征献略》记述：定光佛俗姓徐，金华十九都（今澧浦镇）弯塘人，出家祥符寺［址在今四牌楼小学，东晋义熙间（405～418）建，称法幢寺，宋大中祥符间改称祥符寺，清改称火德神殿，寺内有定光佛遗迹］，法名志蒙，爱穿鲜艳的绫罗法衣，往来于城区化缘，讨得钱物，每每用以换取猪头肉当饭，故名"猪头和尚"。凡预言灾福皆有应验，在金华住了约30年。宋景德三年（1006）忽赴衢州吉祥寺，形态越发癫狂。日见有迎娶新妇的花轿过街，便冲上去揭开轿帘，咬噬新妇的脖颈，轿夫们大惊，将他赶走：只听他唱道："三箍麻绳两箍断，留下一箍害世人！"人家不明白这话的意思，一月后，新妇上吊而死，皆因一箍麻绳未断之故。诸如此类的事常常发生在他身上。这使衢州知府很惊异，召见并招待他吃饭。陪同他吃饭的有知府的女儿，19岁了是个哑巴，一见定光和尚竟朗声叫道："这位师父就是定光佛！"定光暗想：泄露我天机的，一定是位天女。这时见知府女儿盘膝而坐，竟已坐化成佛，定光归金华，沐浴后亦即成佛，过了七天，异香满屋。一日，寺内忽起冲天大火，而定光真体独存。宋宰相赵忭有诗云："散圣初来自狂走，盘食一日一猪首。迩行坐脱世始知，古佛定光化希有。教言能伏灾火风，大士同慈喧众口。为霖救旱享克诚，响应未尝愈所守。"徐定光成佛后，衢人知恩报恩，在积道山立位祭祀，老百姓随时往拜，会期无定。

"猪头和尚"所在的积道山，人又称之为"猪头山"，其山巅的"天圣禅寺"（即今天的浙江衢州天宁寺）是一座千年古寺，明万历《金华府志》载："天圣寺在十九都积道山巅，旧名圣道庵，宋景德二年赐今号"，可见寺院起码建于宋景德二年之前，距今已有1000多年的历史。清道光《金华县志》载："相传定光佛于此成道，为三佛地之一。"此"三佛"为定光佛、傅大士和慧光佛，其中定光佛影响最大。不过民间有个约定俗成的规矩，拜了定光佛，一定要拜慧光佛，反之亦然，据说慧光是定光的老婆，拜祭时不能亏待了谁。

关于"猪头定光"喝酒吃肉还讨老婆破了戒的事民间还流传一个有趣的故事：传说衢州城隍见他"触犯佛教教规"，便命火神去惩罚猪头和尚。谁料此事被天宁寺的千手观音得知，托梦给寺内的猪头和尚。猪头和尚为了保全天宁寺，决定把火向南边引出去，因为南边有条街直通大南门外空隙地，但难免要烧毁一些住房。猪头和尚为救这条街的百姓，就变成了一个小和尚，一手托一只盘子，一手拿一双筷子，互相敲打，口中唱着"筷筷盘"的歌：暗示这条街的人快快搬家。可是，人们都以为这个小和尚是远方来的游僧到此化缘，没去理会。

连续两天，小和尚在街上来回走动，边敲边唱，可就是不见有人搬家。到了第三天，有一位穷秀才，一把拉住小和尚，问道："小师父，你唱的歌是不是叫大家快搬家啊？我看你连续三日，常在这条街上唱，是什么缘故？"小和尚对秀才看了一眼说道："天机不可泄啊！"然后摇摇头，又边敲边唱，扬长而去。

秀才站在那里想了一下，觉得其中必有奥妙，他马上叫大家搬家。好说歹说，总算使居民们把家搬了。整条街的人家刚刚搬走，只见熊熊大火从天宁寺方向直扑而来，火苗趁着风势，噼里啪啦，呼呼直蹿，不到一个时辰，整条街就烧成一片废墟。后来，人们知道了，那个唱"筷筷盘"的小和尚原来是天宁寺的猪头和尚。

除浙江"猪头定光"外，江西婺州有个"猪头和尚"也被认为是定光佛转世，如清代俞樾《茶香室丛钞》引宋代方勺《泊宅编》称：婺州有僧嗜猪头，一啖数枚，俗号猪头和尚。三衢之守，召师食，自牖窥之，见一鬼从旁食，师无预焉。师寻坐亡，阅师辞世颂，知是定光佛。俞樾在抄录《泊宅编》的有关定光佛转世的资料后，颇有感慨地说：按吴越时，长耳和尚为定光佛转世，事见《十国春秋》，至今西湖法相寺，其遗蜕存焉。乃此猪头和尚，亦云是定光佛，何定光佛转世之多耶。

宋代方勺与林希逸也记之"嗜猪头，一啖数枚，俗号猪头和尚"。此人好言吉凶，往往能验，亦被视为定光佛之化身，坐化后其真身归于祥符寺。猪头和尚曾作偈云："古貌昂藏，法中之王。猪头千个，未始片尝。陶吾真性，吾即定光。"宋时因地方官之请，于元符年间敕赐"慧通大师"。由于猪头和尚生前的灵异及死后"旱涝之祷随应"，在婺州颇受尊奉，"远近奔凑，事之如生"。方勺在寓居婺州时，就曾亲逢民众祭祀猪头和尚之"盛事"。

二　定光古佛化身辨异

综上可见，无论"郑氏定光"、"长耳定光"、"奚氏定光"还是"猪头定光"，尽管他们生活的时代不尽相同，活动地域也各有所异，但却在诸多方面体现了相当程度的一致性：

1. 他们皆为唐宋之间由"人"而"神"的"人格化"神祇。

2. 他们的佛事神迹普遍体现了"普度众生"的佛家理念，并以其世俗化的形象深深扎根在民间社会的土壤中。

3. 他们普遍具有超出常人的佛法神力和灵异性，满足了普通民众对平安、发财、功名、多子多福、丰收等现实人生的美好愿望和精神诉求。

同时在个体与个体之间，又有相当的兼容性和交叉互补性：

1. 在神职功能上，"长耳定光"与"郑氏定光"一样具有驯服猛兽和司生育等功能，与"猪头定光"一样具有祈雨救灾的功能。

2. 在神迹范围上,"郑氏定光"、"长耳定光"、"猪头定光"与闽浙赣三省有千丝万缕的联系,其中"郑氏定光"虽祖籍在福建,但在江西也香火旺盛,其八字封号中"普通"两字由江西官员奏请而得,极为少见;"郑氏定光"和"长耳定光"祖籍同在福建闽南,且活动年代、行事皆极为相近,最易为人混同;"长耳定光"居杭州法相寺、"奚氏定光"住杭州灵隐寺、"猪头定光"居浙江衢州天宁寺,皆在浙江一带广为人知,尊为神祇,为人崇拜。

3. 在神话传说上,"郑氏定光"与"奚氏定光"具有相同的故事原型,如"奚氏定光""柳叶变鲫鱼的故事"可在关于"郑氏定光"的传说中找到类似的故事:

> 有一回,定光同一伙妹仔上山斫火草,因他满头癞痢,那些妹仔一路上拿他癞痢长癞痢短取笑开心,定光不在意。
>
> 到了山上,定光在草地上装着打瞌睡。那伙妹仔一心想捉弄定光,一个个斫够火草,都无声无息地回家,想让定光在山上睡过头。定光早已心中有数。等她们走到半路,定光折了一把鲫鱼柴将叶子摘下放在山圳水中。鲫鱼柴叶立即变成一大群二、三手指合起来一样大小的鲫鱼,顺水流去。那伙妹仔见满圳都是鲫鱼,就放下草担争着捉鱼。定光看了自觉好笑,拿起草刀东一刀西一刀地十有八下缚起就走。那伙妹仔喊他一块捉鱼,他只当未曾听见一直往家走。
>
> 定光回家吃完午饭,坐在门口歇息。那伙妹仔肩挑草担,人人手中提着路箕草秆穿着的四、五串鲫鱼,笑眯眯地对定光说:"癞痢头,叫你捉鱼连应都不应,你看我们捉到几多。"定光哼哼一声,笑着说:"你们捉的哪里是鱼?都是鲫鱼柴叶。"那伙妹仔认真一看,手中提的果然是一串串树叶,一个个直叫倒霉。①

同时"奚氏定光""洗陶瓷油罐的故事"也与"郑氏定光"的故事相类似:

> ……第二次,二新婢见大嫂没有法难倒定光,便出了一个难题,喊定光去洗酒瓮,要瓮里比瓮外洗得更干净。定光见酒瓮口太细,连

---

① 长汀县民间文学集成编委会编《中国民间故事集成·福建卷·长汀县分卷》,长汀教育印刷厂印刷,第115页(内部刊物)。

手都伸不入去，干脆施展他的法力，把酒瓮翻过来翻过去地洗，就搭洗猪肠子一般般，把酒瓮里头外头都洗得十分的净。二新婢看了也不省悟，骂定光是走光湖，做把戏，作弄主人，不是个东西……①

但同时"郑氏定光"、"长耳定光"、"奚氏定光"、"猪头定光"除生卒年、生卒地、佛事经历等显见的差异性外，又还有各自明显的特征。

1. 从朝廷敕封看："郑氏定光"获赐"定光圆应普慈通圣"大师，而"长耳定光"、"奚氏定光"、"猪头定光"则分别只获"宗慧大师"、"大慧禅师"、和"通慧大师"称号，可见"郑氏定光"是诸"定光"中唯一一个被朝廷正式敕封过"定光"的神祇，其余"定光"皆只是民间传说而已。按照地方神明敕封相对固定的程式，即先由地方官僚或乡绅表请封，列举其"功及生民"的种种灵异，朝廷再派人去核实后颁诰敕封；而封敕又依"诸神祠无爵号者赐庙额，已赐额者加封爵，初封侯，再封公，次封王，生有爵位者从其本封。妇人之神封夫人，再封妃。其封号者初二字，再加四字。如此则锡命驭神，恩礼有序。欲更有增神仙封号，初真人，次真君"②。可见，"郑氏定光"能累至八字封号堪称罕见，这从一定程度上反映了"郑氏定光"在诸"定光"中的独特地位和影响。

2. 从流传地域看，"郑氏定光"传播最为广泛，汀州各县武平、长汀、连城、上杭、清流、宁化，闽中闽北的沙县、建阳、南平、泰宁、瓯宁、崇安、建安、建瓯、顺昌，闽南的龙岩县（今龙岩新罗区）、泉州晋江县，赣南虔化县，粤东梅州、惠州、循州、四川广安县，乃至台湾、东南亚等都有为数不少祭祀"郑氏定光"的寺庙，为客家人最为尊崇的守护神之一。

3. 从佛教理论和佛教发展看，"奚氏定光"功不可没：一是于绍兴元年在江西云门庵创立了"看话禅"（也称"看话头"），这是禅宗信徒们在追求大彻大悟，力求达到最高境界时对于古代禅师所讲公案中的某些机缘语句进行内省式参究的一种方式。此参习方式经宗杲大力提倡，在南宋年间极为流行，对整个佛教丛林的影响巨大，尤其绍兴七年，应南宋丞相、

---

① 长汀县民间文学集成编委会编《紫地湖》，《中国民间故事集成·福建卷·长汀县分卷》，长汀教育印刷厂印刷，第121页。
② 《宋史》卷105《礼八》，转引自林国平《定光古佛探索》，《圆光佛学学报》1999年第3期。

抗金大将张俊之请，宋杲出任临安（今杭州）径山住持，在整宗风、力倡临济宗杨岐派的宗旨的基础上，大力推行其自创的"看话禅"，时"释子学人争相投其门下"，身边僧众弟子达1700余人，从此宗风大振，号称临济再兴。二是主张释儒融合，并把自己的宗教实践与忠君爱国的世俗理想紧密结合起来。南宋以后的禅宗盛势不衰，至今仍是中国佛教的主流之一，其为中国佛教世俗化所做的努力功不可没，在中国佛教史上具有里程碑式的意义。三是一生著述丰富，《正法眼藏》、《指源集》、《宗门武库》、《辩正邪说》等佛学文集为佛教发展奠定了坚实的理论基础。

4. 从典籍文献和学术研究看，"郑氏定光"和"长耳定光"最易被同化，如武平"郑氏定光"卒于杭州一说，便是将他与"长耳定光"混为一人的误解，此谢重光、刘大可、林国平诸学者已有详细考订，① 兹不赘述。但值得一提的是，今众多学者虽然注意到福建"郑氏定光"非浙江"长耳定光"，却因"郑氏定光"在福建绝大多数地方流行的现象而忽视了对闽北定光为"郑氏"或"长耳"的甄别，其中最典型的例子是对宋朝李纲路遇定光佛故事的解读：据《沙县志》记载，宋宣和元年即公元1119年，名相李纲因讨论国事被贬到沙县，洞天岩是李纲经常郊游休闲之处。有一天，李纲在县西大洲看见一位僧人过溪，足不沾水，凭虚而渡，知是异人就尾随其后，追至洞天岩，只见僧人侧卧石上，似睡非睡，李纲便恭恭敬敬地站在一旁，待僧人坐起，李纲上前问候，见僧人谈吐不凡，就虔诚地询问前程，僧人就口占四言："青着立，糠去米，那时节，再光辉。"李纲追问此乃何意，僧人不语，径直起身出山，飞身过峰。时过六年，即靖康元间，李纲复出，被召回宫中委以重任，那时才恍然大悟，原来"青着立"就是靖字，"糠去米"就是康字，这四句话联在一起就是说李纲会在靖康年间再光辉（复出），宋时人们为了纪念这一段故事，就在洞天岩李纲遇仙处凿就定光卧佛像供奉于山中。

洞天岩在今沙县淘金山上，山上建有老佛庵，庵旁的"灵岩睡像"即定光古佛睡像，但该洞天岩上刻字为"有长耳佛像，水旱祷，著灵迹"，而"睡像"亦呈长耳状，可见该处所供之定光古佛并非在福建广为流传的客家

---

① 谢重光：《闽西定光佛信仰研究》（香港民间佛教会议论文），"艳阳天的博客"（http://cgxie99.blog.163.com/）；刘大可：《闽西客家地区的定光古佛信仰》，福建教育出版社，2001；林国平：《定光古佛探索》，《圆光佛学学报》1999年第3期。

保护神"郑氏定光",而实为"长耳定光"。但现在诸多学者在列举"郑氏定光"时,却不约而同把这里的定光也认为是"郑氏定光",究其因,笔者以为因李纲贬谪沙县期间兼摄武平县令,且他在游览武平南安岩均庆寺时还留有"灵洞水清仙可访,南岩木古佛同居。公余问佛寻仙了,赢得工夫剩读书"(《读书堂》)诗句,极易让人联想他与"郑氏定光"有相当的"缘分";加以北宋时沙县还一度隶属汀州,便理所当然地认为该县定光便是"郑氏定光"了,此说实值商榷。

无独有偶,今建瓯一带所祀奉的定光古佛也是一位长耳定光,但该定光却是一位身着红肚兜盘着腿的长耳孩童,据当地报告人称,这是因为定光佛七岁成佛,因此其形象也是七岁孩童,这正与浙江"长耳定光""迨七岁尤不言,或曰:'哑耶?'忽应声曰:'不遇作家,徒撞破涅楼耳'"的情况相吻,显示该处定光该是杭州"长耳定光"的孩童形象。而同在建瓯南雅定光院,据学者黎晓铃调查,"该地庙祝却称定光佛来自汀州,在闽西一带非常著名。而介绍过程中又夹杂七岁成佛的故事",而该院早在咸丰年间已存,在 1985 年重建之时里面供奉的仍是儿童形象的长耳定光佛,只是现在的塑像已不是儿童形象,"该庙祝告诉笔者,这是由于当时建造神像的师傅不了解情况所致",由此亦可知,该地的定光古佛初始也应是浙江的"长耳定光"。[1]

三　结语

定光古佛是唐宋时期在自然环境和社会文化发展等多元因素下形成的由"人"而"神"的人格化神祇,是多种形象"化身"而来形成的一种民间信仰形态。他们因佛法神力和生前灵异现象被奉为神祇后,其显应事件经民众不断再加工创造,使得信仰行为迅速在相关地区流行,并逐渐向周边地区扩散,乃至历经几百上千年后,各"化身"之间各种文化信息彼此交融,互为渗透,达到"你中有我,我中有你"的境地。此"定光古佛"多化身现象只是众多民间信仰中较典型的个案,显现了"定光古佛"的多元组合性,也从一个侧面反映了中国民间信仰的丰富性和复杂性。

---

[1] 黎晓铃:《闽北定光佛信仰的传入及演变——以建瓯定光佛的个案为主要考察对象》,《世界宗教研究》2006 年第 4 期。

定光佛信仰与台湾福客关系

祁开龙　庄林丽[*]

【摘　要】　定光佛是闽西的地域神明，它随汀州客播迁到台湾。在台湾的早期开发过程中，定光佛扮演着汀州客心灵上庇护与安定的重要角色，对汀州客的凝聚和团结发挥了重要的作用；在汀州客与福佬人的互动与融合过程中，定光佛信仰也逐渐出现融合现象，定光佛与福佬人的祖籍神并祀，共享香火和祭祀活动。这种既继承又有所改变的双重发展道路，是民间信仰在移民社会的不同族群间相互交融的必然结果。

【关键词】　定光佛　汀州客　福佬人

在台湾客家族群中，有嘉应客、惠州客、漳州客、汀州客等，其中以嘉、惠二州客家占多数，汀州客、漳州客在台湾客家人中属于少数，所占比重不大。汀州客家人中又以永定人占绝大多数，台湾现存的两座较为完整的定光古佛庙均为永定客家人出资兴建和修缮的。可是，永定虽也存在上老庵、五公庙、镇龙塔、永封堂等奉祀定光佛的寺庙，可是与武平、长汀、连城、清流等地相比，永定的定光佛信仰相对要薄弱得多。在康熙、乾隆、道光、民国四个版本的《永定县志》中，并无定光佛的事迹与庙宇可寻。源自莆田的妈祖信仰在永定却很有市场，据道光《永定县志》记载，永定专祀妈祖的寺庙有13座，其中乾隆年间的有8座，嘉庆年间的有3座。定光佛信仰在永定人中的信仰虽相对薄弱，但移台的永定人却仍以定光佛作为庇佑自己的地方神明，把淡水鄞山寺和彰化定光庵作为汀州人在台的"汀州会馆"。之所以会如此，与定光佛在闽西的地位有关，与台湾的移民环境、汀州客的

---

[*]　祁开龙，福建师范大学历史学院博士生；庄林丽，福建师范大学社会历史学院2010年博士研究生。

族群意识有关,定光佛信仰是汀州客在台湾团结的象征。定光佛信仰对于汀州客家族群与福佬族群的关系也产生了很大影响。本文拟对上述问题略作探讨,不足之处,还望各位专家、学者批评指正!

一 定光佛——汀州的"共神"

定光古佛,又称定光佛、定公佛,俗姓郑名自严,泉州同安县人。生于五代闽国龙启二年(934),卒于大中祥符八年(1015)。目前对于定光佛生平记载最早的文献是南宋周必大(1126~1204)的《新创定光庵记》曰:

> 定光,泉州人,姓郑名自严。乾德二年驻锡武平南安岩,淳化二年别立草庵居之,景德初迁南康郡盘古山,祥符四年汀首赵遂良即以宅后创庵延师,至八年终于旧岩。①

其后则是开庆元年(1259),汀州太守胡太初主修的《临汀志》。与周文中对于定光佛生平的粗略描述相较,《临汀志》不仅较为详细地记载了定光佛生平,亦添加了许多对于定光佛在世具有的诸如除旱排涝、驱蛇伏虎、送子保赤,以及惩恶扬善、捍患御灾等带有神话色彩的功能。②

在赣闽粤边区,除了武平南安岩的定光佛,还有许多能为百姓提供祈雨、御寇、禳灾、祛病种种护佑功能的活佛、祖师,如汀州宁化县的伏虎大师、赣州雩都县的僧伽和尚、梅州引言那山的惭愧祖师等。特别是定光佛与伏虎大师同属汀州,二者在法力方面相近,都有伏虎、开井、祈雨、御寇等功能,但二者在民间的影响却相差甚远。诚如李士淳对惭愧祖师的评价:"能显于一郡,而不幸不显于天下。"③ 宁化伏虎大师的民间影响与惭愧祖师颇为相近,只是局限于本县或本郡,不如定光佛影响那么大。

定光佛与伏虎大师在民间的影响力之所以差别如此大,其原因大要有两点。

第一,定光佛信仰中蕴含丰富的内容,满足了各个族群现实的需要。广

---

① 《舆地纪胜》卷132《福建路·汀州·仙释》。
② 《临汀志·仙佛》与《临汀志·山川》,转引自谢重光《佛学研究》2000年第9期,第121页。
③ (清)李士淳:《惭愧祖师传》,转引自谢重光《客家文化述论》,中国社会科学出版社,2008,第329页。

袤的闽粤赣边山区,在开发之初,山高地冷、旱涝无常、菁密林深、虎狼成群、瘴疠横行,自然环境十分恶劣。面对现实,定光禅师吸收和借鉴当地盛行的巫教和道教的某些宗教思想和做法,为百姓从事伏虎、除蛟、开井、治水、祈雨、御寇等活动,解决了百姓特别是北方移民的生产、生活的实际问题,所以百姓都信奉他为救苦救难之神明;其活动又含有当地土著原始宗教中的某些成分,如定光佛的形象是五只猫头鹰形状的怪鸟或五个檀香苞子。因此,当地的土著居民也崇拜、敬奉定光佛。苏东坡有诗云:"异类中住,无天中尊。"① 这说明定光佛在当地土著中有崇高的地位。定光禅师吸收汉人宗教信仰与土著居民宗教信仰的有益成分,创造了各族群共同信仰的民俗佛教,从而奠定了双方共同接受的意识形态,为族群整合创造了条件。

第二,官府对定光古佛信仰的大力表彰和鼓吹。定光佛虽有道法和巫术的表现形式,但又不同于道与巫。它是正统佛教与赣闽粤边带有巫教色彩的民间信仰的结合体,是南迁汉人宗教信仰与土著居民宗教信仰的结合体。这一改良的佛教,适应了官方对老百姓进行精神统治的需要。最初,由于定光大师的某些行事与巫道相似,有些官员将其视为左道。后来,随着定光佛影响的日益扩大,官员逐渐认识到其形式有利于王道的统治,开始对他进行大力表彰和宣传。如祥符四年和六年前后任太守的赵遂良曾请他"结庵州后,以便往来话次"。他与定光佛交往的更深目的是为了请他作法兴利除害,据记载,赵遂良曾先后请定光佛出水、除蛟,结果都一一奏效,他便"表闻于朝,赐'南安均庆院'额"②。继任者胡咸秩看到定光佛祈雨,解除旱情,使当年农业大丰收,对其佩服有加。卸任后,便"历言诸朝列",由是"丞相王公钦若、参政赵公安仁、密学刘公师道皆寄诗美赠"③。嘉泰年间(1201~1204)汀州郡守陈公暎,则将其抬升到汀州精神领袖的地位,说:"雨旸之应如响,是佛与守分治汀民也。"④ 为了与

---

① 《临汀志·仙佛·敕赐定光圆应普慈通圣大师》,转引自汪毅夫《客家民间信仰》,福建教育出版社,1995,第156页。
② 《临汀志·仙佛·敕赐定光圆应普慈通圣大师》,转引自谢重光《闽台客家社会与文化》,第76页。
③ 《临汀志·仙佛·敕赐定光圆应普慈通圣大师》,转引自谢重光《客家文化述论》,第127页。
④ 《临汀志·寺观·定光院》,转引自谢重光《客家文化述论》,第127页。

定光佛的民间地位相称，陈公暎曾不惜财力大加扩建了定光庙。此后，各任郡县官都在扩建修缮庙宇和奏请加封定光赐号方面不遗余力。在官方介入后，定光佛崇拜由原先百姓自发的信仰行为，发展成为百姓与官方共同推动的信仰，定光佛在汀州成为普遍的信仰。

随着汀州客家先民的对外交往与迁徙，定光佛信仰以南安岩和汀州州城定光庵为中心，向周边地区辐射。苏东坡曾赞道："七闽香火，家以为祖"①，在北宋中叶时，定光佛信仰在福建地区得到了普遍的传播。到明代定光佛信仰成为汀州的核心信仰，在闽、粤、赣都有很大影响。一些在上述地区任职的地方官，或因见证了定光佛的神迹，或因受到定光佛的庇佑，在回归故里后仍虔诚地祀奉定光佛，定光佛信仰向更大范围扩展。明代汀州名士黎愧曾曾语："佛氏之盛，精蓝绀宇遍海内，而汀之禅院独称定光。定光禅院与临安、于泉南、于江右无弗有，而汀为最著。"② 黎氏之说虽未能全括定光佛信仰的版图，但基本反映了定光佛信仰的核心区域。

闽、粤、赣的定光佛信仰情况表

县	寺庙、遗迹	备注
武平县	均庆禅院	祥符四年，郡守赵公遂良状其灵异于朝，赐额"均庆禅院"
武平县	禅果院 南安廨院 伏虎庵	祥符间，定光基创
	南安岩、十二峰、绿水湖、圣公泉、龙泉井等	
长汀县	定光院 文殊院 南安廨院 定光堂	
	狮子岩、龙潭、金乳泉、赤峰嶂、定光陂、南安桥	

---

① 《临汀志·仙佛·敕赐定光圆应普慈通圣大师》，转引自汪毅夫《客家民间信仰》，福建教育出版社，1995，第157页。

② （明）黎愧曾：《重修梁野山定光禅院题辞》，《临汀汇考》卷4《山鬼淫祠》。

续表

县	寺庙、遗迹	备　注
庐陵郡城		（一郡及四方士民）皆知事定光，请药药现五色异彩，祈嗣悉应，祷雨旸雨旸若
上杭县		邑有旱溢，公祷于定光佛祠，辄应
连成县	太平庵	遂率众创此庵，塑南安祖师像其中
	定光庵	乾道间，令黄中立创，嘉泰间，令刘晋重创
	滴水岩、东田石、白仙岩、广灵岩	
清流县	金莲寺	
	灞涌岩	
宁化县		绍定年间，寇犯郡城，守者每夜见二僧巡城戒勿懈，疑即师与定光也。……明嘉靖间，沙寇薄汀，或见两僧金身六丈……相传亦师与定光云
沙县		旧时，洞天岩、西竺寺、瑞云岩均供奉定光佛
建阳县		真觉请到汀州定光佛，专为祈祷道场，雨旸之衍，请祷辄应。旧有七级浮屠，久废，后重建
南平县	塔院，旧名"定光"	
泰宁县	均庆庵	
瓯宁县	定光庵	
崇安县	定光寺，旧名"圆彻"	
建安县	南岩寺	
建瓯县	定光岩	深邃奇绝，中祀定光佛
顺昌县		里人以为定光佛第二道场
晋江县	定应堂	
	定光万安桥院	
惠安县	定光寺	
虔化县（宁都县）		虔州南安岩定光圆应大师，于虔之虔化县塔上放五色毫光，惊破剧贼李敦仁，收复二县。乃赐普通二字
梅州		此邦崇祀定光佛，庵在城外，有签告人，极灵感
惠州		惠州归善县民聂秀卿、谭景山等造军器，拜戴甲为定光佛，与朱光卿相结为乱

资料来源：谢重光《客家文化述论》，中国社会科学出版社，2008，第335~343页。

定光佛信仰集各族群宗教信仰之有益成分，充分适应了闽西社会的发展环境，满足了各族群不同的现实需要和信仰需要，也有利于清政府对这一地区的王道统治。故定光佛信仰在汀州社会有巨大的影响力，是汀州客向外移民中的精神领袖。

二　定光佛——汀州客团结的象征

"不同人群创造不同的文化存在差异，不同地域的文化风貌也不尽相同。人口在空间的流动，实质上是他们所负载的文化在空间的流动。所以说，移民运动本质上是一种文化的迁移。"① 定光古佛作为汀州客家最主要的神明信仰，也随着汀州移民入台播迁到台湾。

汀州客家移民之所以选择定光佛作为精神寄托，主要受两方面的因素影响。

其一，台湾特殊的自然环境和社会环境。

汀州客家人渡台，首先要面临的是渡台过程中的海上威胁，在当时的航海技术条件下，出现海难的几率是很高的。因此，希望乡土神明能"济汀渡海"。到达台湾后，因为西部的平原地带早已为先到的漳泉人所占，他们只能穿越西部平原，到达丘陵或近山地区，或在中北部登陆，建立新定居点。这些地区往往是菁密林森、瘴气弥漫、虎蛇成群、疾病、旱涝、毒蛇猛兽等常常威胁着他们。除了自然的因素外，还面临着居住地复杂的族群冲突。在他们拓垦的地区，族群成分十分复杂，主要是来自漳泉的福佬人，也有其他地区的客家人，还有原先的原住民，其中包括为数不少的有"猎首"习性的"生番"。这些族群或为争地划界，或为水利，或为私仇引起了一系列或大或小的战祸，大致可分为漳州人与泉州人的械斗、客家人与福佬人的对抗、汉人与原住民的征战等。社会环境恶劣，而当时清政府在台的控制力又很弱，无法有效地维持正常统治，在这种情况下，他们只能求助于神明，求助于闽西客家人最崇拜的定光佛。而定光古佛所具有的除旱、排涝、驱蛇、伏虎、解疾以及惩恶扬善、捍患御灾等功能，较好地满足了在台拓垦的汀州客的精神需求，故定光佛信仰在台形成一定的规模。

其二，汀州客在台湾移民中所占比重很小。

---

① 葛剑雄、曹树基、吴松弟：《简明中国移民史》，福建人民出版社，1993，第586页。

闽西客家人迁台很早，在明郑时代，就有相当数量的汀州客家人渡台。随郑成功收复台湾的大将刘国轩是汀州客家人，其部属多为客家子弟，清廷平定台湾后，有一定数量的客家子弟留在台湾拓垦开基。到康熙后期至雍正年间，汀州客在台往来渐众。黄俶敬《番俗六考》载："罗汉内门、外门田，皆大杰岭社地也。康熙四十二年，台诸民人招汀州属县民垦治，自后往来渐众。耕种采樵，每被土番镖杀，或放火烧死，割去头颅。"① 又2002年1月7日，建筑队在武平南岩定光佛寺——均庆寺旁，开挖水沟时，挖掘出一块石碑，石碑分别镌刻"募叩台湾乐助碑记"和"台湾府善信乐助建造佛楼重装佛菩萨碑"，该碑记载了雍正十一年，三房主持僧盛山、得济、远铎望台募捐及在台汀州客捐款造佛楼塑金身之事。僧之所以愿冒险渡海化缘，是因至雍正十一年，汀州客在台湾移民中已形成一定的规模，这些汀州客还仍保持着原乡的联系，仍保持着对定光佛的坚定信仰，故僧盛山等敢冒风险渡台化缘。至于乾隆、嘉庆、道光年间，汀州客家特别是永定客，以更大的规模迁台。地方史志、今人论述、族谱、寺庙等建筑的兴建等，都证实了这一问题。② 汀州客家人移台一直持续到甲午战争后，台湾割让给日本，日本殖民当局禁止移民迁入台湾，历经两百多年的汀州客家迁台随之结束。

客家迁台时间很早，也形成一定的规模，但是与闽南人、粤东人相比，在台的汀州客数量有限，势力单薄。朱仕玠《小琉球漫志》载："台地居民，泉漳二郡十有六七，东粤嘉、潮二郡十有二三，兴化、汀州二郡十不满一，他郡无有。"③ 另据日据时期台湾总督府编印的《台湾在籍汉民族乡贯别调查》称，福建汀州府属（包括永定、上杭、长汀、宁化、武平等）的客家人最少，仅占1/15④。汀州客在台所占的人口比例偏低，其势力是无法与福佬人、粤东客家人相比的，面对原住民的袭击，面对漳泉械斗或闽粤械斗，他们不能从清政府那里获得救助，只能求助于神明的庇佑，依靠群体的力量。而在汀州素来灵验，具有驱蛇、伏虎、除旱、排涝、解疾

---

① 黄俶敬：《台海使槎录》，台湾成文出版社有限公司，1983，第272页。
② 刘大可：《闽西客家人迁台与定光古佛信仰》，《台湾史研究》2003年第1期，第86页。
③ 朱仕玠：《小琉球漫志》，台湾众文图书有限公司，1979，第34页。
④ 转引自刘大可《闽西客家人迁台与定光古佛信仰》，《台湾史研究》2003年第1期，第89页。

及捍患御灾等功能，又具有巨大社会影响力的定光佛，成为台湾客家移民的守护神，成为汀州客联系的纽带。因此，与武平、长汀、连城、清流等县相比，永定定光佛信仰虽相对薄弱，但永定客家人（台湾汀州客以永定客家人为主）仍选择了定光古佛作为汀州客的精神领袖，彰化定光庵和淡水鄞山寺作为台湾的汀州会馆，是联系汀州八县客家人的中心。

因此，彰化定光庵与淡水鄞山寺的山寺建造和维修经费虽都主要来自永定，但是从鄞山寺的楹联、匾额、题捐等资料中，我们仍可看到永定以外的客家人，如道光癸卯桂月，武平练永贵兄弟题的楹联："古迹起汀南妙化妙法彰宋代，神迹昭溪北佛力佛恩震云岩"；道光四年仲秋吉旦，汀州众姓弟子仝立的匾额"大德普济"等。① 这说明淡水鄞山寺和彰化定光庵都是属于整个汀州客的，是汀州客团结的象征。

三 定光佛信仰与福客关系

明清时期，漳泉闽南人、潮汕人、嘉应客、惠州客、汀州客、莆仙人、福州人等不同族群，纷纷移垦至台湾。在这三四百年间，各族群经过长期的互动与融合，出现了文化的融合现象，其中最主要的特征之一是带地域性与族群性的地方神明，出现了地域性与族群性界限模糊的现象。如福佬人拜客家神、客家人拜福佬神、漳州人拜泉州神、泉州人拜漳州神、南安人拜同安神、惠安人拜南安神等信仰融合情况。这种信仰交融造成现在的台湾人很少知道自己祖籍地所拜的神是什么神，因为现在地域神明完全没有族群之分，任何族群都可以成为任何庙宇的信徒。但是定光古佛庙却是例外，它的运作除了汀州八邑客家人之外，一概拒绝其他族群。可以这么说，定光佛庙对汀州客家人有较强的团结性，而对于其他族群的信众则有较强的排他性。②

在台湾复杂的族群关系中，汀州客作为弱势族群，为了族群的生存，在内部必须特别团结，对外则必然有较强的排他性。鄞山寺和定光庵的日常运作规程里，就特别规定定光佛寺庙由汀人办理，大事由"汀众"集体决议。

---

① 杨彦杰：《淡水鄞山寺与台湾的汀州客家移民》，《福建省社会主义学院学报》2001年第3期，第40~41页。

② 林瑶琪：《汀州客的团结象征——以彰化定光庙为例》，《台湾源流》卷44，第132~133页。

鄞山寺的"善后章程条款"碑文云:"鄞山寺系台北汀众公建,所有本寺祀业,应由本地汀人办理。公议有事项商确(権)之处,亦由本地汀众集合议决";"公议鄞山寺对于各庙,本有互相庆贺之举,自应遵行。至于在地绅士实心办理,及实有与劳寺中善后各事宜,若有喜庆,应行恭贺,由董事闻众集议,妥筹办理";"公议董事必由汀众公议遴选殷实老练之人,秉公办理。倘遇有应行改易者,仍由众议公举接办,以垂定章";"公议每年春季祭典之时,各董事务宜整肃衣冠,早晨参拜,汀众亦然"。① 彰化定光佛庙亦有类似的规定,该庙规定:"信徒是世袭的,也就是改创庙当时的士绅后代始能继承成为该庙信徒,委员会再由信徒产生,庙宇的运作由委员会操作,外人无法参与,热心的外人也只能称之为香客,没有任何庙宇运作参与权。""一位住彰化七十多岁的吕川成先生说,他的祖籍也是永定,但他的祖先没有参与创庙,所以他的祖先两百多年来,也只能当香客,不得当信徒。"② 从这些日常活动管理章程可以看出,鄞山寺与定光庙的定光佛信仰完全是局限于汀州客家的,它通过日常活动把"汀众"联系在一起。

另外,私家供奉定光古佛也很普遍,像"台北一带汀州人聚落,如淡水阿里荖沿岸,家家户户均供定光古佛"③。南部屏东或高雄一带的闽西客家人家庭,亦常见有供奉定光佛的情况。另外,一些来自汀郡的县级同乡会,如台北市福建武平同乡会,也供奉定光佛,把他作为缅怀桑梓、增进乡谊的象征。④

定光佛信仰除了维系汀州客以外,在与周围福佬族群的接触中,定光佛信仰也传播到福佬社区,具有开放性的特征。如北县板桥市的普陀山接云寺,以观音佛祖为本尊,协侍有善才、良女,从祀有韦陀、护法,配祀有定光古佛、注生娘娘、十八罗汉、山神、开漳圣王、马元帅、李元帅。例祭日各不相同,本尊的观音是二月十九、六月十九、九月十九,定光古佛是正月初六,开漳圣王是二月十五。⑤ 桃园县大溪的福仁宫,俗称"大

---

① 杨彦杰:《淡水鄞山寺与台湾的汀州客家移民》,《福建省社会主义学院学报》2001年第3期,第43页。
② 林瑶琪:《汀州客的团结象征——以彰化定光庙为例》,《台湾源流》卷44,第136~137页。
③ 陈香:《台湾的根及枝叶》,台湾"国家出版社",1972,第34页。
④ 谢重光:《客家民俗佛教定光佛信仰研究》,《佛学研究》2000年第9期,第126页。
⑤ 引自刘大可《闽西客家人迁台与定光佛信仰》,《台湾研究》2003年第1期,第91页。

溪大庙"，兴建于嘉庆十八年（1813），"宫内正殿主祀开漳圣王，左龛祀定光古佛，右龛祀玄坛元帅；左厢祀巧圣先师，右厢祀财神爷；后殿祀天上圣母，配祀注生娘娘、池头娘娘。就庙宇的规制而言，左为龙边，其位阶高于右边的虎边。定光古佛位居正殿左龛，可知他在福仁宫的地位仅次于开漳圣王"①。定光佛与福佬人的祖籍神并列庙中，并共享香火，说明定光佛随着汀州的对外交往，传播到福佬社区，并为福佬人所接受，定光佛具有跨族群整合的功能。

上述似乎说明定光佛信仰在台湾客家与福佬社区有很大的影响力。但事实并非如此，汀州客与周围的福佬族群接触中，虽没有汀州客直接参与到福客械斗中，但汀州客作为后来者，难免会与先到的福佬人发生冲突。特别是林爽文事件之后，客家人与福佬人之间的矛盾加剧，福客械斗事件时常发生。虽然事件的主角是福佬人与粤东客家人，汀州客为了维护本府乡亲的安全，也能委曲求全，但是汀州客也未能幸免波及。有一则古老的风水传说曲折地反映了淡水鄞山寺建立时汀州客与邻近的草厝尾街居民（福佬人）发生的冲突，其大意如下：

> 传说鄞山寺的风水很好，是个"水蛙穴"，庙后面的两口水井相当于蛙眼，庙前面的半月池代表蛙口，在这种地点建庙必然特别灵验。然而草厝尾街的居民却十分紧张。原因是草厝尾街的风水恰是一条"蜈蚣"，如果让水蛙开始活动，这条街就会受到很大影响。于是，在严重抗议不果的情况下，当地居民请来了风水先生：在草厝尾街高高立起一根钓竿，每天夜里竿头点火作为诱饵，鼓乐齐奏，频频念咒。汀州人也十分恐惧，极力保卫，甚至举行盛大祭典，最终才保住水蛙的一只眼睛，另一只被对方攻破，井水变浊，于是水蛙也成了"病蛙"。又由于鄞山寺的风水遭到破坏，因此据传该庙的管理人，即使不死也要罹患重病。②

---

① 蓝植铨：《大溪的诏安客——从福仁宫定光古佛谈创庙的两个家庙》，《客家文化研究通讯》1996年第2期。
② 铃木清一郎著，高贤治、冯作民编译《台湾旧惯习俗信仰》，台湾众文出版公司，1978，第301～302页。

这则故事一方面反映了汀州客与福佬客两个族群在台毗邻错居,他们往往会因利益之争而冲突不断,无法和睦相处。在福、客冲突中,鄞山寺对汀籍客家人的利益起保护作用,实际上也就是定光佛信仰对汀籍客家人的团结、凝聚作用;另一方面则汀籍客家在当时是属于少数族群,在与其他族群的利益冲突时,汀州客一般采取较为温和的手段,避免与其他族群直接发生冲突。在发生冲突后,汀州客作为弱势群体,常常是前往他方。

鄞山寺和定光庵作为汀州客团结的象征,始终有"汀众"负责寺庙的日常运作,汀州客也很顽强地保存着自己的文化传统与特色。但是在台湾这个族群大熔炉中,面对强势的福佬文化,以定光佛信仰为中心的汀州客在与人数占绝对优势的福佬族群的互动中,渐渐忘却自己的语言,出现了福佬化现象。在福佬人与汀州客的长期族群互动中,汀州客虽然仍管理着鄞山寺和定光古佛庙,但是他们中的很多人已经不知道自己是汀州府人,也不知道汀州府是讲客家话。台北县北部滨海的三芝与石门乡还住着许多汀州客家后裔,是文化传承较好的地区,只是他们中大多数已经不会说客家话了。而台湾学者林瑶琪曾对彰化定光庙做过调查,发现目前定光庙管委会的 103 位委员祖籍几乎都是世袭的永定人,"但是很多委员已不知道自己是汀州府人,他们更不知道汀州府就是讲汀州客话"。一位祖籍永定的 70 多岁的吕川成先生认为永定是讲闽南话的。① 定光佛信仰虽然仍团结着汀州八县的客家人,但是在长期的交往中,汀州客实际福佬化了,业已忘记自己的祖籍、语言。随着祖籍、语言这些表层文化的同化,宗教信仰等深层的文化事项也出现同化,鄞山寺里供奉的土地神被叫做"福德正神",而"福德正神"是闽南人对土地神的称呼,汀州客家人把土地神称作"公王"或者"社公"等,如永定高头江氏就称土地神为"公王",是当地最主要的神明。鄞山寺是汀州客的主要庙宇,在供奉定光佛的同时,却也接受了对土地神的"福德正神"称呼,二者和谐相处,没有人感到奇怪或提出异议。②

---

① 林瑶琪:《汀州客的团结象征——以彰化定光庙为例》,《台湾源流》卷 44,第 137 页。
② 杨彦杰:《淡水鄞山寺与台湾的汀州客家移民》,《福建省社会主义学院学报》2001 年第 3 期,第 45 页。

四　结论

在台湾移民社会中，闽粤移民对原乡的地方神祇的信仰，使得带有明显地域性和族群性的地方神，常常成为一种以祖籍认同为基础的地缘关系的象征。如粤东的客家移民信奉三山国王、漳州人信奉开漳圣王、厦门同安人信奉保生大帝、泉州安溪人信奉清水祖师，而来自闽西的汀州客则崇祀闽西的地域神明定光古佛。

在早期的从无到有的拓垦过程中，移民长期面临着许多未知的自然环境威胁，更因不同族群之间的争水、争地等利益冲突而随时有丧命的可能，定光佛信仰在汀州客心中扮演着庇佑与安定的重要角色，而在现实生活中定光佛信仰又发挥着凝聚和团结汀州的作用。

在汀州客开垦台湾、定居台湾的过程中，在与福佬族群的接触过程中，汀州客与福佬人的信仰也逐渐融合，定光佛信仰为福佬人所接受，奉祀在福佬人的祖籍神庙中。汀州客也对自身文化做了某些适应性调整，接受福佬文化的某些成分，"福德正神"称呼和谐地出现在定光庙中。汀州客与福佬人的双向性调整，是客家文化与福佬文化在移民社会的环境下互动、融合的必然结果。

定光古佛影视宣传的探索与实践

练建安*

【摘　要】　本文结合定光古佛影视宣传的工作实际，认为在新时期深化拓展定光古佛的文化宣传活动中，拍摄电影故事片并在海峡两岸及世界客家聚居地播出放映并以此为契机进行相关活动是一条全新的有效途径。文学剧本为一剧之本，必须结合海峡两岸"神缘"互动和定光古佛信仰中最有特色的民俗"迎大醮"进行创作。创作中，在认定"武平县是定光古佛信仰中心"的前提下，必须有机结合周边客家地区的优秀民俗元素，以达到强强联合、相得益彰的社会效益和电影艺术效果。

【关键词】　定光古佛　电影故事片　民俗　迎大醮

定光古佛是闽台客家人共同的信仰，定光古佛信仰中心在福建武平，这是不争的事实。在新时期深化拓展定光古佛文化宣传，以"神缘"密切海峡两岸关系，意义重大。拍摄电影故事片并在海峡两岸及世界客家聚居地播出放映并以此为契机进行相关活动是一条全新的有效途径。如何进行影视宣传？剧本为一剧之本，电影故事片文学剧本必须建立在什么基础上进行创作？其理论依据和实践经验有哪些？民俗电影故事片创作的误区有哪些？如何避免？如何立足武平打造电影精品？等等。本文结合工作实际，谈一些粗浅的看法，旨在抛砖引玉，敬祈诸位专家学者不吝赐教。

一　定光古佛是闽台客家人的共同信仰，定光古佛信仰中心在福建武平，这是不争的事实

据学者考证，现存最早记载闽西定光古佛生平的文献是南宋文人周必

---

* 练建安，中国作家协会会员，《福建文学》编辑部主任，国家二级专业作家。

大（1126~1204）的《新创定光庵记》："定光，泉州人，姓郑名自严。乾德二年，驻锡武平南安岩，淳化二年别立草庵居之，景德初迁南康郡盘古山，祥符四年汀守赵遂良即州宅后创庵延师，至八年终于旧岩。"福建硕果仅存的三部宋修方志（《三山志》、《仙溪志》、《临汀志》）之一的《临汀志》（汀州知州胡太初修、州学教授赵与沐纂）成书于南宋开庆元年（1259），记载颇为详尽：定光古佛，俗姓郑，法名自严，同安县人。祖父仕于唐，为四门斩斫使，父任同安令。郑自严出生于后唐同光二年（934），"年十一，恳求出家，依本郡建兴寺契缘法师席下。年十七，得业游豫章、过庐陵，契悟于西峰圆净大师，由此夙慧顿发，遂证神足，盘旋五载。""乾德二年，之武平，睹南岩石壁峭峻，岩冗嵌崆……数夕后，大蟒前蟠，猛虎旁睨，良久，皆俯伏而去。"景德初（1004），自严应邀往江西南康盘古山弘法，住持禅院。三年后返回南安岩。大中祥符四年（1011），汀州郡守赵遂良慕名延请郑自严到汀州府城，建寺庙于州府后。大中祥符八年（1015）正月初六圆寂，享年八十二岁，遗偈共一百一十七首，其中二十二首乃亲笔所书。《武平县志·方外志》载："定光大师，姓郑名自严……游豫章，契悟于西峰圆净师。五载度太和，龙州除蛟患。徙梅州黄杨峡溪流于数百里外。乾德二年来南安岩，摄衣趺坐，大蟒猛虎皆盘伏。乡人神之，争为构庵……历神宗、哲宗、高宗朝，屡封加至'定光圆应普慈通圣'八字。有旨赐庵额曰定光院。"

由此可知，武平为定光古佛信仰中心，是不争的事实。

随明末清初汀江流域客家人入垦台湾桃园、彰化、屏东、新竹、高雄、苗栗等地开基，定光古佛的香火也传入台湾。目前，台湾岛内供奉定光古佛的寺院有数百座，百万信众遍布台湾所有客家地区。台北县淡水镇鄞山寺和彰化定光佛庙最为著名。

二 两岸"佛缘"互动为定光古佛影视宣传提供了丰厚的生活基础

影视文学创作不是空中楼阁，是"源于生活，高于生活"的艺术再现。近年来，两岸"佛缘"互动为定光古佛影视宣传提供了丰厚的生活基础。

据报道，继1989年闽南寻根后，1991年，台湾同胞胡俊彦先生组织了定光古佛寻根访祖团（35人）再次来到大陆，这次，他们在杭州法相寺查阅了大量有关资料，确定了福建武平县岩前狮岩均庆寺是定光古佛祖庙。胡俊彦先生一行由浙趋闽千里迢迢前往武平狮岩参拜，并请厦门高手根据照片雕刻了一尊狮岩定光古佛坐像。1992年农历七月初一，胡俊彦先生率领16名信徒重返大陆，将定光古佛雕像从厦门一路护送到武平岩前镇狮岩，举行了隆重的开光典礼。此后，台北淡水镇鄞山寺每隔3年的正月初三，都派出信徒前往狮岩定光古佛的佛像前捧回香灰，以传承定光古佛灵气，庇佑平安福祉。

2000年，台南大竹镇信众专程来均庆寺祖庙举行了分香仪式。

2010年9月，台湾定光古佛信众组成了大规模的进香团再次前往均庆寺参拜进香。

台湾定光古佛信仰由来已久，均庆寺曾在明万历年间和清乾隆十六年（1751）先后两次重修，乾隆十六年重修所需银两，"外募十方，远及台湾"。

2002年1月7日，武平县岩前镇建筑队在南岩定光古佛寺——均庆寺旁，开挖水沟时挖掘出一块长1.2米，宽0.55米，厚约0.1米的石碑。石碑两面分别镌刻"募叩台湾乐助碑记"和"台湾府善信乐助建造佛楼重装佛菩萨碑"。总计约700余名台湾信男善女为助建仙佛楼捐献银两。岩前狮岩均庆寺是台湾定光古佛信众的祖庙。

既然电影故事片的一项重要内容是密切海峡两岸"神缘"，如此丰厚而生动的例证，必须在脚本中艺术呈现。

三 定光古佛信仰是客家民俗的重要组成部分，定光古佛故事片创作首先必须围绕最有特色的民俗"迎大醮"做文章

民俗文化，是一个民族和国家的精神文化象征。世界上有人类活动的地方，便有民俗文化的存在。作为一种常见的文化现象，民俗是千百年来民众所创造的知识和认识系统，它是人们在日常生活中靠口头和行为方式传承的一种文化模式。民俗是社会所创造的基础文化，融合自然和社会于

一体，形成一个完整的知识体系。在很大程度上，民俗即国家和民族凝聚力。

根据刘大可教授考证，武平县有"南安岩"与"梁野山"两个定光古佛信仰中心。《临汀志》记载："自淳熙元年，郡守吕公翼之迎真像入州后庵，以便祈祷，从民请也。后均庆屡请还岩，郡不能夺，百夫舁至中途，莫能举，遂留于州。"而在沙县洞天岩、建瓯县铁狮山定光岩、顺昌县芹山、泰宁县叶家窠、连城县白仙岩、崇安县大浆岭、清流县灞涌岩都建有寺庙奉祀定光古佛。

黎愧曾在《重修梁野山定光禅院题辞》中写道："佛氏之盛，精蓝绀宇遍海内，而汀之禅院独称定光，定光禅院于临安、于泉南、于江右、无弗有，而汀为最著。"

南安岩是定光古佛信仰的朝拜圣地。朝拜圣地的方式有朝山醮、打大醮、朝菩萨求签等。据刘大可教授考证，（武平）朝山醮的日期各村落没有统一的时间，但具体某一个村落都有自己的规定。朝山进香的基本仪式与平时打醮大体相同，不同的是一方面朝山醮迎接的菩萨是以事先准备好的香旗为代表，以香旗是否在归途的风中或水流交汇处打结来判定神明是否到位，或将祖庙的香灰包一些回去打醮，从而增加神性。打大醮又叫放焰口，一般每隔12年一次，与普通打醮不同的是，普通打醮时菩萨往往抬就近寺庙的菩萨，而打大醮则必须到梁野山或岩前狮岩去迎接定光古佛。

打大醮作为一项盛大的民俗活动，场面大，参与者众多，仪式隆重热烈、繁复多变，不仅极好地、形象地阐释了定光古佛信仰的文化内涵，极大地增强了定光古佛信众的凝聚力，而且在影视视觉语言上琳琅满目、富丽堂皇，有很强的表现力和感染力。我国新时期在国际影坛屡获大奖的《黄土地》、《红高粱》等电影故事片，无一不是在民俗文化上做足文章。鲁迅先生说"越有民族性，就越有世界性"，这个民族性，就我们客家民系的这部影片而言，就是丰富多彩的客家民俗，就是"打大醮"。

四 《迎大醮》是一部反映海峡两岸客家"神缘"的民俗电影文学剧本

《迎大醮》（曾改片名为《定光缘》）是一部反映海峡两岸客家"神缘"的民俗电影文学剧本。

客家是汉族的一个南迁民系或说族群，以闽粤赣边为祖地，根在中原，遍布南方诸省及海外各地，人口约1.2亿，台湾约有460万，为第二大族群。

定光佛是渊源于闽西客家祖地的两岸客家守护神。

众所周知，台湾问题、宗教问题都极为敏感，那种"打打杀杀"以及由此引发的"恩怨情仇"均不宜在该文学剧本中出现。

如何在闽台海峡两岸客家与定光佛关系之间做文章呢？有关人士提出了种种方案：如，台湾客家人来闽西祖地朝拜及由此引发了一系列故事；拍摄定光佛在两岸的神奇传说；一位台湾音乐家来大陆寻找创作灵感，受定光佛慈航普度神话传说影响，创作出了音乐杰作；某台湾男青年为还愿来闽西武平，认识了当地女青年，从而引发了一段"曲折"的"三角恋"，最后"有情人终成眷属"；等等。

上述故事构架，我们讨论过，认为司空见惯，了无新意。

笔者为武平客家籍专业作家（中国作家协会会员），在田野作业的基础上，阅读了大量历史文献资料，经过与专家学者及影视艺术家反复推敲，确定了以"民俗冲突"为主线的《迎大醮》。

故事梗概如下：

> 台北淡水镇定光寺，农历庚寅年正月二十日是建寺三百年大庆，台湾客家人将云集鄞山寺举办"打大醮"活动。台湾定光寺理事会研究决定，派出该镇代表李念祖前往闽西定光古佛祖寺，接洽菩萨巡游事宜。
>
> 李念祖是淡水中学退休老校长、李氏入闽始祖李珠公第29代裔孙。
>
> 大年初九，李念祖携孙女李媛媛从台北机场直飞厦门。

厦门，李念祖、李媛媛租用一辆出租车，前往闽西武平南安岩。

李念祖、李媛媛来到了"百姓镇"，陈耀宗老县长热情地接待了他们，在观赏民俗表演"上刀山"、"过火海"时，李媛媛巧遇回乡做田野调查的陈耀宗之孙陈龙，他们一起登上了国家级自然保护区梁野山。这里的梁山寺，祀奉定光古佛，香火鼎盛。

到达南安岩李家寨围龙屋村时，正是清晨，宗亲们燃放鞭炮，演奏"十番"，热情欢迎远方的亲人。

祭拜祖先后，李氏宗亲一致认为古佛巡游是大好事，但是，古佛巡游，必有大龙前导，大龙由水头的张家寨和水中、水尾的李家寨合成，历史上因为水源之争，两村结下仇怨，游大龙活动已经消失多年。近年，镇里修好了汀江惠民渠，化解了矛盾。村人也盼望重新游大龙，乐一乐，闹一闹，只是谁也抹不下这张脸。

张家寨是著名的土楼村，绿茶和食用菌为支柱产业，领头人是老退伍军人张大雄。张大雄在"八二三"炮战中丢了一条胳膊。惴惴不安的李念祖在王镇长的陪同下拜访了张家寨土楼村，受到了热情款待。张大雄表示，大力支持"游大龙"活动。李念祖感慨万千。

回到客房，李念祖兴奋地向淡水鄞山寺的理事会报告：一切顺利！理事会闻此喜讯，立即向全世界客家乡亲组织发出了邀请函。

不料，李家寨辈分最高的六叔公是一位古怪的老木匠，由于现代机械化的冲击，他一向引以为自豪的手艺被日益冷落，整日借酒浇愁。六叔公在宗族理事会上提出了一条合情合理的要求，要确认台湾李氏一脉是否为同根同源，则必须全族合谱。

李珠公后裔遍布世界各地，合谱谈何容易啊！李念祖闻讯当场晕了过去。

李念祖被紧急送到了县医院，当地领导请老前辈放心，合谱帖发出去后，世界李氏宗亲纷纷响应，现在，只有四川洛带镇一地还没有联系上。

世界各地李氏宗亲代表分别启程，目标——闽西客家李氏大宗祠。

四川洛带镇李氏宗亲负责人因为是"船灯"乐队师傅头，演出期间手机关机，一直没有接到电话通知。

元宵节，李氏大宗祠"陇西堂"旗号飘扬，世界各地李氏宗亲三拜九叩，请出楠木柜藏大宗谱，排开在几列八仙桌上，一条条宗亲血脉，脉络分明。只是，台湾淡水一脉，与大宗祠总谱牒连接不上，缺的一环，恰恰是四川省洛带镇万一郎公谱牒。

就在焦急紧张的气氛中，大宗祠外传来了隆隆的摩托车引擎声，但见几位青年拥着四川宗亲奔进厅堂，三拜九叩后，从怀中各自掏出黄绸布层层包裹的谱牒，虔诚地奉在八仙桌的缺口上。

八仙桌上，四川宗亲将三本谱牒填在缺口上，上祖下传，左昭右穆，脉络分明，珠联璧合。

合谱成功！这是三百年来世界李氏宗亲的大盛会、大团圆啊！李氏大宗祠传出一阵阵欢呼声。

李家寨、张家寨家家户户一时都动了起来，一节节的龙身慢慢成形，五彩缤纷。

陈龙和李媛媛在相处的日子里，渐生情愫。陈龙因田野调查课题组急事，返回福州。

不料，张家寨长期行走"地理"的张半仙从广东云游回村，看到家家户户忙于扎大龙，掐指一算，游大龙这一日，有利有弊，好东村妨西村，查对客家地区"日课"权威通书《罗家通书》，果然如此。李老村长、张大雄请来李念祖商议此事，一筹莫展，此时，六叔公搞来了一壶好酒，正要找老侄哥李念祖一起喝，当他得知缘由时，大笑说，俺们请菩萨，就应该问问菩萨！

众人连夜来到狮岩定光古佛前，烧香顶礼膜拜，一连卜卦（跌答）三次，都是大吉大利。

正月十八日吉时，大龙前导，菩萨巡游，人山人海，盛况空前。

正月十九日吉时，厦门港，定光古佛菩萨在来自海峡东岸台湾的300多名客家信众的拥护中，被请上了"和谐号"客轮。

陈龙驾驶越野车急速赶到厦门港，他看到"和谐号"缓缓远去。

陈龙发出短信："媛媛，你还会回来吗？"

媛媛回短信："为了你，我一定回来！"

"和谐号"驶向碧波荡漾的台湾海峡，迎着一轮喷薄欲出的红日。

故事的主基调是明朗的、温暖的，充满了客家特色，故事主要试图通过客家"风情"、"风俗"、"风景"来表现两岸客家的亲缘、神缘、地缘、文缘。客家土楼、客家围龙屋等客家经典建筑，客家梯田、客家"百姓镇"、梁野山、汀江风景，客家谱牒、客家祠堂等宗族文化，"上刀山"、"过火海"、船灯、舞青狮、"十番"、游大龙、打大醮等客家民俗事项都得到了较好的展现，并融合在故事构架之中。

故事的逻辑结构为："台湾出发到闽西武平——迎大醮（克服三大困难）——迎回定光佛菩萨到台湾。"此为圆环形结构，极为顺畅，有象征意义。同样的象征意义还体现在陈龙、李媛媛的爱情故事上。

有论者以为《迎大醮》"没有故事"，也就是说"矛盾冲突"不够。这是没有任何根据的搪塞之词。其实，剧本着重点不是表现外在的矛盾冲突，诸如"刀光剑影"、"打打杀杀"等不适当的感官刺激。在海峡两岸客家乡亲"温暖"、"和谐"的大前提下，内在的矛盾冲突才是有力量的真正的矛盾冲突。本剧的矛盾冲突建立在客家民俗的基础上，李念祖必须在限定的时间即正月二十日迎回菩萨到台湾"打大醮"，台湾客家乡亲在此日将云集台湾定光寺。可是，他要迎回大醮，必须过"三关"，一是"合龙"，二是"合谱"，三是"合日子"，一关比一关困难，限定日期却越来越逼近，内在的矛盾冲突也就越来越激烈，"惊险"的故事情节由此层层推进，可谓是"险象环生"、跌宕起伏、扣人心弦。值得一提的是，这些内在矛盾冲突是全新的故事冲突，独辟蹊径，没有半点过去我们常见的老调重弹，既合情合理，又令人耳目一新。"乡情呼唤乡亲"、"民俗冲突"的创新，是《迎大醮》文学剧本的最大亮点。

《迎大醮》文学剧本得到国务院特殊津贴专家刘大可教授、《客家纵横》主编吴福文先生的悉心指导，国家文学院——鲁迅文学院专家学者、著名作家对此高度评价。

五　民俗影视化的几个误区

民俗活动如何影视化？这是一个很重要的问题。在《迎大醮》文学剧本中，如上所述，出现了客家土楼、客家围龙屋、李氏大宗祠等客家经典建筑及汀江风景，还出现了"游大龙"等民俗活动。

为此，一些论者对《迎大醮》文学剧本粗略翻看后，提出了一些否定意见。这些否定意见值得探讨，笔者认为，是陷入了影视民俗化的几个误区。

1. **误区之一：既然拍摄武平电影，就必须在武平拍摄，全部拍摄武平的内容**

论者认为，客家土楼在永定或南靖最有代表性；客家围龙屋多在广东梅州；而汀江仅仅在武平县北部的湘店乡店下村拐了一个弯，位于武平县南部的南安岩附近根本与汀江不沾边；李氏大宗祠是上杭李火德公的大宗祠，和武平县无关；"游大龙"活动是连城县姑田的民俗活动，与武平县八竿子打不着；等等。既然拍摄武平电影，就必须在武平拍摄，全部拍摄武平的内容。

笔者认为，上述反对理由就是民俗影视化过程中的误区之一。众所周知，定光古佛是客家人的守护神，汀江流域及海峡彼岸客家人信众尤多，既然佛光普照客家大地，那么，以武平县为中心的周边客家地区的优秀民俗元素，为什么不可以在影视上艺术呈现呢？《迎大醮》艺术地"借用"周边客家地区的优秀民俗元素，把握了一个"度"，即不超越"客家"与"定光古佛信仰圈"这个范围。超越了这个范围，就失去了地方民俗特色，就失去了"原生态"的艺术特色，密切海峡两岸客家"神缘"的愿望就会落空。相反，只要把握了我们认同的"度"，就可以艺术呈现"定光古佛信仰圈"的客家地区，包括武平及武平以外的优秀民俗文化。

2. **误区之二：集合周边客家优秀文化元素拍摄"武平电影"是"为他人作嫁衣裳"**

这一观点，是民俗影视化的又一误区。多年的实践证明，客家文化宣传，必须形成合力，才能做大做强。纵观当今热点旅游线路的规划，也是以"集群"方式出现的。《迎大醮》集合了武平县周边客家地区优秀文化元素，其目的是为"众星拱月"。这个光彩夺目的明月，就是定光古佛信仰中心，就是武平县南安岩。周边客家优秀文化元素也可以借此东风相得益彰。我们知道，客家土楼、客家围龙屋、李氏大宗祠等客家经典建筑及汀江风景和"游大龙"民俗活动，已经有了相当高的知名度和美誉度，拍摄电影故事片，"借景"即"好风凭借力"。因此，宣传武平客家文化，必须跳出狭隘的地方本位主义观点；宣传武平客家文化，应该有"武平是客家的武平，客家是武平的客家"的襟怀。同样，周边客家地区也不应该因为本县区优秀文化被"借用"而耿耿于怀，也要有大局意识。如前所述，客家文化是一个有机联系的同质性的整体。拍摄此电影故事片，至少应该站在大客家文化的高度统揽全局。

3. 误区之三：我们武平什么都有，不需要"借"别人的"风景"来拍电影

上述言论，和误区之一有相似之处，提出观点的角度有所不同。从影视艺术角度而言，这也是误区。影视艺术，说到底首先是视听艺术。我们试图在《迎大醮》中展现客家地区美丽的"风情"、"风俗"、"风景"。电影艺术需要有美丽的"风景"作为支撑，拍摄场景的选择，有时决定了一部电影故事片的成败。我们知道，再美丽的"风情"、"风俗"都是发生在一定的时间和空间之中的。上述所言之汀江、客家土楼、围龙屋、李氏大宗祠均赏心悦目、名扬世界。武平县的风景特色，有梯田、梁野山国家级自然保护区等。客家古建筑方面，似乎是乏善可陈了。以我们引以为自豪的中山"百姓镇"而言，写文章可以引经据典妙笔生花，可是，事实上，此地已经是有文化内涵没有多少风景大观了。为"风景"缘故，借，是一种可行的办法。

电影故事片不同于影视纪录片，有艺术的虚构和想象成分在内。鲁迅先生所说的"杂取种种人，形成一个"，形象地阐释了文学艺术的一个创造规律。为了宣传武平县定光古佛文化，在"以武平为定光古佛信仰中心"的基础上，源于生活高于生活，合理"借用"周边客家地区优秀文化元素进行创作是非常必要的。

4. 误区之四："武平是个筐，啥都可以往里装"

"武平是个筐，啥都可以往里装"是民俗影视化的最大误区。

拍摄海峡两岸定光古佛信仰的电影故事片的性质，决定了这是一部民俗电影的走向。作者必须在深入了解客家民情风俗的基础上进行文学脚本创作，那种把"定光古佛"仅仅作为标签式的背景，而演绎一些观众熟悉的老套爱情故事的写法是不足取的。"武平是个筐，啥都可以往里装"是影视民俗化的最大误区。海峡两岸客家观众如果看不到自己真实生动的信仰及生活场景，看不到由自己充满感情的客家土地上"生长"出来的客家故事，听不到自己亲切的乡情乡音，那么，宣传效果可能适得其反。

客家民俗影视创作，需要作者同时具备影视文学创作能力和熟知客家

民俗风情。影视文学创作能力有高下之分，熟知客家民俗风情则必须长期生活于客家文化圈和通过刻苦的后天习得，那种走马观花的所谓深入生活，掌握不了博大精深的客家民俗文化，就"兴师动众"的电影故事片摄制而言，一知半解的负面影响可能甚于无知。

谨建议：以武平及闽西客家民俗专家、乡土作者和影视文学作家组成创作组，综合《迎大醮》等电影文学剧本之长，重新创作出新的电影文学剧本，力争打造成客家电影的世界级精品。

需要特别说明的是，《迎大醮》文学剧本的作者是土生土长的武平客家人。作者热爱家乡之情和因为"民俗"问题有不同意见者一样赤诚。

六 《迎大醮》文学剧本的不足

一是民俗场面繁多浩大。"上刀山"、"过火海"表演、"合谱"、"船灯"、"舞龙"、"舞狮"、"游大龙"等，民俗场面繁多浩大，摄制成本较高。二是配角较多。此为大电影的规模，一定程度上也增加了摄制成本。三是副线较弱。副线为爱情戏，相对于主线呈弱势。

七 余论

进入21世纪以来，影视为宣传强势媒体的趋势更为凸显，闽西摄制客家民俗电影故事片《迎大醮》有着特殊的意义。

据《凤凰周刊》报道，2010年，我国共拍摄626部胶片电影故事片，除《让子弹飞》、《非诚勿扰2》、《赵氏孤儿》、《叶问》、《山楂树之恋》等大片盈利外，600余部票房"惨败"。

根据中央电视台电影频道艺术总监柳城先生于2011年1月6日在鲁迅文学院授课时透露，近年，我国年生产数字电影故事片500余部，在中央电视台电影频道播出的为100部左右。

应该说，在600余部票房"惨败"的电影故事片和未在中央电视台播出的400余部数字电影故事片中，不乏优秀电影，此犹如没有上《人民文学》的文学作品不乏好文学作品，没有上《人民日报》的新闻不乏好新闻一样。

　　胶片电影故事片，投放全国院线，主要讲"票房"收入；数字电影故事片，主要播放渠道是中央电视台电影频道，主要讲"收视率"。

　　我们的关于定光古佛题材的电影故事片，是"命题作文"，主要为海峡两岸同胞"五缘六求"服务，为弘扬客家文化服务，为宣传武平服务。目的、意义不同，创作方法也随之必然有所调整。

参考文献

1. 曾曰瑛修、李绂纂《汀州府志》，方志出版社，2004。
2. 同治《汀州府志》。
3. 杨澜：《临汀汇考》。
4. 胡太初修、赵与沐纂《临汀志》，福建人民出版社，1990。
5. 丘复主纂《武平县志》。
6. 康熙三十八年《武平县志》。
7. 钟敬文主编《中国民俗史》，人民出版社，2004。
8. 林国平：《福建民间信仰》，福建人民出版社，1993。
9. 刘大可：《闽台地域社会与族群文化新探》，方志出版社，2004。
10. 刘大可：《田野中的地域社会与文化》，民族出版社，2006。
11. 李逢蕊、吴福文主编《客家纵横》（第 1~39 期）。

论定光佛弘法胜地的选择

俞如先　张雪英*

【摘　要】　武平狮岩是由石窟寺和地上殿宇建筑组成的禅宗圣地。狮岩的形成是盛唐时期及此后石窟寺文化影响的结果。定光大师最终决定于此开堂弘法完全是遵循禅宗胜地选择基本经验的。五代十国时期，定光禅师学法得道之后，为了光大禅宗事业，曾长时间在闽粤赣边一带遍访合适的弘法地点。笔者认为，粤赣边客家地区因已无较为理想的弘法地点等原因而未能纳入大师的视野，今天上杭、连城等县的天然洞穴虽有幸为大师所涉足，但因都有这样那样的不足，又最终被大师所放弃。唯有狮岩人和、地利条件最为优越，大师才义无反顾地选择于此长期弘法，并最终成就了一代宗师的地位。

【关键词】　弘法胜地　闽粤赣边　狮岩

作为世界客家守护神定光佛祖庭的武平狮岩均庆寺是闽粤赣边地区所不多见的禅宗石窟寺，该寺的形成是盛唐时期及此后石窟寺文化影响的结果。近年来，海内外的许多专家学者从信仰缘起、形成、特点、现实意义及与客家文化、中原文化的关系等视角，① 对定光古佛信仰进行了较为全面、系统的研究。但关于定光公为什么最终选择武平狮岩作为弘法圣地依山就势营建石窟寺的问题迄今未见相关的研究成果。笔者在理论思考的基础上，立足于相关文献资料，并结合田野调查获得的第一手资料，对这一问题进行探讨，也由此进一步有力地证明武平狮岩定光佛祖庭的地位。

---

* 俞如先，中共龙岩市委党校副教授、法学博士；张雪英，龙岩学院思政部教授。
① 福建省武平县客家联谊会、政协福建省武平县委员会文史与学习宣传委员会编《定光古佛史传论文选集》，2010。

一 禅宗弘法胜地选择的条件

我国佛教史上,常见禅僧跨地区从容择地弘法的情形。如对我国佛教发展起着至关重要作用的北朝时期的昙曜曾在凉州一带修禅业、弘佛法,受到北凉统治者的重视,后来辗转来到平城(今山西大同),"即为太子晃所礼重,被任为昭玄都统,即请于平城西武州山开凿石窟,镌建佛像,这就是遗留至今的著名佛教遗迹——云冈石窟"①,即著名的"昙曜五窟",总称为灵岩寺。又如禅宗六祖慧能曾在湖北黄梅追随弘忍求法。得大师衣钵之后,南下广州法性寺落发出家。在广州,慧能禅师对何去何从的问题进行了认真的思考。"慧能开法受戒回制旨寺以后,广州龙兴寺的经藏院成了慧能的开法堂。但这时慧能却面临了一个新的问题,是长期在广州地区传扬禅法,还是另谋弘法宝地。"② 大师最终选择了到韶州曹溪宝林寺弘法。

一般而言,僧人择地弘法离不开天时、地利、人和这三个条件,要逢天时、得地利、有人和,三者缺一不可。

逢天时主要是指统治阶级重视佛教、社会较为安定良好的时代环境。社会安定、统治阶级的重视和支持至关重要。如云冈石窟是昙曜首创主持开凿的,前后历时约30年,如若没有北魏统一北方创造了较为安定的政治环境,没有统治阶级的支持简直是不可想象的。统治阶级的支持极为关键。昙曜禅师就曾一语中的地指出:"世界成坏要因诸法,圣法兴毁必在帝王。"③ 为了弘法,昙曜千方百计争取北魏皇帝的支持,在文成帝的协助下,昙曜开凿石窟建寺的实践活动进展顺利,"不仅实现了他'弘教护法'的愿望,而且又取得了意想不到的效果"④。又如南京栖霞山的无量寿佛像龛的建造也是如此,"还曾经得到了齐朝文惠太子萧长懋、豫章王萧嶷、竟陵王萧子良、始安王萧遥光的大力资助"⑤。

---

① 中国佛教学会编《中国佛教》,知识出版社,1980,第41页。
② 李明山:《六祖慧能与韶州曹溪结缘考略》,《韶关学院学报》2009年第10期,第2页。
③ 转引自张淼《昙曜兴佛及其历史地位》,《五台山研究》2005年第3期,第4页。
④ 张淼:《昙曜兴佛及其历史地位》,《五台山研究》2005年第3期,第3页。
⑤ 常青:《佛祖真容——中国古寺探秘》,四川教育出版社,1996,第177页。

得地利包含两方面的内容：一是所选择的地方要有山有水。历史上，佛教中国化的进程中，逐步融入了道教文化的内容。如道教追求洞天福地的仙境，多以名山为主景，有山，台高则近仙，如若有天然溶洞或岩性适合开凿洞窟则更佳，别有洞天，山中有洞室通达上天；有的追求兼有山水。佛教即深受中国道教的影响。如禅宗基本上成为适合于在丛林中发展的山林文化。禅师弘法往往选择"山堪作钵、水可浮杯"① 的佳山胜水。所以，山水胜地理所当然成为弘法择地的首选条件。如历史上昙曜选择开凿石窟的武州山一带也曾是山水俱佳的地方。"根据史料记载，修建伊始，在距离云冈石窟 25 米的地方曾有河道如玉带穿流而过，河边绿树成荫，美不胜收。而到了金代，古人发现水对石窟的巨大破坏力，为了保护云冈石窟，才将这条河流改道到距离石窟四五百米处，即今天云冈石窟南面已经干涸的十里河。"② 而且武州山崖上的岩石为侏罗纪时期的砂岩，适合雕刻。二是地理位置恰到好处。禅宗弘法地点地理位置的要求比较讲究，既要考虑要有一个相对清静的环境，一般与通都大邑保持一定的距离，又要考虑到禅宗思想观照的重要对象是众多下层劳动人民，不能太远离世俗，所以，弘法地点往往选择在地处人员、商贸往来的交通要道上。如禅宗六祖慧能最终选择韶州宝林寺作为弘法地点即有地理位置优越的考量："韶州处于南北交通要冲，是中原人南渡的必经之地之一。所以，慧能要发展禅宗事业，必然选择既不太偏僻，又远离尘嚣，不太靠近政治统治中心的地方。在韶州确立禅宗的弘法基地，进可以越过南岭，到达长江流域和中原地带；退可以据守岭南，抑或远化海外。"③ 而且离宝林寺不远的曲江县狮子岩后山正好有一个天然山洞，为了安全起见，慧能能栖身洞中避难，"后人将此处称为招隐寺"④。

有人和主要是指具有一定的群众基础且得到僧俗的合力支持。封建社会，人民群众需要通过宗教表达诉求和情感，祈求大慈大悲佛祖的庇

---

① 福建省武平县客家联谊会、政协福建省武平县委员会文史与学习宣传委员会编《定光古佛史传论文选集》，2010，第 22 页。
② 张显峰、李艳：《云冈石窟周边环境治理工程引争议》，2009 年 8 月 18 日《科技日报》第 1 版。
③ 李明山：《六祖慧能与韶州曹溪结缘考略》，《韶关学院学报》2009 年第 10 期，第 4 页。
④ 李明山：《六祖慧能与韶州曹溪结缘考略》，《韶关学院学报》2009 年第 10 期，第 2 页。

佑，人民群众情感上需要宗教，也会以做功德的形式出资资助寺院建设等，这些都为宗教的存在和发展赢得了基本的社会条件。如栖霞山齐梁古刹栖霞寺的建造以及无量寿佛像龛的开凿即得到了民间居士的鼎力支持。"关于这所大佛像龛的建立，相传在刘宋朝时，有一位平原（今浙江平湖县东）居士明僧绍，很有佛学修养，他独自一人遍览了江南的佛教圣地之后，有一天来到了栖霞山下。这里的山谷使明僧绍仿佛感到了一种神仙般的灵气，于是他就决定居住下来，安度自己的有生之年。不久，有一位法渡禅师率领徒弟们也来到栖霞山修行了，他们与明僧绍友好相处，平时也一起讨论佛教理论。一次，法渡禅师向弟子们宣讲了《无量寿经》，到了夜里，忽然看见金色的光芒照亮了黑暗的天空，金光中显现出了台馆的形象。于是，明僧绍就把自己的住宅施舍给了这些僧人，栖霞寺就这样出现了。明僧绍曾经梦见山崖间闪耀着如来佛的光彩，他感到佛祖的灵相是会在这座山上出现的，就同法渡禅师商量开凿一所大佛像龛。公元484年，壮志未酬的明僧绍去世了。以后，担任临沂县（今南京市北金川门外）县令的明僧绍第二子仲璋，为了完成父亲的遗愿，便与法渡禅师共同设计，开凿完成了这所无量寿佛像龛。"[1] 又如慧能禅师之所以选择韶州宝林寺弘法，与韶州一带广泛的僧众基础也有很大关系，慧能与社会各界都建立了良好的人脉关系，"诸如儒士刘至略，与慧能关系密切。还有他的出家为无尽藏尼的姑姑，曾和慧能一起诵谈过经义。曹侯村的魏武侯玄孙曹叔良、乐昌的智远禅师等，都与慧能有过交往，都是他的人脉关系"[2]。

我国佛教史上，许多禅师选择的弘法地点之所以最终成为宗教圣地，与相对有利的时代环境、山水优势、人脉关系等条件都是息息相关的。

二　闽粤赣边定光佛曾经的云游与徘徊

五代十国时期，国家分裂。闽西、赣南属南唐，粤东归南汉管辖。

---

[1] 常青：《佛祖真容——中国古寺探秘》，四川教育出版社，1996，第176~177页。
[2] 李明山：《六祖慧能与韶州曹溪结缘考略》，《韶关学院学报》2009年第10期，第3~4页。

这一时期的南方各国重视发展经济社会事业，"各在境内还实施些有利民生的改良政策，使经济有所发展而社会日益安定"①。与此同时，由于南方各国帝王多有浓厚的宗教信仰，支持佛教事业，"所以，当时南地佛教始终在发展"②。可见，这一时期也是有利于得道僧人从容选择弘法胜地的。

公元950年，定光禅师前往庐陵（今吉安）西峰寺，跟随云豁法师学法。定光禅师苦学5年彻悟佛法之后，也面临着何去何从的问题。为了弘法，他毅然辞别西峰寺。一开始是漫无目的的云游与徘徊，"渡大和县怀仁江……又经梅州黄杨峡，渴而谒水。人曰：微之。师微笑，以杖遥指，溪源遂涸，徒流于数里外，今号干溪。乾德二年甲子之武平……"③这实际上暗示了定光禅师坐船自赣江支流的怀仁江进入赣江，然后沿江溯流而上，到达粤赣边界，再经边界南岭隘口陆路进入粤东平远县差干镇一带，再在干溪乘船拐入发源于武平的中山溪，顺利进入闽西的路线。定光禅师走的实际上是商旅跋涉出来的盐商古道。众所周知，闽粤赣边是一约定俗成的地理名称，历史上私盐贩卖长期盛行。北宋时期，汀州、虔（赣）州等地的居民就"喜贩盐且为盗"④，而且在紧挨闽西的粤赣边界一带也确实自古就存在着一条盐商古道。⑤所以，定光禅师自赣中腹地，经赣南南下进入粤东寻访弘法胜地是完全有可能的，而且也符合禅宗所要求的交通要道寻访的一般规律。但定光禅师最终没有在赣南、粤东停下寻访的脚步，很可能有赣南、粤东一带开发较早，禅宗的影响也较为兴盛，香火旺盛的大丛林林立，已无较为理想的弘法地点可供选择的缘故。当然，也与寻访途中的一些遭遇有关。如途经平远黄杨峡时，因口渴，向民众讨要水喝，结果被拒，"人曰'微之'"。禅宗弘法也很是忌讳这种民间不友善的排斥心理的。

应该指出的是，定光禅师自公元955年左右离开西峰寺至964年抵

---

① 中国佛教学会编《中国佛教》，知识出版社，1980，第41页，第75页。
② 中国佛教学会编《中国佛教》，知识出版社，1980，第41页，第75页。
③ 转引自闽西客家联谊会、龙岩市政协文史与学习委员会编《定光古佛与客家民间信仰》，2008，第149页。
④ （宋）马端临：《文献通考》卷156《兵考》。
⑤ 叶仕欣：《小山村有条粤赣盐商古道》，2009年10月27日《广州日报》第A13版。

达狮岩前后历时 9 年。长达 9 年的时间里，大师不可能只在粤赣边的盐商古道沿线寻访。事实上，狮岩开堂之前，大师确实在闽西的其他地方寻访过，"经自汀（当时连城、上杭、武平等县均未从长汀县分出）而来，一瓶一钵，掬水问香，寻胜于此地狮子岩，遂开山焉"①。从文献记载和田野调查的情况看，大师在闽西许多地方都留下了弘法寻访的圣迹，或是栖息弘法，如上杭县庐丰乡东安岩，"宋定光佛常栖于此岩"②；或是驻锡弘法，如距连城县北 5 公里的滴水岩（在今隔川镇），"相传，定光佛驻锡于此"③；或是设道场弘法，如连城冠豸山，"又有定光道场，号曰：白云洞天"④；或是云游弘法，如连城县赖源乡上村，"汀郡定光灵迹甚多。相传曾云游至赖源村（今赖源乡上村）"⑤。定光大师寻访的地方以连城县居多，而且这些地方有一个共同的特点就是都有天然洞穴。如滴水岩，"山壁有岩洞，宽约 30 余平方米"⑥。冠豸山的定光道场在冠豸山主峰灵芝峰绝巘下仰止亭往雪洞方向约 100 米处的空旷地带，距离雪洞不过百米的距离。⑦ 赖源乡上村溪流两岸遍布着 20 多个大大小小的石灰岩溶洞，其中的石燕岩其实就是一个大洞，"长约 35 米，宽 25 米，高 16 米"⑧，据说原是水牛精的巢穴，定光大师下榻此洞弘法，遂用竹条驱赶水牛精，洞壁上至今尚留有竹条的痕迹。⑨ 这些定光大师曾经寻访的地方有山有水有洞，而且民风淳朴，如定光大师寻访赖源乡时，当地乡民连谷种都拿出来招待定光大师，令定光大师为至感动。⑩ 但是这些地方都有这样那样的不足。如东安岩虽然临近汀江，但定光大师寻访的时候，汀江水运尚未发展起来，迟至宋嘉定六年（1213），"汀江水运

---

① 福建省武平县客家联谊会、政协福建省武平县委员会文史与学习宣传委员会编《定光古佛史传论文选集》，2010，第 21 页。
② 《闽书》第 2 卷《方域》。
③ 连城县地方志编纂委员会编康熙版点校本《连城县志》，方志出版社，1997，第 55 页。
④ （清）李绂纂《汀州府志》，方志出版社，2004，第 48 页。
⑤ 转引自政协连城县委文史与学习宣传委编《连城文史资料》第 35 辑，第 310 页。
⑥ 连城县地方志编纂委员会编《连城县志》，群众出版社，1993，第 816 页。
⑦ 据对连城县文化局退休干部谢桂犀的调查和笔者现场的考察，2011 年 1 月 27 日。
⑧ 连城县地方志编纂委员会编《连城县志》，群众出版社，1993，第 818 页。
⑨ 据对连城县文化局退休干部谢桂犀的调查和笔者现场的考察，2011 年 1 月 27 日。
⑩ 转引自政协连城县委文史与学习宣传委编《连城文史资料》第 35 辑，第 310 页。

日渐发展"①，而且山势陡峭、登临困难，山上所谓"仙人洞"洞口处"泉水源源不断地流下来"②，不仅人员进出洞窟多有不便，洞内空气也因此过于潮湿，人也无法长期于此停留。滴水岩、冠豸山两山均不处在边界的交通要道上。滴水岩山虽不高，但洞内因岩壁常年泉涌不竭，"有泉一线，出窦，溜泻岩下，深不盈尺，潴不溢，汲不竭"③，人也无法长时间在此活动。冠豸山上的雪洞实际上只是灵芝峰绝巘处一山包斜靠灵芝峰所形成的一个挡雨空间，洞内空间不过十几平方米，地面略呈倾斜状，另外一个出口下面又是悬崖峭壁，缺乏安全保障，所以，也根本不适合作为礼佛的场所。况且冠豸山一山兀立，四面悬崖峭壁，"其山四面皆石壁，崒嵂巉巍……初足迹莫能容，后凿石蹬数百重，始通一道"④。冠豸山在宋元祐年间（1086～1094）被开发之前，连徒手攀登都相当困难，要搬运材料上山更是难上加难，因此也很难在山上建设与洞穴连为一体的弘法场所。赖源石燕岩虽然洞内空间较大，空气较为干燥，但因崇山峻岭的阻隔，对外交通极为不便，人烟稀少，上村元末、明初才有范姓、黄姓先民于此开基⑤，洞前又为两山夹峙的溪流，无法拓展作为地上寺庙建筑的场地，实际也无发展空间。

可见，定光大师开堂狮岩之前除了粤赣边一带之外，也曾经在今上杭、连城等县寻访弘法胜地，只是所寻访的地方客观上并不适合作为长期弘法的地点，最终都被定光大师所放弃。

三 武平狮岩——定光佛最终的弘法抉择

狮岩是耸立于武平县岩前镇方圆近40平方公里盆地中心的石灰岩山体，因酷似张口仰天怒吼的狮子而得名，一峰兀立如狮，赏心悦目、视野开阔、美不胜收。

大师之所以选择狮岩作为弘法胜地，有狮岩一带"人和"方面的有

---

① 上杭县地方志编纂委员会编《上杭县志》，福建人民出版社，1993，第278页。
② 周继章：《走进东安岩》，2006年10月29日《闽西日报》第7版。
③ 连城县地方志编纂委员会编康熙版点校本《连城县志》，方志出版社，1997，第55页。
④ 李传耀主编《冠豸山诗文选》，福建人民出版社，1994，第105页。
⑤ 对连城县赖源乡上村吴煜民的调查，2011年3月18日。

利条件。武平县也是客家民系形成的县域之一,据县内各姓族谱记载,"自唐代开始,即有大批中原汉人陆续迁入县境,成为主要居民,称为客家"①。五代十国末至宋初,武平一县至少有几千户人家。② 其中有相当部分流民是经由岩前与广东间的边界通道进入岩前避难的,"(岩前)南抵循梅,西连章贡,篁竹之乡,烟岚之地,往往为江广界上逋逃者之所据"③。岩前就这样成为岭南流民天然的避风港,常见短期内集中可观数量流民的情形。禅宗观照的是广大的下层群众,大量难民的涌入使大师弘法具有广泛的群众基础。这一"人和"条件也正是大师所寻访的其他地方所不及的。禅宗本质上与广大流民并无根本的利益冲突,大师甚至一直都在体恤百姓,主动为民请命,"岩寺当输布,而民岁代输之。公不忍,折简置布束中祈免"④。而且百姓有求,大师必应,"民有祈祷,辄书偈付与,末皆书'赠之以中'四字,无愿不从"⑤。这样,大师在狮岩一带弘法毫无疑问能得到广泛的接受和认同。大师生前,狮岩一带民间亲切地称其为和尚老人,"师见在,民呼曰'和尚翁',亲之也"⑥。可见,经过努力,大师在狮岩一带很快就建立了较为良好的人际关系,具备了弘法的"人和"条件,在这一前提下,禅堂基本建设所需要的土地问题解决了,最早开辟狮岩的何大郎让出了狮岩地盘并施舍了许多土地,"后又将岩前所创屋宇田产永施狮岩寺院,举家再迁宁洋创基立业"⑦。投工投劳问题也解决了,"乡人神之,争为之畚土夷堑,刊木结庵"⑧。大师不仅善于处理与民间信众的关系,还善于处理同道之间的关系。如

---

① 福建省武平县志编纂委员会编《武平县志》,中国大百科全书出版社,1993,第735页。
② 周雪香:《明清闽粤边客家地区的社会经济变迁》,福建人民出版社,2007,第76页。
③ 《永乐大典》卷789《汀州府·风俗形势》。
④ 转引自闽西客家联谊会、龙岩市政协文史与学习委员会编《定光古佛与客家民间信仰》,2008,第144页。
⑤ 转引自闽西客家联谊会、龙岩市政协文史与学习委员会编《定光古佛与客家民间信仰》,2008,第151页。
⑥ 转引自闽西客家联谊会、龙岩市政协文史与学习委员会编《定光古佛与客家民间信仰》,2008,第156页。
⑦ 转引自政协连城县委文史与学习宣传委编《连城文史资料》第35辑。
⑧ 转引自闽西客家联谊会、龙岩市政协文史与学习委员会编《定光古佛与客家民间信仰》,2008,第150页。

邻寺有需要大师即挺身而出，"邻寺僧死，公不知法当告官，便自焚之"①。这样对于改善僧人之间的关系，进一步营造良好的"人和"环境也是大有裨益的。

当然，相比之下，狮岩最为优越的还是它的地利条件：一方面是狮岩具有优越的地理位置。狮岩所在的岩前不仅是武平的南大门，也是整个福建的西南大门，"汀郡毗邻江粤，为七闽藩篱；而上杭、武平直与程乡、平远接壤，则又汀郡之门户。乃最要无如岩前"②。而且狮岩临近历史上闽粤赣边作为盐粮贸易重镇的下坝，岩前与下坝有岩前溪相通。源于广东邻山的岩前溪流经狮岩所在的灵岩村，汇入中赤溪，再在下坝乡汇入中山河。中山河原名就叫石窟河。当年，大师正是经由中山河踏上闽西的土地。狮岩石窟是大师的象征，可见该河的起名确与大师有关。岩前溪成为通达下坝的又一通道。历史上大量的流民商旅经由各种通道进入岩前。有的于此定居开发，在广大的岩前盆地逐渐形成了客家村落。狮岩正好处于村落中间的位置，便于大师与百姓接触。当然，岩前又相对远离区域政治中心，离武平城42公里，离汀州府治所在地的长汀县城则更远，"北至本府长汀县二百六十里"③，可以免却很多不必要的政治干扰；再就是狮岩有山有水且山有天然溶洞。大师初来乍到，"望见怪石奇形，心知洞天福地，见喜一峰狮子吼叫，万象尽皈依"④。再看山前，一流水清澈的小溪欢快地绕山右流向远方。⑤ 大师颇具山水选择阅历，从经验上看，他知道狮岩正是梦寐以求可以光大禅宗事业的胜地，"况岩之前峙而森立者，山堪作钵；流而潆绕者，水可浮杯。息外缘，日换凡骨，绍佛未坠之绪于一线上也"⑥。而且狮岩洞穴条件也无可挑剔。主洞高出地面约20米，从大院坪

---

① 转引自闽西客家联谊会、龙岩市政协文史与学习委员会编《定光古佛与客家民间信仰》，2008，第144页。
② 丘复主纂民国《武平县志》，福建省武平县志编纂委员会整理出版，1996，第428页。
③ （清）赵良生重纂康熙《武平县志》，福建省武平县志编纂委员会整理出版，1996，第5页。
④ 福建省武平县客家联谊会、政协福建省武平县委员会文史与学习宣传委员会编《定光古佛史传论文选集》，2010，第22~23页。
⑤ 对武平县岩前镇灵岩村练福清的调查，2011年3月11日。
⑥ 福建省武平县客家联谊会、政协福建省武平县委员会文史与学习宣传委员会编《定光古佛史传论文选集》，2010，第22页。

上行 43 级台阶就能很轻易地登临主洞。主洞洞内空间大，高约 5 米，最大口径达 18 米。有 2 个洞府，各深约 20 米。确实是清静禅修的绝妙去处。狮岩四周还有大小溶洞 20 余个。狮岩整体属石灰岩岩体，岩性单一，抗风化能力、自稳能力强，这样的溶洞也适合长期使用。大师再拾足走近狮岩，审视着大自然的巧夺天工，更坚定了于此长久弘法的信念，"睹南岩石壁峭峻，岩冗嵌崆，怃然叹曰：'昔我如来，犹芦穿于膝，鹊巢于顶，而后成道。今我亦愿委身此地，以度群品。若不然者，当使殒碎如微尘'"①。最后是狮岩所在的岩前盆地面积 2906 公顷，狮口前方即是块开阔的平地，为狮岩提供了足够的发展空间，可供配套营建与狮岩连为一体的殿宇、僧房、钟鼓楼等建筑。今天均庆寺的三宝殿、千佛楼均是基本保留了北宋年间初建时原貌的建筑。

在大师看来，地理条件、人和条件如此优越的地点是不多见的，甚至是绝无仅有的。大师于是很快做出抉择，义无反顾地投入了狮岩的怀抱。而且立说立行，于此弘法，"发誓已，摄衣趺坐"②。大师还为了山前刹宇的建造呕心沥血，经过几年的努力终于初现规模。历史也无可辩驳地证明大师的选择是正确的。在北宋真宗年间，大师已逐步确立了在宗教界一代宗师的地位。北宋真宗皇帝称赞大师为活菩萨，并赏赐银钱，"上乃谓师为'见世佛'，御赐周通钱一贯文，至今常如新铸"③。同样是在真宗朝，有一次真宗皇帝以素食宴请名僧，大师也在应邀之列，有一个正对着皇帝的位置，众僧都不敢坐，一定要留给定光佛祖："对御一榻无敢坐。上命进坐，僧答曰：'佛祖未至。'少顷师至，白衣衲帽，儒履擎拳，即对御就坐。"④ 足可见大师在宗教界德高望重的影响力。闽西均庆寺也因此成为闽粤赣边的禅宗大丛林。今天狮岩所在村落的名字叫灵岩村，这不是一个简简单单的地名，它昭示着历史上大师开创的均庆寺堪与北魏一代宗师昙曜

---

① 转引自闽西客家联谊会、龙岩市政协文史与学习委员会编《定光古佛与客家民间信仰》，2008，第 150 页。
② 转引自闽西客家联谊会、龙岩市政协文史与学习委员会编《定光古佛与客家民间信仰》，2008，第 150 页。
③ 转引自闽西客家联谊会、龙岩市政协文史与学习委员会编《定光古佛与客家民间信仰》，2008，第 154 页。
④ 转引自闽西客家联谊会、龙岩市政协文史与学习委员会编《定光古佛与客家民间信仰》，2008，第 154 页。

主持建造的灵岩寺媲美。

综上所述，佛教禅宗弘法胜地的选择离不开天时、地利、人和的条件。五代十国时期，定光禅师学法得道之后，为了光大禅宗事业，曾长时间在闽粤赣边一带遍访合适的弘法地点。粤赣边客家地区因已无较为理想的弘法地点等原因而未能纳入大师的视野，今天上杭、连城等县的天然洞穴有幸为大师所涉足，但因都有这样那样的不足，又最终被大师所放弃。唯有狮岩人和、地利条件最为优越，大师于是义无反顾地选择于此长期弘法。在有利的环境条件下，经过不断的弘法努力，定光禅师终于成为一体三宝的一代宗师，狮岩也成为闽粤赣边禅宗的胜地和世界客家的精神家园。

闽西定光佛信仰传播的历史文化信息

许怀林[*]

【摘　要】 闽西定光佛信仰，是佛教中国化，进而民俗化的生动例证。它是官府与民间上下配合，共同塑造起来的地方神灵，也是儒佛思想渗透，寺僧和士大夫交游的产物。通过对沈辽、惠洪所记资料的严密考证释读，得知闽西定光佛的塑造在北宋中期基本完成，其制服虎蛇、抗御水旱、威压山寇等灵应故事，是闽西群众祈求改善山林密闭的恶劣环境、克服自身能力不足的反映。今天传承定光佛信仰，将会提高民众净化心灵、保护生态的自觉意识。定光佛信仰植根于闽西山区，是客家人的民情风俗，没有"中原南迁"的社会因素。

【关键词】 定光佛　民俗文化　官民共塑　生态环境

五代两宋时代，福建境内佛教大盛，流传泉州郑姓自严和尚、汀州叶姓惠宽和尚等人的故事。崇信定光佛的时间悠久，发端落籍于闽西，是在五代十国时期，加工塑造完成于北宋神宗时期，最终定型在南宋理宗后期。基本内容是拯救苦难，化解灾害，事例则紧扣闽西山区的社会动态和自然环境，富有地方性特色。从平常的僧人升华为崇高的大佛，有赖于儒士的文笔描述把民众的口口相传加工组装起来，必有官府的推动、朝廷的封号，才具有合法而普遍的神灵权威。

闽西定光佛的故事传说，记录在沈辽、惠洪、黄庭坚、周必大、刘将孙等士大夫的诗文中，写进了官修的《临汀志》。作为民俗文化习俗，体现为物质形象的寺庙建筑、木雕泥塑、金装油彩的神像，以及百姓口耳相传的故事和虔诚崇祀的日常活动。笔者缺乏闽西生活实践，对此民俗没有

---

[*] 许怀林，教授，江西省文史研究馆馆员。

切身体验，谈不出自己的直观感受，只能在文献资料中把握历史情状，进行民俗文化解读，以粗浅的想法向师友交流请教。

一　闽西定光佛的来由与历史记载

1. 闽西定光佛与定光佛的因缘关系

定光佛，又作锭光如来、燃灯如来、普光如来、灯光如来。

从印度传入我国的佛教思想体系中，修行果位达到最高层次的是佛。佛是一个群体，有过去佛、现在佛、未来佛。定光如来乃过去佛中最有名者，故诸多佛经以定光为中心来说其前后诸佛之出现。通常说的释迦牟尼佛是现在佛。这是把"佛"当作特定实体对象而言。从哲学概念中考察，"佛"与"性"、"本性"、"佛性"等，是同一性质的名词。禅宗六祖慧能宣称，"人皆有佛性"，"佛是自性作，莫向身外求"，"自性迷，佛即众生；自性悟，众生即佛"，都是把"佛"理解为人的思想本体。

佛教认为人的灵魂（精神）不灭，人死只是肉体消失，灵魂（精神）依然存在，会转化到别的个体上面；又认为人世间存在善恶的因果报应，生时善恶，皆有死后报应，故贵行善修道，炼精养神，以至无生死，而得为佛。由此宣传说佛有法身佛、报身佛、化身佛，即所谓"三身佛"，或"佛"的"三身"。① 慧能对弟子们说："于自色身，归于清净法身佛；于自色身，归于千百亿化身佛，于自色身，归于当来圆满报身佛。"② "法身"又叫"自性身"，乃"成佛"时所具有的精神实体，它"不生不灭"，"毕竟清净"，故"法身"即是"法性"。"报身"，即"成佛"时所获得的圆满果报之身，故又叫"受用身"。"化身"，也叫"应身"、"变化身"，可以随类应化，千变万化，俱是妙用，故有"千百亿化身"之说。慧能"归于"三佛的意思，就是指自身中具有三佛身。

正是基于这种佛教理念，我们可以从两方面理解，古代汀州士民百姓

---

① （唐）释玄则《禅林妙记前集序》："一切诸佛，皆有三身，一者法身，谓圆心所证；二者报身，谓万善所感；三者化身，谓随缘所现。今释迦牟尼佛者，法身久证，报身久成，今之出现，盖化身耳。谓过去释迦佛所发菩提心愿同其号，故今成佛亦号释迦。"见（唐）道宣《广宏明集》卷20"法义篇"。

② 慧能：《坛经》第20节。

认为"闽西定光佛"是定光古佛的化身，把禅僧自严看做是定光古佛转化而来的。与此同时，也是认定自严修炼的清净程度，毕生所作所为，已经达到"佛"的境界，既是不生不灭，又能随类变化，因而将他升华为佛，视为古老的定光佛的化身佛。

为什么是定光佛化身，不是别的佛之化身？这个诘问，我想是不可能有答案的。如果硬要猜测，不妨认为是对禅僧自严的极端崇敬，因为佛僧们相信，释迦牟尼在修菩萨行的过程中，历经劫难，"中间续遇定光如来，以发布泥，金华（花）奉上，寻蒙授记，得无生忍"①。可见定光佛的资历深远，法力宏大，确有普度众生、救苦救难的本领。认定自严是定光佛化身，于是流传他消除各种自然和社会灾害，成为闽西百姓的保护神的故事。

2. 记录闽西定光佛的基本资料

历史文献中保存了不少关于闽西定光佛的文字记录，最早的出现在北宋时期。南宋后期，汀州知州胡太初修、赵与沐纂《临汀志》，记入这位本地定光佛的事迹，使他完全定格在闽西社会的民俗生活信仰之中。

涉及定光佛化身的历史文献不下三四十种，其中具有原始价值的资料，主要见于私人文集，如北宋沈辽《云巢编》，惠洪《林间录》、《石门文字禅》，黄庭坚《山谷集》，方勺《泊宅编》；南宋朱弁《曲洧旧闻》、周必大《文忠集》等。南宋理宗后期，胡太初、赵与沐修纂的开庆《临汀志》，比较全面地记录了定光佛的事项，又是在朝廷赐给八个字封号之后，以当地官府的权威确认了既成的社会事实，有集其大成的效用。此后，定光佛信仰随着闽西客家人外迁，定居落籍到宝岛台湾，影响地域更加扩大。

元朝前期的刘将孙，江西庐陵（今吉安）人，曾任延平教官、临汀书院山长，熟悉闽西地方民情，与南安岩寺僧有交往，他在《养吾斋集》中写的定光佛事迹，反映了定光院在元朝的境况，古佛的行状也更加完备。此外，《十国春秋》的记录也有参考价值。该书撰修者吴任臣是清代人，其书资料来源主要是北宋的新旧《五代史》、《九国志》等，记录了五代十国的始末兴衰，而禅僧自严正是生活在这个时期，考察他面临的社会生

---

① （唐）释玄则：《禅林妙记前集序》。

态，不能不注意到该书。

二 闽西定光佛的生平事迹

1. 沈辽、惠洪的全面性记录

沈辽（1031~1085），字叡达，钱塘（今浙江杭州）人，熙宁变法时在朝廷任审官西院主簿，因政见分歧，出居池州，游观于九华山林，不复出仕。他长于诗歌，与曾巩、苏轼、黄庭坚皆有唱酬往来。至迟在神宗后期，率先全面写出闽西定光佛的生平。其《南岩导师赞》全文如下：

堂堂导师，生于闽粤。龆龀出家，妙相奇骨。为一大事，应期而出。佛修行时，乃始落发。初参西峰，器识旁达。周旋五年，行解微密。行化大和，名闻已彻。大江之涘，有蛟为孽。无有善溢，舟舫联没。师为黜伏，龙洲始坯。至于黄梅，夏暑道暍。土人来告，乾溪方绝。其众汹汹，无以盘啜。为投妙偈，洪流乃决。

遂造武平，彼豪致谒。我邑南岩，有如者崛。请师晏坐，少驻巾钵。夜有巨蛇，骧首来夺。正眼一视，蛇乃蟠结。复有庚虎，咆哮猖獗。师不为骇，虎亦驯率。天人悦焉，请建玄刹。师缘默契，布金营葺。乃脱伽黎，衲帽直裰。戮力傯工，神鬼剚剔。不日化成，小大欣悦。四方归依，奔走竭蹶。时苦大旱，田亩焦渴。乞偈致雨，笑许其说。顷之澍雨，利均块圪。牧牛于野，数困虎咥。牧人群诉，为之轸恤。时有青猴，往来式谒。蓄息十年，大资耕墢。已而猴死，夜梦来谒。从师乞名，请建庙室。名曰金成，享之□栃。垂麻彼牧，其祀方秩。师所导化，洞言凶吉。或请于师，天机勿泄。时师肯首，因是结舌。遂不复言，人无以伐。

彼守屦提，谓我颠越。捕系廷下，面加讯折。神色宴然，不自辩别。裾帽投火，火方烈烈。火□帽完，守怒愈疾。遂以为妖，涂之污血。有炽其薪，帽益光洁。彼乃悔罪，讼其□劣。

惟彼南康，盘山嵝峨。佛陀波利，昔所布萨。爰有石泉，一旦污蔑。石泉之下，神□先述。后五百年，此泉当窒。有白衣来，乃定光佛。彼众发□，奔走迎屈。师以身往，雨华胶辖。江流之下，乃有□

桥。舟楫所触，必湛于汩。往来为害，师为一拨。顺流而去，巨舟斯豁。山已无泉，龙象癈颀。师扣之锡，其泉乃溢。留正三载，法筵益设。河源圣船，□废波溾。屡竭人力，其谁能□。

南海建塔，将运群物。不有巨舸，厥贵屑屑。或请于师，师以恻怛。授以偈往，洪流夜发。载浮于江，塔工斯毕。彼徒不道，假于贾褐。厥载未济，暴风轩突。不知津涯，败我溟渤。

遂良出守，敬闻名实。稽首门下，就弟子列。具厥神化，献于帝阙。乞名题寺，均庆是揭。潭龙不害，年登人逸。王赟奉使，方冬无雪。恳请未终，琼瑶交夏。数日未止，淖我使节。王复来讯，乃大霁激。自时厥后，恭事惕怵。有或不虔，莫不相诘。始自七闽，上达京阙。公卿士夫，悼稚耄耋。咸来致礼，以祈度脱。大中乙卯，正月六日。正其生时，稽首辞诀。八十有二，泊然于□。图画毫相，端严昭晰。瞻仰如在，孰有孰弗。妙行圣上，巍峨纤悉。世所传闻，万分之一。我赞以偈，文辞鄙拙。有如泰山，挥以毫末。南山可砺，北海可竭。南岩道妙，并明日月。（《云巢编》卷6）

这是一篇全景式的传记式赞文。"导师"是对高僧的尊称，点出他是"闽粤"本地人。出家以后，参礼西峰5年。西峰，为江西庐陵，在这里悟道得法，遂在庐陵邻县太和、长江北岸的黄梅等地游方，展示自己解除苦难的本领。然后，回到武平县，卓锡南岩。在这里有驱蛇、伏虎、造寺、祈雨等灵验事迹，还有地方官因疑其为妖而审讯他的情节。也许因为这场官司，他去南康盘古山住了3年，得到定光佛转世的预言"凭据"。南康，即南康郡，是赣州在魏晋时期的行政区名称。接着，去了南海，该地属梅州地区，先后留下建塔、疏通航道、引来水源等神奇事迹。由于不断有造福地方的善举，地方官将他的事迹上奏，获得颁给"均庆"寺名的荣誉。从此，他的社会名望大盛，"始自七闽，上达京阙"，公卿士夫，咸来致礼。显然，他的事迹也随着当朝的权贵的颂扬，更加广泛地传播开去。

沈辽这份奠基性的赞文，全面介绍了南岩导师在闽粤赣诸地的行踪，确认了他的社会名位，此后有关他的记述，大致都建筑在此基础之上，虽有细部的增添或修正，却绝无大章关节的更动。这证明，至迟在北宋神宗年间，社会对闽西定光佛已经有全面了解，福建境内民众比较普遍崇信他，"咸来致礼，以祈度脱"。游观于九华山的沈辽，竟能如此具体叙述汀州僧人的行迹，其中必有紧要的人际关系。很遗憾，笔者现在不知，日后努力，也许会有答案。

关于南岩导师圆寂的时间，沈辽写出"大中乙卯"年卒，但这究竟是哪一年？这个"大中"是唐宣宗的年号吗？先不考论，待后再说。

惠洪（1071~1128），名德洪，字觉范，号冷斋，筠州新昌县（今江西宜丰县）人，俗姓彭，黄龙宗第四代传人，著名诗僧。他学兼佛儒两家，活动于公卿与禅僧之间，与黄庭坚、张商英等交往甚多。平生著述宏富，杂记见闻皆有凭据。四库全书编者评议惠洪说："所作《石门文字禅》，释家收入大藏，又普济《五灯会元》亦多采此书……所述释门典故，皆斐然可观，亦殊胜粗鄙之语录。"惠洪对南岩定光佛的记述平实可信，多个情节写得更加清楚。

其一，所属的禅宗门派是云门宗。惠洪《南安岩主定光古佛木刻像赞并序》写道：

  僧彦珣自汀州来，出示定光化身木刻像、平生偈语百余首，皆称性之句，非智识所到之地，真云门诸孙也。珣求赞辞力甚，谨再拜为之赞曰：

  ……孰传其要，绝尘逸群。深明二子，详豁诸孙。维定光佛，出豁之门。以真如用，使令万象。反易黠鲁，纵夺雨旸。洗痴暗目，回颠倒想。示汝语言，一切智畏。如月入水，如风行空。无所妨碍，赠以之中。……方其死时，谓是生日。如光照珠，如甜说蜜。（《石门文字禅》卷18）

像赞序言直说他是"云门诸孙"，赞词又着重描述这位云门禅僧的宗风特色，具有"洗痴暗目，回颠倒想"的启迪魅力，能解除人们的烦恼与妄想；显示出"如月入水，如风行空"的说禅个性，看得见，感觉得到，却捉摸不了。其资料来源是南安岩僧彦珣提供的定光化身"平生偈语百余首"，自然也会有彦珣当面叙说的遗闻轶事。

其二，与西峰的师门关系。惠洪写道："南安岩严和尚，世传定光佛之应身也，异迹甚多，亦自有《传》，然《传》不载其得法师名字，但曰西峰而已。西峰在庐陵。真庙时有云豁禅师者,奉先深公之高弟,深见云门,当时龙象无有出其右者,独清凉明禅师与之齐名,谓之深、明二上座。俨和尚多以偈示人,偈尾必题四字曰'赠以之中',世莫能测。临终谓众曰:'汝□当知妙性廓然,本无生灭,示有去来,更疑何事,吾此日生,今正其时。'乃右胁而卧。"(《林间录》卷下)

我们由此明白,南岩导师法名"严",是人们传说中的定光佛"应身",其师承关系是:传承西峰云豁禅师的衣钵①,而云豁为深公之高弟,清凉明禅师则与深公齐名,故像赞写作"深明二子,详豁诸孙","维定光佛,出豁之门"。其临终偈语,表述的意思正是佛性清净,本无生灭,精神不死,转化随缘。

现在我们可以确认严和尚的生卒年是:公元934～1015年。惠洪告诉我们,云豁禅师是"真庙时"人,古人对已故的本朝皇帝称庙号,所以"真庙"就是宋真宗,既然南安岩俨和尚是云豁的高弟,那他也是真宗时人。由此可见,沈辽说的"大中",应是真宗"大中祥符"的简称,"乙卯"是大中祥符八年(1015)。生年82,则出生在934年,即后唐清泰元年,闽王璘的龙启二年。如果将"大中"当作唐宣宗的年号来分析,而其十三年间又没有"乙卯",就会引起一连串的猜测,招致一塌糊涂的差错。

惠洪的记述,印证了上节的判断是对的。沈辽、惠洪二人提供的资料,让我们确知严和尚出家修行的事迹、师承关系、禅法特色,以及不少灵应故事,在北宋后期已经有"定光佛应身"的声誉。

2. 周必大的《汀州定光庵记》

继沈辽、惠洪之后,周必大的记载也有原创性,使关于南安岩严和尚的内容更臻于准确而翔实。周必大(1126～1204),字子充,吉州庐陵县永和镇人,南宋孝宗时宰相,70岁致仕,在家塾刊印书籍,"率同志者朱黄手校,如老书生"。卒前一年,他写了《汀州定光庵记》,其中说:

> ……按临汀郡治于城内东北隅有卧龙,本朝"定光圆应佛普慈通圣大师"真身所栖之地,"净戒慈荫灵感咸济大师"附焉,殆犹日之躔度与。按定光,泉州人,姓郑,名自严,年十七为僧,以乾德二年

---

① 云豁,北宋吉州(今江西)曾氏子,得法于清凉智明,住吉州西峰宝龙寺,禅侣骈集,德誉远振,真宗召入问道,赐号圆净,改其寺曰祥符。

驻锡武平县之南安岩，攘凶产祥，乡人信服，共创舍，赐额均庆。淳化二年，距岩十里别立草庵居之。景德初又迁南康郡之盘古山。祥符四年，汀守赵遂良机缘相契，即州宅创后庵，延师往来，至八年终于旧岩。

先有宁化僧慧宽姓叶氏，能驯暴虎，号伏虎大师，居州东五十里，庵号普□，建隆二年将入寂，定光往视之，云：后二百年当与兄同处一庵。至元祐中，守曾孝宗始增葺后庵，正名"定光"。淳熙二年，守吕翼之遂迎定光真身于南安岩，而为之主，又迎伏虎真身于广福院，而为之主（附？），二百年之果验。自尔州无水旱疾疫，号为乐土。南安旧岩屡乞师还，守不能遏，百夫肩舆，屹然弗动，老稚悲泣而退。庆元二年，郡守陈君晔增创拜亭……嘉泰二年，其季映复守兹土，每集僚吏致敬，患其狭隘，乃裒施利钱二千余缗，以明年三月十七日鸠工……逮六月讫工，谓予姻且旧，求记文……予故乐为之书……嘉泰三年十月。①

这篇记文言简意赅，人物、时间、地点清楚，用词严谨，没有歧义，与作者的身份、学识相称。如州宅后面的庵堂，是"延师往来"，并非完全脱离南岩；所谓"定光庵"，是指这所"后庵"；严和尚圆寂的时候，是"终于旧岩"，不在城内。严和尚的"真身"迁入"定光庵"是在南宋孝宗淳熙二年（1175），于是有旧岩要求迁回"真身"，却不能如愿的情节。

3. 对《临汀志》所记定光事迹的评议

胡太初主修的开庆《临汀志》，晚于周必大《汀州定光庵记》56年，其中记录的严和尚事迹，与上述诸人的叙述大同小异，二者之间的承继关系，十分明了。现在看到的《临汀志》是从《永乐大典》裒辑成书，因为大典编者的拆分组合，有所删削更改，使用时需仔细辨识。宋史学者方健指出："有学者以为《临汀志》首尾完整，被编者一字不易抄入《大典》，此说似已成定论。笔者却以为，今存《大典》本已全失《临汀志》原本之旧貌，编者在把《临汀志》打散录入《大典》后多有改写、删节等，导致

---

① 见周必大《文忠集》卷80。胡太初（开庆）《临汀志》将它改作《新创定光庵记》。周必大是应汀州长官之求，为建在汀州城内的庵堂作记，故标题冠以"汀州"。《临汀志》把它改为"新创"，便含糊了，不符原意。

其书已面目全非。"①

汀州知州胡太初《临汀志序》说：此前有两次修志，"隆兴甲申，而志始形，然甚略也，又三十五年为庆元戊午而志始修，然未备也，又六十年至今日而志重作"。胡太初宝祐六年（1258）开始编纂的新志，完成于次年，即开庆元年（1259）。仅有的旧志，一是"甚略"，二是"未备"，因此要收集其他文献资料。关于定光佛的记述，《临汀志·寺观》有《南安岩均庆禅院》，"仙佛"中有《敕赐定光圆应普慈通圣大师》，这两条的内容，前者简略，后者特详，比较沈辽、惠洪、周必大三人记录的资料，主要是细节差异。

甲，有关生前死后经常显灵的故事例证增多。

乙，写其身世更具体。《敕赐定光圆应普慈通圣大师》（以下简称"志文"）说："郑姓，法名自严，泉州同安县人。祖仕唐，为四门斩斫使。父任同安令。年十一，恳求出家，依本郡建兴寺契缘法师席下。"姓名，由惠洪的"严和尚"、周必大的"姓郑，名自严"，改为"郑姓，法名自严"。"严和尚"的写法，符合僧人通例。其祖、父的官职，11岁出家建兴寺，是补充的事实。

丙，为僧的行迹趋于明晰。参学西峰之事，惠洪指出是向云豁禅师参学。"志文"写作"年十七，过庐陵，契悟于西峰圆净大师"，"圆净"是云豁的赐号，不同的是与"年十七"连在一起，由此可以推知他去太和、梅州是954年之后。"梅州黄杨峡"，在沈辽《南岩导师赞》中作"黄梅"，一在粤东北，一在长江北，差距悬远。综观其活动基地是闽粤赣边界，似以梅州为妥。

丁，写出了身后八字封号过程。此事周必大《汀州定光庵记》申明"前辈书之，兹不复云"，后世的读者则是凭借"志文"才得知。

戊，"志文"征引了苏轼、黄庭坚的赞颂文各一首，是补充资料，但有疑窦。苏轼的赞文，《三苏全书·苏轼文集》也有，题作《定光师赞》，

---

① 方健：《〈开庆临汀志〉研究——残本〈永乐大典〉中的方志研究之一》（刊《传经集》，上海古籍出版社，2005）。作者写道：《大典》编者对开庆志文字的改动，"一是原有卷帙次第、门名归属已全部删除，其行款、门名编排发生变动。既有一门析而为二，也有改变原属门名，甚至增加原无的门类。二是内容既有删节，也有窜入他书。三是文字有大量改动，又分为编者煞费苦心的有意改动及抄手的无意讹夺衍误两类。四是注文的增删。"

注明来源于《永乐大典》卷7895。可是，黄庭坚《山谷集》卷14有《南安岩主定应大师真赞》，文字完全相同。"志文"所载黄庭坚的赞文，也在此卷，排在前面，题作《南安岩主大严禅师真赞》。这个问题出在《永乐大典》，还是《临汀志》？或许可以认定两首赞文都是黄庭坚的作品，但他已经写了大严禅师真赞，为何又要写定应大师真赞？是间隔较久所致？没有其他旁证，很难定论。①

己，"志文"的最后五行，只是撮要简介，摆在一起，既是重复，又不协调，明显与前面的长篇叙述不合。此段原文是：

> 详见《行实编》。定光，泉州人，姓郑名自严。乾德二年，驻锡武平南安岩。淳化二年，别立草庵居之。景德初，迁南康郡盘古山。祥符四年，汀守赵遂良即州宅创后庵延师。至八年终于旧岩。见周必大《新创定光庵记》。定应大师，《鄞江集》云：初，波利尊者自西土来住盘石，即有谶曰："后五百岁，有白衣菩萨自南方来居此山。"即是定光佛也，至定光大师乃应谶。

这五行该是三小条凑在一起，"详见《行实编》"一句，表明上述大篇文字的来历。中间的"见周必大《新创定光庵记》"，又是交代出处。此后的文字则是《鄞江集》中的"定应大师"条目。其中"姓郑，名自严"，确是周必大说的，但《文忠集》中题为"汀州定光庵记"，不是"新创定光庵记"。

此外，"寺观"中的《南安岩均庆禅院》条内，有"赐额均祥禅院"字样，显然"均祥"是"均庆"之误。

由此看来，开庆《临汀志》是珍贵的宋刊地方志，对研究宋代历史、福建地方史，尤其是汀州地区，有重要的资料价值，因其流传下来的特殊性，带来了不可避免的疵点，需要细心分析鉴别，避免出现新的疑问。

---

① 邹文清先生在其《南安岩定光佛文献研究》中论证是黄庭坚所写，但最后说的一条理由需再推敲："黄庭坚还作有《赠南安岩主大严禅师》，诗云：'蒲团木榻付禅翁，茶鼎熏炉与君同。万户参差泻明月，一家寥落共清风'，也可作他心仪定光的旁证。"经查，此诗是黄庭坚写给莲花峰真觉添志大师。不知孰是，特此提出，请教。

三　对定光佛民俗文化的认识

1. 定光佛应身不止一个，还有猪头和尚、长耳和尚，他们是与南安岩严和尚完全不同的定光佛应身。从民俗文化的地方性、多元性考虑，应看作并存的历史真实，有其合理性。

北宋后期，婺州（今浙江金华）方勺，写亲身经历说："婺州有僧嗜猪头，一啖数枚，俗号猪头和尚，莫测其人。……师寻坐亡。衢人奉香火良谨，有祷辄应……予时侨寓，亲睹盛事，因阅师辞世颂，知是定光佛也。"① 一个好吃猪头肉的和尚，能死后显灵，"有祷辄应"，也是定光佛，转变过程中的世俗化超越了戒律约束。

南宋后期，钱塘人董嗣杲为长耳和尚写诗，序言说：杭州法相院，"石晋天福中，泉南长耳和尚行修真身在焉。有碑载，修为定光佛后身。修平日募人作福，或问之，曰：能遮百丑"②。这个和尚以长耳能遮丑的说辞，"募人作福"，好做善事，把长耳当作"修福遮丑"的道具，给世人提供了行善去恶的特别途径。难看的相貌，不影响积德行善，故长耳和尚也是定光佛应身。据《十国春秋》记载，长耳和尚法名行修，泉州人，本陈氏子。游方至金陵瓦棺寺剃度，参雪峰义存，得法。吴越宝大元年（924），居杭州法相院。乾祐初（948），跏趺而化，赐号宗慧大师。③

猪头和尚、长耳和尚的事迹，明显区别于武平南安岩的严和尚，但都是定光佛应身。值得注意的共同点是，三者都产生在五代十国时期。这个时期国家分裂，战乱频发，灾难深重，民众迫切祈求社会安定，这就为定光佛转世提供了必要的社会土壤。

当时人记载说：

> 五代割据，干戈相侵，不胜其苦，有一僧虽佯狂，而言多奇中，

---

① 《泊宅编》卷中。衢州（今浙江衢县）人赵抃，宋神宗时官至参知政事（副宰相），写《光孝禅院真身定光如来赞》也说："散圣初来似狂走，盘飧一日一彘首。"（《清献集》卷10）
② 《西湖百咏》卷下。
③ 吴任臣：《十国春秋》卷19《吴越十三》。

尝谓人曰：汝等望太平甚切，若要太平，须待定光佛出世始得。至太祖一天下，皆以为定光佛后身者，盖用此僧之语也。①

这里说的"太祖"，指开创北宋的赵匡胤，借狂僧之口，宣传赵匡胤是定光佛后身，可以结束分裂割据，给民众带来太平，是编造政治谣言，制造他"黄袍加身"当皇帝的舆论，但是这与广大民众的实际需求合拍，故而流传开来。

隋唐以后，儒佛加速融合，佛教信条通过士大夫的解说，进一步传播开来，定光佛转世之事相应增多。周必大解释说：

佛以慧日照三千大千世界，顾岂滞于一方。然日出旸谷，浴于咸池，拂于扶桑，躔度必有所舍，其明难与它等，此定光庵所由兴也。②

他把佛比作太阳，太阳光芒普照全世界，不会局限在某一个地方，从日出到日落，再由东方升起，观测太阳的方位所在，又须有一定的刻度区域。佛有无数个化身，故各地民众因地制宜、因人制宜，附会出适合本地的定光佛应身。

2. 定光佛崇拜盛行于闽西，与福建的省情有关，更与佛教在福建广泛传播有密切关系。福建僻处东南，背山面海，唐末五代时期，闽中相对僻静，王审知从淮南流亡而来，竟然能称闽王。僧侣们也看中了这块"净土"，纷至沓来。《福建省志》载：

闽中僧寺始晋太康之纪，终晋世盖二寺而已。自是以来，齐之寺一，梁之寺十有七，陈之寺十有三，隋之寺三。唐自高祖至文宗寺三十有九，至宣宗四十一，懿宗一百有二，僖宗五十六，昭宗十有八。王氏有闽，更加营缮，增寺二百六十七。自属吴越，首尾三十七年，亦二百二十一。宋时富民翁媪倾赀以立院宇者无算，至庆历中通计千六百二十五所。

宋徐经孙《福州即景》诗："潮田种稻重收谷，道路逢人半是僧"；谢泌诗"城里三山千簇寺，夜间七塔万枝灯"。闽中僧寺之多可想见矣（闽书）。③

---

① 朱弁：《曲洧旧闻》卷1。朱弁是朱熹父亲的堂兄弟，该书卷8还有同类记载。
② 《文忠集》卷80《汀州定光庵记》。旸谷，指日出之地。咸池，指日入之地。躔度，指日月星辰运行方位。
③ 雍正《福建通志》卷66，《杂记·丛谈》。

统计数据证明，西晋太康初年（280）至唐昭宗的六百七十余年只有佛寺292所；五代十国的五六十年间"更加营缮"，增寺488所；北宋初至庆历中约80年，由于"富民翁媪倾赀以立院宇"，又增845所。把庆历年间（1041～1048）1625所佛寺摊到各州县，按当时福建8州、军，47县①，平均每州、军203.1所，每县34.6所。尽管不必拘泥于具体数字，然而从中体现的发展趋势之猛烈，传播范围之广泛，足以令人惊叹。佛寺遍布闽中，奉佛已是闽人的民俗内容。

民风习俗，与官府的态度分不开。《临汀志·寺观》小序写道："僧庐十百，道宫才一二，寓内所同也。邦人信佛笃于是，自创庵尤不可殚记。彼坚坐究性命，固未易多见。劝诱愚俗，使之畏业报而息冤怼，犹之可也。"志文列出名称的寺148所，观11所，而"自创庵尤不可殚记"。在笃信佛教的众生中，坚坐修炼（究性命）的很少，然而对"愚俗"而言，"使之畏业报而息冤怼，犹之可也"。佛教盛行，有利于窒息怨怼意识，这是宋朝佛教得到官府扶持的奥秘。

3. 民俗文化的生命力根源于地方民情，与本地人的生活息息相关。闽西有陈姓长耳和尚、郑姓自严和尚等杰出僧人，然而他们悟道印心，成为大德宗师，不是完成于本地，而是云游邻省，或到作为政治重心的杭州，或在儒学昌隆的江西，寻求皇权庇护，借助儒学支撑，才登上祖师高位。这或许是地方整体经济、文化水准比较滞后所致。

南安岩严和尚不同之处在于，成道之后回到故乡，落籍于闽西。他关注闽西社会民情，为山区群众解忧排难，如降伏猛虎毒蛇，疏通航道，找到水源，祈求雨旸，乃至注意到民间生育，帮助克服困难，使求男者生男，求女者生女……他慈悲广大，有祷必应，深深扎根于家乡民众之中。他坚守戒律，清净修行，无食肉之秽行，穿洁白之素衣，故而民众在他生前亲切地称之曰"和尚翁"，示寂以后恭敬地称之曰"圣翁"，虔诚地把他当作法力无边的定光佛崇拜，从宋至今，盛传不衰。

4. 闽西定光佛的故事传播，来自于民间下层，获准于统治上层，是官府和民众两股力量协作造神的成果。民间创作的各种朴素而实在的故事，围绕着消灾祈福、救苦救难、逢凶化吉主题，零散多样，由于州县长官不

---

① 详见《宋史》卷89，《地理五·福建路》。

断加工提炼，推广于地方，推荐于朝廷，使之取得合法身份，多次获得封号，享有崇高荣誉。在此运作中，统治者看重的不仅是"愚俗"受到教化，以果报信念熄灭怨怒情绪，尤其赞赏其阴助官军，平息暴乱。《临汀志》载：绍兴三年（1133），虔寇猖獗，虔化（今江西宁都县）宰刘仅乞灵于师，贼遂溃逃。绍定庚寅（1230），磔寇干犯州城，及战，师于云表展现名旗，寇遂惊愕奔溃，"汀民更生，皆师力也"。尽管事实并非如此，绍兴三年是倚重岳飞的岳家军把虔州、吉州盗寇镇压下去，绍定年间汀州潭飞磔巨寇，是侯官人陈鞾指挥土民丁壮和淮西官兵剿灭的①，人们还是相信这些都得到了定光佛显灵保佑。于是，严和尚身后的封号一加再加，累封至"定光圆应普慈通圣"8个字，达到顶级了；汀州官衙后面的定光院一修再修，从大中祥符到淳祐的200余年间，先后有6位知州接力精心修缮，平均每30余年维修一次。他们倾心奉佛，认为"是佛与守分治汀民也"②，感觉统治局面的稳定，离不开定光佛的思想感化效应。

封建朝廷争取神权的襄助，不是只看重某一个神灵，而是广泛接纳，崇祀诸神。汀州的佛寺、道观之外，还有各种"祠庙"90余座。僧人也不是只神化严和尚，还有其他僧人，例如宁化县的惠宽和尚，就很突出。惠宽俗姓叶，在汀州开元寺出家，"遍游诸方，悟旨而返"，建隆三年（962）示寂。他经常显灵，"凡有所祷，应如响答"。鉴于"山谷深窈，虎豹出没为害"，他施展法力"柔服"虎豹，民众称他为"伏虎禅师"。地方苦旱，他救旱有功，获赐封号。淳熙元年（1174）知州吕翼之将伏虎禅师真身从长汀广福院迎奉到定光院，与定光真身并列同祀，以便绅民祈祷。绍定群寇攻城，伏虎禅师"与定光实相协赞"，"显大威力"。事后汀州"申奏加赐师号，复加'妙显'，累封至八字，今为'威济灵应普惠妙显大师'"③。汀州有两个八字大师"协赞"而治，百姓虔诚皈依，州县官何乐而不为。

5. 深入人心的定光佛崇拜，是闽西悠久的民俗传统，是本地人生存所在的自然环境与社会动态酿造出来的大众文化，具有十足的闽西山区风

---

① 详见《宋史》卷419，《陈鞾传》。
② 开庆《临汀志》，《寺观·定光院》。
③ 开庆《临汀志》，《仙佛·敕赐威济灵应普惠妙显大师》。

味。定光大师生前的行踪在闽赣粤周边，身后显灵的故事也在该地区。①由于山区客家人的精神需求，故流传镇服猛虎毒蛇、威压山寨寇盗等故事，却没有草原驱狼群、水乡治蛟龙之类的传说，更不见丝毫"客家南迁"带来的中原民风习俗。

撇开民间诸神崇拜话题，转向严肃的官府文书。开庆《临汀志》有30个门类，涉及户口、税赋、学校、风俗众多领域，有几百上千的郡县官、进士以及名宦的题名简介，然而找不到"南迁客家"文句。录存的11份"先正诸公条陈本州利病事宜"中，陈述了汀州境内亟待解决的社会问题，如耕地交易频繁、田赋轻重不均、成群贩卖私盐、寇盗来往串通等等，却找不到所谓迁来的客家痕迹。

明清时代外迁出去的闽西客家人，没有抛弃定光佛信仰习俗。以闽人迁移台湾的实际，反观两晋唐宋时代的中原人南迁，如果真的是中原人大批入籍闽西才有"客家"，那就应该带来中原民俗文化事项，反映在汀州社会生活之中，例如定光佛的形象也就会呈现出中原特色。然而，全都无有。

6. 民众敬慕定光佛，究其实在的内涵，该是闽西山区的荒莽山林所致，人们祈望消除瘴气，制服猛虎，驱赶毒蛇，开辟道路，疏通河流，增加水源，减轻水旱，治愈瘟疫，击退山寇……总之，所处的生态环境太恶劣。然而，自身的能力微弱，不得不寄希望于普度众生的佛。所以赋予定光大师、伏虎禅师无边法力，让他们如人所愿，逢凶化吉。客观上虽然不可能，精神的满足却不可少。社会存在的老大难问题，对州县长官和朝廷也是重负，也有安定社会、增多财赋、国富民安的追求，故而出现上下合拍的造神举动。

传承定光佛信仰，珍视这份精神遗产，今天要从过度开发导致的弊害中解脱出来。赋予定光古佛新的法力，拓宽社会教化的途径，启迪众生积德修福，除恶扬善，提高净化灵魂的自觉性，保护生态，节约资源，杜绝污染，全面优化社会环境，严厉整治破坏行为。百姓遵纪守法，政府言而有信，令行禁止，我们的生态环境与民俗文化，定将光耀寰宇。

佛无生灭，法由心生，生死轮回，毋须空言。

---

① 据江西地方志记载，南安岩严和尚母亲墓在庐陵。雍正《江西通志》卷110，邱墓："佛母墓，在庐陵永和市。按，安志首载古定光佛母之墓于秦汉之前，事属荒渺，《名胜志》云：宋时有定光僧者为南安岩主，当是僧之母墓也。"安志，指康熙江西巡抚安世鼎主修的《江西通志》。雍正志编撰者转引名胜志的看法，是表示赞同。是否真实，待考。

神灵显迹与民间叙事：士人立场在民间信仰中的隐形表达

——以定光佛传说故事的研究为中心

邹春生*

【摘　要】　本文以文献和口传资料为主，介绍了闽西定光古佛灵验故事所包含的内容主旨，研讨了士者文人在定光古佛灵验故事的创造和传播中的重要作用，并在此基础上进一步指出，士者文人在定光古佛灵验故事的创造和传播中，自觉贯彻"以神道设教"的儒家原则，坚持从"施惠于民"和"有功于国"这两方面来重新塑造定光古佛的新形象，从而表达士者文人自己所持的儒家立场。

【关键词】　灵验故事　以神道设教　定光古佛

定光佛俗姓郑，名自严，号定光，五代至宋初人，原籍福建泉州同安，宋代高僧。郑自严寂灭后，因屡现灵迹，有助于民，历受朝廷封赐，成为闽西地区受众最广的神灵，后又随着客家人的外迁，传播至江西、广东、台湾，甚至东南亚，成为客家族群颇具代表性的民间信仰。学术界对定光佛的研究甚为关注，并取得了丰富的成果，这些成果对于我们了解定光佛信仰的形成、传播以及相关的祭祀仪式、社会功能等，有着十分重要的帮助。①

---

* 邹春生，赣州市赣南师范学院客家研究中心副教授，主要从事赣闽粤边区域社会史和客家文化研究。

① 参见《定光古佛与客家民间信仰》（闽西客家联谊会、龙岩市政协文史和学习委2008）；汪毅夫：《客家民间信仰》（福建教育出版社，1995）；王增能：《谈定光古佛——兼谈何仙姑》（载《武平文史资料》第8辑）；（转下页注）

纵观已有的成果，我们有必要对定光佛的种种显灵故事进行专门研究。笔者拟以文献资料为主，结合学者已有的研究成果，对定光佛的灵验故事作一系统阐述。本文主要想通过探讨关于定光佛灵验故事创造和传播过程中的"讲述什么"、"谁在讲述"、"为什么讲述"三个问题，来揭示儒家知识分子在民间信仰中所坚持的儒家立场。

一 讲述什么：文本和口传资料中所描述的定光佛灵验故事

关于定光古佛灵验故事较多，为了便于叙述，笔者依照内容主旨的不同把它们大体分为以下几类。

一是宣扬定光佛法力无边、无所不能。在定光佛的传说故事中，数量最多，最被人们津津乐道的，就是那些宣扬定光佛法力无边、无所不能的灵验故事。例如，在《南安岩严尊者传》一文中，就曾记载了较多关于定光佛伏虎、除蛟、开井、治水、祈雨、筑陂等灵验故事。在描述定光佛实施法术的时候，他所用的手段十分简单，要么是"以杖掷之"，要么是以手"摩挲之"，但用得最多的则是"示人多以偈"，甚至不用定光佛本人亲自到场，别人照着他写的偈语念就行了：

> 有僧自惠州来，曰："河源有巨舟着沙，万牛挽不可动。愿得以载砖，建塔于南海，为众生福田。"公曰："此阴府之物，然付汝偈取之。"偈曰："天零瀍水生，阴府船王移。莫立沙中久，纳福荫菩提。"僧即舟倡偈，而舟为动，万众欢呼。①

(接上页注①) 林国平：《定光古佛探索》（载《圆光佛学学报》1999 年第 3 期）；谢重光：《闽西定光古佛信仰的形成与传播》（载徐正光主编《宗教、语言与音乐》，台湾中研院民族学研究所）。亦可发现学者对定光佛显灵的传说故事至今仍缺乏系统的研究。然而，灵验故事对于神灵信仰的维护和发展却具有十分重要的意义，安德明先生把神灵显灵的故事称为"神奇传闻"，认为它具有十分重要的作用：一是为民间信仰活动的灵验性提供了有力的证据；二是强化了人们对于违反社会道德、违反信仰活动规则的戒惧；三是增强人们本来已有的关于神灵无所不在的信念。参见安德明《天人之际的非常对话》，中国社会科学出版社，2003，第 215 页。

① （宋）惠洪：《禅林僧宝传》卷 8《南安岩严尊者传》。

此外，在民间传说中，定光佛还可以让死去的人显身与亲人相会，帮助人们建筑巨大的水利工程，死后显灵帮助击退叛乱军队，还可以明示仕途前程等等。所有这些，都体现了定光古佛法力无边、有求必应。

二是宣扬因果报应的思想。因果报应思想是佛教最重要的教义之一。因果报应，又叫业因果报，"因"就是原因，"果"就是结果。佛教中的因果报应论十分强调道德在生命流转中的决定作用。"佛教因果报应论的中心内容是论述众生的思想行为和生命再塑造的关系问题，强调道德在生命转化中的作用，善因结善果，恶因结恶果。道德是自我塑造未来生命的决定因素，把佛教的戒律等道德规范定位为人生行为的基本准则。"① 在定光古佛的灵验传说中，也有很多宣扬因果报应思想的故事。其中，最为经典的是关于定光公"报一饭之德"的故事：

> 汀郡定光灵迹甚多，相传曾云游至（连城县）赖村，村民欲具斋，乏米与蔬，乃以谷种为饭，佐以糟虾供之。师饭讫，撒（饭）田中，曰：尔此后栽秧一二茎足矣，尔田常产红虾，取之不尽。所以报一饭之德也。是后赖源插秧止一二茎，繁盛胜他处，产虾子通身红色，而且众多。②

相似的故事也流传在武平县：

> 相传古时候武平人在筑陂，久而不能合龙。有一天，一个贫穷老婆婆给筑陂之儿女送饭，路上巧遇变作乞丐样子的定光古佛。出于怜悯，就将饭食全部给了他吃。定光古佛感其善良，吃完饭后，走到筑水陂的地方，脱下草鞋，甩往垅口，水陂立刻就合龙了。③

除了"一饭之德"的因缘善报外，也有"恶有恶报"的故事。在武平至今还流传着一个定光古佛惩罚富有却十分吝啬的武平县罗斗坑人的故事：

---

① 朱咏：《佛教因果报应论及其文化内涵》，《中国宗教》2006年第8期。
② （民国）《连城县志》卷31《方外传》。
③ 王增能：《谈定光古佛——兼谈何仙姑》，《武平文史资料》第8辑。

定光到罗斗坑财主家化缘，化不到钱米，借锅给定光却又不给柴火，于是定光古佛就用自己的脚做柴烧。财主竟然毫不怜悯。回到家后，才发现家中的饭桌、板凳，都被烧光，于是持棍追打定光。定光佛恼怒，便背起一块大石头放在梁山顶，让石头悬空而立，危危欲坠，使为富不仁的财主惶惶不可终日。①

　　三是宣扬心诚则灵的思想，劝导民众遵从佛法戒律。佛教注重修心，对包括诚实内容在内的为人处世的道理相当重视，把诚实当作做人根本、修学之基，认为言行应该诚实，欺心是要下地狱的，如果缺乏诚信势必自欺或欺人，而自欺或欺人的后果，必然会遭到佛祖的惩罚。例如，在宁化县湖村镇石下村流传这么一个故事：

　　清朝末年的某个正月初一，外孙来石下村拜年，因逢村中定光古佛庙会，需吃素，然外婆心疼孙子，偷偷给他吃鸡腿。后来外孙掉进枯井中，说是好像有人从背后推他下去的。外婆深悔不已，认为这是定光佛在显灵惩罚她不受斋戒。②

　　与此相反，如果能够诚心向佛，自觉遵从佛家理念，佛祖也就自然予以庇护。据武平县岩前狮子岩碑刻《定光大师来岩事迹》一文记载：

　　宁化余某，求嗣立应。后夫妇抱子齐来叩谢。距岩二十里，子忽毙。余夫妇敬心不改，把子暂寄荒岭，仍亲到岩。致斋毕，乃归，视子坐食馒头，遂尽舍财产入寺。今其岭犹传"寄子"云。③

二　谁在讲述：文人在定光佛灵验故事的创造和传播中的作用

　　谁在讲述定光佛的灵验故事？这个问题实际上涉及民间信仰的灵验故

---

① 武平县政协编《武平县文史资料》第 8 辑，第 53～54 页。
② 转引自邓光昌《宁化县湖村镇群众信仰定光古佛概述》，杨彦杰主编《闽西北的民俗宗教与社会》，国际客家学会、海外华人资料研究中心、法国远东学院、岭南大学族群与海外华人经济研究部 2000 年联合出版，第 202 页。
③ 转录自汪毅夫《客家民间信仰》，福建教育出版社，1995，第 160 页。

事是由谁创造和传播的。普通民众当然是创造和传播定光佛灵验故事的最广大的群体，在灵验故事的创造和传播过程中，他们往往既是创作者，又是传播者，并且又是接受者。他们的创作比较随意，一般不会考虑灵验故事的内在逻辑关系，而是根据自己的喜好，或当地的特殊历史背景，编造相应的灵验故事。

但在定光灵验故事的创造和传播过程中，我们特别强调文人的作用。这里的文人是指具有较高文化知识的人，他们或是在职的地方官员，或是致力于科举考试的士子，或是散居在乡间的曾接受过文化教育的地方精英。他们除了将乡间野老口传的灵验故事记录下来之外，还把自己所掌握的历史典故、名人传记等相关知识，充分运用到地方神灵的显灵故事的创作上。

例如，道光时期修纂的《沙县志》中记载了定光佛与宋朝宰相李纲相遇的传说。定光佛游历沙县时，于洞天岩遇见李纲。仕途失意的李纲，不由得询问起自己的前途命运，于是得定光佛给了他一条偈语："青著立，米去皮，那时节，再光辉。""青著立，米去皮"乃是"靖康"二字的拆解，暗示他将于靖康年间再度辉煌。后来李纲果真在此时间入朝为相，应验了定光佛的偈语。① 这种拆字游戏显然不是普通百姓所能玩的，应该是掌握了较多历史知识的文人所编。根据《宋史》所载，宣和元年至七年（1119~1125）间，李纲曾因上疏要求朝廷注意内忧外患问题，被宋徽宗赵佶认为议论不合时宜，被谪监南剑州沙县税务。② 在此期间，他多次到过南安岩拜谒定光神像，并题写了诗词二首，这两首诗后来收入其著《梁谿集》中。③ 以这段历史背景为依据，把历史名人与定光显灵巧妙地联系起来，显然只有比较了解历史掌故的文人才能做到。

在创造和传播神灵显迹的作用上，文人要比普通民众的作用大得多。尽管文人的许多创作思路来源是根据民间已有的传说、故事，但文人对这些传说、故事进行系统整理后，显得更加系统，更加具有逻辑性，更具有权威性。在《敕赐定光圆应普慈通圣大师》一文中，作者按照僧人郑自严

---

① 道光《沙县志》卷15《祥异》。
② （元）脱脱：《宋史》卷358《李纲传》。
③ （宋）李纲：《梁谿集》卷27《南安岩恭谒定光圆应禅师》，《四库全书》集部，别集类。

的出生、出家、拜师、游历、传法、圆寂的人生过程，巧妙地把他伏虎、除蛟、治水、解旱等种种灵验事迹予以系统介绍。① 这种介绍因为更加系统，所以使定光佛的形象更加丰满，并且文人在系统介绍过程中，能够结合当时的历史背景，使得种种灵验故事显得有逻辑性，更具有解释性，因而在传播定光佛的神奇灵验方面，也就发挥了更加重要的作用。关于这一点，我们后来发现的种种民间传说，或多或少都能从这篇表文中找到相应的痕迹。年轻学者刘大可在武平桃溪镇做田野调查时，当地村民讲述了定光佛显灵落座在桃溪的故事：某年，桃溪村旱灾特别严重，村民到岩前狮岩请定光古佛来桃溪打醮求雨并大获成功，桃溪村各姓人氏便更加敬重定光古佛，香火极旺。后来在送它回岩前的路上，抬菩萨的轿子的杠子断了，村民认为是古佛愿意落座桃溪。于是，便把佛像留在桃溪，而花钱请工匠另外雕刻了一尊佛像放在岩前。② 这则故事显然是受到了《敕赐定光圆应普慈通圣大师》一文中"自淳熙元年，郡守吕公翼之迎真像入州后庵，以便祈祷，从民请也。后均庆屡请还岩，郡不能夺，百夫舁至中途，莫能举，遂留于州"③ 这一材料的影响。

三 为什么讲述：士人儒家立场的隐形表达

关于神灵的灵验故事和传说，学术界有不同的看法，有学者称其为"巫术底当代神话"④，又有学者视之为"神奇传闻"⑤，这些故事所叙述的种种"奇迹"，应该都是属于宗教方面的"神迹"。关于这种"神迹"发生的可能性，费尔巴哈予以完全的否定："有神论或宗教的奇迹，则超出自然界力量之上，不仅在自然界本质中没有其根据，而且简直同自然界本

---

① 《敕赐定光圆应普慈通圣大师》，(宋) 胡太初修、赵与沐纂《临汀志》，福建人民出版社，1990，第164~166页。
② 刘大可：《闽台客家定光古佛信仰的圣迹崇拜——基于武平县的田野调查研究》，《福州大学学报 (哲学社会科学版)》2009年第5期。
③ (宋) 胡太初修、赵与沐纂《临汀志》，福建人民出版社，1990，第166页。
④ 〔英〕马林诺夫斯基：《巫术科学宗教与神话》，李安宅译，中国民间文艺出版社，1987，第71页。
⑤ 安德明：《天人之际的非常对话》，中国社会科学出版社，2003，第208页。

质互相矛盾。"① 也就是说，种种关于神灵"显灵"的奇迹，仅仅是传说，在现实社会中是根本不可能会实现的。然而，从民间文学的角度来看，林林总总的灵验故事，表面上看是关于神的故事，实际上却是现实中的人的故事，所展现的世界其实就是现实之中的世界，"它的特征就是其内容符合现实生活的逻辑"②。本文所述的定光古佛的种种灵验故事，当然也属于"神的事迹"，在现实社会中自然也不可能真正发生过。既然如此，为什么人们仍然如此热衷于定光灵验故事的创造与传播呢？

承前所述，在定光古佛灵验故事的创造和传播过程中，普通百姓是十分重要的群体之一。他们热衷于神灵灵验故事的创造和传播，主要是表达了自己在艰苦开发地域社会过程中希望得到帮助的心理渴求。关于这一点，已有学者作了十分精辟的论述。③ 但这并不能解释士者文人的心态和动机，因为那些在职官员、文人士大夫并没有像劳苦大众那样的困苦，并不需要神灵的力量来解决他们力不能及的问题，也不需要神灵来安慰他们困苦的心灵。相反，按照学者的观点，儒家基本上是否定灵魂、神灵和神性意义上的鬼神存在，显示出鲜明的无神论倾向和面对现实的定位。④ 这些文人士大夫接受了系统的儒家文化，自然对这些神灵显迹的灵验性有着更加清楚的认识，甚至反迷信的儒家文化知识有可能走到反对神灵信仰的行列之中，文献中所提到的打击"淫祀"，毁禁"淫祠"的活动，其实都是儒家官员发动的。因此，促使这些文人士大夫创造和传播定光佛的灵验故事的原因并不像普通大众的那样简单。笔者认为，真正推动文人士大夫创造和传播定光古佛灵验故事的原因，可以从以下两个方面去推测。

一是原有的原始宗教的影响。在万物有灵观念的支配下，我国很早就产生了以自然崇拜为基础的原始宗教，这种原始宗教对中国社会的影响十分巨大。尽管儒家学说中有不少诸如"子不语怪力乱神"、"未能事人，焉能事鬼"、"务民之义，敬鬼神而远之"等理性的思想，但原始的万物有灵观念对儒家知识分子的影响还是非常巨大的。著名学者杨庆堃

---

① 《费尔巴哈哲学著作选集》下卷，生活·读书·新知三联书店，1962，第736页。
② 黄涛：《民间文学概论》，中国人民大学出版社，2004，第228页。
③ 谢重光：《客家民俗佛教定光佛信仰研究》，《佛学研究》2000年第1期。
④ 陈咏明：《儒家与中国宗教传统》，宗教文化出版社，2003，第1页。

教授把在作为正式宗教体系的道教和佛教的产生和传入之前的中国原有的原始宗教信仰称之为"传统宗教",它在孔子时代已经得到充分的发展,后来,作为宇宙和人类世界的行为准则,又被进一步格式化到阴阳五行的神学体系中,其核心是"对天、次于天的众神以及祖先的崇拜"①。"传统宗教"对普通百姓的影响是显而易见的,对儒家知识分子的影响也毋庸置疑。"儒学兴起于巫教盛行的时代,并在一个宗教影响无孔不入的社会中发展成为一种制度,因此它本身不可避免地吸收了很多宗教的元素,从而能在传统社会的环境中发挥有效的功能。"② 因此,尽管儒家学说含有不少无神论的思想,它还是传统中国的国家指导思想,但总体上看,这些理性思想并没有完全排斥神灵观念,在实践上也从来都是放任各种教派的神灵信仰充斥于现实社会之中。③ 以儒学起家的官员和文人士大夫虽然熟读了儒家的无神论,但在现实生活中也依然如正式的宗教徒那样参与对天地鬼神的祭拜活动。具体到闽西地域社会中,除了定光古佛之外,还存在许多诸如妈祖、伏虎禅师、华光大帝、欧阳大仙、黑狗公王、三官大帝等神灵,并且这些神灵信仰的背后,往往有着儒家知识分子身份的地方精英在支持甚至主导。④ 正因为传统儒家知识分子仍然受到"万物有灵"观念的支配,并且他们所生活的闽西地区是一个充满神灵崇拜氛围的地域社会,所以文人士大夫积极参与定光古佛灵验故事的创作和传播的现象也就可以理解了。

二是儒家传统的"以神道设教"理念对他们的影响。"神道设教"一词,最早出自《易·观卦·彖辞》:"观,盥而不荐,有孚颙若,下观而化也。观天之神道,而四时不忒,圣人以神道设教,而天下服矣。"⑤

---

① 〔美〕杨庆堃:《中国社会中的宗教——宗教的现代社会功能与其历史因素之研究》,上海人民出版社,2007,第 12~35 页。
② 〔美〕杨庆堃:《中国社会中的宗教——宗教的现代社会功能与其历史因素之研究》,上海人民出版社,2007,第 12~35 页。
③ 唐端正:《儒家的天道鬼神观》,《孔子研究》1986 年第 2 期。
④ 闽西地区的神灵信仰之概况,可参见《闽西客家》(谢重光著,生活·读书·新知三联书店,2002)、《汀州府的宗族庙会与经济》(杨彦杰主编,国际客家学会、海外华人资料研究中心、法国远东学院 1998 年联合出版)、《闽西武北的村落文化》(刘大可著,国际客家学会、海外华人资料研究中心、法国远东学院 2002 年联合出版)。
⑤ 高亨:《周易大传今注》,齐鲁书社,1979,第 214 页。

意思是说：在祭祀神灵的活动中，当你观仰了祭祀开始时的以倾酒灌地的仪式，即使不看后面的奉献祭品的细节，你都会生起诚敬肃穆的情绪。在下面观礼的君子和民众会因此受到教化。天地自然之神，可以使四季运转丝毫不差。圣人就采用"神"的昭示来教化天下，天下万民非常顺伏。后来，在儒家文化的倡导下，"以神道设教"一直成为我国封建官府控制民间信仰的原则。这一原则体现在政治实践中，就是实施"神灵入典"和"毁禁淫祠"这两种恩威互济的措施，也即或把民间神灵拉入官方祭祀体系，或把其斥为"淫祀"而加以禁毁。这两种措施都曾在赣闽粤边的客家地区大力推行过。①

在参与毁禁"淫祀"或神灵入典运动过程中，儒家知识分子有着自己的认识和感受。在他们看来，自己对民间神灵的宣扬，并不是在宣扬神灵的神秘功能，而是通过对神灵种种神迹的描述，使人们认识到这些神灵之所以值得人崇拜，主要是它能够"施惠于民"或"有功于国"。这在文人对定光古佛的描述中有很清楚的体现。据学者考证，定光佛圆寂于北宋祥符八年（1015）。② 关于他的灵验故事，在他死后不久就已经开始为时人传颂。但在北宋文学家沈辽（1032～1085）所撰的《南岩导师赞》③ 和北宋僧人惠洪（1071～1128）所撰的《南安岩严尊者传》④，以及南宋初年的周必大（1126～1204）所撰的《汀州定光庵记》⑤ 三文中，只提定光佛治水、求雨、伏虎、驯蛇等灵验故事，但这些灵验故事似乎还仅仅是"加惠汀民者"的区域性的事情，几乎没有提及"有功于国"这一高度的事情。直到南宋开庆元年（1259）编纂的《临汀志》，才开始出现记载绍兴二年（1132）定光显灵击退虔化（今赣南宁都县）贼寇和绍定庚寅（1230），宁化潭飞磜贼寇之事。⑥ 这两个故事被宋末元

---

① 邹春生：《神灵入典与毁禁淫祠：略论国家对客家民间信仰的控制》，《赣南师范学院学报》2008年第1期。
② 谢重光：《客家民俗佛教定光佛信仰研究》，《佛学研究》2000年第1期。
③ （宋）沈辽：《云巢编》卷6《南岩导师赞》，文渊阁《四库全书》集部，别集类。
④ （宋）惠洪：《禅林僧宝传》卷8《南安岩严尊者传》。
⑤ （宋）周必大：《文忠集》卷80《汀州定光庵记》，文渊阁《四库全书》集部，别集类。
⑥ 《敕赐定光圆应普慈通圣大师》，（宋）胡太初修、赵与沐纂《临汀志》，福建人民出版社，1990，第164～166页。

初的刘将孙作了更加生动的描述,并明确指出,其性质就是"有功于国"①。后来,在所有对定光古佛灵验故事的文本中,几乎都是围绕着"施惠于民"和"有功于国"这两个方面而展开,有的甚至特别彰显其"有功于国"这一贡献。例如,在清代黎士弘的《重修梁野山定光禅院题辞》一文中,他完全略去定光古佛"施惠汀民"的其他灵验故事,单单表述他阴助清军守城,抵抗贼寇的故事:

> 佛氏之盛,精蓝绀宇遍海内,而汀之禅院独称定光。定光禅院于临安、于泉南、于江右无弗有,而汀为最著。郡城在府署之东,在武平者去县治六十里之岩前。考郡志,定光大师成道在宋太宗、真宗时,迹至灵异。历宋至元明近八百年,祀事不绝。元时所颁诰勅,亦尚存寺中。近甲申来,屡罹兵火,赖天幸,不大致残毁。里党哄传:当大兵驻郡时,有见两巨僧同立城头者,又见两巨僧从空洒甘露灌城中者。人以为,巨僧即定光与今所奉伏虎禅师也。事传布远近,汀人月朔望、岁时持香灯诣院稽礼足者,男女常及万人。②

为什么儒家知识分子在宣扬定光古佛灵验故事的时候,特别强调该神灵"施惠于民"或"有功于国"这两方面的贡献?因为这两条是儒家学者把它们作为判断民间神灵进入官方祀典或斥为"淫祀"的重要标准。这在儒家礼仪的经典著作《礼记·祭法篇》中有着十分清楚的规定:

> 夫圣王之制祭祀也,法施于民则祀之,以死勤事则祀之,以劳定国则祀之,能御大灾则祀之,能捍大患则祀之。……及夫日月星辰,民所瞻仰也,山林川谷丘陵,民所取材用也。非此族也,不在祀典。③

《礼记·祭法篇》中所规定的这一标准,也成为后来中原王朝处理民间信仰问题的基本准则。例如明太祖就曾下诏曰:

> 命中书省下郡县访求应祀神氏。名山大川、圣帝明王、忠臣烈

---

① (元)刘将孙:《养吾斋集》卷28《定光圆应普慈通圣大师事状》,文渊阁《四库全书》集部,别集类。
② (清)同治六年《汀州府志》卷43《艺文五·题辞》。
③ 《十三经注疏·礼记正义》,中华书局,1980。

士,凡有功于国家及惠爱在民者,具实以闻,著于祀典,令有司岁时致祭。①

儒家学说历来十分强调现实关怀,提出"士不可以不弘毅"、"穷则独善其身,达则兼济天下"等主张。受这种思想的熏陶,儒家知识分子往往十分自觉地把儒家这种道统要求转化为一种实践主动,把个人"修身"、"齐家"与"治国"、"平天下"联系起来。② 体现在定光古佛灵验故事的创作和传播中,无论是在职官员还是乡野文人,他们都十分自觉地按照"施惠于民"或"有功于国"这两条标准来对定光古佛进行重新解释和塑造。在他们看来,这种解释和塑造,无疑正在自觉践行"以神道设教"的儒家原则。

---

① 《明太祖实录》卷35,上海古籍出版社,2002。
② 余英时:《士与中国文化》,上海人民出版社,2003,第77~102页。

定光佛信仰的基本形态及其近现代意义

释开庆[*]

【摘　要】　在中国对于佛菩萨的信仰起源于印度，而中国自东晋道安（312~385）始有了弥勒信仰，之后有其弟子慧远（334~416）在庐山东林寺兴起了弥陀信仰，其后的观音、文殊、普贤、地藏等信仰也陆续在中国的土地上深深扎下根来且发展壮大，逐渐走向世俗化与国际化。如福建，西晋时期，佛教就已传入闽东。唐朝后期发展迅速，宋代达到鼎盛。福建佛教的世俗化色彩较为浓厚。以佛教俗神为例，出现在福建历史上的佛教俗神不计其数，至今仍在福建等客家族中有较大影响的还不少，诸如显应祖师、满和尚、月光禅师、定光古佛、扣冰古佛等等，本文将探讨定光信仰形态与其在近现史上所发挥的积极影响。

【关键词】　定光古佛　客家　舍利　人间佛

一　前言

隋朝开始盛行定光佛崇拜，并在中国持续了一千多年。定光佛信仰的形成和发展有其深厚的社会背景，由于长期社会动荡，民不聊生，百姓对现世生活失去信心，只好转而祈求现世佛之外的定光佛和弥勒佛。另外，随着禅宗的发展，佛法在世间、人人皆能成佛的思想流行起来，"佛在人间"深入人心，定光佛在人间的"应身"或"化身"不断出现，不少僧人都被视为见在的"定光佛"。定光佛虽被称为"过去佛"，但有其应身在世，那么也就是活着的佛。定光佛信仰的兴起，打破了佛与众生、出世与

---

[*]　释开庆，上海佛学院总务处主任。

入世的阻隔，推动了佛教世俗化、民俗化发展，加速佛教在民间传播。由于定光佛信仰社会基础深厚，政治主动与佛教结缘，就连宋太祖和南宋高宗都被推崇为定光佛转世。隋朝的曹州（山东菏泽）本是佛教盛行之地，左山又是定光佛道场、定光佛信仰发源地，自隋唐至两宋，这里一直是全国的佛教中心。定光信仰发端于此，后播布全国，影响深远。

福建佛教的迅速发展与它的地方色彩的信仰形式有很大的关系，大多是世俗化、俗神化的，这种形态的信仰在福建占了大部分，在民间产生了很大影响。特别客家人在跨越时空的中原文明与古越文明等的交融过程中，历史地形成了客家文化。其间，为了表达客家人的共同理想，为了维系民系，客家人创设了形形色色的民间信仰，而定光公信仰就是我国客家人所塑造的有代表性的民间信仰。

定光信仰是从隋代崇佛环境与社会广泛的精神需求互动所激起的造神运动的产物。自元以降，定光信仰又与客家乡族社会相结合，成为乡族整合、社会教化和感情维系的精神纽带。可以说，定光精神正代表人类未来文明的发展方向，在物质文明片面发展的今天，这种精神愈发显示出它的时代意义。因此，大力弘扬以定光信仰为重要内容的佛教文化，不仅可以加强中华民族的凝聚力，提高中国文化在世界文化格局中的地位，同时也可以以此为渠道促进和其他民族之间的交流。在新时代中定光信仰以它的根本精神——比如佛教的和平、慈悲、平等是和社会主义社会相一致的，它的道德规范可以成为社会主义社会道德规范的补充。在这种意义上讲，弘扬定光文化，挖掘定光信仰的根本精神，也是我国当前宗教政策的具体实践。

二　关于定光古佛

我们知道，佛教有过去、现在和未来三世说，三世各有一名佛祖主持普度众生，称三世佛，通常认为过去世佛是迦叶佛，现在世佛为释迦牟尼佛，未来世佛为弥勒佛。在三世佛中，崇拜过去世佛的人不多，崇拜现在世佛的人最多，而由于未来佛总是能给善男信女以希望，所以崇拜的人也不少。特别是在社会动荡不安、百姓生活困苦不堪的年代，生活在水深火热之中的善男信女对现世生活失去信心，许多人就把希望寄托在未来世佛祖身上，祈求未来世佛早日降世，超度他们到西方极乐世界去。与此同时，各种未来佛转世救度众生的神话传说也随之产生。在民间，关于未来世佛是哪位佛祖，也有种种不同的说法。

三世佛之过去佛燃灯古佛，又叫"定光佛"，属过去佛之一，是在过去世为释迦菩萨授记的佛陀。音译提和竭罗、提洹竭。又作定光如来、锭光如来、普光如来、灯光如来。

燃灯古佛的来历，《过去现在因果经》卷1记载：此佛初生之日，四方皆明，日月火珠复不为用。以有此奇特，故名为普光。《大智度论》卷9亦云曰："如燃灯佛，生时一切身边如灯，故名燃灯太子，作佛亦名燃灯。"

佛教燃灯佛于释迦牟尼过去世为其授记，说："善男子，汝于来世，当得作佛，号释迦牟尼。"燃灯佛应生在过去世"庄严劫"，并预言九十一劫后成佛号释迦牟尼。

依《修行本起经》卷上所述，过去劫时，有提和卫国，国有圣王，名灯盛。临命终时，将国政嘱咐太子灯（锭）光，太子知世间无常，更将国政授与其弟，即时出家。成佛后，游行世界，开化群生。是时有梵志儒童，值灯光佛游化，乃散花供佛，并解髻布发于泥道上，请佛蹈之，佛乃为儒童授来世成佛之记。此儒童即释迦牟尼佛。《增一阿含经》卷13、《四分律》卷31等，亦述及燃灯佛之本缘，但所说略有差异。

而此后九十一劫时，儒童果然为佛，佛教经文中称其为现世佛，与过去世佛燃灯上古佛和未来世佛弥勒佛统尊为三世佛。

另据《贤愚经》卷3《贫女难陀品》所载，过去久远二阿僧只九十一劫，阎浮提有大国王，名波塞奇。王有太子名勒那识只（即宝髻），出家学道而成佛。时比丘阿梨蜜罗日日燃灯供养彼佛，佛乃为比丘授记，告知当来成佛，名定光如来。此系燃灯佛昔时曾从宝髻佛受记之因缘。

关于此佛出现之时劫，《增一阿含经》卷13、《佛本行集经》卷3《发心供养品》等，单说过去久远劫；《修行本起经》卷上、《太子瑞应本起经》卷上等，则谓系在过去九十一劫。

燃灯佛为过去佛中之最著名者，在诸经论中，颇多以此如来为中心而说其前后出现诸佛之事例者。如《无量寿经》谓过去久远劫，锭光如来出世，教化众生，其后历经十劫，依次出现五十三佛。最后之世自在如来时，有法藏比丘修因行而成道者即为阿弥陀如来（阿弥陀佛）。《大悲经》卷3《殖善根品》谓此如来以后，有莲华上佛乃至过去七佛等，总有十四佛出世。《大毗婆沙论》卷178更说释尊于第三阿僧只劫曾遇七万七千佛，其中之首位，即为燃灯佛。

依《大唐西域记》卷2所述，北印度那揭罗曷国有释尊供养燃灯佛而受记之遗迹。今印度山崎塔门之刻画中，有定光如来化作大城之图像，此与《四分律》所述相合。

燃灯佛授记，对于释尊的历劫修行，是一关键性大事。因为确认燃灯佛授记时，菩萨得"无生法忍"，然后"菩萨为欲饶益有情，愿生恶趣，随意能往，神通示现，普度众生"。

当释迦牟尼佛在成佛前身为儒童的一世里，曾遇到燃灯上古佛游于世间，儒童识得古佛，便以五茎莲供奉，又见地上有泥泞，便以发铺路，请佛踏之而过。遂得燃灯授记揭语："是后九十一劫，名贤劫，汝当作佛，号释迦文如来。"也就是说，以后如来经过数劫，到第九十一劫——贤劫，也即现世劫时当可得识佛法真谛，立身为佛，佛号为释迦如来。

从上述记载可知，定光佛即燃灯佛，因其点化释迦菩萨而成佛果，当九十一劫时，将转世普度众生。

有关定光佛将转世普度众生的传说，在五代时期的一些地区流传。当时有人将定光佛转世普度众生的传说与朝代的更迭联系起来，鼓吹宋太祖是定光佛转世，以此来争取民心，为赵宋王朝披上一层神圣的外衣。宋人朱弁在《曲洧旧闻》卷1中说道：

> 五代割据，干戈相侵，不胜其苦。有一僧，虽佯狂而言多奇中。尝谓人曰："汝等望太平甚切，若要太平，须待定光佛出世始得。"至太祖一天下，皆以为定光佛后身者，盖用此僧之语也。

在闽赣粤客家地区定光古佛有较大影响，有着多种说法。现存最早的有关记载闽西定光古佛生平的文献是南宋文人周必大（1126~1204）的《新创定光庵记》：定光，泉州人，姓郑名自严。乾德二年（964），驻锡武平南安岩，淳化二年（991）别立草庵居之，景德初（1004）迁南康郡盘古山，祥符四年（1011）汀守赵遂良即州宅创后庵延师，至八年（即祥符八年）自严终于旧岩。

周必大对定光古佛生平的描述虽然比较简略，但清晰地勾画出了定光古佛生平的基本轮廓，没有任何神话色彩，成为后世志书撰写定光古佛传记的蓝本。由于古代同安县属泉州府管辖，故文中说定光古佛为"泉州人"。

现存较早而且比较详细记载定光古佛生平和宋代定光古佛信仰的是《临汀志》。《临汀志》成书于南宋开庆元年（1259），由汀州知州胡太初修、州学教授赵与沐纂，是福建仅存的三部宋修方志之一（另外两部为《三山志》和《仙溪志》）。《临汀志》原书早佚，近年福建师范大学图书馆的廖天敏先生据《永乐大典》辑校成册，弥足珍贵。据胡太初、赵与沐的序跋可知，早在隆兴二年（1164）汀州就修纂了《鄞江旧志》，庆元四年（1198）又续修了《鄞江志》，《临汀志》是在这两部旧志的基础上编纂而成，"道释"的记载特别详细，为后世志书所不及，其中定光古佛传就多达两千余字，从中既可以了解定光古佛的生平，也可以窥见定光古佛信仰的产生和早期发展情况。

关于定光古佛的生平，《临汀志》载：定光古佛，俗姓郑，法名自严，同安县人。祖父仕于唐，为四门斩斫使，父任同安令。后唐应顺元年（934）郑自严出生，11岁时出家，依本郡建兴寺契缘法师席下。17岁时游历江西豫章、庐陵，拜高僧西峰圆净为师，在那里盘桓五年后，告别圆净法师，云游天下。乾德二年（964），来到武平县南安岩，见这里石壁陡峭，岩穴天成，遂结庵于此。景德初（1004），应邀往江西南康盘古山弘法，住持禅院。三年后返回南安岩。大中祥符四年（1011），汀州郡守赵遂良慕名延请郑自严到汀州府城，建寺庙于州府后供其居住，以便往来请教。大中祥符八年正月初六圆寂，享年八十二岁，遗偈共一百一十七首，其中二十二首乃亲笔所书。定光古佛去世后，百姓收集其遗骨及舍利"塑为真像"，顶礼膜拜。可见定光法师本是北宋前期的一位僧人，观其一生，主要是在闽赣粤度过。

三　定光佛信仰的基本形态

（一）时代背景

定光法师由僧演变成佛客观上与宋代崇佛和闽西移民社会共同的精神

需求有关。

那么为何从一位僧人又演变到古佛呢？唐末五代，随着文化逐步向南转移，佛教也受到南方各国帝王们的保护和支持，继续广泛而又稳定地传播。禅宗五家中除临济宗创立于北方，其余四家都在南方，临济宗的后继者，不久也渡江南下，标志着佛教中心也在往南迁徙。

南方十国的佛教，以吴越、闽、南唐诸国为代表。

吴越诸王中奉佛最热忱的是忠懿王钱俶。据传，当周世宗整饬佛教时，他曾制八万四千座铜塔，中间封藏《宝箧印陀罗尼经》刻印卷子，颁发境内。又以杭州为中心，兴建大型寺院数百，招揽当时全国的佛教精英，其中突出的有德韶、义寂、延寿等。德韶是法眼宗创立者文益的法嗣，当钱俶早年任台州刺使时，便已"延请问道"；嗣王位后，"遣使迎之，申弟子之礼"，尊其为国师。

有一天，吴越王想开个无遮大会，就是打千僧斋，只要是出家人来应供，皇帝一律平等看待。虽然说是平等供养，摆设的桌位总有上下座的分别。上座的位子谁都不愿意坐上去，大家都谦虚地推来推去。在谦让不下的情况下，大家想既然永明大师是皇帝的老师，当然请永明大师坐上首席位子，但是永明大师也很谦虚，就是不肯坐这个首席位子。在这么推推拉拉，就来了一个穿得破破烂烂的大耳朵和尚，大家都不认识，看到大家在那里推让，他老人家就不客气，往首席位子上一坐。这一坐下来，当然吴越王也不好意思赶，但是心里很不舒服，国师没有坐首席位子，却被一个不认识的和尚坐上去，但总算是出家人，也就不便说话了。

打完千僧斋，大家都散去了，吴越王就问永明大师："我今天供斋，有没有圣人来应供啊！"吴越王认为如果有圣人来应供，他的福报就大了。永明大师说："有啊！"他问："什么人啊？""是定光古佛今天来应供。""哪一个？""坐在首席的那个大耳朵和尚就是。"

吴越王听了之后心里就很欢喜，赶紧派人去追。派去的人就一路到处去打听："你们有没有看到一个耳朵很大的和尚，从哪条路走了？"后来打听到长耳和尚是在一个山洞里面修行，找到之后，吴越王派的人就顶礼膜拜，请他到皇宫里面来供养。长耳和尚说了一句话："弥陀饶舌！"意思是阿弥陀佛多嘴啊，泄露我的身份！长耳和尚说完就圆寂了。

这些人看到长耳和尚圆寂，就呆立在那边："定光古佛是找到了，却圆寂了。"想想他刚才讲的"弥陀饶舌",说长耳和尚是定光古佛的人是永明大师啊,那"弥陀饶舌"不就是在说永明大师吗?原来永明大师就是阿弥陀佛再来。

宋朝自公元 960 年肇基之后,宋太祖及其后继者总体上是崇佛的。开国皇帝宋太祖即重视佛教的作用,宋太宗登基后又更加重视,自称是佛子再世,宋真宗既信奉道教,又热衷于佛教。相传宋真宗就曾在都城设宴招待全国高僧,"真宗朝,尝斋于僧"①。仁宗、英宗也好佛,宋徽宗一度想改佛入道,但未果之后,还是继续恢复佛教的活动。自宋徽宗之后的宋朝各位皇帝也对佛教的发展采取支持的态度。

宋代自上而下都崇尚佛教。从真宗朝闽西一隅的几任郡守对定光公的态度就足可窥其一斑。大中祥符四年,汀州郡守赵遂良慕名延请郑自严到汀州府城,建寺庙于州府后供其居住,以便往来请教。定光公法力非凡,庵前枯池,定光公"投偈而水溢";城南龙潭有蛟出没危害百姓,定光公"亦投偈而祸去"。"于是遂良表闻于朝,赐'南安均庆院'额。"② 另一位郡守胡咸秩也对定光公极为尊崇,"胡解印入觐,历言诸朝列丞相王公钦若、参政赵公安仁、密学刘公师道皆寄诗美赠"。定光公去世后获得的"定光圆应普慈通圣大师"即是闽赣两地地方官员共同请封的结果。

北宋政权为了发展正统宗教信仰,采取了一系列的鼓励措施,诸如给予僧尼在徭役方面的一些特权等。一些田主为了逃避沉重的赋役,也趁机"诡名寄产"③,即将土地假称献纳于僧寺、道观。"昔者僭王继竟取良民膏腴之田,以入浮屠氏,国朝以来因而不改。故学浮屠者绝无徭役,第食不乏,而衣有余耳。"在闽西,也有新迁入开发的田主,假装把田地等施给寺院,以求得寺庙的庇护。上杭县中都乡何氏先始祖大郎公,"于后唐明宗天成间出梅州,道经岩前,因览形胜,喜其地幽土沃,堪资辟谷,因卜居焉南岩狮子口手炉山"④,并就地开垦田地。"迄宋太祖乾德二年甲子,

---

① 民国《武平县志》卷 10《艺文志·重建三宝殿碑记》,转引自王增能《谈定光古佛——兼谈何仙姑》,《武平文史资料》第 8 辑。
② (清)俞樾:《茶香室丛钞》卷 13。
③ 开庆《临汀志》卷 7。
④ 王增能:《谈定光古佛——兼谈何仙姑》,《谈武平文史资料》第 8 辑。

有定光姓郑名自严，募公宅宇为道场，公慨然与之，将田塘地业尽施供养。"① 土地是宋时新迁入闽西立足未稳的客家先民之命根子，全部捐出田地、池塘，意味着要彻底失去生存保障，此举值得怀疑。笔者认为，何氏先祖此举当属"诡名寄产"。但恰是"诡名寄产"使移民和寺院有了一种较为密切的经济联系，客观上也有利于宗教事业的发展。正是由于宋政权对宗教事业发展的重视，北宋逐步建立了各项宗教政策，形成了较为完善的制度体系。赵宋政权自上而下对佛教等的尊崇，营造了较为宽松的宗教环境，也尤其有利于民间信仰的发生。

当然，宋政权保护宗教发展的政策也是迎合了闽西广大移民愿望的。众所周知，历史上的福建是一个移民社会。自唐末至宋初，因闽中地狭人稠的缘故，大量涌入福建的北方汉民于是选择落足地广人稀的闽西、闽北一带，其中相当部分落居闽西，使得宋朝前期闽西的官籍户口迅速增加。"唐杜佑作《通典》，户五千三百三十三，迨宋承平日久，生聚日滋。宋《元丰九域志》已载主户六万六千一百五十七，客户一万五千二百九十九，视唐既数倍。"作为定光公信仰发源地的岩前，宋初也是个典型的移民村落，"何氏开基岩前，为邑中最旧之族"。岩前现有的钟、王、曾、罗、梁、魏、练、温等主要姓氏是自何氏之后陆续迁入的。客家先民背井离乡来到闽西，展现在他们面前的肯定不是王道乐土。他们所要面对的是不可回避的恶劣的生存条件：不仅有猛兽的威胁，"汀在闽西南……地接潮、梅，率多旷野，故有虎、豹、熊、象之属"，还有疾病的困扰、与土著的冲突，以及交通的极为不便，"（汀）州境五百里，山深林木秀茂，以领长汀、黄莲、新罗三县，地多瘴疠，山多木客，丛萃其中"。在如此环境下，闽西的客家先民油然产生一种朴素的精神需求，渴望得到超自然力量的庇护。"一切宗教都从超绝人类知识处立他的根据，而以人类情感之安慰遗志之勖勉为事。"在那样的生产力条件下，客家先民自然而然地要选择属于他们自己的信仰，来曲折表达与土著的斗争（如传说中的定光公制服蛟龙），曲折表达与猛兽的较量（如传说中的定光公驯服南安岩大蟒、猛虎），曲折表达与疾病的对抗（如传说中的定光公为生病的祷者治病），以寄托丰富的精神追求，激发起巨大的精神力量。

---

① 民国《武平县志·古迹》，转引自王增能《谈定光古佛——兼谈何仙姑》。

正是宋代有利的崇佛的客观环境与福建移民社会迫切的主观需求的互动，激起了福建的造神浪潮。素有"俗商鬼信巫"传统的闽西也不例外，在造神浪潮的推动下，塑造了形形色色数不胜数的民间信仰，诸如定光古佛、伏虎禅师、长汀"三仙"（富国先生、梁野人、黄先生）、珨瑚公王、上杭黄仙师、连城赖仙、欧阳仙、邹公信仰、明溪莘七娘等，以至于汀州一隅"侈立庙宇"。定光信仰即是其中的代表。

（二）济世事迹及其信仰的形成

社会生活中的传奇人物，特别是佛教里面，在佛教还不是很普及的地区，只能按当地的民间风俗被塑造成神，其德行是为第一位的条件，"昔之为人，生无节行可奖则淫祀也"①。定光法师是北宋前期社会生活中的人物，由于社会对其德行的认同，因而成为当地百姓崇拜的精神偶像。

定光法师生前即在闽粤赣等的许多地方有着广泛的影响。其圣迹遍及闽西和闽北各县。明代《八闽通志·地理》记载定光公驻锡的地方就有长汀、上杭、武平、清流、连城、建瓯、顺昌等县。福建客家各县的口头传说也是不胜枚举。另外，粤北和闽北的沙县、泰宁等地，也流传着有关定光公的传说。《夷坚志》即记载了粤北的新安宋氏偶遇古佛的故事。宋氏到梅州为官后，因母亲辞世回乡，"于宅旁建庵，名曰'慈报'"。《沙县志》则记载了定光公与宋朝宰相李纲相遇的传说。定光公游历沙县时，恰巧遇见李纲，得定光公偈语"青著立，米去皮，那时节，再光辉"②。靖康年间，李纲果真入朝为相，正与定光公偈语相吻合。

从文献有记载和未记载的民间传说来看，定光法师慈悲济世主要包括五个方面：(1) 祈晴雨。宋祥符四年，汀州久雨不晴，郡守赵遂良请定光法师祈晴，获应。不久，又发生旱灾，郡守胡咸秩遣使到南安岩请定光古佛祈雨，定光古佛写一偈语给来使带回汀州，刚进入汀州境内便大雨倾盆，是年喜获丰收。(2) 兴修水利、开山辟路。长汀县城城东十里铺，有一座定光陂，相传为定光公施法力修筑而成。连城县宣河乡培田村，也有一座定光陂，定光公也应是有功于该陂的。长汀县南山乡官坊村村西耸立着一座狮形

---

① 《临汀志·仙佛》卷7。
② 《宋史·礼八》卷105。

石峰寨，寨下有洞，名定光洞，相传为定光公想引梅花山麓河水西流灌溉，为施工未果所留。上杭县城门外石门障村，有一屏障，阻碍了道路的通行和河水的畅流。民间传说定光公于此施神功，开山修路，疏通河道。(3) 送子施惠、镇邪救死。武平县跟定光公有关的许多地名都有一段定光公为民造福的传说，如"寄子岭"。据说宁化余某向定光佛求子并得子，在往岩前答谢的路上儿子不幸死去，又是定光公大恩大德使其寄在荒岭的儿子死而复生。又如连城县赖源乡流传着定光公"报一饭之德"的故事。"师饭讫，撒（饭）田中，曰：尔此后栽秧一二茎足矣，尔田常产红虾，取之不尽。……是后赖源插秧止一二茎，繁盛胜他处，产虾子通身红色，而且众多。"(4) 镇蛟伏虎、为民除害。定光公"十七游豫章，除蛟患。乾德二年，来汀之武平南岩。郡城南潭有龙为民害，师投偈，沙涌成州。郡守赵遂良以闻，赐南安均庆院额"。在南安岩，当大蟒、猛虎威胁百姓的安全时，定光公又挺身而出。"数夕后，大蟒前蟠，猛虎旁睨，良久，皆俯伏而去。……淳化间，去岩十里立草庵牧牛，夜常有虎守卫，后迁牧于冷洋径。师还岩，一日倏云：'牛被虎所中。'日暮有报，果然。师往彼处，削木书偈，厥明，虎毙于路。"(5) 为民请命。咸平六年（1003），官府向寺院征收布匹，布匹则由当地百姓代交，定光古佛于心不忍，写了一封要求免征布匹的信夹在上交的布匹中。官府发现后，十分恼怒，拘捕定光古佛询问，定光古佛拒不回答，郡倅张晔愈怒，令人焚烧衲帽，可是火烧尽了衲帽越烧越白，只好把他放了，从此定光佛就一直穿白衣。

上述事件直接反映了定光法师慈济人间、利益有情的感人事迹，他受到群众的爱戴，故百姓亲切地称之为"和尚翁"。其影响不限于闽西，在江西和广东等地也有一定的影响，所谓"自江以西，由广而南，或刻石为相，或画像以祠，家有其祀，村有其庵"。其圆寂后，在闽赣粤客家地区的佛教还不是很发达的情况下，很快被群众以民间风俗奉为神灵，尊称其为"圣翁"，从而成为客家族共同的保护神。

值得注意的是，定光法师圆寂之后，许多文人士大夫也纷纷撰写诗文，盛赞定光古佛，志称："名公巨卿，大篇短章，致赞叹意，无虑数百篇。"①

---

① 《临汀志·仙佛》卷7。

百姓把郑自严看作佛的转世，据《鄞江集》载："初波利尊者自西土来住盘古山，即有谶曰：'后五百岁有白衣菩萨自南方来居此山，即是定光佛也。'"《临汀志》也有类似的记载：初，南康盘古山波利禅师从西域飞锡至此，山有泉从石凹出，禅师记云："吾灭五百年，南方有白衣菩萨来住此山。"其井涌泉，后因秽触泉竭，与议请师主法席，以符古谶。师许之，乃泛舟而往。① 然而据现有资料来看，法师生前，只有"白衣岩主"、"和尚翁"等称号，圆寂后不久，百姓称之为"圣翁"，还没有直接称之为"定光古佛"的记载。北宋绍圣四年（1097），定光法师被朝廷正式敕封"定光"封号。

定光法师圆寂后，众收舍利遗骸，塑像岩中。熙宁八年（1075），守许当之祷雨感应，初赐均庆禅院开山和尚，号"定应大师"②。定光法师塑像的落成及定光法师原常住的均庆禅院的建立，也标志着定光信仰逐渐形成，实现了定光公由高僧向佛的转变。

在宋代的形成阶段，定光信仰主要在闽赣粤等客家区域广泛传播，其间，郡守发挥着积极的作用。南宋淳熙年间，汀州太守吕翼之将其舍利迎入长汀其原居住过的寺庙，此后该庙被命名为定光寺。长汀毕竟是府治所在地，将其舍利迎入长汀，当能有力地扩大定光信仰在府辖各县的影响。定光圆寂后祈雨、御寇的显灵传说在民间广为流传，甚至一些文人达官也赋诗褒奖、推波助澜，颂扬定光的神格和人格魅力。定光法师也因而赢得了朝廷一次次的封谥。除了熙宁八年的一次外，另有三次封谥："至崇宁二年，宁陈粹言白衣菩萨木雕真相……至四年面上右边，及后枕再生白毫。有旨加号'定光圆应'"；"绍兴三年，以江西转运司奏，虔州南安岩定光圆应大师于虔之虔化县塔上放五色毫光，惊破剧贼李敦仁，收复二县，乃赐'普通'二字。乾道三年，再以福建转运司奏：汀州祈祷列上实迹，复加赐八字师号为：定光圆应普慈通圣大师"。③ 这就进一步加强了定光信仰在闽赣粤等地区的影响，成为广大百姓的护法神，因此定光信仰很快被社会各阶层所接受。

---

① 《临汀志·仙佛》卷7。
② （元）刘将孙：《养吾斋集》卷28《定光圆应普慈通圣大师事状》。
③ （元）刘将孙：《养吾斋集》卷17《汀州路南安岩均庆禅寺修造记》。

(三) 信仰的流行区域

台　湾

定光古佛的信仰区域以闽西长汀所辖八邑，即永定、长汀、武平、连城、宁化、清流、归化及上杭的客家地区为主，其他地方就很少见。在渡海来台移民过程中，依然扮演乡土守护神的角色，同时更利用其同乡性质及地缘性特质，于寺庙建立会馆，作为清代汀州籍移民来台暂住与联系之用，也由于定光佛庙的建立，定光佛的信仰也随之传来台湾。

在台湾现今仍保存的定光佛庙仅有三座——彰化定光佛庙、淡水鄞山寺和台南的定光寺。彰化定光佛庙创于清乾隆二十六年（1761），是由永定县籍的士民及北路总兵张世英等鸠金公建，初名"定光庵"，又称为"汀州会馆"，供奉汀州守护神定光，为一"人群庙"。其建筑规模与格局已不清楚。历经嘉庆、道光、咸丰年间诸次修建，庙貌壮丽，拥有大笔地产，建筑规模成为"两进两廊左右厢房"的格局，并正名为"定光佛庙"。

日据时期，因"市区改正"计划，辟建道路，该庙之三川殿，左右过廊及庙房等被拆除，原三川殿部分改建为二至三楼的街屋，成为现在定光佛庙的格局，也因为日本占据台湾之后，闽台居民不能自由往来，且该庙两边厢房已拆，丧失了会馆功能，成为纯粹的寺庙。庙的主神位为定光古佛，从祀佛童，陪祀李老君、城隍爷、福德爷及妈祖，右侧另设报功祠，祭祀捐建该庙历来有功信士，设有"汀州八邑倡议捐绅士缘首董事禄位"之长生牌位。

除了闽赣粤台的客家族中流行定光信仰，在浙江、四川、江苏、辽宁、河北、山东皆有定光信仰，据现在考古发现全国已有三处定光古佛真身舍利，分别在江苏、辽宁和山东。这些舍利的出现，使我们又发现了早期定光佛信仰的依据。

山　东

山东菏泽市左山禅寺（原名法源寺），由隋文帝杨坚敕建。隋文帝笃信佛教，大兴佛事，诏令各州兴建佛院。隋文帝为了弘扬佛法，向印度传经僧人求得若干佛祖真身舍利，颁诏各官办寺院建造舍利塔。《隋书·帝纪第二》记载:"仁寿元年六月,乙丑,颁舍利于诸州。"①

据左山禅寺现存宋至和二年(1055)碑刻的《曹州左山兴化禅院重修宝乘塔碑铭》记载:"曹州左山塔藏定光佛舍利六颗。始隋仁寿壬戌,法源寺,建灵址五级,安其下,遣使送,刊石以瘗之。"

法源寺从此声名鹊起,四方佛教信徒都来顶礼膜拜。因左山藏有定光佛祖舍利,所以这里就成为定光佛祖的最大道场。

隋朝开始盛行定光佛崇拜,并在中国持续了数百年。定光佛信仰的形成和发展有其深厚的社会背景,由于长期社会动荡,民不聊生,百姓对现世生活失去信心,只好转而祈求现世佛之外的定光佛和弥勒佛。另外,随着禅宗的发展,佛法在世间、人人皆能成佛的思想流行起来,"佛在人间"深入人心,定光佛在人间的"应身"或"化身"不断出现,不少僧人都被视为见在的"定光佛"。定光佛虽被称为"过去佛",但有其应身在世,那么也就是活着的佛。定光佛信仰的兴起,打破了佛与众生、出世与入世的阻隔,推动了佛教世俗化、民俗化发展,加速佛教在民间传播。由于定光佛信仰社会基础深厚,政治主动与佛教结缘,就连宋太祖和南宋高宗都被推崇为定光佛转世。曹州本是佛教盛行之地,左山又是定光佛道场、定光佛信仰发源地,自隋唐至两宋,这里一直是全国的佛教中心。定光信仰发端于此,后传播至全国,影响深远。至今台湾岛内供奉定光佛的寺院仍有数百座。在全国乃至全球所有佛教寺院中,左山禅寺藏有定光佛祖真身舍利,左山禅寺也是定光佛祖庭。

舍利圣物乱世隐,盛世现,据载,左山定光佛祖舍利曾在北宋庆历年间现世,轰动朝野。当朝翰林、济阴知县钱明逸撰文《曹州左山兴化禅院重修宝乘塔碑铭》详记其事:"皇宋庆历纪元岁壬午,一日大雨雷震,塔用地坏","天意与兴,将泰而否。……地撼洞开,神物莹彻"。隋代舍利塔历经440年星霜后,轰然坍塌,石破天惊,重现佛光,天现五色彩虹,佛居祥云之上。寺僧智隆发下宏愿,要重修佛塔,光大佛门,于是怀藏舍利,广募四方。庆历五年(1045),智隆和尚化缘来到京都开封,将舍利供奉在宝相寺,观者如潮,惊动京城。消息传至朝中,仁宗皇帝即诏迎置

---

① 《隋书·帝纪第二》,中华书局,2008。隋文帝《国立佛舍利塔诏》,《广弘明集》卷17,T52.13a~13b。

禁庭，欲留之供奉，"赐智隆白金五十两以遣之"，智隆和尚坚决不从。仁宗只得答应在旧地重建佛塔，便置金棺银椁，御笔署封，命内官温士良护送舍利归葬故地，谕令曹州知府、资政殿学士任中师重建舍利塔。知府任中师遵奉旨意，大兴土木，"木增二而七，基增广而峻"。工程竣工后，"士良始还朝，图上制作之状"，仁宗龙颜大悦，御书塔名"宝乘"，赐以金匾。重建后的兴化禅院佛塔高耸，房屋200多间，僧侣300余众，规模达到鼎盛。每当清晨将曙，兴化禅院的钟声遥传数里，"兴化晨钟"成为曹州八景之一，整个曹州城沉浸在浓郁的佛教氛围之中。

古曹州本来就是一方文化沃土，富学之地，这里既是孔子高足"三冉"的（冉雍、冉耕、冉求）故里，儒家经典著作《春秋左氏传》的作者左丘明就出生在左丘。道家代表人物庄子也出生和活动于此，著有《南华经》。长期以来，古曹州为儒、道文化的兴盛之地。佛教传入中土后，与中国文化相互交汇、渗透融合，逐渐实现了本土化。隋唐五代之后，禅宗成了中国佛教的主流，而晚唐时期从曹州龙兴寺（即今左山禅寺）走出的两位禅师——赵州和尚、临济义玄，为禅宗的发展作出了卓越贡献。

赵州和尚，法号从谂，俗姓郝，唐曹州郝乡（今定陶马集镇）人。《景德传灯录》："从谂禅师，曹州郝乡人，姓郝氏。"台湾佛光出版社近年出版了《赵州从谂大师传》，载有大师年谱。从谂生于778年，幼年于曹州龙兴寺出家，50岁方始云游四方。后因久居赵州，被称为赵州和尚。从谂曾在池州南泉寺普愿禅师门下参禅，因善于体悟心法禅机，受到普愿的赏识，后成为南泉普愿禅师的法嗣。他离开南泉寺后参访各地，直到晚年才到赵州的观音院居住传法。赵州和尚在赵州一带传法40余年，于唐乾宁四年（897）圆寂，年120岁，唐昭宗敕谥"真际大师"，后人称"赵州古佛"，被视为定光佛祖化身，有《赵州真际禅师行状》传世。从谂的禅法为世人所重，《宋高僧传》："凡所举扬，天下传之，号赵州之道，语录大行，为世所贵。"《景德传灯录·赵州和尚传》谓："师之玄言布于天下，时谓赵州门风，皆悚然信伏矣。"赵州禅师的公案语录频繁地为后人所参究，许多人在赵州语录的启发下明心见性，直至今天仍然广泛流行。2006年底，一来法师任左山禅寺住持，在政府的大力支持下于宝乘塔原址重建定光佛七级舍利塔，开放定光古佛道场，塑造大型定光佛露天佛像。突出定光古佛的第一佛地位。

由此可见，定光佛信仰在隋唐时期由于定光佛舍利的发现，在北方早已普遍流行，一些有一定民间信仰基础的僧侣也被重新定位，获得了以往没有的崇高声誉，在这一时期也获得了前所未有的崇拜，由普通僧人上升到"圣、佛"的地位，如赵州从谂禅师与后来的定光古佛由僧侣到"人间佛"的形式完全一样，这种现象的产生不得不让我们去仔细研究。

辽 宁

辽宁朝阳南塔的定光佛舍利于 2004 年 10 月在南塔北 50 米，地下 3 米处被发现。在 1 米见方的青砖砌筑的石宫中，发现石函、石碑，碑上刻有"佛舍利铭记"字样。石函内装有鎏金银棺，鎏金铜佛、白瓷净瓶等文物。石碑记载"石宫建于辽统和二年，内藏释迦佛舍利一尊，定光佛舍利一十八粒"。在银棺内的一个小玛瑙瓶里，找到 18 粒浅黄色的定光佛舍利。这是迄今为止唯一有明确文字记载的定光佛舍利。

这次定光佛舍利的发现，是继 1988 年朝阳市北塔释迦牟尼真身舍利后的又一重大发现，再次证明自三燕时期，朝阳作为我国东北地区佛教文化中心的历史地位。

四 川

四川广安县的肖溪镇被广安县人民政府命名为"石刻之乡"，大小石刻贯穿全镇，堪称一道独特景观，而冲相寺石刻更是让人称道。据说这些佛像为隋开皇八年（588）流江郡守袁君等所刻，唐初赐额为"定光左佛道场"。

冲相寺摩崖造像，俗称"定光崖石刻"，崖长 100 余米，最高处达 22 米，离地 17 米岩孔中，有石刻四层，上层正中为定光佛，又称"太阳菩萨"。像高 4 米，北饰日月佛光，至今保存完整，当太阳普照时，便会发出一种光芒来，十分耀眼，当地人非常看重这片光芒，认为是"吉芒"。定光岩原有大小佛像百余尊，现在除"太阳菩萨"尚在外，其余均在"文革"中被毁。

河 北

河北省固安县宝严寺"佛牙"：宝严寺地宫发现的汉白玉石函盖上刻记："士海幢佛牙真舍利，维天眷元年三月十一日庚辛时建，大金国燕京琢州固安县宝严寺。"石函内供养着鎏金银佛舍利柜，柜内有鎏金舍利盒，盒内装着佛牙和"珊瑚"舍利，还有金银菩萨立像和银幡等物品。塔基中出土的一块题名砖上说，这座塔所供养的是定光佛的舍利。

天　津

天津蓟县定光佛舍利塔因唐睿宗延和元年（712），智源禅师将佛舍利60 颗、佛牙 1 颗具于塔内而得名。明万历三十一年（1603）《重修盘山舍利塔云罩寺碑》载："有塔曰舍利，中藏舍利子，故名。"碑文还记载，清乾隆七年（1742），乾隆皇帝谒陵回来，曾"减骑从，彻雉葆，穿松缘泉，跻于峰巅。谓此寺殊胜，命葺其垣，新其栋亭"。此外，还修复了行将倾圮的定光佛舍利塔。

此塔于辽大康，明成化、嘉靖、万历，清乾隆年间均有大修，为八角形亭阁式砖塔，边长 2.5 米，高 13 米。在汉白玉石雕须弥座之上，砖筑顾长的楼阁形塔身，下部镶嵌石雕佛龛，每面三龛，龛内浮雕跏趺坐佛，中部每面设砖雕方格棂门窗，上部作砖雕阑额、普拍枋和斗拱。八个砖砌圆形角柱上置转角斗拱，每面补间斗拱一朵，单抄三踩，上承砖叠涩出檐两层。重檐间设亭式佛龛一周，每面三龛。最上为相轮和宝珠塔刹。此塔造型以我国古代亭阁建筑同印度窣堵波相结合，外饰刻工精细的砖石佛龛，高耸在盘山绝顶，与"去天五尺"、"一览众山小"等摩崖石刻和云罩寺交相辉映。

另外，浙江衢州天宁寺、杭州法相寺、福建同安郑古佛寺、龙岩新罗区江山乡九候山灵远宫、广东陆丰定光禅寺、汕尾清云山定光寺、江苏镇江甘露寺铁塔、江西豫章、庐陵西峰寺、南康盘古山、兴国狮子岩寺等广大客家地区都遍布定光古佛的足迹。

客家民系的形成，根本的载体是移民。自东晋始，由于战争、离乱等原因，北方汉人开始南下寻找新的乐土。到了唐代，越来越多的原本聚集在北方与江淮一带的流人开始朝着汀江的指向迁移，闽西这块土地便有了宁化、长汀的县级建制，唐开元二十四年（736）汀州府建立，加速了这些移民与当地土著的文化融合的进程。北宋时期，南方成为人们生活的乐园，随着大量人口的聚集和土地的开发，北宋淳化五年（994）武平、上杭同时由场升县，元符元年（1098）清流建县，南宋绍兴三年（1133）连城建县。

就在这样的移民背景下，定光信仰也伴随着客家民系迁移的历程而在南方弘扬开来，为南方的佛教的发展起到了推动作用。定光信仰在客家各个地区的传播和融和，形成了大量民间故事和传说，反映了客家人在历史上政治、经济、社会的发展历程，具有很高的民俗学和人类学价值。

（四）定光公信仰的发展

元代以后，定光信仰也就很快地进入了新的发展阶段。

一方面定光公信仰已无可动摇。元代，定光信仰继续得到统治阶级的推崇，"元时灵应助国，诰敕屡颁"①。元代之后，也未见被视为淫祀的记载。闽粤赣边客家地区历经宋代 300 余年的开发和客家人的繁衍生息，至元代客家乡村聚族而居或是多姓杂居的局面初步形成，已开始进入较为稳定的发展阶段。适应客家社会安定有序的社会机制建设的需要，定光信仰作为客家人的意识形态，在神职功能上也出现了历史性的转变。他"如起疫疠，解冤诅，盲者视，跛者履，猎者悔过，机械者息心，梦寐胅蜃，迁善远罪，起死回生，无远弗届"，还有为百姓治病的神职功能，"凡病而祷者，奉纸香上，良久可得药"。② 这时候，定光佛明显地被凸显为调解社会纠纷、教化人心、弃恶扬善的客家保护神。至明末清初，还增加了为民请命的神职功能内涵："明季甲申之变，兵燹不休，迭著奇迹。国朝顺治三年，大图章京率兵至百步铺，见二僧云：'城即开，幸勿伤民！'明日，复从卧龙岭洒水。章京询悉，诣寺揭帐视之，知即定光与伏虎二佛也，命鼎新其宇。"③ 定光信仰的地位在元代因而最终得以巩固。一个显著的标志是，原本与定光佛齐名的"三仙"（富国先生、梁野人、黄先生）被淘汰了。"三仙二佛之名，于汀尚矣"④，然而，到了元代，经由民间的自由选择，二佛脱颖而出，人们所提及的只留下二佛了，最迟在元朝前期汀州客家人就已从感情上视定光佛为守护神，并沿着沙溪顺流而下，将二佛信仰

---

① （清）无名氏：《定光大师来岩事迹》。
② （元）刘将孙：《养吾斋集》卷 28《定光圆应普慈通圣大师事状》，影印文渊阁《四库全书》集部一三八，别集类。
③ （清）无名氏：《定光大师来岩事迹》。
④ （宋）胡太初修、赵与沐纂《临汀志》，福建人民出版社，1990。

带到闽北一带,"迄今延平、临汀所在精舍,二师迭为宾主,必不相舍"①。在民间的民俗活动中也只将二佛相提并论。清代,长汀县定光寺香火鼎盛,客家人对定光公信仰更是顶礼膜拜、毕恭毕敬,"汀人朔望岁时持香灯,诣院稽首礼拜者,男女常及万人"②。定光信仰发源于北方,后流行于武平县,甚而出现了定光佛独尊的局面,"县城寺庙虽多,但合乎佛教或道教规范的佛寺、道观几乎没有,甚至较大型佛寺(如南山堂),供奉的大多是定光古佛(郑自严),其次为观音,作为庙中的主祀神"③。

另一方面其影响范围也进一步扩大。除了影响到闽北外,还传播至岭南一带。宋元之际,闽西客家人纷纷沿着汀江迁入广东。伴随闽西客家人迁徙的脚步,闽西客家人信奉的定光信仰也传播到岭南一带,而且信众颇多。如大德年间,南安岩均庆禅寺的维修,就得到了闽西和岭南一带达官贵族和许多百姓的鼎力支持,募集了巨额捐款,大雄宝殿、山门、阿罗汉阁、五百罗汉像、僧堂等建筑都得到了修复。而且还经由自连城到上杭古田再抵新罗(原为龙岩)的商路把定光信仰传布至新罗区。该区龙门镇长塔村赖氏的《赖氏族谱》记载该村打醮活动所祭祀的神灵就包括定光佛。在清初"湖广填四川"的移民浪潮里,定光信仰还移植于天府之国。新中国成立前,每年农历三月三,洛带、成都、崇州、邛崃一带,都还保留着抢童子的习俗,这实际上是福建客家抢佛子习俗的翻版。清代中期,定光信仰甚至跨海"落户"宝岛台湾。"乾隆二十六年(1761),永定士民鸠金公建彰化定光庙,道光十年贡生吕彰定等捐修。"④淡水也建有定光寺。淡水的定光寺又称为觐山寺,为汀州移民罗可赋、罗可章兄弟首倡,汀州八县移民共同捐资修建。道光三年(1823),汀州移民分香迎定光佛到淡水觐山寺。定光信仰再次发展为全国性的民间信仰。

再一方面是向世俗化方向发展。定光信仰深入百姓生活,成为客家社会百姓生活的一部分。"长汀县向有抢佛子之俗。每年正月初七日,定光寺僧以长竹二竿悬数十小牌于杪,书伏虎佛号,无子者群拥而来。自辰至

---

① 刘将孙:《养吾斋集》卷28《定光圆应普慈通圣大师事状》,影印文渊阁《四库全书》集部一三八,别集类。
② (清)杨澜:《临汀汇考》卷2。
③ 〔法〕劳格文:《客家传统社会》(上编),中华书局,2005。
④ 周玺:《彰化县志》,(台湾)成文出版社,1983。

酉，咸以长钩钩之，一坠地则纷然夺取，得者用鼓乐迎供之，以为举子之兆。"① 此俗于清初传入四川，演变为抢童子的习俗。长汀每年正月十三、九月十四日还有迎送定光、伏虎的会期。正月十三由汀城抬往平原山，九月十四由平原山接回汀城，颇为隆重。武平岩前镇每年的七月节，都要举办盛大的民俗风情仪式——打醮。各乡村轮流派出童男玉女，把定光古佛神像抬进村子，当地百姓供三牲，点香燃烛，虔诚礼拜，祈求定光古佛带来"平安"。连城县连南一带在入夏后还有抬定光佛和伏虎禅师巡游田野，以祈求丰收的风俗。"首夏青苗发水田，定光伏虎绕横阡，醮坛米果如山积，奏鼓咚咚祝有年"②，整个巡游现场气氛隆重庄严。另外，极为有趣的是让人敬而不畏的定光佛形象还成为民间风水先生认定的墓穴的吉利形象。"（芷溪）云岫公，铲公五子，讳峷，赐进士出身，官都御史、潮阳太守，享寿九十二，原葬福建，睡狮起头形定光古佛，易葬梅县百祖冈天虹灌水形。"③

四 定光佛信仰的现代意义

定光信仰产生于隋朝，定光古佛警世、救灾免难等事迹，从佛教资料来看，从唐高宗直到北宋，民间一直盛行，只是作为救度的主体的"定光佛"发生了由神性佛到人间佛的转变，而古佛应世数量不可计的思想，使同一时期，或同一地区可以同时容纳不同的"定光佛应身"，这就是唐末五代宋初时出现那么多定光佛的原因。

定光信仰从一开始就受到历代朝廷的重视，当时朝廷为了开发统治闽西客家地区，不断推崇定光信仰为其统治服务。"定光古佛"的名号为当时的宋朝皇帝册封。历代朝廷对定光古佛加封不断升级，宋朝及以后，由于朝廷及文人的极力推动，定光信仰已经传播至整个客家地区及其周边的地区，成为客家地区最大的民间信仰。尤其是传说中的定光古佛神通广大、佛法无边、救苦救难，更被客家人当做能带来好运的吉祥神、庇护老

① 《闽杂记》卷7。
② 杨登璐：《芷溪竹枝十就首》之五，民国《连城县志》卷17《礼俗》。
③ 连城县《芷溪杨氏光轩公房族谱》。

百姓的保护神。

　　定光法师是在武平岩前狮岩修炼成佛的，也是历史上唯一被钦赐封为"定光佛转世"的高僧，大文学家苏东坡、黄庭坚、著名诗僧惠洪、历代地方政要等都曾撰写诗文，从定光古佛羽化的宋淳化年间至现在已经有1100年的历史了，和妈祖信仰同一个时代。定光信仰是客家最重要的民间信仰，也是客家独有的民间信仰，是客家宗教文化的一种象征。定光信仰广泛流传于广大客家地区并俨然发展为全国性的民间信仰。

　　明清时期随着客家人的移民，定光佛信仰传入台湾省，遍布台湾客家地区，在台湾供奉定光古佛的庙宇中，台北县淡水镇的鄞山寺和彰化定光佛庙最为重要和有名，两处庙宇均被相关部门定为"国家古迹"加以保护。台湾及海外定光古佛信徒均把武平岩前的均庆寺作为定光古佛的祖庙。改革开放后，海外信徒纷纷前往武平岩前镇进行朝圣活动，2000年，台南大竹镇专门派人到均庆寺举行分香仪式，从岩前均庆寺移植香火到台湾，以示其供奉的定光佛得到承认。武平岩前的均庆寺和莆田湄洲岛一样，是海外信徒心中重要的佛教圣地。

　　定光古佛是客家文化的一个品牌。借助佛缘，扩大对台文化交流，不但可以增进海内外对闽西客家祖地的认同，还可以提升闽西历史文化的知名度、美誉度，为闽西特别是为武平对外开放开拓更加广阔的交流通道，对落实对台工作方针，促进祖国统一大业，激发闽西人民投身海峡西岸经济区建设，加强与闽南金三角及粤东、赣南等客家地区的经济、文化交流和人员往来都有深远的历史意义和积极的现实意义。

五　结语

　　佛教在中国的发展过程中，出现了一些特定的信仰，这些信仰深入到民众的社会生活中，发挥了广泛而深远的影响。定光佛信仰即是其中之一，它虽没有弥勒信仰和观音信仰那样的发展规模，但在隋代至宋代这一特定的时期，却有着深厚的信仰基础，这一信仰从5世纪开始，在中国持续了一千多年，成为民俗佛教的重要形式。

　　民间佛教在中国得以发展，其实其有将现实中的人作为"佛"来对待的趋势。到了唐末五代以后，作为义学层面的佛教渐趋衰落，而以民俗化的形式更为活跃地和民众的社会生活结合起来。其中表现的一方面就是五代宋时各种各样的人间"佛、菩萨"的兴起，甚至连以前具有一定民间信仰基础的僧侣也被重新定位，获得了以往没有的崇高声誉，在这一时期也获得了前所未有的崇拜，由普通僧人上升至"圣、佛"的地位。这不能不说是此时佛教的一个值得研究的现象，说明了民众对佛教发展的影响。这一现象日益世俗化、民俗化，不仅在于高僧等的推动，更多地在于民众的选择和推动。唐以后的这些"定光佛"案例非常清楚地向我们展示了佛教世俗化、民俗化的演变过程。可以说，民众的力量是推动"人间佛"成立并发展的最主要原因。

当然，定光佛信仰在民间的盛行，是禅宗流行起来以后的事，这与当时已成气候的禅宗有一定的关系。唐后期的著名禅师丹霞天然，原是一个儒生，熟读儒家典籍。他到长安应任，在途中遇一僧，问之："秀才去何处？"答："求选官去。"僧云："何不选佛去！"天然心动，于是到洪州马祖道一门下剃度。禅宗认为，入佛门比做官等现世利益具更大的优越性，就是因为修行之人可以来世成佛，历史上的几位"定光佛"也都有出于当时著名禅师门下的背景，也说明两者之间有密切的关系。但是，禅宗虽然提倡"佛法在世间"的思想，人人皆可成佛，不过是来世成佛，而非现在成佛。惠能虽于生前被称为"生佛"，但这对禅宗来说仍是比较个别的情况，和我们所探讨的"人间佛——定光佛信仰"观还是有差异。禅宗高僧对当时社会流行的定光佛信仰持较为淡漠的态度。如前文举过的永明延寿案例中，延寿虽知道前来应供僧人是定光佛的应身，但仍接受致礼，这道出隋唐以后定光佛信仰的一个原因，这些有着"定光佛"神圣名号的僧人，主要是以其神异事迹和神通变化而为人崇奉，这从他们的生平事迹中也可以很清楚地看出。隋唐以后，众多僧人被视为佛菩萨的化身，揭示了当时成佛的今义与途径都不同于前期。定光佛信仰流行时期，世间出现了一大批"定光佛"化身，使我们更清楚地了解民间的僧侣是怎样由一个人上升到佛的地位，及这一"成佛"过程显示出来的民众崇奉的力量。隋唐以后的佛教发展趋势，正由于"佛在人间"思想的发展，在教义上衰落之后，佛教与中国民间的关系反而越来越密切，与中国民俗的结合更全面、更深入，展示出中国佛教发展的新面貌。

客家人对于定光古佛的崇拜，其实也有着特别的自信和极深远的教育意义，既然先祖们都像定光古佛那样开天辟地，再大的困难都能克服，后人岂能无所作为？于是，客家人凝铸成了百折不挠、一往无前的开拓精神，一代又一代的客家人义无反顾地开发闽西，挺进粤东，进而移民琼、桂、川、台乃至海外各地；于是，定光古佛也如同妈祖、王伯信仰等客家民系的其他民间信仰一样随着客家人迁徙的足迹传到粤东，传到琼、桂、川，尤其是传到台湾乃至东南亚各地；于是，由独特的客家精神和诸如定光佛信仰等独具特色的客家民间信仰所代表的独特客家文化在海内外客家人聚居地得到传播和弘扬；于是，世人知道"客家"，惊叹"客家"，辉煌灿烂、博大精深的客家文化终于让世人瞩目，而武平县均庆寺是定光古佛的祖寺，更是海外信徒心中重要的宗教圣地。定光古佛信仰是海内外客家宗教文化的一种符号，有利于促进祖国统一，增进海峡两岸同胞的沟通。

定光佛身世历史探索

陈炎正*

【摘　要】　定光佛信仰为闽西民间信仰的重要组成部分，不但历史悠久，亦有其深远影响。唯考诸文献史料记载，对其身世历史，我们发现因参考史料各有不同说法，定光佛的身世历史，尤其是其生卒年代部分，形成了历史谜团，而早期官修志书，如出一辙，如何还原其历史定位，探求建构其历史真相，正值得注意，并期盼早日厘清。

　　至若定光的生卒部分，本不是一个问题，但有些研究不够严谨，或采用文献有差异，而产生不同说法，造成不少分歧，其所质疑问题，正有待更深入去探讨。

　　定光古佛，是闽台客家人的保护神，其影响颇为广泛。据丁福保《佛学大辞典》记载：所谓定光为佛名，梵名提洹羯佛，音译为定光佛或然（燃）灯佛。释迦佛尝称为儒童，此佛出世之时，买五茎之莲奉佛，因而得未来佛之别记。从上述可知，定光佛即然（燃）灯佛，因点化而成佛果，并转世普度众生。

【关键词】　定光古佛　燃灯佛　点化　佛果　转世

一　定光佛信仰的形成

　　定光佛的原型是北宋高僧，在历史上是信而可证，俗姓郑，名自严，泉州同安人，年十七出家为僧，后来在豫章、庐陵、南康、梅州、武平、汀州等地修行学道。于宋初乾德二年（964）驻锡武平县南安岩（岩前狮

---

* 陈炎正，朝阳科技大学推广教育中心教师。

岩）开辟道场，显示降蟒伏虎之神通，而获得民众敬信，殁后神化，被称为定光佛或肉身菩萨等，后来更成为闽西客家人的信仰中心。明清一代，随着汀州客移民到台湾而扩大传播，乃衍为闽台定光佛信仰特有现象。①

二　定光大师生平史料考据

定光佛（郑自严）生平考证，首先必诠释其生卒问题，依据早期有关官修史志、地方志书、僧佛丛书、碑刻及民间传说等相关记载，各有不同说法，尤以官修志书为着，疑信各异，兹特列举如下述几种说法，以资参考。

一般而言，以南宋文人周必大（1126~1204）《新创定光庵记》和《临汀志》为较早相关文献史料，而这些记载文章，与定光圆寂，相隔不过百年，时间差距较近，其可信度较高。据其记载，宋乾德二年，自严驻锡武平南安岩，至祥符八年（1015）终于旧岩。

又据武平《何氏族谱》记载，何仙姑生于后晋天福二年（937），以北宋乾德二年减去后晋天福二年，当时何仙姑28岁，由此可推知定光佛之出生年代，然是否有可质疑之处？

在官修志书方面，有关定光佛史料，今特揭引数种简介于后，以为参考研究之用。

（一）汀州府志（卷36·方外）

宋代定光大师，姓郑，名自严，泉州同安人，年十一出家，十七游豫章，除蛟患。乾德二年，来汀州之武平南岩，郡城南，潭有龙为民害，师投偈，沙涌成洲，郡守赵遂良以闻，赐"南安均庆院"额。

真宗朝，因御斋赴谒，上问何来，答曰今早自汀州来，问守为谁，曰屯田胡咸秩，斋罢，上命持馔食往赐，至郡尚温，咸秩惊，表谢。

淳化八年②坐化，邑人塑其肉身以祀，绍定庚寅，磜寇起，围州城，

---

① 参见各有关学者的研究心得，并揭引南宋开庆元年（1259），由汀州知州胡太初等修纂的《临汀志》，及宋朱弁《曲洧旧闻》等史料。
② 据查证，宋淳化仅有五年，所谓八年应是至道三年（997），此处记载淳化八年，疑为淳化二年辛卯（991）。

师灵显助国，贼众奔溃，州人列状奏请，赐额曰"定光院"。

清顺治三年（1646），大图章京率大兵至百步铺，见二僧云"城即开，幸勿伤民"，言讫不见，明日复见二僧从卧龙岭洒水，章京召郡民询之，且述二僧形状，民曰"郡有定光、伏虎二古佛者近是"，章京乃诣寺，揭帐视之，即前二僧也，命合郡鼎新其宇。

（二）福建通志（卷60）

系清乾隆皇帝钦定四库全书，其内容：宋定光大师姓郑，名自严，泉州同安人。年十一出家，十七游豫章，除蛟患。乾德二年，来汀之武平南岩，郡城南，潭有龙为民害，师投偈，沙涌成洲，郡守赵遂良以闻，赐"南安均庆院"额。

真宗朝，因御斋赴谒，上问何来，答曰今早自汀州来，问守为谁，曰屯田胡咸秩，斋罢，上命持馔食往赐，至郡尚温，咸秩惊，表谢。

淳化八年坐化，邑人塑其肉身以祀，绍定庚寅，磻寇起，围州城，师灵显助国，贼众奔溃，州人列状奏请，赐额曰"定光院"。

清顺治三年，大图章京率大兵至百步铺，见二僧云"城即开，幸勿伤民"，言讫不见。明日复见二僧从卧龙岭洒水，章京召郡民询之，且述二僧形状，民曰"郡有定光、伏虎二古佛者近是"，章京乃诣寺，揭帐视之，即前二僧也，命合郡鼎新其寺。①

（三）汀州府志（卷36·方外）

何仙姑，父大郎，世居武平南岩，生有道气，吕纯阳赠以一桃云"食尽则仙"，仙姑遂辟谷南岩。乾德二年，定光佛抵岩，仙姑语大郎，舍宅与岩为创道场，乡人争构庵以祀佛，并构楼以祀仙姑。②

（四）福建通志（卷263·宋·方外）

汀州定光大师，自严本姓郑，泉州同安人，沙门家所称定光佛是也。

---

① 笔者按：该志书所载内容，与《汀州府志》大同小异，仅将"合郡鼎新其宇"，改"宇"字为"寺"。

② 据《闽书》所载，何仙姑为广州增城人。一说为唐武后时住云母溪，后得辟谷方升仙而去。

年十一出家得佛法，驻锡于长汀狮子岩。十七游豫章，除蛟患，咒徙梅州黄杨峡溪流于数里外。乾德二年，隐于武平县南岩，（按《闽书》方域门长汀县狮子岩云，乾德二年来南安岩，上杭县东安岩条云，宋定光佛常栖此岩，时何仙姑居武平县南岩，辟谷，师谓宜建禅堂，仙姑遂舍岩宅施田与之。武平南安岩云，定光大佛卓锡于此，中有二岩，南岩窈窕虚明，石室天成，东岩差隘，据此，南安岩即南岩，定光盖由上杭东安岩徙武平南岩也），摄衣趺坐，大蟒猛虎皆蟠伏，乡人神之，为构庵以居，有虎伤牛，自严削木书偈，厥明，虎毙。

岩院例输布于官，自严内手批布中，郡守欧阳程追之问状，自严不语，程怒命火焚其衲帽，火尽而帽如故，疑为左道，厌以狗血蒜辛，再命焚之，衲缕愈洁，乃谢之归，泛舟往南，康江有槎桩害船手，抚之去焉。

盘古山井无水，薄暮举杖三敲，翌旦水涌。按《八闽通志》引《鄞江集》云，初波利尊者自西土来，住盘古山，古有谚曰"后五百岁有白衣菩萨自南方来居此山"，是定光佛也，至是乃验。

终三年后还南岩，郡守赵遂良结庵，郡斋延之居，庵前旧有枯池，自严投偈，水溢是为金乳泉。城南龙潭为民害，遂良复请治之，一偈龙殄，沙壅成洲，遂良以闻，赐"南安均庆院"额。

真宗朝，因赴御斋，谒真宗，问所从来，答曰早自汀州，问汀守为谁，曰屯田胡咸秩，斋罢，真宗令持食赐咸秩，至郡尚燠，咸秩惊竦表谢。

淳化八年坐逝，年八十有二，赐号"定应"。绍定中，磻寇围州城，显灵御贼，州人列状奏请，赐额曰"定光院"。

（五）武平县志（卷9·人物·方外表）

何仙姑，父大郎，世居南安岩，生而不茹荤，誓不适人，父母货饼自给，吕纯阳见其有仙质，日过索饼啖，辄与之，吕感赠以一桃云"食尽则成仙"，仙姑遂辟谷南岩。乾德二年，定光佛抵岩，欲开道场，一日仙姑出观洪水，遂摄衣入岩趺坐，大蟒猛虎皆盘伏，仙姑语大郎，遂舍宅与岩为佛道场，乡人争构庵以祀佛，并构楼以祀仙姑，最显灵。①

---

① 民间传说，至今尚流传其斗法故事。

（六）长汀县志（卷24·人物·仙释）

宋代定光大师姓郑，名自严，泉州同安人，年十一出家，即了悟真源，十七游豫章，除蛟患，为徙黄杨峡。乾德二年，入汀住武平南岩，摄衣趺坐，蟒虎蟠伏，乡人称神，争为构庵，有虎伤牛，削木书偈，虎毙于路。

南岩输布于郡，师付以手札时，郡守欧阳程怪闻之，师不语，守怒命焚其衲，火烬而衲在，守疑为左道也，以腥血厌之，再焚，而衲愈洁，乃谢归。师渡南，康江桠尝覆舟，师挥而移之。

盘古山井埭无水，师以锡杖击之三，诘旦泉涌如沸。师游西江三年归南岩。汀州守赵遂良敬请入郡结庵州后，时加顶礼，庵前池久涸，师投偈其中，池水遂溢，即今金乳泉是也。城南有龙潭，数为民害，师投偈而沙壅成洲，遂良以闻，上赐"南安均庆院"额。

真宗朝，因御斋赴阙，上问适从何来，答曰今早自汀州来，问守为谁，曰屯田胡咸秩，斋罢，上故令持食赐守，反至郡，食尚温，咸秩惊竦表谢，诸朝士皆寄诗为赠。〔近代名人丘逢甲（光绪十五年进士，镇平人），引用史料错误，由宋真宗而成宋仁宗，由宋仁宗而成元仁宗。〕

淳化八年，师寿八十有二，正月六日申时集众坐化，遗骸塑为真像，历神宗、哲宗、高宗，累封"定光圆应普慈通圣禅师"。绍定庚寅，磜寇起，围汀州，师显灵助国，贼众奔溃，州人列状奏请，赐额曰"定光院"，后改"普通日圣通"。

黄山谷有赞：定光古佛，不显其光，古锥透穿，大千为囊。卧象出家，西峰参道，亦俗亦真，一体三宝。彼逆我顺，彼顺我逆，过即追求，虚空鸟迹。驱使草木，教诲蛇虎。愁霖出日，枯旱下雨。无男得男，无女得女，法法如是，谁夺谁与？令若威怒，免我伽梨，既而释之，遂终白衣。寿帽素履，须发皤皤。寿八十二，与世同波。穷崖草木，枯腊风雨。七闽香火，家以为祖。萨埵御天，宋有万姓。乃锡象服，名曰定应。①

---

① 以上述六种官修志书，其内容大致相同，所载自严坐化于淳化八年，似有误导。

三 僧佛丛书有关文献

（一）佛祖历代通载（第二十六）

辛卯（淳化二年辛卯），南安岩尊者示寂，师讳自严，姓郑氏，泉州同安人也。年十一弃家，依建兴卧像寺僧，契缘为童子，十七为大僧，游方至庐陵，谒西峰耆宿云豁，豁乃清凉智明禅师高弟云门嫡孙也。

太宗尝诏至阙，馆于北御园舍中，习定久之，恳之还山，公依止五年，密契心法，辞去。渡怀仁江，有蛟每为行人害，公为说偈诫之，而蛟辄去。过黄杨峡，渴欲饮，会溪涸，公以杖擿之而水得，父老来聚观，合爪以为神，公遁去。武平黄石岩多蛇虎，公止住，而蛇虎可使令，四远闻之大惊，争敬事之，民以雨旸男女祷者，随其欲，应念而获，家画其像，饮食必祭。

邻寺僧死，公不知法当告官，便自焚之，吏追捕，坐庭中，问状不答，索纸作偈曰"云外野僧死，云外野僧烧，二法无差互，菩提路不遥"，而字画险劲如擘窠大篆，吏大怒，以为狂且慢已，去僧伽黎，曝日中，既得释，因以布帽其首，而衣以白服。公恨所说法，听者疑信半，因不语者六年。

岩寺当输布，市民岁代输之，公不忍，折简置布束中祈免，吏张晔、欧阳程者，相顾怒甚，追至，问状不答，以为妖，火所着帽明鲜，又索纸作偈曰"一切慈忍力，皆吾心所生，王官苦拘束，佛法不流行"，自是时亦语。

去游南康盘古山，先是西竺波利尊者经始谶曰"却后当有白衣菩萨来兴此山"。公住三年而成丛林，异迹甚著，如本传所属，状以闻，诏佳之。宰相王钦若、大参赵安仁已下皆献诗，公未尝视，置承尘上而已。

淳化辛卯正月初六日，集众曰"吾此日生，今正是时"，遂右胁卧而化，阅世八十有二，坐六十有五夏，谥曰"定光圆应禅师"。

（二）禅林僧宝传（卷8）

南安岩尊者（定光佛），禅师讳自严，姓郑氏，泉州同安人，父为同安县令。年十一弃家，依禅师卧像寺沙门僧，契缘为童子，十七为大僧，游方至庐陵，谒西峰耆宿云豁，豁者清凉智明禅师高弟，云门嫡孙也。（余文与佛祖历代通载第二十六相同，恕不逐录。）

（三）指月录（卷23）

南安岩自严尊者（定光佛），依云豁五年，密契心法，自后颇着异迹，除怀仁江蛟害，驯武平黄石岩蛇虎，至可使令，驱南安江眠槎，民有祷者辄得如愿。

有僧自惠州来曰"河源有巨舟着沙，万牛挽不可动，愿得以载砖，建塔于南海，为众生福田"，师曰"此阴府之物，然付汝偈辄之"，偈曰"天零坝水生，阴府船王移，莫立沙中久，纳福荫菩提"。僧即舟倡偈，而舟为动，万众欢呼。至五羊，有巨商从借以载，僧许之，方解缚，俄风作，失舟所在。

有沙弥无多闻性，而事师谨愿，师怜之，作偈使诵，久当聪明，偈曰"大智发于心，于心何处寻，成就一切义，无古亦无今"，于是世闲章句，吾伊上口。师示人多以偈，率题"赠以之中"四字于其后，莫有识其旨者。

初西竺尊者，至南康盘古山曰"后当有白衣菩萨来兴此山"。至是师以邻僧亡，遵教荼毗，而未闻官，连吏，遂白衣，适游此山，乐而栖息，三年竟成丛林，符波利所记云。

淳化乙卯[①]正月初六日，集众曰"吾此日生，今正是时"，遂右胁卧而化。林闲录，集众曰下，有"汝等当知，妙性廓然，本无生灭，示有去来，更疑何事"二十字。

四　有关定光大师的圆寂

据武平岩前南安岩现存《定光大师来岩事迹碑》记载：宋淳化间，自严坐化于杭州法相寺，杭人全其肉身，岩人塑其像以祀，有关如此之说，似有讹传，与长耳和尚，混为一谈。按宋代周必大与《临汀志》所指出时

[①] 所谓淳化乙卯正月初六日坐化，应为辛卯之误。

间较为相近。究其原委，可能与佛门有人宣称定光佛转世有关，宋朱弁《曲洧旧闻》相传五代宋初浙江西湖法相寺之长耳和尚为定光佛转世，而导致后来有所疑窦。

至于官方史志，如《福建通志》卷60系清乾隆皇帝钦定《四库全书》，与《汀州府志》、《武平县志》、《长汀县志》等均载为淳化八年正月六日申时集众坐化，年八十有二，邑人塑其肉身以祀。其实淳化为北宋年号，宋太宗在位二十三年，却更换五次年号，淳化仅有五年，所谓淳化八年，应改为至道三年。其间《禅林僧宝传》所称定光佛逝世于淳化乙卯正月初六日，经查证淳化并无乙卯年，如此推算其生平似有讹传。

据《佛祖历代通载》第二十六，记载定光佛于淳化二年辛卯（991）正月初六日集众曰"吾此日生，今正是时"，遂右胁卧而化，阅世八十有二，坐六十有五夏，亦可知定光大师生卒均为相同，颇为罕见。如今台湾定光佛庙，金以正月初六日为佛诞祭典，归纳上述说法似较为可信，如此定论，而就教方家，不无老调重弹，不知其以为然否？

五　结语

综观上述史料，略见端倪，对于定光大师身世历史探讨，前人已有不少研究成果，唯其参考文献各异，导致有不同说法。总之，以早期史料而言，有胡太初《临汀志》和周必大《新创定光庵记》可信度较高，另有沈辽《云巢编·南岩导师赞》、惠洪《禅林僧宝传》、《林间录》、《石门文字禅》等，都很值得参考。至于嘉靖《汀州府志》、康熙《武平县志》、乾隆《福建通志》以及民国《长汀县志》和《武平县志》等官修志书，大致依样画葫芦，考据存有不少疑问。据闻武平县万安乡魏公庙，亦奉祀有定光古佛，每年庙会期为正月初六日至二十六日，民间宗教信仰其特殊性可见一斑。

据周必大《定光庵记》和胡太初《临汀志》所载：定光大师，应卒于祥符八年（1015）正月六日，较为可信。至于师承部分，郑自严禅师自十一岁出家，十七岁起师承不少，初祖菩提达摩、二祖慧可、三祖僧粲、四祖道信、五祖宏忍、六祖慧能。有关分别师承双泉师宽禅师及祥符云豁禅师，同时师承二人，自六祖下至第十世，西峰豁嗣清凉智明，在师宽禅师门下修法，又向云豁师修习心法五年。

定光大师终其一生，为国为民除害，事迹不胜枚举，其灵迹不少，一千多年来，地方官民为之建寺庙，崇功报德，敬奉有加。

近年来，海峡两岸交流急速发展，在经济贸易、宗教文化活动方面成果颇丰。如今定光佛信仰，不仅以闽台客家人为中心，更应有高瞻远瞩的思维，加强提升学术架构与文化价值观，朝着迈向全球化而努力，当更富有其时代意义。

本文撰写期间，适逢福建师范大学谢重光教授来台讲学，承蒙其提示宝贵意见，谨此致谢忱。

参考文献

1. 《福建通志》卷60，清乾隆皇帝钦定四库全书，台中图书馆藏本。
2. 陈寿祺等修《福建通志》中国省志汇编之九，台北华文书局印行。
3. 曾日瑛等修《汀州府志》同治六年刊本，中国方志丛书。
4. 刘国光等修《长汀县志》，台北，成文出版社，1967。
5. 《武平县志》，台北，武平同乡会印行，1980。
6. 念常集《佛祖历代通载》，台北，新文丰公司，1975。
7. 沙门惠洪：《禅林僧宝传》，台北，新文丰公司，1983。
8. 林国平：《定光古佛探索》，《圆光佛学报》，1999年第3期。
9. 谢重光：《定光佛信仰宗教性质辨析》，《佛学研究》2006年第15期。
10. 汪毅夫：《客家民间信仰》，台北，水牛图书，2006。
11. 闽西客家联谊会编《定光古佛与客家民间信仰》，2008。

两岸定光古佛民间信仰与台湾客家移民初探

曾喜城　罗秋珍[*]

【摘　要】　本文主要探讨台湾客家移民将闽西的地方守护神"定光古佛"移灵至淡水"鄞山寺"的过程。台湾客家移民仅占台湾移民人数的15%，在漳泉移民入台的众多人中，客家仅占少数。闽西移民早于道光三年（1823），在台北淡水富足之地，建立了"汀州会馆"，为客家移民提供诸多协助。淡水"鄞山寺"为台湾二级古迹，文化资产保存十分完备。在海峡两岸客家文化交流中，过去较少重视"定光古佛"的民俗信仰研究，未来"定光古佛"与台湾客家移民将是重要的课题。本篇短文为相关议题的抛砖引玉之作，深盼在未来客家学（Hakkaology）的研究中，出现更多相关的课题及更深化的研究。

【关键词】　定光佛　信仰　客家　移民

一　前言

台湾北部淡水鄞山寺奉祀定光古佛，台湾中部彰化也有定光古佛寺。这两座定光古佛禅寺，早已被政府部门指定公告为古迹。尤其淡水的鄞山寺，起造于道光三年（1823），从建庙的背景看，它是闽西汀州移民入垦淡水的地方守护神，饶富历史古迹的价值。

台湾民俗学者林衡道在《鲲岛探源》中提及：台湾闽粤移民，经常由

---

[*]　曾喜城，台湾美和科技大学客家研究中心主任；罗秋珍，台湾屏东科技大学客家研究所硕士生。

大陆原乡带来故乡的守护神,譬如福建泉州人的"保生大帝"、漳州人的"开漳圣王"、闽西粤东客家人的"三山国王",以及"定光古佛"。从民俗学的角度看,移民社会的移民,先是解决食的问题,迄衣食解决以后,聚落就会盖庙,请来原乡祖籍地的神明奉祀。所以从聚落庙宇的沿革,可以研究移民的历史。台湾从明朝郑成功来台(1662),闽粤移民就陆续入垦台湾,迄清代康熙、雍正、乾隆年间,大量客家移民入垦台湾。客家移民带来了故乡的守护神,在台湾只有台南县与澎湖县没有"三山国王庙",林衡道据以论证:在台湾除了台南县与澎湖县,其他各县市都有客家人入垦开发的踪影。①

在台北县三芝乡,以及桃园中坜都有闽西汀州人入垦台湾的历史论述。迄今桃园中坜及台北三芝,都还保存着闽西永定腔的客家语言。② 台湾目前有淡水鄞山寺与彰化定光禅寺供奉,闽西福建武平岩前的定光古佛,都是政府部门指定的古迹,可以见证客家移民的历史。台湾迄今有多少定光古佛庙宇,未见相关的论述,虽然台湾的定光古佛庙宇不多,可是定光古佛也有可能配祀于其他寺庙。正如同奉祀唐朝韩愈的庙宇,一般仅论及屏东内埔的昌黎祠,可是在台南的三山国王庙,以及宜兰的文昌帝君庙都陪祀了韩文公。

本文主要以闽西定光古佛的神明信仰加以论述,并论述淡水鄞山寺与客家移民的关系,以及鄞山寺古迹与闽西定光古佛寺庙建筑的异同,并以海峡两岸定光古佛的文化交流,提出一些浅见作结,以期开展未来海峡两岸定光古佛客家民俗信仰文化更多的研究。

二　闽西定光古佛的民间信仰

自古以来,中国民间信仰神明的由来,一是大自然崇拜,如天地、日月星辰或山河;二是器物崇拜,如石头公;三是灵魂崇拜,祭古代先圣先贤或传说人物。定光古佛即为古代高僧,属于灵魂崇拜。

《武平县志》转录"定光大师来岩事迹碑"叙述大师生平事迹甚详。

---

① 参见林衡道《鲲岛探源》第4册,台北,青年战士报社,1974。
② 参见曾喜城《台湾客家研究》,台北"中央图书馆"台湾分馆,1999。

大师俗名郑自严，福建泉州同安人。大师耳长数寸，后梁开平年间，吴越王据两浙，师携瓢适至，永明禅师告知曰，此长耳和尚，定光古佛应身也。《武平县志》据此封号已见五代之初，大师应为唐末五代初年人也。

张祖基的《客家旧礼俗》记载定光古佛曾经替唐太宗的母亲超度说佛法，居然可以让唐太宗见到皇太后，听到母亲的声音。唐太宗为感念大师的功德，送他一口几百公斤的钟，只见大师以杖擎钟，经江西赣州直赴武平岩前，并决定在岩前建庙修行。不料唐代八仙之一的何仙姑趁机霸占了岩前，大师以机智骗仙姑离开岩前，并赴岩顶坐金椅。何仙姑气不过，只好在岩顶撒尿报复。如今岩前定光古佛庙上方岩顶有何仙姑小庙，小庙有涓涓细流，飞洒定光古佛祖庙。当地居民以此地形，津津乐道定光古佛与何仙姑的传说故事，平添神话故事的诸多趣事。①

"定光大师来岩事迹碑"载："大师年十一出家，十七游豫章，除蛟患，旋振锡汀州。"宋太祖乾德，大师来武平岩前，"望见怪石奇形，心知洞天福地，见喜一峰狮子吼，万象尽皈依，遂于岩下亲建道院，取绿湖水以绘彩殿宇而开山焉"。"岩之前有潭，广施南岭，深无涯，蛟数之，自师来投偈，沙涌成洲，其毒始殚，郡守遂良以闻，上赐南安均庆院。"

综合《武平县志》与《客家旧礼俗》的说法，可确知大师为唐末五代的高僧，在武平岩前建道院修成正果，并收服蛟龙，助民无数。甚至唐末五代的社会动荡，他也使闽西不致危殆，而成为闽西客家人的守护神。

三 淡水鄞山寺与客家移民的关系

闽粤移民入垦台湾由南部渐及北部，台湾开发史所谓："一府二鹿三艋舺。"台湾汉人的开发由台南府城开始，及至台湾中部鹿港，最后才是台湾北部的艋舺。1683年清朝统治了台湾。清治台湾初期，清廷为防反清势力，在水师提督施琅的建议下，曾经禁止汉人携家带眷入垦台湾，甚至于康熙二十三年（1684）颁布《渡台禁令》。②《渡台禁令》严格限制客家

---

① 参见张祖基《客家旧礼俗》，台北众文图书公司，1994，第14~21页。
② 参见林正慧《六堆客家与清代屏东平原》，台北，远流出版事业股份有限公司，2008，第440页。

人入垦台湾。清雍正年间广东蕉岭知县魏燕超因大陆闽西粤东山多田少，粮食严重不足，曾上书鼓励客家人入垦台湾。①

这或可说明台湾南部屏东平原的客家移民多数由原籍蕉岭人氏入垦而来。台湾历经移民社会的动荡，由康熙、雍正，至乾隆年间台湾社会已渐趋安定，闽西粤东移民大量渡海来台，由台北八里登陆，沿着大汉溪入垦台北新庄。后因淡水河岸台北新庄已先由漳泉移民入垦，客家移民入垦桃园、新竹、苗栗。在此同时，也有一部分客家移民由淡水登陆，入垦淡水附近的三芝乡，迄今三芝客家聚落还保存了闽西永定腔的客家话。②

台北淡水早于清嘉庆年间已成为台湾北部重要的港埠，客家移民善于农耕，势力尤较善于经商的闽人薄弱。在淡水漳泉闽人移民社会，客家人往来淡水港埠，赴城里交易互通有无，极需同乡人扶植，自然在街坊成立"汀州同乡会"，进而于道光三年营建主祀汀州守护神"定光古佛"的鄞山寺。淡水鄞山寺在当时具有客家移民互相扶持的功能，也成为客家移民心灵信仰的中心。

四 淡水鄞山寺文化资产的价值

淡水鄞山寺始建于 1823 年，主祀闽西客家移民的地方守护神"定光古佛"。因为它深具客家移民入垦台湾的历史价值，加上建筑典雅而有原创性，早被指定为台湾的二级古迹。

文化资产的价值在于历史、文化以及艺术等三个面向。以淡水鄞山寺文化资产的价值论，历史上，鄞山寺见证了闽西客家移民入台的情形，并以会馆作为扶持乡亲的场所，发挥了"亲亲而仁民，仁民而爱物"的儒家仁爱思想。文化上，鄞山寺是客家匠师营建的庙宇建筑，二堂二护龙，具有"后屏为山，前水为镜"的布局。在主祀的定光古佛像中，正好反映了客家民俗信仰文化。艺术上，鄞山寺的立面，歇山重檐，翘燕尾脊，吊桶悬宇……皆见石作之美。壁画彩绘，剪黏雕刻，都见匠师力求完美的艺术之美。

---

① 参见陈昌斋《广东通志》，台北华文，1967，第 965 页。
② 参见曾喜城《台湾客家文化研究》，台北"中央图书馆"台湾分馆，1999。

台湾建筑界将淡水的定光佛寺鄞山寺指定为台湾罕见的古建筑，主要是因为建筑立体保存了1823年迄今的面貌。台北县政府于1983年2月，由李干朗建筑师主持修护，在大木作及石作中，收集了许多1823年迄今留存的史料，十分难得。由收集的史料，更明确认定鄞山寺从清道光三年初建之后，未受到太大的改动，这在文化资产维护史的论述中，饶富意义。

近十几年以来，随着海峡两岸的文化交流，台湾建筑文化界也有机会组团前往大陆"定光古佛"祖庙进行田野调查，甚至走访闽西的书洋、湖坑、古竹，以及粤东的梅州，并且获得了如下初步的结论报告。

1. 经比对淡水鄞山寺的大木结构，如斗拱、吊桶等，其施作风格，确实与闽西建筑风格相同。可见淡水鄞山寺，确实由闽西聘请唐山师傅来台施作。

2. 鄞山寺的石作建筑，从石材色泽上看与淡水安山岩近似，或者是取材自观音山石。研究人员也发现闽西的古建筑群，也有类似的石材。究竟鄞山寺的石作材料，有多少从大陆闽西运送来台，又有多少石材为本地取用，甚至道光年间，有否石材运送自大陆原乡，需再做进一步的科学分析研究。

3. 闽西武平岩前的"定光古佛"祖庙，造型宏伟，福地洞天，庙貌却十分朴拙，反映了定光古佛刻苦清修的精神。淡水鄞山寺二堂二进，古朴的庙貌展现了客家人朴实的精神，在淡水福佬人的街坊中，更突显出汀州会馆蕴含的客家精神。①

五　结语

客家移民自郑成功1662年入台，开始进入了台湾。清领台湾初期，受施琅的渡台限制，加上客家人不若漳泉人善出海及有更多资金来台，以致今日客家人在台湾仅占15%的少数。然而客家人一向重视祖籍堂号，甚至在家谱及祖堂的栋对中，都念念不忘祖德流芳。

客家人入台，从移垦到定居，在福佬人强势的环境中，犹能在淡水街市营建奉定光古佛的鄞山寺会馆，支持客家移民，展现出同乡互相扶持的

---

① 参见李干朗主持《淡水鄞山寺修护工程报告书》，台北县政府，1993，第18页。

精神。台湾淡水鄞山寺是二级古迹，台湾中部彰化的定光古佛寺则是三级古迹，在台湾文化资产界素负盛名，在海峡两岸客家文化学术界的交流中，实在值得大力推动。本文仅作初步的讨论，希望未来有更深入的研究。

论两岸定光古佛信仰与客家文化交流

刘焕云*

【摘　要】　定光古佛信仰源远流长，特别是闽西地区。定光古佛是五代末宋初的闽南人，但其修行期间都在闽西弘法，在世时已被闽西、赣南、粤东等地不少客家人视同神明，并为之建造殿宇。当他圆寂后，成为客家汀州地区的重要乡土神明。而来台的汀州客家人，也在台湾崇祀立庙，奉其为守护神。台湾主祀定光古佛的庙宇有两座，分别是二级古迹台北县淡水镇鄞山寺，与三级古迹彰化县定光佛庙。两岸客家人本是同文同种，本文旨在论述两岸定光佛信仰与客家文化之促进交流，并诠释两岸应该透过客家文化多层次、全面性之交流，让客家文化发挥深厚文化底蕴，促进两岸之和谐关系，期能加速建构两岸一统、振兴中华之终极理想。

【关键词】　定光佛　客家　两岸文化交流

一　客家文化与定光古佛信仰

21世纪，全球化浪潮对全球之政治、经济与文化，持续带来深刻的影响与冲击，正加速把全球凝聚成为单一的社会文化体。面对这种趋势，落后国家或发展中国家必须思考，如何在全球化之际，避免传统文化被强国所同化，而丧失自己的文化特色，并应加强对传统文化之传承与发扬，探索自身文化发展的策略。正如伽达默尔（H. G. Gadamer）和麦金泰尔（A. MacIntyre）所说的，所有的人都是被其文化传统所支持，使每个人拥有一个有意义的视域，透过传统的支持与了解，人才能够走出封限而对外

---

* 刘焕云，台湾联合大学客家研究学院全球客家研究中心副研究员，博士。

开放，活化每一个传统。① 而保存与发扬中华传统文化的问题，更是当前海峡两岸追求现代化建设与两岸文化交流时，所必须共同思考的问题。现今中国人已经觉醒，愈追求全球化与现代化，就愈益发现传统中国文化蕴藏的无尽宝藏，正是中国人吸收西方新文化的一个重要凭借。就客家文化而言，客家文化源自于中国大陆，是组成中华文化之重要成分，客家文化的深层内涵，使客家人可以引领现代化的发展趋势。

海峡两岸及全球有近8000万到1亿之客家人口，灿烂辉煌的客家文化是客家人汲取不尽的历史源泉，客家是优秀的民系，有灿烂的文化，客家人有巨大的凝聚力。在21世纪之初，积极推动两岸客家文化之相互交流，特别是深化两岸客家文化之交流，可以促进两岸社会间之相互了解，求同存异，相互学习，让客家文化发挥促进两岸和谐统一的力量。尤其，客家文化中的文化意识与宗教意识，讲求爱乡、爱国、爱和谐，在21世纪全球化时代，深化两岸客家文化交流，将能对两岸和谐发展与统一作出贡献。客家信仰中，定光古佛是五代末、宋初的高僧，俗名郑自严，闽南泉州府同安人，11岁时出家，17岁得道，82岁圆寂。定光佛生前，曾在闽西武平县除蛟患，筑定光陂，造福于民，所以当地百姓于北宋年间建定光寺奉祀他。北宋真宗时，其庙被封为"均庆院"，南宋绍定三年又赐名"定光院"。定光古佛虽是闽南人，但其一生大部分时间都在汀州弘法，在世时，已被闽西、赣南、粤东等地的客家人奉为神明，并为之建立祠祀。② 而迁台移垦的汀州客家人，也奉其为守护神。③ 台湾主祀定光古佛的庙宇有两座，分别是二级古迹台北县淡水镇鄞山寺，与三级古迹彰化县彰化市定光佛庙。

彰化县定光佛庙，建于乾隆二十六年（1761），坐落于彰化县彰化市光复路140号，是一座主奉汀州客家移民守护神定光古佛的庙宇，原名定

---

① Hams-Georh Gadamer, *Truth and Method*, trans. by G. Barden and J. Camming, London, Sheed Ward Ltd, 1975, pp. 245 – 253. A. MacIntyre, *After Virtue: A Study in Moral Theory*, University of Norte Dame Press, Indiana, Second Edition 1984, p. 222.
② 参见江彦震《定光古佛在台湾》，福建省武平县客家联谊会、福建省武平县委员会文史与学习宣传委员会编《定光古佛史传文论选集》，2011，第79页。
③ 有关定光佛被誉为"客家保护神"之原因，参见林善珂《试论定光古佛被客家人尊为保护神的原因》，福建省武平县客家联谊会、福建省武平县委员会文史与学习宣传委员会编《定光古佛史传文论选集》，2011，第26~31页。

光庵。道光二十八年（1848）彰化大地震后，由信徒张连喜等人重修，改名为"定光佛庙"。而鄞山寺乃位于新北市淡水区邓公路15号，也是一座主祀定光古佛的庙宇，公元1823年，由汀州名人张鸣冈发起建庙活动，在汀州移民集资之下建造，公元1824年落成，奉祀汀州客家人的保护神定光古佛，并由汀州武平县岩前城迎来定光古佛罕见的软身神像奉祀。其庙址因"定光"与"邓公"之闽南语音近，而讹为"邓公"，故其路名为"邓公"路。

二 "客家保护神"定光古佛信仰与两岸宗教民俗交流

信仰系统是文化最为深沉的结构，可以区分为宗教信仰和人文信仰。在宗教交流方面，过去几十年之间，两岸的各大宗教都已有了实质性的接触。像基督教方面，1995年1月，大陆"福建省基督教协会牧师访问团"一行9人，包括福建省神学院院长郑玉桂、福建省基督教协会副主席严子祺等，应台湾之传道会牧师黄均翰的邀请，来台访问两周，这是大陆教会团体首度组团来台。佛教方面，较受到瞩目的则是1990年3月27日，佛光山星云法师率领国际佛教会，赴大陆做一个月的访问活动。这是海峡两岸佛教界40年来首次正式交流活动，甚受大陆宗教、文化界的重视，在接待及安排行程上，甚为礼遇，并推崇该团对促近两岸文化交流所作的贡献。民间信仰方面的交流活动，则最为自发与热烈，其中尤以妈祖信仰为大宗，因为妈祖信仰在台湾非常普遍，香火鼎盛，而且此一信仰根源于大陆。自从两岸开放交流之后，台湾妈祖信徒不绝于途地到湄洲妈祖祖庙参拜。厦门的旅行社，更推出闽南宗教文化旅游专线，旅游点包括莆田湄洲妈祖庙、厦门海沧青礁慈济宫、平和三坪寺、安溪清水岩、漳州"开漳圣王"陈元光墓，及"延平郡王"郑成功南安故里等。此外，揭西的客家三山国王祖庙、山西的关圣帝君祖庙，两岸之信徒都互有往来。

就两岸定光佛信仰而言，被客家人誉为"客家保护神"的定光古佛，其信众起初大多以闽西客家地区为主，随着客家人的繁衍迁徙，定光古佛信仰也在台湾落地生根。近年来，台湾的定光佛寺庙纷纷跨海回到大陆的祖庙，接续香火，接续两岸之佛缘。早在20世纪90年代末，武平均庆寺门前地下，即出土一块刻有"台湾府信善乐助建造佛楼重装佛菩萨碑"字样的石碑,刻碑时间为"大清雍正十一年岁次癸丑孟春",碑正反两面共刻有700余名台湾信男善女捐献银两的姓名和数量,足证两岸人民与定光古佛的久远渊源。而原乡福建武平县均庆寺定光古佛金身,亦于2010年12月16日,在46人组成巡游团的护送下,首度巡游台湾,在彰化、苗栗、台北等地进行为期8天的巡游活动,接受台湾信众朝拜。定光古佛金身赴台巡游期间,中国国民党荣誉主席吴伯雄等台湾知名人士分别会见了巡游团,就两岸文化、宗教交流等进行深入探讨。此外,一部再现定光古佛庇护两岸百姓传奇故事的电影,亦已经开拍,将着力把定光古佛民间信仰打造成两岸客家文化、经贸、宗教、民俗交流的重要载体,展现两岸民众同血缘、同佛缘及再续情缘的关系,用以促进两岸之和谐发展。

事实上,由于日本帝国的侵略,1895年之后,台湾在文化上开始跟祖国隔绝,加上西方思潮的涌入,台湾文化几乎由各种西方当代文化潮流所占据。到了20世纪70年代,台湾才又逐渐返回对传统文化根源的重视。在大陆方面,虽然传统的文化在"文革"时遭到迫害,但是其生机仍存。1979年大陆实行改革开放政策之后,传统文化或地方艺术,生机勃发,蕴藏丰富。由于两岸同文同种,宗教与文化方面的交流,既可共同寻找传统信仰与文化之根,亦可在全球化的脉络中加以复兴。

文化,是一个历史性的生活团体表现其创造力的历程和结果。[①] 客家文化是客家人与客家族群在不同的历史时空中,表现其创造力的潜能与实现、传承与创新之历程与结果。台湾的客家文化,既源自于大陆原乡,又发展创新而富有台湾独特性。如果只有延续而无创新,客家文化必致衰微,如果只有创新而无延续,此一文化亦不能辨视出在时间中的同一延续性,两岸客家文化有必要进一步交流与发展。

三 深化两岸定光古佛信仰与客家文化交流

全球在地化与在地全球化已经不可逆转,海峡两岸都要兼顾"全球

---

① 沈清松:《解除世界魔咒——科技对文化的冲击与展望》,台北,时报出版公司,1984,第13~46页。

化"与"在地化",在全球化中彰显与传扬两岸客家文化特色。现今两岸关系在稳定中发展,台湾的政党如国民党与亲民党主席于2005年先后访问大陆,积极推动海峡两岸各种交流活动。两岸民间、企业、学术界或地方政府推动的两岸交流,已陆续展开。吾人认为,继续推动两岸定光古佛信仰交流与深化两岸客家文化交流,是非常必要的。因为不仅两岸的定光古佛信仰一脉相传,甚且整个客家文化之传承,都是根出同源。然而,因客家人或分居两岸,或迁移到全球,早已在地化发展出不同特色的客家文化。两岸客家文化的互相交流,可以丰富21世纪客家文化的内涵,双方求同存异,共同致力于创新客家文化,创造不同的客家文化发展典范,相互学习,相互尊重。

过去,台湾在"解严"之前,错误的政策导致客家人的隐形,客家意识亦黯然不彰,遑论两岸之间客家文化之交流。自公元2000年以后,台湾官方成立了"客委会",专责推动台湾客家文艺之复兴。客委会陆续推动岛内各种客家文化交流活动,只要继续深化地区性的客家文化交流,将可进一步提升为一套系统、连贯、具有累积效益、持续发展的客家文化交流策略,以达成客家集体意识的复兴,及客家文化在台湾绵延传承之目标。

2006年10月,台湾世界客属总会在台湾召开"世界客属第二十一届恳亲大会"活动,邀请大陆客籍人士700多人与会,另有来自海外各地的客家人数百人来台参加大会。此后的第二十一届至第二十三届恳亲大会,都在大陆召开,有来自台湾与海外各地的客家人参加大会。在两岸客家文化交流方面,2008年11月,在福建龙岩召开了"客家文化与两岸关系和平发展研讨会",台湾有100多人参加盛会,会中还参观邻近地区之客家城市,了解福建各地客家文化之现状,特别是参观了上杭客家族谱馆、永定客家土楼等多处客家胜地。永定客家土楼群建筑,在2008年7月已经被联合国核定为世界物质文化遗产,别具深刻意义。台湾客家文经协会理事长饶颖奇先生,还代表该会签订双方交流备忘录,邀请大陆相关客家社团于2009年到台湾参观,并邀请上杭客家族谱馆将所收藏之客家各姓氏族谱送到台湾参展。

两岸客家各有特色,可以借交流活动来增进认识与了解,彼此求同存异,丰富客家文化之在地性与全球性。2010年5月6日,福建永定之客家大型歌舞团"土楼神韵",在福建省副省长叶双瑜的带领下,在台北县展开免费表演，吸引许多客家乡亲到场观赏。土楼神韵歌舞表演，展现客家人在动乱时南迁定居永定的艰苦历程，剧目分"筚路蓝缕"、"硕斧开天"、"客家灵秀"及"四海流芳"部分，充分展现客家人土楼风情及传承。让许多台湾客家人初次见到那么大型、庄严、气韵芳华的客家风情歌舞，震撼了许多台湾客家人来自于原乡远古的心灵呼唤。表演前，叶双瑜先率福建部分县市领导拜会台北县县长周锡玮及国民党荣誉主席吴伯雄。叶双瑜表示，一到台湾就感受到热情及浓浓乡情、友情，盼望台湾同胞能多到原乡看看，以增进两岸文化交流。① 福建省龙岩市市长黄晓炎先生，也访问了台北县的客家园区。台北县客家事务局与龙岩市，也共同在三峡客家文化园区，举办"福建省客家土楼摄影展"，展出数十幅被列为世界文化遗产的客家土楼摄影作品。龙岩市市长黄晓炎到场主持揭幕典礼，并表示未来两岸将多合办客家文物相关展览活动，深化两岸客家文化交流。如此，不仅有助于两岸客家文化之传承，亦可活跃各地之客家文化。

四　深化两岸客家文化交流促进国家统一

2008年之后，两岸政治关系面临新的局面，逐渐在稳定中发展两岸之和谐关系。2008年北京奥运会，是首届在中国成功举办之奥运会，中国的实力与奥运成绩让世人刮目相看。2009年，大陆热烈庆祝新中国成立60周年，海外侨胞无不欢欣鼓舞，不少台湾同胞也到北京参加盛会。中国崛起的事实，大大地振奋了中国人的心灵。就中国统一问题而言，20世纪两岸分裂，引发两岸对峙之局面，至今已成为历史，目前两岸逐渐回归到中华民族之振兴与中华文化之发展上，共同探讨与追求两岸和平发展与统一之问题。

中华文化中所讲的仁爱、信义、互助、和平等人伦常道，不论在任何时代，都是人性所要实践的，绝不因时空之变易而更易。中国若要统一，应是真实的统一，不是形式的统一。真实的统一，就是民族文化生命之统一，而不应只是政权上之统一。正如哲学大师牟宗三所说："国家统一的问题不能仅仅是属于政治层面的，一定要具有更高层次具有涵盖性的文化

---

① 见2010年5月7日《联合报》A9版。

意识。"① 因此，今日从两岸客家宗教与文化交流中，思考两岸和谐关系之建构，甚至思考两岸未来之和平统一，毋宁还是基于中华文化。正如明朝大儒王船山所言："有家而不忍家之毁，有国而不忍国之亡，有天下而不忍失其黎民，有黎民而恐乱亡，有子孙而恐莫保之。"② 不忍家国天下分裂、民族衰危，不忍文化道统断灭，而思有以"保存之、继述之、光大之"的仁心悲愿，这就是文化意识。揆诸历史，客家人特别重视此文化意识，著名的"梅州大侠"廖安祥，在抗日战争期间就发挥了客家文化意识，为保卫祖国而贡献心力。③ 今日推动客家文化交流，在谋求两岸和谐关系，乃至国家统一的问题上，海峡两岸的中国人，都应秉持这种崇高文化意识，追求理想的中国统一终局。

从中华民族 21 世纪的发展愿景来看，追求中国领土统一与国家富强，不仅是许多客家爱国先贤的愿望，也是怀抱文化意识的客家人之愿望。海峡两岸的所有中国人都应醒悟：1840 年以来，积弱不振、列强侵凌的中国，已成为过去；中国人应该以史为鉴，记起教训，唯有统一、富强、民主、和平、繁荣的中国，才是中国人之福，才是全世界之福。海峡两岸的所有中国人，都应以恢弘的气度，秉持文化意识，谋求两岸之和谐关系，求同存异，达成以和平方式统一中国、振兴中华民族的大业。客家文化爱好和平，客家人爱乡爱国，客家人继承中华文化之优秀传统，所以客家人更应该发挥客家文化意识与爱国主义精神，深化两岸客家文化交流，促进两岸社会之和谐发展，进而协商中国统一问题。④

五 结论

客家人是客家文化的主体，也是客家文化的传承者。两岸客家人必须

---

① 牟宗三：《中国文化的省察》，台北，联经出版事业公司，1983，第 117 页。
② 蔡仁厚：《新儒家的精神方向》，台北，学生书局，1983，第 101~104 页。
③ 参见刘焕云《客家先贤廖安祥之文化意识与爱国思想研究》，《纪念廖安祥先生诞辰 100 周年暨国际学术研讨会论文》，中国广东省梅州市嘉应学院客家研究学院，2007 年 5 月 26~27 日。
④ 刘焕云：《全球化时代客家文化与两岸和谐发展之研究》，《客家文化与两岸关系和平发展研讨会》，福建龙岩学院客家学研究中心研讨会学术组，2008，第 30~39 页。

相互提醒，有责任共同传承客家文化。定光古佛信仰源远流长，信奉定光古佛可以促进社会和谐与人心安宁。两岸客家人本是同文同种，深化两岸定光古佛信仰与客家文化交流，塑造两岸和谐气氛，可以为两岸关系的改善提供有利的条件及环境。海峡两岸应该和平相处、谋求互动，特别是在"九二共识"与"一个中国"的原则之下，两岸和谐地长期发展下去，两岸人民相互尊重，交换意见，化解隔阂，一定可以为未来的和平统一打下扎实的基础，最终为两岸和谐发展与终极统一作出贡献。

定光佛信仰在台湾社会变迁下的现况：
以彰化为例

林秀芳*

【摘　要】　明清时期，先人到台湾开垦，由于定光古佛在汀州影响很大，因此清代的闽西客家人把定光古佛信仰传播来台，辗转到彰化建庙供奉，使原乡的建筑、宗教、信仰精神在这块土地生根，具乡土、历史、艺术价值，也是客家先民在当地努力的最佳证明，定光佛信仰、人文艺术、文化古迹等，值得后代保存与传承。

当人们遭遇人生重大挫折或不安时，宗教信仰就是一种安定力量，给人心灵的慰藉，本文将浅探定光佛之形成和居民生活需求之关联性，居民如何从定光佛信仰中得到心灵寄托及安定，如何借祭祀活动和定光佛进行人神交流。

【关键词】　定光佛　台湾信仰　变迁

一　前言

由于唐末、宋元时期的福建造神运动，一些从北方传入的民间信仰，与福建的人文、地理相适应，产生变异而逐渐呈现本土化，至今在福建有较大影响的神灵都是在唐末至两宋时期产生而发展起来的，其中定光古佛就是这个时期产生的地方神。①

福建移民入台，带来家乡的民间信仰，为的是能够时时祈求神明的帮

---

* 林秀芳，台湾屏东教育大学文化创意产业研究系客家文化组。
① 林国平、彭文宇：《福建民间信仰》，福建人民出版社，1993，第11页。

助,清据初期,清廷严禁闽、粤沿海地区的人民出海移民,有意移民者必须采取偷渡的方式,加上航海技术的落后,造成海峡两岸交往的困难①,于是渡台与返乡都难,在这特殊的环境下,台湾移民的民间信仰逐渐强化了社会的成分,带去的神灵都是家乡崇奉的神。

本文采用笔者田野调查时的观察与彰化居民,定光佛庙的香客、信徒、庙方管理员等所言,佐以相关文献、论文与网络资料的搜集分析。

二 宗教信仰之传播

(一) 信仰之背景与过程

福建和台湾隔海相望,海峡宽度仅约 200 公里,为两岸人民的联系提供了方便。对台湾人而言,福建移民最早来开发,因此台湾社会的民间信仰大多来自福建,伴随着福建移民开发而逐渐传开。② 开发之初期,由于移民流动性大且性别比例不平均,所以不易形成宗族组织,而是以原地祖籍为基础,建立地缘组织群体,这是早期台湾社会结构的特色③,其特色为结合成一个开垦的经济团体,并与其他群体相对抗,通常是共同供奉一个大陆携带来台的地方神,作为团体凝结整合的标志,建立庙宇来奉祀。汀州人的定光古佛,就是这类地缘群体的乡土神。到了开发的晚期,约 19 世纪末,地缘组织的变化,最重要的现象是信仰圈的扩大,神明超出原有祖籍群体的范围之上,成为同一区域内不同祖籍共同膜拜的神明,而形成以现居地为范围的信仰圈。④

人与神明在现实生活中透过信仰的沟通历程,产生了宗教经验,使人们对宗教象征更加认同,所谓宗教经验,就是宗教信仰者对于神圣物(神、神圣力量、神性物)的某种内心感受和精神体验。⑤

---

① 简炯仁:《台湾开发与族群》,前卫出版社,1995,第 50 页。
② 林国平、彭文宇:《福建民间信仰》,福建人民出版社,1993,第 349 页。
③ 李亦园:《宗教与神话论集》,台北,立绪出版社,1998,第 216 页。
④ 吕理政:《传统信仰与现代社会》,稻乡出版社,1992,第 18 页。
⑤ 吕大吉:《宗教学通论》,台北,思楷出版社,2003,第 301 页。

（二）民间信仰之意涵

民间信仰是平民百姓的信仰形态，是一种和人民日常生活非常密切的宗教信仰，宗教为什么存在？宗教可以免除人们对于死亡或未知的恐惧，人类因需求而产生宗教，宗教因信仰而存在，于是有人类就有宗教和信仰。明代以后，民间信仰不但在福建本土进入兴盛阶段，还随着移民向福建境外辐射，主要的辐射区有两个：一是东渡台湾海峡，传播到台湾省；二是跨越南洋，传到东南亚各国。①

人类是社会动物，必须集群而居，宗教信仰巩固社会规范、整合群体，借共同信仰以巩固凝聚力、社会组织力，使社群生活和谐，随着科技发达、社会制度完善，宗教信仰作为人类完美目标的象征，对人生、宇宙、存在与道德等终极意义困惑进行解答。②

民间信仰是一般世俗人的精神文化，是长期适应与融合在地生活的产物，是反映出人民主动性、创造性和功利性的宗教活动，可以承认各种宗教，以相互容纳的方式并存着，对信众而言，只要能符合趋吉避凶的期待，就会延续香火祭拜。

（三）民间信仰的特色

由族群性社会基层人口共同信奉的"民间信仰"，可说是一种传统宗教与礼俗，世界各地均有此现象，其特征是：族群性与文化性浓厚的守旧性强。③ 神明在民间信仰中，透过广大散播，深植于信众的心中，大多数宗教崇祀的主神，都有相当完整的事迹，并且在时间的累积下，逐渐增加庄严性、神圣性，达至无可替代的地位，如道教的开山祖师老子、佛教的释迦牟尼佛、基督教的耶稣基督。④

佛教俗神崇拜是指以具有某些法力或灵异的僧尼为崇拜对象的民间信仰，福建民间信仰中的定光古佛属于这一类型。⑤

---

① 林国平、彭文宇：《福建民间信仰》，福建人民出版社，1993，第15页。
② 李亦园：《宗教与神话论集》，台北，立绪出版社，1998，第115、116页。
③ 董芳苑：《探讨台湾民间信仰》，常民文化出版社，1996，第54页。
④ 刘还月：《台湾民间信仰》，台湾"行政院新闻局"，2000，第43页。
⑤ 林国平、彭文宇：《福建民间信仰》，福建人民出版社，1993，第263页。

民间常见的盛大宗教祭典，主要有地域性公庙主神圣诞的年度祭典、中元普度及不定期的建醮等。地域性公庙的年度祭典为同一地域人群共同祭祀的定期性祭典，除宗教意义外，特别呈现地域人群的团结及整合的社会功能。①

三 彰化居民和定光佛之人神交流

定光古佛是闽西八县人民尊崇的神佛，是中国南方祭祀圈才有的信仰，现存较早而且比较详细记载定光佛生平信仰的是《临汀志》②，定光古佛，俗姓郑，名自严，同安县人（古代属泉州府管辖），他去世后，百姓搜集其遗骨及舍利，塑为真像，顶礼膜拜。③ 定光佛又称"燃灯佛"，《大智度论》说他出生时，身边如点满灯光，周身光亮，故名燃灯。④

由于定光古佛在汀州影响很大，因此清代的闽西客家人就把定光古佛信仰传播来台，建庙供奉，并把它作为汀州人祖籍认同的一个象征。⑤

民间信仰有不少族群的差异性存在，尤其是台湾，除了原住民外，主要是由福建、广东等地传入，虽然都是汉人，却有不少族群的文化差异，不同的族群有不同的专祀神明，台湾有一些来自于祖籍地的神明能够广泛地进入到整个社会脉动与历史轨迹中，累积了不少传统的信仰资本与发展潜力⑥，如台湾淡水、彰化的定光佛。

永定人渡往台湾至少在清朝初年就已经开始，康熙六十年（1721）朱一贵起义后，当时任闽浙总督的觉罗满保说："查台湾凤山县属之南路淡水，历有漳、泉、汀、潮四府之人，垦田居住"，其中属于汀州府的有永定、武平、上杭三县移民。

---

① 吕理政：《传统信仰与现代社会》，稻乡出版社，1993，第19页。
② 林国平、彭文宇：《福建民间信仰》，福建人民出版社，1993，第282页。
③ 林国平、彭文宇：《福建民间信仰》，福建人民出版社，1993，第283页。
④ 定光佛庙管理员李小姐口述。
⑤ 杨彦杰：《移民与台湾客家社会的变迁：以淡水鄞山寺为例》。
⑥ 郑志明：《民间信仰与仪式》，文津出版有限公司，2010，第137页。

四　定光佛和在地居民的缘起

明末郑成功部将汀州人武平侯刘国轩曾驻屯彰化（又名半县，过去是平埔族的一个村落，台湾归清版图后，清廷之所以将半县改名为彰化，是取"彰显王化"的意义）①及淡水，汀州人随之移垦者聚，又为"汀州会馆"或"同乡会馆"，为信仰中心之所在，发挥过很大的互助与团结作用，汀人来台，率先居于此以待就业后即迁出，至日据以后，闽台百姓不能自由往来，会馆功能渐失。②

定光佛庙在明清时期传入台湾的淡水、彰化，为大陆原乡分灵来台，于乾隆、道光年间，信徒自行建庙奉祀，独立发展，彰化定光佛庙是台湾庙史上的第一座定光佛庙，又名定光庵，《彰化县志》曾记载："定光庵：'在县治内西北，乾隆二十六年永定县士民鸠金公建，道光十年贡生吕彰定等捐修'祀定光古佛。"定光庵为今之"定光佛庙"。准此，定光佛是福建省汀州府客家人所奉祀的地方神祇，彰化和淡水奉祀定光佛庙宇应该与台南、鹿港等地的卉庙是当年的汀州会馆，是收容汀州客来台的旅馆。寺庙的正殿匾额"济汀渡海"，为汀州移民精神团结之所在，至今已有250年历史，代表了汀州移民来拓垦的历史意义③，主要为福建汀州籍移民所崇信，为一"人群庙"，大陆的祖庙与分灵庙没有直接的隶属关系，祖庙指定光佛最初的发源地，为最初的祖神之庙，祖庙与分灵庙之间像是香火的传承关系，双方以定光佛慈悲的宗教情怀为核心，近几年来建立起互动性的联结，基于有共通的信仰认同。

（一）定光佛和在地居民的心灵互动

彰化定光佛庙位于长乐里光复路140号，主祀定光古佛，佛身为软身佛像，手脚可灵活伸展，佛身身穿袈裟，表情威严肃穆，并祀天上圣母、境主公、福德正神等，庙貌壮丽，拥有大笔地产，当初建筑规模为

---

① 林衡道、杨鸿博：《鲲岛探源——台湾各乡区的历史与民俗》，稻田出版有限公司，1996，第405页。
② 蔡相辉：《台湾的祠祀与宗教》，台原出版社，1989，第144页。
③ 彰化县文化局：《第三级古迹彰化定光佛庙调查研究》，1996。

两进两廊带左右厢房的格局，其建筑本体保存道光年（1830年由贡生吕彰定等人捐修）的木构架原貌，历经嘉庆、道光、咸丰年间诸次修建，日据时期因"市区改正"计划辟建道路，该庙之三川殿、左右过廊及杉门遭拆除，仅留正殿、右侧堂及天井，成为今日的格局，右侧另设报功祠，祭祀捐建该庙历来有功信士，设有"汀州八邑倡议题捐绅士缘首董事禄位"之长生牌位。目前寺庙内保存丰硕的古匾，台湾行政机构于1985年核定其为第三级古迹，夹杂于店铺林立的街坊间，香火仍然鼎盛，是闹区中的一处幽境。

定光佛庙"古匾"一览表

内　容	立匾时间	备　注
西来花雨	乾隆二十七年（1762）	指定光佛渡海来台
瀛屿光天	乾隆三十六年（1771）	含有光耀台瀛之天的意义，也就是表示定光古佛的灵光，已随着分灵庙宇而普耀海疆。
济汀渡海	乾隆三十八年（1773）	指东渡台湾，分灵海外
光被四表	乾隆四十一年（1776）	充溢四外之意
昙光普照	嘉庆十八年（1813）	意同"佛光普照"
智通无碍	道光五年（1825）	立匾人巫宜福，福建永定人

（二）融入在地信仰的现况

彰化定光佛庙是一间私人庙，庙方事务不归官方管理，列为古迹后，除了庙宇的硬体建设由政府监督维护外，其他部分由管理委员会决定，目前委员约100人（黄姓委员居多），采取世袭制，由当初成立时的委员下一代接任，外人是无法加入委员会的。每年最热闹的时间，就是定光古佛正月初六的诞辰（于初五晚十一点开始祝寿活动）与举办法会时候，近年来，台湾流行妈祖或神明绕境（巡境），该庙未曾办过类似活动，每年年底，由委员会推选的委员掷筊，掷出隔年年初的连续三天，为信众可参与法会与点光明灯的时间①，该法会的光明灯有别于燃放蜡烛的光明灯，采用灯泡式来绽放光明。与坊间庙宇相似，信众每年缴500元（至多可登记

---

① 该法会的光明灯光佛庙管理员李小姐口述。

5名亲人姓名），祈求安太岁君、诸事平安的成分居多，数量达千个。

因定光佛又为燃灯佛，元神灯是一个很大很大的油灯，造型很美，多了分古意，这个元神灯大约是道光十年的，而香座前的数百个油灯（莲花灯）是点酥油的，庙里的工作人员每天傍晚吹熄油灯（因晚间庙内无人看管，有火灾之虞），进行换灯芯的动作，隔天一早再放入新的灯芯点燃，信众每月缴500元香油钱，祈求平安或愿望达成，因灯座数量有限，这种燃灯祈求采取预约方式，不限特定时间，只要有人不继续缴点灯费，即可将燃灯座让给排队预约者①，此外，庙里还提供掷筊求神、问事看签诗之附加功能。

五 结论

民间信仰活动是思祖念亲的理想方式，近年来台湾人民纷纷回大陆家乡寻根问祖，民间信仰交流逐年增多，随着社会变迁及庙宇在地化②的演变，在祖籍认同的基础上又加上了居住地认同的含义，对于族群认同，目前的管理委员会（庙宇管理者）是否认同自己是客家人，在现有的资料中找不到答案。信徒以当地居民占多数，其他的则多采自彰化县各乡镇，外县市的信徒很少，知道定光古佛原为大陆原乡而来的客家信仰者，更是少见。在此，似乎已不复见客家族群，而管理委员会的新生代成员，隐身于福佬族群，即使还知道祖先是客家人的，却也不会说客家话了。

定光佛在台传播没有固定的章法，与其他宗教或民间教派有明显区隔，属于一种依附在地化的民间信仰，没有佛教大师的讲经与弘教，也没有一贯道祖师与前人的开荒布教，完全仰赖与信徒的因缘而发展。

人们都祈求神明赐予福气，进而远离灾难，以求生活安康。人们对神明的依赖性随着生活的现实需求而增强，民间信仰更深植在人们心中。民间神明的官职虽有转变，但都脱离不了守护神的角色，也不断满足民众的社会需求，与人民的生活息息相关，在人民生活中占有极重要的地位。

① 定光佛庙香客彰女士口述。
② 在地化，指融入与认同本地文化。

定光古佛信仰

——以彰化定光佛庙为中心考察

陈重光 李澄清*

【摘　要】　定光古佛信仰，源远流长，亦为闽西客家人有名之乡土守护神，从文献史料考察而言，定光佛信仰的产生，迄今已有一千余年，同时由清代早期移民自原乡分灵来台供奉，至于其建庙者以目前所知，有彰化定光佛庙及台北淡水鄞山寺为最早之古刹，早期并兼有"汀州会馆"同乡组织之功能。

彰化定光佛庙，创建于乾隆二十六年（1761），至今已有250年历史，由于日治时期市区街改正，拆除部分建筑物，而形成该庙局促于四周店铺之中，来往此地，竟不知有座定光古佛庙，殊为可惜。

文化资产乃为历史文化之载体，民间信仰亦为宗教、民俗重要之一环，为弘扬固有民族文化，正有待大家多所关注。

【关键词】　定光古佛信仰　彰化庙　同乡会馆

一　定光古佛之信仰形成

据《福建通志》记载，"定光佛"俗姓郑，名自严，泉州同安人，沙门家所称定光佛是也。年十一出家，得佛法，驻锡于长汀狮子岩（今武平岩前狮岩）。十七游豫章，除蛟患，咒徙梅州黄杨峡溪流于数里外。乾德二年（964）隐于武平县南岩，摄衣趺坐，大蟒猛虎皆蟠伏，乡人神之，为构庵以居。有虎伤牛，自严削木书偈，厥明，虎毙。岩院例，输布于

---

* 陈重光，台湾中国医药大学；李澄清，大甲观光协会总干事。

官，自严内手批布中。郡守欧阳程追之，问状。自严不语。程怒，命火焚其衲帽，火尽而帽如故。疑为左道，厌以狗血蒜辛，再命焚之，衲缕愈洁，乃谢之。归，泛舟往南康，江有槎桩害船，手抚之去焉。盘古山井无水，薄暮，举杖三敲，诘旦，水涌。终三年，复返南岩。郡守赵遂良结庵郡斋，延之居，庵前旧有枯池，自严投偈，水溢，是为金乳泉。城南龙潭为民害，遂良复请治之，一偈龙殄，沙壅成洲。遂良以闻，赐南安均庆院额。真宗朝因赴御斋，谒真宗。问所从来。答曰早自汀州。问汀守为谁？曰屯田胡咸秩。斋罢，真宗令持食赐咸秩。至郡尚燠，咸秩惊竦，表谢。淳化二年（991）坐逝，年八十有二，赐号定应。绍定中，磜寇围州城，显灵御贼。州人列状，奏请赐额，曰"定光院"。

按《武平县志》所载："定光大师……诸朝列丞相王钦若、参政赵安仁、枢密学士刘师道，皆寄诗赠。淳化八年师寿八十有二，正月六日申时集众而逝，遗骸塑为真像。后历神宗、哲宗、高宗朝屡封，加至定光圆应普慈通圣八字。"

从上述史料而言，定光古佛来源大致可分三种，其一为远古神佛，来历不可考；其二则言与释迦牟尼佛为同一时代；其三也是流传最广，最为人们相信的来源，是定光古佛为福建同安人，并以武平南安岩为祖庙。

福建自宋代以后，各地先后奉祀当地已故之高僧，如清水祖师、显应祖师、三平祖师、普庵祖师、惭愧祖师之类，故有宗教学家认为：此皆达摩崇拜之变相，本质上是一种达摩信仰。

而现在的定光佛是身穿法衣，头戴五佛冠，有别于后来得道的其他神佛；其造型十分特殊，望之油然生敬，单从其外表来看，与传说是存其肉身塑像迥然不同。

但不管定光佛其信仰如何，由于他的显应事迹一直流传在汀州一带，至今汀州人将定光佛视为守护神。至于其他各省份及方志中，定光佛寺的建立则不多见，由此我们可推断定光佛是具有地缘性意义的乡土神，其信徒大抵以汀州府（闽西客家地区）为中心。

二　闽西（汀州）客家人移民与建庙关系

早期来台湾拓垦的先民，冒海上之波涛之险，渡海来台，披荆斩棘，筚路蓝缕，以启山林，加以台湾天然环境，又多台风、豪雨与地震等灾害，此时民智未开，对于天然气象的急剧转变，每多畏惧，故由家乡携带香火袋、分神像，往往是以祈禳，并寄托思乡愁绪。

清代台湾移垦社会，因台岛荒芜初启，天灾疫病频仍，加以官府力量薄弱，兵燹屡屡，民间互助合作之风气特盛，常有结社组织，多由同乡、同族或同业组成，以共同信仰神明或祖籍乡土神为中心而结合之，其多含有地缘关系，如汀州人供奉定光佛，泉州人供奉保仪尊王、广泽尊王，漳州人供奉开漳圣王，客家人供奉三山国王等皆是。究其原因实起于移民感谢神明庇佑之圣恩，更眷念不忘大陆家乡之情怀。

奉祀定光佛为神明除了位于淡水之鄞山寺，只有彰化定光佛庙创立于台湾，堪称台湾满天神佛里的少数民族。彰化定光佛庙与淡水鄞山寺别称为"汀州会馆"，其起始，源于汀州府同乡人所建的"互助合作"组织。所谓会馆，即是同乡人在其他异域乡城所建立，专供同乡停留的住宿场所。

台湾各地聚落重视以家族组成基础或居民彼此之间无血缘关系，则多属同乡性质或地缘关系特别发达。此时含有地缘意义、祭祀乡土神之寺庙，往往为村落相互自治中心，且被用于叙乡谊；每逢节庆丰祭便肆宴设席，得同乡会面言欢，令后代子孙能不忘本源，同时亦求地方之安定与团结。

其次寺庙往往被用为安顿同乡之所，移民的涌入并非个个都能成功立业，失败者返回原籍或另谋出路，在此出入之间，颇需安顿之所，此系当时一般之情形；以垦殖而先来者，有感自己早年所受之苦，为了安顿初抵之同乡，便建立寺庙以为会馆，并利用为同乡的联系中心，此类会馆散见于开发较早的地区。

在台湾寺庙史上，至今保存的定光佛庙仅有两座，一是彰化定光佛庙，另一则是淡水鄞山寺，足以凸显其特殊性、重要性。而定光古佛之信徒大多以闽西汀州府客家地区为主；在移民的过程中，扮演其守护神的角色，同时更利用其同乡性质及地缘性关系，于寺庙建立会馆。如今经岁月洗礼，环境的变迁，会馆功能尽失，庙貌亦不复往日壮观。

三　彰化定光佛庙历史沿革

"彰化"昔称"半线",乃因巴布萨平埔族之半线社译音而得称,自古为巴布萨平埔族、洪雅平埔族、阿束社等番社分布之地。

明末永历年间,郑成功部将汀州人武平侯刘国轩曾率师于此屯守,其应是循海路北上,先登陆鹿港建立据点后,再东进驻半线社(今彰化市),然后以此为中心,分派在各地展开屯垦;倘若明郑时期鹿港已为驻军屯垦之地,入垦者便可免遭遇平埔族人袭击抵制,则鹿港当地必为汉人移民在中部选择登陆最适切的河口港。

雍正元年(1723)初设彰化县治,而彰化之建置自此始称"彰化",意为"彰显王化"。彰化之拓垦则于康熙中叶后相继有泉州人施世榜、杨志申、吴洛、张振万等大垦户,大事招来闽、粤佃户,以彰化市为中心,向四周开辟殖垦,此则为彰化开发之滥觞。

位在彰化市光复路及和平路上的三级古迹"定光佛庙",又名"定光庵",《福建通志台湾府》内载"在城西北,乾隆二十六年由里人鸠资合建";又《彰化县志》亦称"……乾隆二十六年,永定县士民鸠金公建,道光十年贡生吕彰定捐修";但于《台湾通史》却谓其"定光庙在北门内,乾隆二十七年北路营副将张世英建,祀定光佛"。

彰化定光佛庙创建于清乾隆二十六年,初名"定光庵",是台湾最早出现之定光佛庙。定光佛庙整体建筑于道光年间修建成"两进两廊带左右厢房"之建筑格局后便少有改建,直至日据时期的市区改正计划拆除了三川殿、拜亭、左右过廊等建筑,才造成目前只保存主殿、右侧堂建筑格局的窘境,较为幸运的是定光佛庙建筑本体仍保存了道光年间木构架的原貌。但近年来由于材料的使用极限,已有部分呈现损坏及腐朽之情况,其中尤以右侧堂及卷棚损坏严重,已失去了当年风华。

定光古佛的兴衰,就如一部先民拓荒垦殖的沧桑史。而今历经岁月洗礼,加上现实环境变迁,庙貌已不复往日,会馆功能尽失。凡此种种,使定光佛庙褪尽以往繁华,藏身于彰化市街巷坊中。

迨至1971年庙宇整修,此次的整修不仅是硬体建筑物上的整修,同时在祭祀制度上亦有些许更改。在建筑本体的整修方面,为能更有效地利用剩余的空间，将原天井两侧的树木砍除、花台拆除以空出天井空间，填高天井地坪使其与主殿地坪同高，并将所有的铺面（含主殿）改为磨石子地坪；在定光佛庙加祀玉皇大帝，由信徒捐献天公炉，使得定光佛庙的地缘性宗教性质更为融入闽南人的民间信仰，并由佛教转为佛道教并存之民间信仰文化。

1980年，庙方所保存原放置于三川殿的石狮改为大理石狮，较为可惜的是旧有石狮因此遗失。1990年该庙成立管理委员会，以吕俊杰先生为第一届主任委员。

综观彰化定光佛庙，在台湾的寺庙史上是台湾地区的第一座定光佛庙，从清乾隆二十六年创建至今，已有250多年的历史，它不仅代表着汀州移民来台开垦的历史意义，在台湾的开发史上是具有一定价值的古庙；其建筑本体在道光二十八年改建后便少有变更，建筑主体构造仍保存了道光年间木构架的原貌。有鉴于定光佛庙历史意义之不容忽视及其所保存主殿建筑道光年间之建筑特色，遂获台湾行政机构于1985年11月27日公告列为第三级古迹，更可见肯定定光古佛之对于昔日彰化城的古老寺庙重要地位。

四　定光佛庙建筑风格

定光佛本属佛教，佛教之建筑习惯上称为寺或庵，但在台湾地区并未将其严加区分，才会有称"定光庙"；同时为了满足信徒不同需求，不单奉祀一主神，亦供奉有其他神佛，如妈祖、土地公等等，为一综合体之寺庙。

彰化定光佛庙，创建时初名"定光庵"，位于彰化县城西北方，据《彰化县志》载："清乾隆二十六年辛巳由汀州府永定县士民鸠金公建"；《台湾通史》又谓乾隆二十七年由北路副将贵州人张世英建，是台湾最早出现的定光佛庙。由于清代乾隆时期的汀州移民以彰化一带（包括台中及云林）居多，且至道光时期台北方面的移民增加后，才有淡水鄞山寺之创建，因此彰化"定光庵"可谓为台湾最早之定光佛庙，在地方开发历史上具有其特殊意义。

定光庵初建时其建筑规模及格局不详，但推论创建初期其建筑本体在殿身的左右护室应有提供住宿之厢房，作为清初汀州籍移民来台暂住及联系的会馆，定光庵又称为"汀州会馆"。

定光庵第二次的修建，据《彰化县志》载，是在道光十年庚寅（1830），由贡生吕彰定等捐修，本次修建内容不详；但因为道光二十八年戊申彰化大地震，彰化城内大部分庙宇多数损坏倒塌，定光佛庙也不例外，于是再由信士张连喜等人鸠资修建。此次的修建便已确定其建筑规模是为两进两廊带左右厢房的格局，并正名为"定光佛庙"，雕刻石柱云龙，庙貌颇为壮丽（今旧有石狮，遗失不见），由于信徒当年踊跃捐献，定光佛庙拥有大笔的地产，庙方便利用租赁所得维持该庙相关活动的经费。虽有多次稍事整修，唯日据时期未见大规模的修建记录。

造成目前定光佛庙建筑格局严重破坏的主因，即是日据时期的"市区改正"计划，在明治三十九年（1906）三月六日起公告建立及陆续执行，彰化地区"市街改正"计划并配合彰化铁路站兴建拓宽铁路站前道路为18米宽道路（今光复路），并于定光佛庙左侧增辟一条9米宽道路（今和平路）。因为定光佛庙部分建筑恰位于此两条计划道路上，因此便拆除定光佛庙的三川殿、拜亭、两廊及左护室，定光佛庙在此次的拆除后只余三开间的主殿、天井及右侧堂，金炉则临时设置在定光佛庙左侧临和平路的过水廊之处；由于市区改正后为使市容整齐，主要街道两旁多被要求改建成整齐的街屋，但由于庙方经济拮据无力自资兴建房舍，因此便将临光复路之庙地出租给市民由居民自资兴建二至三层的店屋，再由庙方与居民订定契约收取地租，且为供信徒出入定光佛庙，故只在临光复路的街屋中留设主要出入口通往位于街屋后面的主殿及右侧堂，并在主殿左侧留设侧门及金炉以通往和平路，造成定光佛庙建筑本体坐落于狭长的街屋中的窘境。

目前定光佛庙的主要入口位于临光复路的街屋中，昔日的三川殿已变成日据时期改建之二楼街屋，入口即为街屋之一楼处，因此呈现出狭长形的入口形式，同时由于街屋阻挡住主殿之外观，因此由光复路上完全无法看到定光佛庙外观。定光佛庙入口处面宽仅有一开间（宽3.1米），进深则有12.5米，进深与面宽之比例为1∶4，由于进深与面宽之比例悬殊，且入口上方之二楼空间仍搭建厢房，上方视觉受到相当的阻碍，造成狭隘的视觉感，因此由入口处隔着天井望向主殿，光线明暗的对比无法凸显主殿的空间感，反而产生整座寺庙较为深邃与神秘的感觉。

（一）建筑木构件与装饰

定光佛庙主殿栋架用料硕大，多为福杉，故虽经多年，仍甚坚固耐用；主殿栋架大通梁、二通梁及三通梁皆使用圆形断面，步口通梁则为矩形断面；但主殿步口寿梁及架内寿梁则皆为六角形断面，用料则较细，木作构件三通五瓜的做法，似有潮州匠师手法，观瞻不失古老寺庙特色。

目前定光佛庙所用之柱皆为木柱，除前檐柱为八角形木柱外余皆为圆柱（被拆毁之三川殿原有龙柱），柱身用料较粗并成梭状；柱珠则有八角、椭圆及圆形等，皆为观音石材做成，形式皆肥硕、朴实，脚部较宽，所有的柱珠皆不施作雕刻，带有古拙味。前檐柱为八角形木柱接八角形石柱珠，八角形木柱为30厘米见方；另外，前外寮出檐处后期所增立之小木柱，直径只有15厘米，下方亦接有小形圆柱珠。另庙方保存有昔日三川殿的部分柱珠则有浅雕的做法，相较于主殿现存的柱珠形式较为丰富多样。

主殿屋脊系以砖叠出脊饰构造体，但近年已再加抹水泥粉刷面，主脊为燕尾脊，曲度并不大，较为平缓，右侧堂则为平脊。

主殿屋脊并无剪黏装饰，仅于脊顶置一泥塑葫芦（内藏钢筋）及台座，仍维持清代早期屋脊装饰之做法；主脊脊垛内的彩绘则为后来所补绘，绘有福、禄、寿三仙及花草彩绘，大部分皆已褪色，斑驳不清，建议未来修护应予复原。主殿两侧山墙泥塑脊饰左右各不相同，但造型则极为简朴；左侧山墙鹅头坠饰为书卷及拂尘泥塑，但已上油彩，建议修护时应予复原为泥塑原色，右侧山墙鹅头坠饰则为葫芦，并没有上色，保持有其泥塑原色。

定光佛庙所用之栋架、梁柱用料皆饱满、厚实，形态稳重而结实，比例协调，保留有道光年间之风格，应是出自名匠之手。主殿及右侧堂卷棚使用栋架，右侧堂及厢房则使用承重墙做法并不施作栋架。

主殿之栋架属于宋式营造法则中"厅堂造"类型，正殿栋架为13架，架内得7架，用三通五瓜，通梁上下施板路，并皆出金瓜筒，瓜身浑圆，瓜筒上施作叠斗，大通叠五斗，二通叠四斗，三通叠三斗，较传统做法皆多出一斗（一般常见做法为大通叠四斗，二通叠三斗，三通叠二斗，依次递减），因此大通前后两架叠斗便以雕花束椭尾来垫高叠。大通金瓜筒为趖瓜筒式，二通及三通之金瓜筒则为趴筒式，瓜身轮廓浑圆，瓜脚线条明确，与淡水鄞山寺、彰化开化寺的栋架瓜筒类型相似，是为典型的道光时期风格。较为特别之处是为大通、二通及三通不置通楣而全部采用插角，此种做法亦较少见于其他庙宇栋架之施作方式；此外，架内栋架之瓜筒旁亦加作看楣并施作细雕。架内栋架束木并不多作雕刻，外形线条亦较为平直，是粤派匠师之做法，架内看楣施作单面透雕，使用琴棋书画题材。前后副点金柱则各得一架，后步口神龛得二架，使用童柱，为尖峰筒，构件并无施作细雕。木构件似有潮州匠师之手法，瓜筒均为瓜象征圆润典雅。

主殿架内栋架之斗拱叠斗皆使用桃弯斗，瓜串则皆采用草尾拱；大通梁及二通梁之叠斗一跳皆不置斗，使用草尾拱，因此，大通梁叠斗出三跳，二通梁叠斗出二跳，而主脊桁下瓜架则出二跳；架内叠斗用料厚实，其上再用简洁之关刀拱，用料平直，拱身修长，因此整组斗拱形成优美的线条；栋架叠斗斗拱只出单面（明间），指向中港间，次间皆不出拱，即所谓"单面见光"，其面向次间的拱尾截平，又称"彻头作"。

目前定光佛庙因没有三川殿庙门，只余主殿通往左右两侧之圆拱门及金炉出和平路旁之圆拱门，圆拱门皆置双扇门；所有的圆拱门框皆以清水砖砌收边，上方并置门额，内绘彩绘则为近年所绘。

主殿神龛做法较为简单，明间于后五架桁木施作"十字编织纹"横披窗承接大楣，大楣下再分为三格，中央置一开口，并已改装玻璃，左右两侧均为隔扇门。主神龛左右则摆设有两个佛童神龛，此二神龛下方皆有高47厘米外覆水泥之台座，其上神龛则为173厘米高之木制神龛，目前神龛保存状况良好。

（二）与淡水鄞山寺之比较

淡水昔称沪尾，为早期台湾北部重要港口之一，亦为大陆移民主要口岸；有清一代，舟楫往来，颇为繁盛。淡水鄞山寺，地方人又称为定光佛，于是将地名为邓公里，鄞山寺创建于道光二年，由汀州人张鸣岗等捐建，罗可斌施田为庙产，至今已有180余年历史，亦为台湾硕果仅存的前清"汀州会馆"，目前仍为台北附近汀州人所崇祀。

台湾定光庙只有彰化定光佛庙及淡水鄞山寺，两座均为汀州人来台开垦的具体考证，彰化定光佛庙创立较早，惜其大部分毁于日据时期之市区改正，而淡水鄞山寺则保存完整，在建筑上的代表性无可取代，在历史上有其特殊意义。彰化定光庙与淡水鄞山寺同为闽西（汀州客）移民之守护神庙及会馆，在建筑结构与风格上同样保存浓厚的粤式风格，而富有其历史与建筑之特色，兹作概略性介绍。

彰化定光佛庙，创建于乾隆二十六年，由汀州府永定县来台移民捐建，道光二十八年因地震重建。日据时期市区改正而拆除三川殿及左右廊、护室，1985年公告列为第三级古迹。而淡水鄞山寺创建于道光二年，由汀州人张鸣岗等捐建，其间在道光二十三年主殿点金柱改换石雕，曾经小规模整修，主殿三开间、两廊及正殿均收纳在一组山墙中，左右护室以过水廊与正殿空间相通，前有半月池，格局保存完整，1991年公告列为第二级古迹。

彰化定光佛庙主殿栋架为三通五瓜式，出金瓜筒，瓜筒出串斗，大通二通出拱第一跳均不置斗而用草尾拱，三通不置圆光而用插角（雀替），斗口栋架出串斗。而淡水鄞山寺三川殿栋架为二通三瓜式、主殿为三通五瓜式，均为金瓜筒，串瓜筒出串斗，唯两护室，早期作为会馆旅舍用，庙中木构件雕刻品均属杰作，可说精美而多样化。

五　古迹保存维护与展望

彰化定光佛庙于1996年，由官方规划整修，唯收回原有庙地（今四周店铺）谈何容易！至于庙务管理组织，与客家民性保守有关，至今组织成分不大，尤为当年永定移民苗裔世袭，咸谓象征团结，唯信仰圈扩展不易，无法与其他寺庙抗衡。有所谓：经济开发与古迹维护，是无法寻求其平衡点，也是当前面临思考的一个重要课题。

彰化地区之都市计划自1970年4月3日公告即将定光佛庙及周围地区列为商业区，而定光佛庙在1985年11月27日经台湾行政机构公布为第三级古迹，1996年正在进行的彰化市都市计划通盘检讨案建议将本区变更为古迹保存区。

定光佛庙古迹保存区之范围以定光佛庙所有之庙地范围为主，为考虑使保存区及庙地范围格局较为完整。依"文化资产保存法"之古迹保存区规定事项、"都市计划法"之土地分区使用及保护区建筑使用原则等规定，严格限制该保存区之建筑物兴建，让这些文化遗产能够受到保护，而能够早日重现往昔的风华。

参考文献

1. 周玺:《彰化县志》台湾文献丛刊第 186 种,台湾银行经研室编印,1962。
2. 连横:《台湾通史》台湾文献丛刊第 128 种,台湾银行经研室编印,1962。
3. 周宗贤:《清代台湾民间地缘组织》(台湾文献)1983 年第 2 期。
4. 林衡道:《彰化市的汀州会馆》(台湾文献)1980 年第 1 期。
5. 林会承:《台湾传统建筑手册》,台北艺术家出版,1980。
6. 李干朗:《庙宇建筑》,台北,北屋出版社,1983。
7. 李干朗:《台湾的寺庙》,台中,台湾省新闻处印行,1986。
8. 彰化县政府:《寺庙台帐》,1921 年调查。
9. 《武平县志》,台北市福建武平同乡会印行,1980。
10. 陈寿祺等修《福建通志》中国省志汇编之九,台北,华文书局。
11. 刘国光等修《长汀县志》,台北,成文出版社,1967。
12. 黄克绍:《定光古佛圣迹研究资料》初稿,1978。
13. 黄健伦:《定光佛与彰化定光佛庙》,彰化定光佛庙管委会印行,1995。
14. 李干朗:《台湾传统建筑术语集录》,台北,古燕楼稿本,1991。
15. 李诫:《宋营造法式》,中国书局,2006。
16. 梁思成:《清代营造则例及算例》,台北,明文书局,1985。

定光佛信仰在台湾移垦社会中的特色

陈亮州*

【摘　要】　彰化定光佛庙又称汀州会馆，由汀州府客家移民建立于1761年，为台湾首先设立的定光佛庙，在定光佛信仰传布的历史上，有其重要意义。本文试着由彰化设县、客家人的移垦、彰化县城寺庙群建立等不同角度，来分析定光佛庙的建立、汀州会馆的功能及汀州官员的往来，以及移民之间的同化等问题，以归纳出定光佛信仰在清代台湾移垦社会中具有的特色。

【关键词】　定光佛信仰　彰化定光佛庙　移垦社会

一　前言

　　定光佛信仰发源于闽西客家社会，清代开发台湾的过程中，再由汀州人移植来台湾。有鉴于此，定光佛信仰在台湾移垦社会中具有哪些特色，是一值得关注的课题。在撰写的过程中，考量论文篇幅与资料的限制，为求论述的深度，因此在不违背提出的题目之下，缩小观察的角度与分析的范围。以彰化定光佛庙为焦点，将该庙置于彰化地区乃至于彰化城的历史脉络中来观察，从客家人的移垦、彰化县城寺庙群建立的角度来分析。

　　移垦社会不易界定，即使有明确的界定，不同时期、不同地区，也无法一概而论，例如在清代中叶，台湾中部发生民变的频率，即较南部为高。一般而言，常将焦点置于祖籍意识强烈、宗族组织薄弱、会党盛行、社会阶层浮动、治安状况不良、等等，另外一个重点，即为宗教信仰。如

---

* 陈亮州，台湾孔子研究院研究员。

今日所熟知的，不同的移民，会将原乡信仰特色带到台湾，在台湾落地生根，如漳州人的开漳圣王、客家人的三山国王等。信仰不一定要有庙宇，但庙宇的建立，不但需要信徒，更需要经济的支持。庙宇的新建、改建，甚至于信徒的祖籍、社会活动等资讯，在宗教史、开发史、社会史等研究领域，均能提供某种程度的"定位"或"标示"作用。

在史料有限的情况下，不适宜采取单一角度的探讨，故本文采取多角度的观察、论述，期以彰化定光佛寺为讨论核心，参考既有的研究成果，在定光佛的研究上能有寸尺的进展。论述脉络，先由彰化设县与客家人的移民谈起，其次讨论彰化定光佛庙的建立与汀州会馆的功能，再分析定光佛庙古匾联具有的意义，最后则是分析祖籍分类到信仰融合。

二 彰化设县与彰化平原的客家人

明郑时期（1662~1682），彰化平原的客家人延续荷兰人的开发区域，主要分布于南台湾，即今日的台南市一带，台湾中北部虽划为天兴县，实仅有点状的驻军与汉民屯垦，刘国轩曾派兵于半线（今日彰化市）设营驻防。清廷于康熙二十二年（1683）领台之后，设立台湾府，下辖台湾、凤山、诸罗三县。半线为诸罗县辖境，清廷接续原有营址设立防汛，派兵驻守。① 半线汛是各防汛的最北端，半线以北汉人移民极少进入。

康熙末年，汉人陆续开垦，早已超过半线以北，因此有设县之议。依据《诸罗县志》所载，此时的半线已称为半线庄，而且粗具市街的规模。② 至康熙六十年，台湾南部发生朱一贵抗清事件，台湾、凤山、诸罗各城均被攻陷。在善后的过程中，设县之议又起，才有彰化县的设立。清廷于雍正元年（1723）谕令诸罗县辖境，分设彰化县及淡水厅。③ 此一行政区划，直至清末才有大规模的调整，因此清代文书惯以淡水泛称北台湾、彰化泛称中台湾。

---

① 周钟瑄：《诸罗县志》台湾文献丛刊第141种，台北，台湾银行经济研究室，卷7《兵防志、水陆防汛》，第117页。
② 周钟瑄：《诸罗县志》卷7《兵防志、总论》，第109~114页；卷2《规制志、街市》，第32页。
③ 张本正编《清实录台湾史料专辑》，福建人民出版社，1993，第96页。

彰化县北以大甲溪与淡水厅为界，南以虎尾溪与诸罗县为界，东到南北投大山，设县治于半线。① 虽然在1723年准设彰化县，但筹设新县及官署的修筑均要有所时日，真正以半线为县邑可能要一段时日之后。例如，首任知县谈经正，至1724年才就任；彰化县署也到1728年，才由第三任知县汤启声兴建。②

设县之后，移民拓垦加速。概论之，乾隆年间（1736~1795），中台湾进入开发的高峰期。就地理区而言，除彰化平原之外，还包括台中盆地，即今日台中市。因应人口的增加与大陆航运的需要，于1784年，清廷将鹿港正式设口，与蚶江对渡，成为台湾中部与大陆合法往来的唯一口岸。直至清末，台湾中部的政治中心在彰化县城，经贸与交通中心则在鹿港，两者实距离不远，仅约10公里。

再看彰化平原的人口祖籍分布，具有集中的趋势。西侧沿海地区多为泉州人，东侧靠近八卦山脉地区则为漳州人与潮州人，具有宗族聚居的趋势。依据1926年《台湾在籍汉民族乡贯别调查》，台湾最早的籍贯普查，彰化城附近的汀州人只有百人；再看鹿港的情形也类似，汀州府与兴化府各只有百人而已。③ 此一数据虽然精确，但调查时间甚晚，已无法显示迁徙与同化的情形。

在早期台湾史研究中，彰化县南部福佬客的研究，具有重要的学术研究指标意义。近年来，对于彰化县客家人的调查，较能清楚呈现。彰化县客家人的祖籍以广东省居多，尤其是潮州府饶平县居多，同属潮州府的大埔、丰顺、揭阳，嘉应州的镇平、长乐，以及惠州府的陆丰，则均属少数。福建省的客家人，汀州同样属于少数。彰化县客家人主要分布于大村、员林、埔心、永靖、田尾、社头、溪州、竹塘等乡镇。至清代末期，客家人已有明显的"福佬化"的趋势，被邻近的福佬人同化，导致客语不再使用，仅知是客家后裔，甚至不知是客家人，成为"福佬客"。彰化县约130万人口中，福佬客与客籍约占13%以上，估计约近17万人。④

---

① 范咸：《重修台湾府志》台湾文献丛刊第105种，卷1《封域志、形胜》，第44~45页。
② 周玺：《彰化县志》台湾文献丛刊第156种，卷3《官秩志、文秩》，第76页；卷2《规制志、官署》，第37页。
③ 台湾总督府官房课编《台湾在籍汉民族乡贯别调查》，台北，1928，第16页。
④ 彰化县文化局编《彰化县客家族群调查》，彰化，2005，第6~41页。

粤籍客家在台湾属于显性客家，即使在福佬客中，也具有相对较强的自我认同，以及较易客观辨识的文化特征。漳州（漳属四县：云霄、南靖、平和、诏安）与汀州的闽籍客家后裔，甚至主观地误认，以为祖籍在福建则不可能是客家人。① 在清代的惯称中，即有如此模糊的指涉，以闽、粤来概分福佬人与客家人，导致行政区与方言划分混淆。

彰化城内的客家人，如以庙宇与会馆来观察，主要有闽籍汀州客家与粤籍潮州客家，分别以定光佛庙与镇安宫（三山国王）为中心。彰化并不在上述客家人的主要分布区域中，但作为县城自有其重要性。汀州客家人的人数虽少，但有能力在县城建庙设会馆，同籍间的团结与经济实力，恐怕不是人数多寡所能解释。

三　彰化定光佛庙的创设与汀州会馆

有关彰化定光佛庙的史料，仅有寥寥数语，清代《彰化县志》："乾隆二十六年永定县士民鸠金公建，道光十年贡生吕彰定等捐修。"② 定光佛庙建于1748年，由汀州府永定县人集资营建。除了县志所述1831年曾经重修之外，由"昙光普照"一匾可知，1813年也重修过一次，该匾署名"鄞江众信士重修立"。在道光之前，定光佛庙又有定光庵之称。

汀州府八邑：长汀、宁化、归化、清流、武平、上杭、永定、连城。彰化定光佛庙由永定人出资兴建，因此主要参与庙务运作的信徒，即登记有案的信徒，也多是永定人，至今仍可见到这样的倾向。这些信徒多居住在犁头店（今台中市南屯），也就是多数不是住在彰化城内，但距彰化城也不远，约十余公里。彰化城为当时台湾中部的政治中心，以此建庙设馆，有交通、联络上的方便。③ 然而，除了建庙的永定人之外，其他各邑在会馆的活动情形如何，现在看来似乎模糊，实为一个值得再深入的课题。

彰化定光佛庙又有"汀州会馆"之称，此一称号起于何时，已不可

---

① 彰化县文化局编《彰化县客家族群调查》，第6~41页。
② 周玺：《彰化县志》，卷5《祀典志、祠庙》，第158页。
③ 林瑶棋：《汀州客团结的象征》，第61~69页。

考。有一说，建庙的动机是因为要建汀州会馆，才以定光佛庙的形式成立。① 此说虽来自耆老口述，但对应清代的情况，应属正确。来台同乡，在还没找到落脚处之前，可以暂住汀州会馆。一般而言，同乡会馆具有同乡团结、人际交流、资讯分享、急难救济等诸多功能，甚至有对外公关之用，这由庙内的古匾即可看出。

当然，没有同乡会馆，并不代表就没有交流存在，例如均庆寺的"台湾府信善乐助建造佛楼重装佛菩萨碑"刻有台湾信众的姓名与捐献银两的数目，此碑立于1733年，即是早于彰化定光佛庙的建立。② 又如在刘登的《重建三宝殿碑记》中，对于1750年均庆寺重修的描述，就有述及台湾信众的参与。③

汀州人间的资讯往来，不一定单是台湾岛内的传递，与祖籍地之间书信的往来、资讯的交换，恐也扮演相当重要的角色。台湾西部多东西横向之溪流，不利于南北往来，清代台湾反倒是依赖沿海航运，而航运又牵涉与大陆之间的对渡。台湾与大陆的交通，清领台之后，以台南的鹿耳门与厦门对渡，1784年开设彰化县的鹿港对晋江县的蚶江口，1788年再开淡水厅的八里对渡福州五虎门。至此，台湾的南部、中部、北部，各有与大陆对渡的港口，此即所谓的"正港"。台湾中部的汀州人以彰化城为联络点，人员或书信由鹿港进出。由鹿港对渡泉州再往厦门，或是依照鹿港开港前的方式，由鹿港经鹿耳门再对渡厦门。

在清代，彰化城内仅有的两个同乡会馆，一是定光佛庙"汀州会馆"，另一是较晚成立，嘉庆三年（1798）由潮汕客家人建立的镇安宫奉祀三山国王，同样以镇安宫为"潮汕会馆"，都是以庙宇的形式成立。值得注意的是，打出会馆名号的，都是人数居于劣势的客家人，人数最多的漳州人与次多的泉州人，反而没有会馆之称。不过，即使没有会馆之称，可能也具有一定的会馆功能。因台湾多民变、械斗，清廷对于在台湾的同籍官员、兵丁、移民之间的联络往来，实有一定程度的顾忌。

换个观察角度，由彰化城内庙宇兴筑的历史来分析，自1723年设县到

---

① 林瑶棋：《汀州客团结的象征》，第61~69页。
② 李贵海：《定光古佛信仰缘起初探——兼论定光古佛在台湾的传播》，《定光古佛史传文论选集》，第230页。
③ 王增能：《谈定光佛——兼谈何仙姑》，《定光古佛史传文论选集》，第21~22页。

18世纪40年代，孔庙、关帝庙、城隍庙、妈祖庙陆续建立，均为官祀庙宇或官员所倡建者。1760～1810年，各籍移民开始建立其祖籍地习惯信仰的庙宇，以提供信仰的慰藉或集会场所，包括定光佛庙、圣王庙、元清观、镇安宫、庆安宫等庙宇，涵盖漳、泉、粤三籍。民间倡建庙宇，反映出彰化地区在设县之后，土地开发已成熟及对大陆贸易开展的成果，各籍移民在经济许可的情况下纷纷盖庙。汀州人的定光佛庙与漳州人的圣王庙，同在1761年建立，同为彰化城内之最早。漳州人占城内人口最多，集资盖庙轻而易举，但汀州人属少数，何以也甚早盖庙？可能因人数少，团结更显重要，相对而言，对于会馆功能的需求更为强烈。虽说信仰与会馆同时并存、互为表里，但在建庙初期，对于会馆的需求可能高过信仰的需求，潮州客家人的镇安宫在早期可能也有此情形。

清代彰化城内主要庙宇一览表

寺庙名	创建时间	倡建人或捐建人	主祀神祇
开化寺 俗称"观音亭"	1724年 （雍正二年）	知县谈经正	观音菩萨
文庙	1726年 （雍正四年）	知县张镐	孔子
关帝庙	1735年 （雍正十三年）	知县秦士望	关圣帝君
城隍庙	1734年～1737年 （雍正十二年至乾隆二年间）	知县秦士望	城隍爷
妈祖庙	1738年 （乾隆三年）	北路副将靳光瀚	天上圣母
妈祖庙	1748年 （乾隆十三年）	知县陆广霖	天上圣母
定光庵 又称为"汀州会馆"	1761年 （乾隆二十六年）	汀州（永定）	定光古佛
圣王庙 县志称"威惠王庙"	1761年 （乾隆二十六年）	漳州籍人士	开漳圣王
元清观 县志称"岳帝庙" 俗称"天公坛"	1763年 （乾隆二十八年）	泉州籍人士	玉皇大帝
福德祠	1781年 （乾隆四十六年）	（无考）	福德正神

续表

寺庙名	创建时间	倡建人或捐建人	主祀神祇
镇安宫 县志称"三山国王庙"	1798 年 （嘉庆三年）	潮州籍人士	三山国王
龙神庙	1803 年 （嘉庆八年）	知县曹世骏	
文昌帝君祠	1816 年 （嘉庆二十一年）	知县吴性诚	文昌帝君
庆安宫 县志称"保生大帝庙" 又称为"银同祖庙"	1817 年 （嘉庆二十二年）	泉州（同安）籍人士	保生大帝
昙花佛堂	1820 年 （嘉庆二十五年）		观音菩萨 释迦牟尼
忠烈祠	1822 年 （道光二年）	知县吴性诚	林爽文、陈周全、蔡牵等事件中殉难的文武官兵
白龙庵	1868 年 （同治七年）	福州籍人士	五福大帝（五帝为张、钟、刘、史、赵等五神，为福州所信仰的瘟神）
节孝祠	1886 年 （光绪十二年）	地方士绅	贞节烈女

资料来源：1. 周玺《彰化县志》；2.《台湾中部碑文集成》；3. 何培夫主编《台湾地区现存碑碣图志——彰化县篇》。

四 彰化定光佛庙匾联之分析

清代文武官员、地方绅耆给匾联，在彰化城内较具规模的庙宇，其实并不少见。匾联虽说是只字片语，如由献匾者的身份、籍贯，以及献匾的时空因素来分析，仍不失为考证的一个角度，提供抽样统计上的依据。彰化定光佛庙，现存与记载的清代匾联，计有 13 件。

最早的一件为建庙翌年（1762）张世英所献。张世英 1759 年任北路协镇副将，驻守彰化城内。张世英较热衷宗教活动，1761 年重修北路协镇署后方的妈祖庙，"天后圣母庙……—在邑治北门内协镇署后，乾隆三年北路副将靳光瀚建；二十六年，副将张世英重修"①。翌年，即 1762 年，张世英仕途不顺，被清廷以"该管北路协副将张世英不能率属驭兵，亦经附参，请旨交部严加议处，应听候部覆"②。同年 10 月，张世英分别于定光佛庙献立"西来花雨"、于元清观献立"穹窿主宰"。连横的《台湾通史》载："定光庙：在北门内，乾隆二十七年，北路营副将张世英建，祀定光佛。"③ 连横之书作于 1918 年，所述并不可信，恐是参考志书之误。

其他汀州人官员立匾如下：钟灵耀，武平人，诸罗县儒学训导，1771 年献匾"瀛屿光天"。沈鸿儒，永定人，己丑进士，1773 年献匾"济汀渡海"，后于 1790 年任台湾府儒学教授。④ 黄正蕃，上杭人，北协右营守备，驻地为淡水厅治（今新竹市），1776 年献匾"光被四表"。廖光宇，永定人，台协中营游击，1782 年献匾"兹照鲲瀛"。⑤ 非汀州籍的官员，以台湾知府周彦为最高阶，1834 年立联"是有定识拔救众生，放大光明普照东海"。其他各匾联详见后表。

汀州会馆的实际功能已难以推测，但由古匾可知，汀州籍的官员与会馆有所交流。清代有流官制度，一定层级以上的官员需回避原籍，同在彰化城的同籍官员给匾，并无特殊之处，即使不在彰化的同籍官员也有给匾。显然，汀州人在台人数的比例虽然不高，但同籍之间，仍有其交流联络的存在。

值得注意的是，献匾的汀州府籍文武官员，其驻地都不是彰化城。不管是因公、因私来到彰化，与汀州会馆都有联系。由此观之，可以理解，何以不住城内的汀州人要在彰化城内建庙设馆，确实有方便之处。

---

① 周玺：《彰化县志》卷 5《祀典志、祠庙》，第 154 页。
② 台湾银行经济研究室编《台案汇录乙集》台湾文献丛刊第 173 种，台北，1963，第 384 页。
③ 连横：《台湾通史》台湾文献丛刊第 128 种，台北，1962，第 591 页。
④ 谢金銮：《续修台湾县志》台湾文献丛刊第 140 种，卷 3《学志、教官》，1962，第 180 页。
⑤ 谢金銮：《续修台湾县志》卷 4《军志、军官》，第 281 页。

彰化定光佛庙清代匾联一览表

献立人	献立时间	匾联	署名官衔、身份	备考
张世英	1762年（乾隆二十七年）	西来花雨	协镇北路副总兵官	贵州南笼人，1759年任北路协副将
钟灵耀	1771年（乾隆三十六年）	瀛屿光天	台湾府诸罗县儒学训导署教谕	福建武平人，廪贡。1769年由建阳训导调任来台，1772年升任莆田教谕
沈鸿儒	1773年（乾隆三十八年）	济汀渡海	己丑科进士	龙冈（永定）人
黄正蕃	1776年（乾隆四十一年）	光被四表	北协右营守备	杭川（上杭）人
廖光宇	1782年（乾隆四十七年）	兹照鲲瀛	护理福建台海水师副将印务中营游击	永定人。原匾已失
鄞江众信士	1813年（嘉庆十八年）	昙光普照		重建所立
巫宜福	1825年（道光五年）	智通无碍	赐进士出身翰林院编修，国史馆协修，实录馆纂修	永定人，字鞠坡，1819年进士
游化贤	1831年（道光十一年）	恩溥海甸	龙冈董事生员	原匾已失
游化贤	1831年（道光十一年）	奕禩流方	永定董事生员	此匾修复后，上下款已易为"民国六十八年孟冬重修"，"定光古佛信徒敬献"
周彦	1834年（道光十四年）	是有定识 拔救众生 放大光明 普照东海	浙江分巡宁绍台道之福建台湾府事	
巫宜禊	1834年（道光十四年）	欢喜因缘	赐进士出身礼部仪制司主事，前翰林院庶吉士	永定人，字拔斋，号雨池，1817年进士。巫宜禊为巫宜福之弟。原匾已失

续表

献立人	献立时间	匾联	署名官衔、身份	备考
巫宜福、巫宜禊	1834年（道光十四年）	活百万生灵迹托鄞江留一梦（觑）三千世界汗挥线地有全人		可能是兄弟联袂来台所留
张天德	1874年（同治十三年）	义薄云天	总带振勇	原匾已失

资料来源：林文龙《细说彰化古匾》，彰化县立文化中心，1999；黄健伦《定光佛与彰化定光佛庙》，定光佛庙，1996。

五 从祖籍分类到信仰融合

如前所述，各籍移民在乾隆中叶至嘉庆年间，已有相当的经济能力支持其宗教活动。然而，此一时期却也隐含着籍贯分类的问题，不同祖籍的民众杂处城内，一旦外地有民变或械斗发生，往往激发冲突。先是乾隆四十年十二月，县治西门外四里的莿桐脚，有人设赌场聚赌，一起赌博的泉州人与漳州人因口角纠纷引起械斗。官府调解、弹压不下，漳人与泉人相互焚抢。虽然《彰化县志》称"邑之有分类自此始"，所指应为日后一连串冲突之始，莿桐脚的赌博纠纷只是一个引发冲突的点，实则分类意识早已存在。

日后彰化城在数次民变中也常引发漳、泉之间的冲突。乾隆五十一年，漳州人林爽文于大里杙起事抗官，攻入彰化城并以"顺天"为号。先前莿桐脚械斗虽经官兵镇压暂时平息，但泉人与漳人的仇隙未解，林爽文破城后漳人响应，彰化城又以漳人为多，泉人自危。林爽文为收拾人心，则令众勿焚掠。官军与义民准备进攻彰化城，城中泉人听闻攻城，纷纷逃往鹿港响应。彰化城收复之后，部分泉人则趁机对漳人劫掠焚屋，并将泉人送往鹿港。林爽文得知彰化有变，遣众再度攻陷彰化，并且焚泉人庄舍报复。① 又如同治元年，戴潮春起事，攻陷彰化城。戴潮春虽然入城安民，

---

① 佚名：《平台纪事本末》台湾文献丛刊第16种，台北，台湾银行经济研究室，1958，第2~7页。

但漳泉分类又起，漳人出入无阻，泉人出入则受阻遭掠。叶虎鞭、林大用等人见之不平，率泉人数百坐镇南门、西门，使泉人得以逃往白沙坑及鹿港。①

因民变引发的不同祖籍间的械斗，使人数较少的客家人也无法幸免。如潮州人的镇安宫，原本于咸丰元年，即有蔡抱、许包等人集议要重修，后却因戴潮春事件，民众四散而作罢。②清代的台湾虽有祖籍之分类，庙宇也时有祖籍之分，但即使因民变、械斗造成的迁徙，庙宇仍会留下，改变的是信徒而非庙宇。不过，彰化定光佛庙虽经多次动乱，但汀州信徒并未离开放弃，仍是庙务运作的核心。县城是清代行政制度之基层，为政府展现权力的驻在地。尤其彰化县城，因清代民变频繁，长期扮演台湾中部最重要的军事驻点，反而提供各籍移民安全的保障。因此，虽有闽客械斗、漳泉械斗，然多在乡村，未见肇生于府县城之中。

19世纪后半叶，台湾社会逐渐稳定，民变、械斗趋缓，祖籍界限逐渐模糊。信仰融合的情形，一方面来自汉人的多神信仰的特质，另一方面，也来自移垦社会的融合面。移垦社会的冲突面，较为人关注，因为具有非常态的特色，可作为研究的观察点。但是，正因为非常态，却容易让人忽略常态的一面，即多数时间仍是和平共存，融合正默默地进行，也因此才会形成福佬客的现象。

对定光佛的汀州信众而言，是福佬化与原乡语言的流失。对于漳泉人而言，则是无法分辨客家人的存在。今日，一般的彰化县民，并不清楚定光佛信仰从何而来，也不知全台湾仅有彰化与淡水有定光佛庙；同样的，对于漳州人、泉州人、潮州人建立的庙宇也难以区别。各籍移民的庙宇已完成其时代功能，回归到单纯的信仰层面。

六　结　语

彰化县设立于1723年，位居台湾中部，是重要的政治中心。18世纪，

---

① 吴德功：《戴施两案纪略》台湾文献丛刊第47种，台北，台湾银行经济研究室，1959，第6~9页。
② 镇安宫1934年所立之沿革木匾即云："溯自先人侨居台湾历年久矣，其间散处各地甚缺联络，而有识者憾之。迨嘉庆戊午年始由林金标、张直槐倡议捐资崇建镇安宫于彰邑，以祀吾潮之三山国王焉。"彰化县文化局编《彰化县客家族群调查》，第45~51页。

台湾中部全面开垦，闽粤移民纷纷离乡渡海入垦，同时将原乡的信仰带来台湾。1761年，汀州移民在彰化城内建立定光佛庙，同时作为汀州会馆，以照顾远道而来的同乡。建庙的汀州人不一定居住城内，占客家人的比例甚低，可谓弱势中的弱势，却有能力建庙设馆，早期汀州移民的团结互助程度可见一斑。由外地同籍官员的献匾，也可看出即使短期在台任官的汀州人，仍会相互联系交流，这也是汀州会馆的重要功能之一。

总之，由台湾移垦社会变迁的角度来看，定光佛在彰化具有下列几项特点：第一，定光佛发源于闽西客家社会，彰化定光佛庙在清代，具有鲜明的移民祖籍色彩；第二，汀州会馆的功能，在以漳州、泉州人为主的彰化城中，显见汀州人的团结，以及曾经具有的影响力；第三，在彰化的平原客家人在福佬化的过程中，虽然客家话失传，但定光佛信仰已不再局限于客家人，而是跨越祖籍在台湾生根。

限于篇幅与史料，本文的深度同样有限。未来，如能采取比较研究的途径，例如比较定光佛在闽粤赣的流传，或是比较台湾漳州人、泉州人对于祖籍信仰的移植，或许能获更广、更深的研究成果。

编后记

宋代泉州府同安县人氏郑自严（934~1015），出生于官宦家庭。11岁恳求出家，历多年苦旅，修成高僧后云游各地，因常常助民之所需，被闽、粤、赣边等地的信众视同神明，争相构庙，踊跃供养，形成"七闽香火，家以为祖"的壮观景象。964年，步入而立之年的郑自严大师来到汀州南安岩（即现岩前狮岩），发普度众生大誓愿，开石窟修道弘法，祷应如响，1011年朝廷赐"南安均庆院"额匾。1015年自严大师圆寂于南安岩，春秋八十有二。

大师圆寂后仍屡显毫光，护国佑民，朝廷屡封至"定光圆应普慈通圣"大师，民众尊称其为"定光古佛"，"名公巨卿，大篇短章，致赞叹意，无虑数百篇"。尽管定光佛信仰在过去的一千多年来历经许多波折，但在广大民众中间特别是在闽西、粤东、赣南等地客家人聚居的地区，已形成一种特殊的、根深蒂固的民间宗教信仰。后随着客家人的流徙播迁，这种特殊的民间宗教信仰，也随之传播到台湾及东南亚各地，并深深扎根于广大民众之中。台湾信众一直与武平岩前狮岩均庆院祖庙保持着密切联系。因此，定光古佛信俗在闽台客家和非客家中具有广泛持久的影响力，是两岸客家同胞联系的精神纽带和桥梁，是海峡两岸"五缘"的非物质文化情缘的见证，对于海峡两岸的历史、文化、民族、宗教、血缘认同、国家统一具有特殊的作用。

随着改革开放的大潮和宗教政策的不断落实，闽西客家联谊会、龙岩市政协文史和学习委，顺乎民意，首次召开"定光佛信仰研讨交流会"。作为定光佛信仰的发源地——武平县，亦由县客联会、县政协文史与学宣委牵头，发动有关人士，进行广泛、深入的田野调查，收集散佚在民间有关定光古佛的传说、文论、史料，多次结集出版定光古佛信仰史传文论集，引起了海内外定光佛信徒的高度关注。2010年11月，岩前祖庙定光古佛金身塑像出巡宝岛台湾；2011年6月，在武平举行规模盛大的"首届海峡客家风情节——定光佛文化节"，其间，又专门召开"定光佛文化学术研讨会"，来自海内外的各界专家、学者惠赐了大量的论文、论著，为定光佛文化节增添了光彩。

  为弘扬定光佛优秀文化遗产，应广大读者和信众的要求，我们在大量的来稿、论著中，经诸多专家、学者认真评审，选取了此次研讨会的优秀论文，又从近十几年来出版的定光佛信仰的文论集中，选择了有一定代表性的几篇论文，编辑成这本《定光古佛文化研究》，以飨广大读者。

  由于定光佛信仰熔儒、佛、道于一炉，又因种种原因，史料散佚甚多，现遗存的一些文献资料又有很多种版本，所以本着"百花齐放、百家争鸣"的精神，充分尊重原文作者的观点，文责自负，对入选论文，尽力保留文章的原貌，以达求同存异之目的。我们真诚祈望各位专家、学者及定光佛信仰的热心人士提出宝贵意见，使文中的观点更臻完善、准确，以利后人。此外，对各位专家、学者和热心定光佛文化研究的各位仁人志士的赐稿、提供资料表示衷心的感谢。

编　者

2011年12月

图书在版编目(CIP)数据

定光古佛文化研究/陈厦生主编. —北京：社会科学文献出版社，2012.10
ISBN 978-7-5097-3747-7

Ⅰ.①定… Ⅱ.①陈… Ⅲ.①郑自严(934~1015)-人物研究 Ⅳ.①B949.92

中国版本图书馆 CIP 数据核字（2012）第 218633 号

定光古佛文化研究

主　　编 /	陈厦生
执行主编 /	傅藏荣　林善珂
出 版 人 /	谢寿光
出 版 者 /	社会科学文献出版社
地　　址 /	北京市西城区北三环中路甲29号院3号楼华龙大厦
邮政编码 /	100029
责任部门 /	人文分社（010）59367215
责任编辑 /	王琛玚
电子信箱 /	renwen@ssap.cn
责任校对 /	李腊
项目统筹 /	宋月华　范迎
责任印制 /	岳阳
经　　销 /	社会科学文献出版社市场营销中心（010）59367081　59367089
读者服务 /	读者服务中心（010）59367028
印　　装 /	三河市尚艺印装有限公司
开　　本 /	787mm×1092mm 1/16
印　　张 /	22.5
版　　次 /	2012年10月第1版
彩插印张 /	0.5
印　　次 /	2012年10月第1次印刷
字　　数 /	371千字
书　　号 /	ISBN 978-7-5097-3747-7
定　　价 /	89.00元

本书如有破损、缺页、装订错误，请与本社读者服务中心联系更换

▲ 版权所有　翻印必究